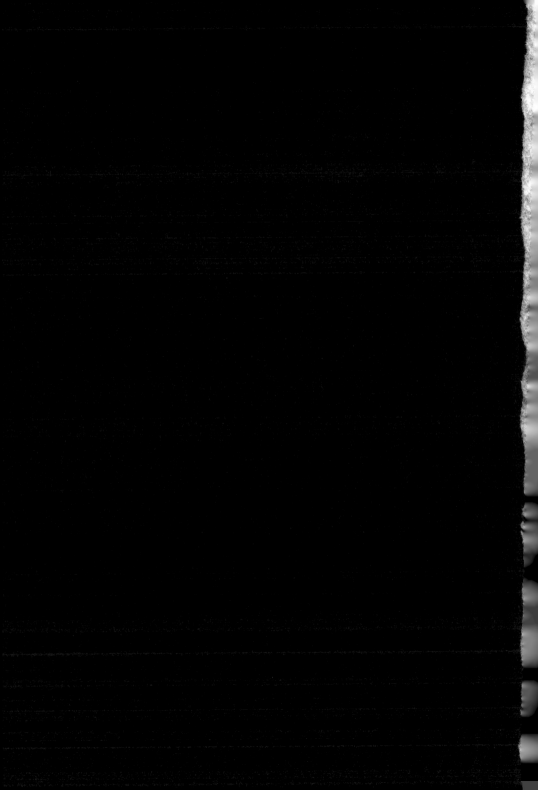

VISIONS OF INEQUALITY
From the French Revolution to the End of the Cold War
Branko Milanovic

不平等・所得格差の経済学

ケネー、アダム・スミスからピケティまで

ブランコ・ミラノヴィッチ●著

立木勝●訳　**梶谷懐**●解説　　　明石書店

VISIONS OF INEQUALITY: From the French Revolution to the End of the Cold War
by Branko Milanovic

Copyright © 2023 by the President and Fellows of Harvard College
Published by arrangement with Harvard University Press
through The English Agency (Japan) Ltd.

目次

プロローグ　………………………………………………………………… 7

第1章　フランソワ・ケネー　……………………………… 43
「豊かな農業王国」の社会階級

ケネーの時代のフランスの不平等　44

社会階級とその収入源　50

剰余の重要性　55

第2章　アダム・スミス　……………………………………… 63
「豊かさへの道筋」と暗示的な所得分配理論

アダム・スミスの時代のイングランドおよび
　スコットランドの不平等　72

スミス、リカード、マルクスにおける社会階級　74

繁栄する社会とは　76

『道徳感情論』と『国富論』での富裕層への態度　78

富者の所得の正当性を疑う　82

社会が発展するなかでの賃金、地代、資本収益　85

進歩した社会の実質賃金と相対賃金　88

暗示的な所得分配理論と資本家への不信　90

結　論　94

第3章　デヴィッド・リカード 105

平等と効率のトレードオフは存在しない

ナポレオン戦争時のイングランドの所得不平等　109

所得分配と経済成長　112

賃金、利潤、地代の進化　116

階級闘争　122

リカードの「思わぬプレゼント」　124

第4章　カール・マルクス 135

利潤率は下がっても労働所得への圧力は変わらない

カール・マルクスの時代のイギリスおよびドイツの
　富と所得の不平等　139

下準備——マルクス主義の鍵となる概念を整理する　146

階級構造　153

労働と賃金　159

資本と利潤率の傾向的低下　168

不平等の進化についてのマルクスの大局的な見方
　——ふつうに思われているより明るい　179

パレートへ、そして個人間の所得不平等へ　187

補論——グラッドストーン引用騒動　189

第5章　ヴィルフレド・パレート 205

階級から個人へ

20世紀初め頃のフランスの不平等　211

パレートの法則と社会主義に適用された「エリートの周流」　214

パレートの法則か、パレートの「法則」か、
　それともそもそも法則ではないのか　220

パレートの貢献　226

第6章　サイモン・クズネッツ　235
近代化の時期の不平等

20世紀半ばのアメリカ合衆国の不平等　238

クズネッツ仮説の定義　241

曲線の定義は早すぎたのか　249

復活の可能性　253

クズネッツの貢献　256

この本で検討した著者全員の地域性と普遍性　258

第7章　冷戦期　265
不平等研究の暗黒時代

資本の私的所有のない体制——社会主義市場経済での不平等　271

資本の国家所有という体制——計画経済での不平等　273

社会主義での所得不平等研究の少なさ　287

進んだ資本主義の下での所得不平等の研究　295

崩壊の理由　296

所得分配への新古典派的アプローチの批判　302

資本主義の下での不平等研究の3タイプ　309

国家間の不平等と国内不平等を結びつける　325

エピローグ——新しい始まり　345

| 謝　辞 | ……………………………………………… | 359 |

| 解　説（梶谷　懐） | …………………………… | 363 |

| 索　引 | ……………………………………………… | 373 |

凡例

○ 原書の巻末注は各章の末尾に「原注」として立て、原書の脚注は該当箇所に＊†‡の
記号を付して、そのページの下に挿入した。

○ ［　］で挿入した補記・注記は訳者によるもの。ただし、引用文中の［　］は断りがな
い限り原著者による補記である。

○ ジニ係数は、通常は0–1で示すが、原書ではパーセント形式の1–100（ポイント）で
示されている。一方で、図6.5・図7.4や本文の一部は出典元との関連もあって通常の
0–1表示となっている。翻訳にあたっては、いずれかに統一はせず、原書の表示をそ
のまま踏襲した。

プロローグ

　この本の目的は、経済的不平等の思想について、過去2世紀にわたる進化をたどることだ。基礎とするのは影響力の大きい経済学者の著作で、直接・間接に所得分配および所得不平等を扱っていると解釈できる文章を見ていく。とりあげるのはフランソワ・ケネー、アダム・スミス、デヴィッド・リカード、カール・マルクス、ヴィルフレド・パレート、サイモン・クズネッツ、そして20世紀後半の一群の経済学者だ（最後の人びととは、個人として見ると先の6人のようなアイコン的な地位に欠けるが、それでも集団としての影響力はあった）。これはある重要な分野——かつては突出して重要だったのだが、やがて日蝕のような暗黒期を迎え、それがまた、近年になって経済学思想の最前線へ返り咲いた分野——の思想史を扱う本になる。

　この本を執筆するにあたり、わたしは通常とは異なるアプローチをとった。わたしがこの課題にどのようなアプローチをとったかは、以下の記述の理解に大きく影響することなので、ほかとは違うこの本の特徴について、最初にいくらか紙面を割いておくのがいいだろう。それは、所得分配に焦点を絞っていること、それぞれの思想家自身の視点からその考えを提示するよう試みたこと、考察する概念を年代順に配列したこと、不平等に関して各思想家の規範的な見方には関心を払わなかったこと、そして（わたしが考案した）特定の基準を用いて、これまで行われた不平等研究の大海から、本当に重要な研究を認定したことだ。以下、順に考えていこう。

所得分配に焦点を絞る

　この本の各章で焦点を当てていく思想家は、それぞれの（たいていは膨大な）

著作のなかで多くのトピックをとりあげているが、ここでの目的は、そこから所得分配に関する見方だけを抽出し、不平等に関する本質的な疑問に対して、その思想家がどのような具体的な答えを提示しているかを考察することにある。その疑問とは次のようなものだ——賃金はどのようにして決まるのか？利潤と地代とのあいだには対立があるのか？　所与の社会が発展するにつれて所得分配はどのように進化するのか？　利潤ないし賃金は傾向的に上昇するのか、それとも下降するのか？

　当然のことながら、こうした思想家たちが取り組んだほかのテーマについてはまったく議論しない。どの著者も途方もない量の著作を生み出しているので、そのすべてに、またそこから生まれた注釈すべてにまともに関わっていたら、すぐに泥沼にはまってキャリアのすべてを費やすことになってしまう。彼らの生み出したものは、一目見ただけでも膨大な量だ（例外はリカードで、彼だけは書簡集を除けば作品数が少なく、また若くして亡くなっている）。たとえばマルクスの著作は、MEGA［Marx-Engels Gesamtausgabe：マルクス、エンゲルスの既知の著作、記事、手紙に加え、未発表・新発見の原稿、草稿、メモ、抜粋なども含めた完全版全集］のプロジェクトが現在も継続しているのを見てもわかるとおり、全巻で約120巻に及んでいる（それでも当初の164巻からスケールダウンしている）[1]。パレートの著作集も多くの異本があって同じくらい膨大なものだし、アダム・スミスの思想も多くの巻を埋め尽くすだろう（スミスは死に際してすべての未発表論文と書簡を焼き捨てるよう命じているのだが、それでもそうなるのは、学生が講義ノートを『法学講義』として出版したのが理由のひとつだ）。ケネーの場合も興味深くて、こちらはミラボーとの共著が多く、その関係はマルクスとエンゲルスの関係に似ている。どこまでが一方の筆者の貢献でどこからがもう一方のものなのかが容易に線引きできないのだ。ケネー自身の著作と共著は、とくに彼の「学派」が公表した匿名のテクストを含めれば、おそらく2000ページを超えるだろう。また、クズネッツは50年以上にわたって著述を続けたので、その期間中の彼の貢献はきわめて多岐にわたっている。その範囲は国民勘定の定義から成長と所得分配、人口動態学、経済発展にまで及ぶものだ。

　もし思想史の研究者がアダム・スミスなりマルクスなりパレートなりの著作に関わったら——扱う分野が政治学、哲学、社会学、認識論、経済学、人類

プロローグ

学、さらには心理学にまで広がっていることから——その歴史家は彼らの著作を全体として扱い、こうしたトピックのすべてもしくは大半を、ゼネラリストとして検討しようとするだろう。経済思想史の研究者なら、シュンペーターがしたように経済的なテーマに焦点を当てるだろうし、マーク・ブローグがしたように新古典派的な角度から見た経済テーマに焦点を絞り込んで、パレートの社会学的な著書やマルクスの哲学には手をつけずにおくかもしれない[2]。しかしわたしは、ある著者の研究のうち、所得分配に関するものから論理的に切り離せる部分については、どれほど重要であろうと、すべて無視した。

　これは、たとえばマルクスには労働価値説もあるが、それは所得分配、賃金の進化、利潤率の傾向的低下に関するマルクスの文章とは無関係だということだ。こうしたトピックについて、別の価値理論の研究者がマルクスと同じ見方を支持することもありうるし、実際にそういうことはあった。マルクスの労働価値説が、剰余価値や搾取、疎外に関する彼の概念を理解するうえで重要であることは明らかだ。マルクスの労働価値説は、資本主義の下での所得分配の公正さに関して、多くの信奉者の見方に影響をあたえた。しかし以下で説明するように、ここでは「所得不平等は～するべきだ」といった規範的な見方を扱うことはしない。マルクスの価値理論は、階級間の所得分配に影響する（とマルクスのいう）さまざまな力の分析とはまったく別に扱うことができる（だからここでは扱わない）。

　したがってこの本では、多くの興味深い経済学のトピックが視界に入ってこない。パレートが一般均衡の路線でワルラスの研究を（一部修正をしつつ）拡張したことも、彼の所得分配論に対してそれとわかるかたちでの関係はない（ただし、その理論と関連づけられるものについては関連づけた。エリートの周流に関する社会学的な見方がそれだ）。同様に、有名なパレート最適も、論理的には彼の所得分配とは切り離せる。たしかに再分配に関する言説ではあるし、課税や補助金を通じての再分配に関する議論で引用されることが多いのだが、これは本質的に（実証主義の装いの下での見かけだけの、あるいは仮面を被った）規範的見解だ。

　早い話が、この本の全編でその思想をとりあげている著者たちは、階級間ないし個人間の所得分配の研究を自分の著作の最重要部だと考えていなかっただろうということだ（実際に考えていなかったことがわかっている）。あるいは、今日

9

のわたしたちのようには所得分配を見ていなかっただろう。しかし、それでも全員を含めたのは同じひとつの理由からだ。すなわち、経済学に対して大きな全体的な影響を及ぼしたのと同じくらい、彼らは所得分配の理解に貢献していたからである。

それぞれの著者自身の視点から記述する

以下の各章でさまざまな思想を提示するために、わたしはそれぞれの思想家の視点を採用した（大きな例外があるが、それについては以下に記す）。批判的な分析に踏み込むのは、そのような分析がその理論の明確化に役立つ場合だけだ。あとで初めて明らかになった欠点や抜け落ちを批判するのは控えるようにした。わたしの焦点は、あるアプローチがその著者がほかの見方を述べている文脈と一致するかどうかにあるのであって、たとえばケネーが革命でフランスの所得分配がどう変わるかを予見したかどうか、あるいは彼の著作で今日のアメリカ合衆国の所得分配水準が説明できるかどうかにではない。今のはまったくばかばかしい例だが、現在の視点から過去の著作を判断することがいかに不合理かを示すうえでは役に立つだろう。ケネーは革命が起こることなど予測していなかったし、ましてや土地が農民に分配されるなど考えてもいなかったのだから、著作が出た30年後に起こったことに照らしてケネーの所得分配に関する見方を否定するのは軽薄であり、不公正で、意味がない。いわんや、21世紀のアメリカで人口のトップ1パーセントの占有率が上昇するのを予測できなかったことを理由に所得分配に関するケネーの見方を否定するなど、なおさらだ。

わたしの目的は、とりあげている思想家に「なる」こと、世界を可能なかぎりその人物の視点から見ることであって、著作のなかの問題点や抜け落ちを理由に批判することではないし（その抜け落ちが彼自身の体系内での論理的な誤りや見落としの場合は別だが）、その人物の予測を細かく検証することでもない。もちろん、この両方をすることはあるし、その思想家が現代に近いほどその傾向が強くなっている（パレートやクズネッツの場合）。しかしそれをするのは、所得分配について著者が思っていた以上に鋭い見方を提示したり、なにかその思想の矛盾に光を当てたり、あるいは可能な複数の解釈を提示したりするのに必要

な場合だけだ。この本について考えるひとつの方法は、ここで検討している著者の一人ひとりが、同じ質問に回答を求められたと想像することだ。すなわち、あなたの研究はあなた自身の時代に存在していた所得分配についてどのようなことを明らかにしましたか、もしそれが変化するとしたら、なぜ・どのように変化すると思いますか、と。

このような、著者の視点を採用するという全般的なアプローチの例外となっているのが、第7章でとっている批判的な立場だ。第7章では、1960年代半ばから1990年代初めまでの社会主義国および資本主義国での不平等研究の状態を振り返っている。複数の著者をまとめて扱っているという事実は、当時の個人には、不平等の研究者として、それ以前の著述家の地位に迫る者がいなかったという判断を反映したものだ。ほかの章では個人の貢献を提示しているが、第7章では目的が異なっている。第7章の目的は、冷戦期に所得分配の研究が後方へ退いてしまった理由を説明することにある。全体の調子も、本のほかの部分と比べるとかなり意固地なところがあるし、東西を問わず、共産主義の終焉を迎えるまでの数十年に支配的だったタイプの経済学にはとくに批判的だ。

まとめると、これはあるひとつの分野（所得分配）での経済思想の歴史に関するもので、それを可能なかぎりだが、思想家自身によるアプローチで行っているということだ。ときに著者を批判的に読むことはあるし、とくに第7章はそうなっているのだが、わたしの主要なアプローチとしては、シンプルに「原典にぴったり寄り添う」といえるもので、本人の文章を額面どおりに受け取るように努めている。

年代順に配列する

ここで考察する不平等の思想史は、各著者がそれぞれの時代と場所で、不平等に影響する最大の亀裂をどう知覚していたかを反映している。こうした著者を年代順に考察していくことで、2世紀のあいだに、不平等に影響する根本的な条件が、そしてそれに関する思想がつねに変化してきていることが強調される。

フランス革命の前から始めて共産主義の終焉にまで及ぶ年代順のアプローチにはさらに利点があって、これによって、時代や場所が違えば不平等の意味す

表P.1　この本でとりあげる著者の年表

	生年	主著の出版年	没年
フランソワ・ケネー (80)	1694年	1763年	1774年（2年後にアメリカ独立）
アダム・スミス (67)	1723年	1776年（アメリカ独立）	1790年（フランス革命の直後）
デヴィッド・リカード (51)	1772年	1817年（ナポレオン戦争の直後）	1823年
カール・マルクス (65)	1818年（ナポレオン戦争の直後）	1848年（ヨーロッパ各地で革命）　1867年（明治維新）	1883年（直後にベルリン会議によるアフリカ分割）
ヴィルフレド・パレート (75)	1848年（ヨーロッパ各地で革命）	1896年	1923年（ムソリーニが政権奪取）
サイモン・クズネッツ (84)	1901年	1955年（冷戦）	1985年（ゴルバチョフが政権奪取）

るものがまったく違ってくることが明らかになる。国民、階級、ジェンダー、あるいは民族集団のあいだで最も重要だと知覚される亀裂がつねに同じだとは限らない。しかし、年代順のアプローチを目的論的な見方と受け取ることには慎重であるべきだ。それでは、究極の真実へ向けた漸進的な進歩という意味合いが出てきてしまう。わたしたちの前の世代は、自分たちの時代の偏見をなにかの永遠の真実に具体化しようと試みた。わたしたちは同じ過ちを繰り返してはならない。対照的に年代順のアプローチは、不平等の概念が、場所と時間を外れては存在しないことを示唆してくれる。今日わたしたちが不平等の一大要因だとみなしているものも、将来はきっと違う見方をされることだろう。

　著者に焦点を当てた最初の6章はどれも似た構造になっている。初めのセクションでは、その人物の生涯や仕事に関して興味深い側面にいくつか焦点を当てていく（あまり知られていないこともあるだろうし、ここで新たに解釈し直すものもあるだろう）。これは伝記の凝縮版ではない。それならウィキペディアのほうがずっと簡単に見つかるだろう。そうではなく、ここではその人物に関連するいくつかの特徴に光を当てていく。各著者の生涯について大まかな年表を表P.1に示す。

　次に来るセクションでは、著者が生きた国や研究した国での不平等について、今わかっていることを提示している。これができるのは現代のデータのおかげだ。目的は、所得分配についての彼らの見方を当時の文脈に位置づけるこ

とにある。過去20年ほどに実施された実証的研究のおかげで、そうした文脈について、ある意味では本人たちの時代よりもずっとよく知ることができる。例外はクズネッツで、クズネッツだけは直接アメリカ合衆国の所得分配を研究することができた。しかし、たとえば19世紀イングランドの所得不平等に関しては、わたしたちのほうがリカードやマルクスよりもよく知っているかもしれないが、彼らが大きな流れについて気づいていたことは間違いない。そのことは彼らの著作が証言している。ケネーは革命前のフランスの不平等水準について実証的に知っているわけではなかったし、ジニ係数を計算することもできなかった（ジニ係数の発明は150年後のことだ）。しかし、たとえそうであっても、ケネーはフランスの不平等の主要なタイプについて、また国の社会構造についてしっかりと意識していたし、それを数字で書き表そうとまで試みている。

　この本を書いているとき、わたしはレシェク・コワコフスキの『マルクス主義の本流』（未訳）で、予期せずよく似た構造にめぐりあった[3]。この発見は、結果としてさまざまなレベルでわたしの文章に影響をあたえることになるのだが、当時は単純に、マルクスについて書いている別の著者の本を読んでいる（この場合は再読している）だけだった。コワコフスキの著作は多くの点ですぐれているのだが、わたしが構造面で魅力を感じたのは、個々の研究を相互に結びつけて検討することを通じて、マルクス主義思想の進化を提示できていたことだ。マルクスに先立つ初期社会主義の著述家に始まり、ずっと下ってマルクーゼや毛沢東まで、連鎖の途切れることがほとんどない。しかし『マルクス主義の本流』は、たとえばロバート・ハイルブローナーの『世俗の思想家たち』[4]のように、さまざまな思想家を中心にした配列にはなっていない。コワコフスキでは、各著者の研究と進化するイデオロギーとのあいだに有機的な統一があるのだ。もちろん、著作が単一のイデオロギーの研究だったため、異なる著者とその見方をつなぎ合わせやすいという有利さはあっただろう。しかし所得分配と不平等への経済学者のアプローチを研究する場合には、各著者が必ずしも同じ思想の学派に属していないことから、この困難がずっと大きくなる。わたしとしては、さまざまな思想の影響や遺産を、そうするのが合理的である範囲で、できるかぎり引き出すように努めたつもりだ。実際にこの本の目的は、不平等に関する思想の精神史をたどってその航路を示すことであって、

単にさまざまな経済学者の思想を一覧にして提示することではない。

不平等についての規範的な見方に関心を向けない

ここで研究している著者たちは、所得不平等についても、ある種の収入源や一定水準の所得不平等が正当化されるかどうかについても、さまざまな哲学的・倫理的意見をもっていた。しかしこの本では、そうした見方には関心を向けない。これは意識的にする道具的アプローチで、つねに著者の視点を採用するが、その一方で、所得分配はかくあるべしとする規範的・擬似規範的な言説はすべて無視して、各著者が光を当てた現実の分配や、なにが個人および階級の実際の所得を決定する要因だと見たのか、社会の進歩とともにその分配がどう変化すると考えたのかだけに焦点を絞る。ただし、イデオロギーがその思想家の結論に影響を及ぼしたと思えるような場合は指摘もしている（たとえばケネーは重農主義で、農業のみが経済的剰余の源泉だとする見方から、貴族の所得を正当化する方向へ傾いていったし、対照的にリカードでは、地代を所得の独占だとする枠組みが、資本家を地主から守ろうとする姿勢に役立った）。また、著者の見方の政治的な意味合いについても示すようにしている。しかし、規範的な議論には決して立ち入らなかった。さらに、暗黙または未検証の規範的判断とよべるもの——誰が分析の目的に値するのかといった問題について——も、ほぼ完全に無視した。ここでの著者の大半は、自分の国の男性どうし、または家庭どうしの不平等に焦点を当てていて、それ以外と関わることはなかった。女性や弱者集団の地位に明確な関心を示した者も（一部を除いて）誰もいない。

この本が規範的な見方に関心をもたないということも、著者のプロフィールに関するわたしの選択を説明する一助となっている。もしわたしが規範的理論に——あるいはそこまで野心的でなくても所得分配に関する規範的見解に——関心をもっていたら、プラトンやアリストテレス、孔子、ルソーといった哲学者、さらには現代のロールズ、ハイエク、センなどにも紙面を割いていただろう。しかしこのなかには、個人間・階級間での所得分配が実際にどのように形成されるのかを書き綴った者はなく、ましてやその形がどのように進化するのかを論じた者はいないので、この本には入れなかった。それが最もよくわかるのはロールズだろう。彼の『正義論』は、所得再分配に関する現代思想に今も

多大な影響をあたえている。たとえばロールズは、遺産課税の強化と教育への公的支出増額の両方を主張していて、その根拠は、家庭的な優位なしにスタートした人びとの世代的な活躍の場を平準化するからだ[5]。しかしロールズは、現代資本主義の下での所得分配がどのようなものかについても、それがどう変化するのかについても、なんの見解も示していない。同じことはセンにも当てはまる。センは所得分配について、方法論とその根底にある理論の両方面から多くの文章を書いているが、所得分配を形成する実際の力についてはなにも述べていない[6]。ロールズやセンの著作を調べて、たとえば熟練労働者が十分に貯蓄すれば資本家になれるのかどうか、あるいはどのような収入源がトップ1パーセントを豊かにしているのかについての見解を見つけようと思っても、徒労に終わることだろう。

　最後に、この本でとりあげる著者の不平等思想に対して道具的アプローチをとっていることを考えると、マルクスについては特別にひとこと述べておくのが適切だろう。規範的立場を考慮せずにマルクスを読むなどは不可能のように思えるだろうが、マルクスが、今わたしたちが提示しているような意味では、不平等の問題には全般に無関心だったということは指摘しておかなければならない。大半のマルクス主義者が共有しているマルクスの見方は、背景となる資本主義制度——具体的には生産手段の私的所有と賃金労働者——が一掃されないかぎり、不平等削減のためのどのような政治闘争も、せいぜい改革主義、労働組合主義、そしてレーニンのいう「日和見主義」にしかつながらないとする。したがって、不平等は派生的・二次的な課題であって、マルクスの文章ではわずかしか取り組まれていない。たしかに、貧困と不平等についての描写は『資本論』の、とくに第1巻のページを埋め尽くしている。しかしそれは、資本主義社会の現実を伝え、賃労働制度を終わらせる必要性を示すためのものだ。既存の体制のなかで不平等や貧困の削減を主張するためのものではない。マルクスは世界改善論者ではなかった。不平等の削減を目指す労働組合主義者の闘争は、シュロモ・アヴィネリが書いているように、せいぜい労働者のあいだに連帯感と高揚感をもたらす手段として正当化されるにすぎない。いいかえれば、敵対的な社会階級が廃棄されたあとに登場する新しい社会に向けた、有効な練習にすぎないと見ていたのである[7]。

マルクスは、自身の資本主義批判が道徳的根拠に基づいているという考えを否定し、そうした視点から資本主義を批判する多くの者を否定するような書き方をしている。搾取（すなわち資本家による剰余価値の収奪）は、マルクスにとっては技術的な概念であって、規範的なものではなかった。それは体制の本質を反映したものだった。労働者は彼ないし彼女の労働力の価値よりも少ない賃金を支払われているのではないのだから不公正な交換はない。そうではなく、搾取があるのだ。それゆえ、たとえ労働者階級の状況についてのマルクスの議論に規範的な側面が、たとえ間接的にせよ存在したとしても（とくに『資本論』の第1巻やその他の政治的・道徳的な文章にはある）、それが彼の理論に影響を及ぼすことはない。したがって、不平等に関するマルクスの見方に対して道具的アプローチをとって規範的なものに目を向けないことは、可能なばかりか、マルクス自身の思想と完全に一致しているのである。

分配についての規範的な思考の痕跡が、社会主義および共産主義の下での所得を論じるなかで現れてくることがあるが、そうしたコメントは非常に少ないし、また暫定的だ。本人がいっているように、マルクスは「未来の飲食店のための調理法」を扱いたくはなかった[8]。またそうした文章が、この本のマルクスに関する章（第4章）でわたしが関心を寄せている、資本主義への言及ではないことも明らかだ。ただし第7章の、社会主義の下での所得分配研究の議論には、そうしたコメントが含まれている。しかしそこでも、わたしは道具的なアプローチにしたがって、社会主義の下での分配とそれについての思想の両方に影響を及ぼした現実の力に目を向けている。党のイデオローグがいつも好んでマルクスやエンゲルスから引っこ抜いてくるような規範的な言説に目を向けることはしていない。

なにが重要な研究かの基準について

この本でとりあげる著者の選択と研究の評価にあたっては、どのようなものが所得分配研究としてほかよりすぐれているかの判断が必要なのだが、わたしはなにか定義可能な評価基準を用いているのだろうか。答えはイエスだ。用いている。これについてはぜひとも明確にしておかなければならない。そうすることで、とくに第7章での、冷戦期の不平等研究へのわたしの批判が明確にな

るだろう。

わたしの考えでは、最もすぐれた所得不平等研究は3つの要素から成り立っている。それはナラティブ、理論、実証だ。この3つがすべて揃って初めて、わたしが所得不平等の統合的研究とよんでいる、価値ある結果を得ることができる。

不平等の**ナラティブ**とは、特定の力の相互作用を通じて所得分配が形成される道筋を語るときの、記述の仕方だ。これは理論に一貫性をもたせるとともに、著者がどの実証的証拠を重要視しているかを読者に説明するうえで大切になってくる。たとえばこの本に出てくる18世紀、19世紀の著者たちは、社会の階級構造を中心にそれぞれのナラティブを形作ったし、クズネッツの不平等の物語は近代化（製造業の発展をともなう都市化）の影響が中心となっている。ほかのナラティブは、純生産の分配率をめぐる組織労働者と雇用主との闘争や、独占企業による小規模製造業者の「飲み込み」、戦争や疫病による所得再分配への影響を綴っている。

ナラティブの要素を最初にあげたのは、単なる便宜上の理由によるものだ。ほかの2つの要素が下位だということではない。あるナラティブは実証の産物ないしその影響によるものかもしれないし、さらに大きな歴史的プロセスなどの理解から情報を得たのかもしれない。しかし、自分の世界観を他者に説明して納得させようと考えるなら、そして、データが入手できることだけを根拠に方程式を書き連ねる浅薄な実証主義に屈しないためにも、ナラティブは必ず存在しなければならない。

理論はナラティブの論理的足場を強化するものだ。たとえば階級闘争について説得力のあるストーリーを語りたければ、相対的な権力構造と、所得分配率をめぐる階級間対立に関する理論を構築する必要がある。所得分配を形成する鍵となる力についての理論は、数学的に表現してもいいし、ことばで語ってもいい。理論に経済的、政治的、社会学的、あるいはその他の香りがしてもかまわない。しかし、理論的な部分なしのナラティブだけでは曖昧になりすぎる。そして最後に、ナラティブや理論の主張を生み出したり、支えたり、切り崩したり、修正したりするためのデータをもってくるには**実証**が必要になる。これは絶対になくてはならない部分だ。データは、著者が読者を説得しようとする

ときの武器であると同時に、読者の側が、理論を推し進めるのに使われている証拠が間違っているかどうかをチェックするためのものでもある。3つの要素はどれも同じくらいに大切で、もしどれかが欠けていれば、所得分配へのアプローチは不完全といわざるをえなくなる。

許されるもれ落ち

不平等研究の歴史をカバーしているこの本には、おそらく顕著なもれ落ちが2つある。第一は、ケネー以前の著述家とりわけ重商主義者を省略していることだ。しかしこれは、この本の焦点を考えれば、重要なもれ落ちではない。結局のところ、政治経済学［経済学の旧称］を創始したのはケネーであり、初めて分析に明確な社会階級を導入したのも、経済的剰余を定義したのもケネーであって、あとの2つの概念は、どちらものちの政治経済学ならびに経済学の発展にきわめて大きな役割を果たすことになる。もちろん重商主義者も、貿易による利益の不均衡から生じる国と国との不平等には関心があった。国内の不平等に関する彼らの見方を研究することは、彼らにもそうした関心があったのだという、そのかぎりにおいては興味深いニッチなトピックかもしれない。しかしそれ以上のものではないとわたしは考えている。

第二のもれ落ちはもっと深刻だが、部分的なものだ。ラテンアメリカの構造主義および**従属理論**の学派が入っていないのだ。第7章で指摘しているように、冷戦期（おおむね1960年代から1990年代初めまで）に資本主義国、社会主義国で実践された経済学は、真剣な所得分配研究にとってはほぼ不毛の地だ。例外は構造主義者の研究で、彼らの大半がラテンアメリカの出身であり、ネオ・マルクス主義の従属学派と連携していた。この時期の興味深い所得分配研究は大半がラテンアメリカで生まれているが、それは偶然ではない。政治的な立場がソヴィエト支持でも無批判のアメリカ支持でもなかったため、またラテンアメリカ社会が明白な階級社会だったために、この地域では、東西ヨーロッパやアメリカ合衆国とは違った、ずっと創造的なアプローチで不平等のトピックに取り組めたのだ。たしかに第7章では従属学派とりわけサミール・アミンの貢献を認めているし、彼の研究は数十年にわたって追いかけている。しかし残念ながら、ラウル・プレビッシュ、セルソ・フルタド、オクタビオ・ロドリゲス

といった人びとの研究に関しては、わたしの知識が不十分なため、自信をもって論じることができなかった。もっと知識豊富な評者なら、もう1章を追加するとはいわないまでも、第7章にもっと紙面を割いて、こうした（そしておそらくほかのラテンアメリカの）著者とその貢献について検討していたことだろう。

競合する不平等観

　この本を始めるにあたって、各著者の不平等観にどんな違いがあり、どこが重なっているのかについて、簡単に述べておくのも読者の役に立つかもしれない。最初の4人——ケネー、スミス、リカード、マルクス——は、不平等を、本質的に階級現象だと見ていた。あとの2人の著者はそれぞれ違う見方をしている。パレートの場合、鍵となる亀裂はエリートとそれ以外の大衆とのあいだにあった。クズネッツの見方では、不平等は農村地域と都市地域との、すなわち農業と工業との格差から生じていた。20世紀の最後の30年の著者にとって、不平等は周辺の現象だった。

　しかし、階級が基礎になっているとはいえ、最初の4人の著者のあいだにも不平等観の違いはある。ケネーにとって、階級は法的に定義されたものだった。それが最も明瞭になるのはケネーによる土地所有者の扱いで、この階級は聖職者、貴族、国家行政官を含み、法律で剰余の受領者とされていた。ケネーの階級分類は革命前の現実の状況を反映したもので、当時のフランスの人口は法的に隔てられた各種の「身分」からできていた。同じ法的な区別は、各地の社会で19世紀の終わり近くまで存在していた。すなわち農奴制、カースト、あるいは強制労働を基盤とする帝政ロシア、インド、中央ヨーロッパ各国の社会であり、奴隷制を維持していたアメリカ合衆国、ブラジル、カリブ海植民地などの社会だ。こうした社会では、階級の違いを、経済的基盤だけでなく法的立場の違いとしても考え、それがやがて物質面や所得面での格差に翻訳されていくと考えるのが、ごく当然のことだった。

　スミス、そしてとりわけリカードとマルクスになると、階級の違いは完全に所有する「資産」のタイプの違い——土地か資本か労働か——によるものになった。階級間にも個人間にも、法律による公式の区別はなくなっていた

が、経済の世界では、保有する資産が大きくものをいった。不平等は、今日でいう機能的不平等のレンズを通して見られるようになった。すなわち、生産要素の違いから派生する所得の不平等である。だからこそ、スミスやリカードやマルクスの文章での不平等の議論は、煎じ詰めれば、土地の地代、資本からの利潤、労働からの賃金のあいだでの分配率のばらつきということになる。そこには、人びとは所得のすべてもしくは大半をひとつの生産要素だけから受け取り、階級には「ランク」があるという暗黙の前提があった。これはつまり、実質的にすべての労働者はどの資本家よりも貧しく、すべての資本家はどの地主よりも貧しいということを意味する。もちろんこれは非常に単純化した書き方であって、この本で扱う著者らの研究はもっと抽象的ないし理論的なものだ。彼らが——とりわけマルクスにはこれが当てはまるのだが——所得不平等の具体的で歴史的な事例を研究するときの階級分類は（実際に第4章に示しているように）ずっと細かいニュアンスを含んでいた。

　パレートになると、まったく異なる世界に入っていく。そこでは階級は姿を消し、個人（ないしエリートとその他の対立）が取って代わる。なぜそんなことになったのだろう。純粋に実証的ないし測定可能な観点からすれば、パレートが親しんだ社会（20世紀になる頃のイタリアおよびフランス）の不平等は、産業資本主義の頂点にあったイギリスの不平等に近い水準だったのだが、イタリアやフランスでは階級区分がそれほど顕著ではなく、社会的流動性はむしろ大きかった。イタリアとフランスでは富の不平等も小さかった[9]。階級分析が隠蔽された理由はパレートの社会学理論にも見ることができる。パレートは、社会で最も重要な区分はエリートとそれ以外の大衆とのあいだにあると信じていた。資本主義社会では、エリートはたしかに資本の所有者で構成されている。しかしそれは、一般的なエリート原理の特定の図式にすぎない。社会主義社会になれば、エリートは政府官僚によって構成されるだろう。いいかえれば、エリート層が構築される基盤はあれこれ変わるかもしれないが、エリートと大衆の分裂は残るということだ。エリートは、異なる社会では異なる社会学的形態をとるというだけなのだ。

　サイモン・クズネッツは1950年代および1960年代のアメリカ合衆国で暮らし、研究した。これは、この本で考察するほかの著者たちとはまったく異なる

環境だ。その頃には、国内の不平等は20世紀初めのピーク時から大きく削減され、アメリカ合衆国は圧倒的な世界の最富裕国となっていて、階級の亀裂が——ひとつには客観的に階級差がほかの国より小さくなったために、ひとつには、ホレーショ・アルジャー［アメリカの小説家。貧しい者が努力でアメリカンドリームを実現するストーリーを多く執筆した］による神話のせいで——ほとんど無意味なように見えていた。所得分配の変化は都市部と農村部、および農業活動と製造業活動の相対所得の推移が原因だと考えられた。これは新しい不平等観で、同時期に人気だった近代化論と密接に関連していた。

　クズネッツ以後の時期——所得分配の研究が社会主義国と資本主義国の両方で重要性を落とした時代——には、階級をベースにしたものにも、集団やエリートをベースにしたものにも、新しい研究を促進する組織化原理がなかった。これには「客観的な」理由がある。所得不平等が重要でなくなったのは、社会主義経済では革命を経験して私的資本が没収されたため、資本主義経済では福祉国家が生まれたためだった。とはいえ、不平等研究が暗黒期に入ったのはほとんどが政治的な動機によるものだった。そしてそれは1970年代から1990年代にかけての大きな環境の変化によるもので、第7章でとりあげる経済学者はこの時期に生き、研究していた。

　最後に、わたしがエピローグで検討している近年復活した不平等研究は、ある流れの発見と文書化にともなうものだ。それはネオ・リベラルの全盛期にレーダーをかいくぐって進んでいた。実際には不平等は非常に高い水準に達していたのだが、中産階級および下位中産階級による借り入れが容易な環境にあって、それがほとんど隠されていた。この容易な借り入れの潮が引くと、債務を返済しなければならなくなって、根底にある中産階級所得の低成長と高水準の不平等が露わになってきた。これがきっかけとなって、所得分配の研究は力強くカムバックしてきた。

　しかしこのカムバックは以前とは非常に異なる条件下で起こったもので、今日の関心は、過去2世紀にわたってほとんど無視されてきた（しかし決して新しくはない）亀裂に向けられている。それは人種とジェンダーの亀裂。この本で検討していく19世紀の著者たちのために公正を期すと、当時でも、人種やジェンダーと所得格差の関連に異論を唱える者はいなかっただろう。しかしそ

の一方で、こうした問題は彼らの研究に不可欠なものでもなかった。人種的な搾取についてはスミスもマルクスも言及している。スミスは奴隷制には徹底して批判的だったが、その解消については、奴隷所有者が政治権力を握っているからわざわざ自分の財産を失うような投票行動は決してしないだろうという理由で、不可能だと考えていた[10]。マルクスは、南北戦争のあいだは北部とりわけリンカーンの積極的な支持者だった。マルクスは戦争を、歴史が、必要なときには暴力の使用を通じてでも（奴隷所有社会のような）非効率的な社会形態を（資本主義のような）進歩的なものと置き換える方法のひとつだと見ていた[11]。またマルクスは、晩年には植民地主義、農奴制、奴隷制を含めたヨーロッパ外のできごとにも多くの注意を払うようになったが、そうした考察は、西欧の思想家としてのマルクスについての支配的な（理由がなくもない）解釈では、周辺部にとどまっている[12]。ジェンダー不平等については、所得分配への統合がさらに遅れたままで近年に至っている。無視されてきた暗黙の理由は、第一に、不平等が家族所得の差の問題だったことであり、第二に、女性が家族の所得や富の一部であって「見えなかった」ことだ。今日では、ジェンダーによる違いも人種による違いも、不平等研究で過去よりはるかに大きな役割を果たしている。

　同じく今日では、所得や富の世代間伝達の研究と、それがどのように不平等を悪化させているかについての研究にも大きな関心が向けられている。これはひとつにはデータ利用が大きく広がったためであり、ひとつには、当たり前に家族や世代を超えて受け渡される優位さについての認識が——そしてそれが、いかに現代社会を蝕んでいるかについての認識が——高まってきたためだ。現在の社会は、公式には生得の特権は消滅するか、少なくとも最小化されるべきだという思想に専心しているのだから。

影響の糸をたどる

　この本でとりあげる著者のあいだには多様なつながりがある。最初にとりあげるフランソワ・ケネーは重農主義原理の創設者であり、政治経済学の創始者でもある。アダム・スミスは1764年から1766年までの2年間のフランス旅行

でケネーと会っている。どれほど頻繁に会ったのか、どれくらい話をしたのか、スミスがケネーにどのような影響をあたえたのかはわからないが、ケネーがスミスにあたえた影響はかなりなものだった——第2章で検討するように、スミスには他者の影響を小さく見せようとする傾向があったのだが、それにしても相当大きかった——ことはわかっている。両者の年齢と社会的地位を考えると、スミスがケネーに大きな影響を及ぼしたとは考えにくい。ケネーは自分のホームグラウンドにいて年齢は61歳、フランスでの政治的影響力もピークだったのに対して、スミスは30歳近くも年少で、外国へはただの訪問者であり、これといって知られた著作もなく、デヴィッド・ヒュームの推薦で受け入れてもらっていたにすぎない。会った場所も、いわばケネーの芝生だった。パリジャンの集うあちこちのサロンで、ケネーが熱狂的な信奉者から偶像視されるなかでは、スミスはただ耳を傾けるだけだっただろう。フランス語もままならないスミスがどれほどの貢献をできたかはわからないが、周囲では大勢が、スミスには不完全にしか理解できない専門用語を使って一斉に話していたはずだ[13]。今日のスミスは非常に評価が高いので想像しにくいだろうが、スミスはどのサロンでもまったくなにも話さなかったのではないだろうか。

　リカードが政治経済学について執筆を始めたのは、スミスを読んで『国富論』のメモをとったのがきっかけだった。生涯を通じて、リカードはスミスの影響下にあった。リカードが『経済学および課税の原理』を書いたのは、スミスの誤っている部分を正すという考えがあったからだとさえいえるほどだ。一方、マルクスがリカードの『原理』につけた注釈やメモも同じくらい豊富だ。『資本論』の第4巻にあたる『剰余価値学説史』では合計22章中の10章、700ページ以上をリカードとリカード派社会主義者に充てている。事実、リカードの存在は『資本論』の全編を通じて感じられる。デヴィッド・リカード以上にマルクスの思想の発展に影響をあたえた経済学者はいないといっても過言ではない。

　それに続くのがパレートで、政治経済学に関する最初の著作である『社会主義という制度』（未訳）は、当時の社会民主主義者を批判し、マルクスの基本的な思想の一部に反対するために書かれている[14]。しかしパレートは、ときおり描かれるような反マルクス主義者ではなかった。ときにはマルクスを非常に

称賛していて、階級闘争が経済と政治の歴史を動かす大きな——おそらく最大でさえある——力だという点ではマルクスに同意していた。しかし、それ以外の多くの点ではマルクスに反対していて、これにはマルクスの労働価値説や、社会主義社会では階級がなくなるというマルクスの信念も含まれている。

　というわけで、18世紀半ばのケネーに始まって20世紀初めのパレートまで、ここで扱う最初の5人の著者を貫く明らかな糸をたどることができる。6番目の著者はこの血筋の断絶を示している。おそらくあまりに多くの時間が——2つの世界大戦を含めた時間が——パレートとサイモン・クズネッツのあいだに流れたからだろう。クズネッツの研究は断固として実証的で、リカードやマルクスとの共通点は多くない（というよりほとんどない）。パレートとも、階級の不平等より個人間の不平等に関心があったことと実証的手法に依存したこと以外には、大きな共通点がない。所得分配に関するクズネッツの理論は直感的かつ帰納的な理論で、政治経済学の先人たちに負うところがほとんどない。クズネッツの研究を下支えする近代化および構造的変化の理論と、発展に関するスミスやマルクスの定常理論とは、ぼんやりとつながっているだけだ。変化についてのクズネッツの見方は、社会的なものでも政治的なものでもなく、ずっと経済的なものだった。

さまざまな語り口、さまざまなスタイル

　ここで研究する著者にはそれぞれ独特の文章スタイルがあり、目の前のトピックへのアプローチも各人各様だ。このプロローグは、個々の章ではできないことができる格好の場所なので、こうしたさまざまな才能や手法を並べて比較対照してみようと思う。

　ケネーのスタイルはもともと曖昧なのだが、それにくわえて数字上の誤りが多く、非常にわかりにくい。読者には往々にしてなにか欲求不満の感覚が残るのだが、それは疑問が投げかけられ、答えがすぐ近くにあるように思えて興味を引かれるのに、複雑な数値例や（今日の視点からすれば）奇妙な回帰によって、答えの登場が何度も引き延ばされるからだ。魅力的で知的な風景のなかを歩いているのに、その喜びが、繰り返しや矛盾、誤り、省略によって台無しに

24

されてしまうような感覚がする。文芸評論家で重農主義に批判的だったフリードリヒ・フォン・グリムは、ケネーの文章は意図的に曖昧にしてあるのだと考えた。「ケネー氏は生来が曖昧なだけでない。氏は体系的に曖昧なのであって、真実は明確に語られてはならないと信じているのだ」[15]。最後には、この旅は長くてつらい行軍となる。現象と事実との独特なつながりが明らかとなり、そのいくつかは群を抜いて予知的で近代的な響きがあるにもかかわらず、ほかの発言によって——それも驚くほど旧弊で、18世紀の従来型知識の武器庫から直接もってきたような発言によって——あっさり「打ち消され」てしまう。読者はケネーの著作というウサギの穴に簡単に落ち込んで（実際に多くの者がそうなった）、技術的なミスの藪を切り払いながら、主張のロジックを解明しようと努めることになる。わたしはつねづね考えるのだが、ケネーに魅了されるのは特殊なマゾっ気のある経済学者の集団に違いない。彼らはケネーの誤りを訂正することに取り憑かれるようになり、ある日この複雑な男とその信奉者の理解に一歩を踏み入れたかと思うと、次の日には同じくらい後退しているということを繰り返している。もしも目的地に到達することがあるとするなら、それは多年にわたる苦難の旅の果てのことだろう。

アダム・スミスのスタイルはまったく違う。複雑で、優秀で、ときにわかりづらいケネーの精神と、手厳しく、鋭いウィットがあり、常識人的なアダム・スミスの精神との対照ぶりは驚くほどだ。この本でとりあげる6人の著者のうち、顔を合わせたことがあるのはこの2人だけなのだが、いったいどのようなコミュニケーションになったのかと思ってしまう。先にも述べたように、たいした会話はなかったのだろう。経済学や社会学でのスミスの影響力の大きさは文筆家としてのスキルに負うところが多いと、多くの者が語っている。その文章スキルのために、論理の誤りや言説の矛盾があっても、一読しただけでは見逃されてしまう。たしかに『国富論』はまとまりが悪く、ひどく退屈な部分や繰り返しの部分があって、これには第1編の土地の地代を扱った「きわめて長い」章や、第2編の金融操作に関する長々とした議論、第4編のイギリス税関の瑣末な部分に割かれたセクションも含まれる。しかし、そうしたまとまりの悪さはあるにせよ、全体としてこれはよく書かれた本であり、スミスが非常に多くのさまざまな文脈でたびたび引用されているのも偶然ではない[16]。この事

実は、スミスのスタイル、はっとするような類推、知識の汎用性を証言するものだ。

しかし、きちんと『国富論』から選んで引用されたものが変に広がってしまい、かえって理解を妨げているという面もある。ある目的を念頭に置いてスミスから引用された文なのに（しかもその目的は引用された文そのものとは少しも矛盾していないように思われるのに）、その部分を原著の文脈で読んでみると、スミスはまるで違うことを述べていたというケースが少なくない。アダム・スミスを理解ないし誤解し、引用文を単独で用いて自分の立場を補強することは、すでに家内工業的な地位を獲得していて、ほとんどスミスの死の直後から始まっている。わたしも関連する議論ではこれに加担していて、スミスの『道徳感情論』と『国富論』は書かれた時期によって区別するのではなく、目的と念頭に置いていた読者によって区別するべきだと主張している[17]（これを自分のオリジナルの立場だというつもりはないが、スミスに関しては、オリジナルの立場をとること自体が困難だ）。この議論は単なる古物収集的な関心のものではない。そこには、アダム・スミスを不平等の経済学者として見るうえでの重要な意味合いが含まれている。

リカードのスタイルはまた違っている。それは数学記号を使わずに書かれた数学だ。乾いた文体で、シュンペーターのいった有名な「リカードウ流の悪習」のそもそもの事例になる[18]。しかし、その乾いた、感情を交えないスタイルは『経済学および課税の原理』の出版以後、2世紀にわたって多くの人びとの情熱を喚起し続けている[19]。読者は、文章の無味乾燥さに嫌悪感を抱くと同時に、ときに極寒の極地にまで突き抜けるような論理の一貫性に驚愕する。アダム・スミスは大半が読んでいて楽しく、ケネーは魅惑的なところともどかしいところが交互に現れてくるのに対し、リカードは誰が考えても魅力的な著者ではない。リカード本人も自分の文章と会話の才能には低評価を下していたようで、ジェームズ・ミルに宛てて「作文に難渋します――思想に言葉をまとわせることにです。これは他の人にほとんど類例をみない程度です」と書き送っている[20]。本人がどれくらい本気でそう思っていたのか、どこまでが、単に19世紀イギリスの書簡分野でよくある自虐的な感情だったのかは判断が難しい。リカードでは歴史上の例（補説）が非常に少なく、提出された例にしても、単

なる図式的説明の機能を果たしているだけで、実際の国やその歴史について深いことを明らかにしているようには思われない。スミスとはまったく対照的で、とくにリカードの経済学への関心が『国富論』を熟読してメモをとることから出発したことを考えると、その感が強い。スミスの知識と好奇心が世界中の——さらには古代ローマやアステカ帝国から中国、スコットランドの歴史にまでわたる——経済問題へと広がっていたことも、リカードとの大きな違いだった。

しかしリカードの目下の問題に集中し、その主張を一文一文たどっていけば、得られるものはとてつもなく大きい。わたしは有名な第31章の「機械について」を、リカードの文章の最高の例にあげたい。これは大きなトピックで、議論の進め方は緻密で包括的だ。しかもリカードはまったく誠実に、機械の導入が労働者の利益を損じるはずはないとした初期の信念を放棄している（マルクスはリカードが「誠実さ」を示したと称賛している）[21]。このように、この章には、結論がどうなろうと知識を求めていく人間としてのリカードと、第一級の思想家としてのリカードの両方を見ることができる。

リカードとマルクスの数値例はそれ自体でひとつのストーリーになってしまう。理由は、頻繁な変位値［変数全体を等分したときに境界となる確率変数の値］の使用と時代遅れのポンド・シリング・ペンス体系だけではない。リカードとマルクスの数値例の意味や正確さを解明するために、どれほど多くの論文が費やされたことだろう。きっと、研究すれば何年もそれにかかりきりになるだろう。マルクスの例には往々にして計算間違いが含まれていて、かなりの部分をエンゲルスが訂正し、多くの研究者が100年以上を費やして、翻訳者と編集者の共同作業で見つけ出している。誤りのいくつかは、マルクスの場合には今も混乱につながっていて、わたしも（意図してではなく純然たる必要性から）ペンギン版のマルクス『資本論』数種類を、きわめて便利ではあるがときに誤りも多い電子版（Marxists.orgで利用可能）と比較するなかでそれに気づいている。マルクスの文章が獲得している擬似宗教的な地位を考えると、鍵となる用語を英語その他の言語に翻訳するときにも問題がある。英語への翻訳でいえば、疎外alienation、剰余価値surplus value、本源的蓄積primitive accumulation、利潤率の傾向的低下 tendency of the profit rate といった重要な用語や概念につい

ては、もう標準化されている（ただし本源的蓄積primitive accumulation は *primary accumulation* と訳されることもある）が、今も版による違いが不意に見つかることがある。わたしはドイツ語がわからないので、この本でとりあげる著者のうち、マルクスだけはオリジナルで読んでおらず、代わりに英語版、フランス語版、セルビア語版を併用した。わたしにとって、またほかの経済学者にとっても幸運だったのは、マルクスは、経済学に関する文章のほうが哲学に関する文章よりも用語上の問題が少ないことだ。たとえば『1844年の経済学哲学手稿』のある版を訳したマーティン・ミリガンは、冒頭の4ページでいくつかの重要用語の翻訳について注釈を述べ、なぜestrangedのほうが一般的なalienated よりもドイツ語のオリジナルに近いのかを説明するなどしている[22]。

　マルクスが『資本論』第1巻を書いた目的は、本人もいっているように芸術作品を書くためであって、単に政治経済学の本を書くためではなかったし、ましてや（本の副題にあるような）政治経済学の批判書を書くためでもなかった。マルクスはその基準を満たすために、哲学、文学、歴史学、政治経済学をもちこんだ。一貫してその助けになったのは、古代ギリシャやローマの哲学、文学についての広範な知識だった（マルクスの学位論文はデモクリトスとエピクロスの自然哲学に関するものだった）。マルクスの皮肉の使い方は秀逸だ。ほんの一例として、ルイ・ナポレオンについての評価を考えてみよう。「運命論者であった彼は、人間が、ことに軍人が、さからうことのできないある種のより高い力があるということが、生活の信条となっている。そういう力の第一に彼が数えているのは、葉巻とシャンパン、冷やした鳥肉とニンニク入りソーセージである」[23]。アンチテーゼを繰り返すスタイルはすぐにマルクスだとわかるもので、とくに政治と歴史についての文章では、どれも才気にあふれた、引用に耐えるものだ（ただ、この手法に頼ることが多すぎて、ときに型にはまりすぎることもある）。その好例が、19世紀イギリスのリベラル派への嘲笑だ。「イギリスのウィッグ党の性格が……をさらけださなければならないかは、明らかだ。封建的先入見をもった金貸し、名誉心をもたない貴族、産業活動をしないブルジョア、進歩的ながら文句を述べてる最後の人、狂信的な保守主義の考えをもった進歩主義者、改革のほんの微量の売込人、縁故政治の育成者、腐敗の団長、宗教のにせ信者、政治のタルテュッフがそれだ」[24]。

プロローグ

　しかし、必ずしも全員がマルクスのスタイルに酔いしれたわけではないことは、ベネデット・クローチェによる『資本論』第1巻への手厳しい（が必ずしも的外れではない）批判によく表れている。

　　どうにも気になるのはこの本の奇妙な構成である。一般理論と厳しい論争と風刺、そして歴史的な図式や脱線が綯い交ぜになって配置されている。そんな『資本論』を、現存するなかで第一級の、最も均整のとれた書物と言い切れるのはアシル・ローリア［訳注：乱雑な散文体で知られるイタリアの経済学者］くらいのものだろう。実際には、これは均整のとれていない、ひどい配列の、バランスの悪いもので、上質な味わいの法則すべてに対する罪を犯している。いくつかの点ではヴィーコの『新しい学の諸原理』とも似ている。また、そこにはマルクスの好きなヘーゲル風の語法があるが、そのヘーゲル的な伝統もここでは失われてしまっている。またその伝統の内部にあってさえ、マルクスはそれを自由に脚色しているため、ところどころ紛いものの要素もないとはいえないだろう。したがって驚くことではないが、『資本論』はその時々で経済論文として、歴史哲学書として、社会学の法則集として……道徳と政治の参考書として、さらには一部からは、ある種の物語風歴史書としてすらみなされているのである。[25]

　『資本論』の第2巻、第3巻はどちらも未完で、当然のことながらエンゲルスの編集になるのだが、エンゲルスは今でいうカット・アンド・ペーストの手法を使っていた。この未完状態には利点と問題点の両方がある。いくつかの重要な部分（利潤率の傾向的低下をめぐる議論など）は明らかに未完成だ。第3巻のいくつかの部分は、イギリス議会のさまざまな委員会での長々しい議論からの長文引用にすぎない。しかし未完であることの利点として、いくつかの部分では、優秀な精神がその能力と発想のピークにあって活動しているのを目にし、感じさせられる。いくつかの節や段落は（同じことは『経済学批判要綱』についてもいえるのだが）まさに瓦礫のなかのダイヤモンドだ。わたしは、マルクスは読み直しも修正もしておらず、どれも、いつかわからないが発想の閃いたその日に一気に書かれたものが、書かれたままで出版されたのだと考えている。書

29

かれたのはロンドンの雑然とした部屋のなかか、大英博物館図書室の、本人が自分のものだとまで言った机でだったのだろう。

　マルクスの途方もない知識への渇望は、ジャーナリズムの文章から政治学、経済学、哲学まであらゆるものをカバーしている。これまでに何千何万という人びとが、総計にして何百万時間を——なかには生涯のすべてを——彼の文章に注ぎ込んでいるのも驚きではない（当然のことながらマルクスのために、あるいはマルクスが理由で死んでしまった者もいる。そんなことは、この本でとりあげるほかの著者ではありえないことだ）。ハインツ・クルツは最近の寄稿記事で新しい全集の出版にコメントを寄せ、マルクスの飽くことなき学習欲について綴ることで、晩年の相対的な不毛を説明している。マルクスは、人間の社会的存在に関するあらゆる部分——ロシア語など新たな言語の学習も含む——ばかりか、数学や化学（最晩年）、地質学をはじめとする自然科学の文献までも掘り下げたという[26]。これでは、たとえ1870年の時点で世界が停止してマルクスに2世紀の分析期間があたえられたとしても、とても任務を達成することはできなかっただろう。世界中の知識を吸収したいというマルクスの強い気持ちが、彼の文章の多くを未完に終わらせてしまった。もしも予期せず名声を得ることがなければ——きっかけはロシア十月革命以後、単なる共和国や王国の創設者ではなく、地球全体に広がるべき新社会秩序の創始者に祭り上げられたことだったが、もしそれがなければ——彼の文章の多くは決して大衆に届かなかっただろう（たとえば手稿〈『1857-58年の経済学草稿』〉や書簡の大半は本のかたちで出版されず、せいぜいなにかの特別版に収録されるくらいだっただろう[27]）。しかし実際にマルクスの著作集は、その多くが単なるメモや走り書きであるにもかかわらず、彼の死後1世紀半が過ぎた今もなお出版され続けている。

　パレートの文章には著者の逆説好き、議論を求める態度、さらには「ブルジョアジーの度肝を抜く」という色気が染み付いている（彼の文章の大半はブルジョアジーの美徳を擁護しているのだが）。パレートの文章は機械的で、大して明白な理由もなしに「3. 2A. 4」とするなど、過剰なほどセクションに整理されている。しかも直感に反する専門用語が使われているため、著作は読みづらい。読者は高水準の関与と忍耐力を求められ、往々にして説明を求めたくなってしまう。パレートの最もすぐれた部分は、逆説を述べて驚かそうとか、工学

のようにテクスト分割で管理しようとか、ギリシャ語の新語を作って気を引こうとかいったいつもの色気を忘れたときに、自分の意見がやや「自然な」方法で表現されるのを許したときに見えてくる。そうした欠点にもかかわらず、パレートの文章には、たしかにある種の歪んだ魅力がある。今日ほとんど読まれないのは残念だが、本人はそう思っていないかもしれない。逆説好きとして、また貴族的なひねくれ精神から、人気がなく大衆受けしないことを、むしろ誇りにしているのではないだろうか。

　クズネッツの文章スタイルは、この本でとりあげる6人の著者のなかで、おそらく最も興味がわかないものだ。ひとつには、これは彼自身の鏡像なのだろう。本人も慎重で、抑制の効いた、退屈な人だったようだ。またひとつには、これは経済学が進化して、広範な社会科学から、人間存在のごく一部だけを調べる狭い分野へと徐々に変わっていく姿を反映しているのかもしれない。クズネッツは人口動態学に強い関心を抱いていたし、政治、社会的要因、さらには心理学の重要性も認めていたのだが、そうした分野で著作をすることはなかった。また、おそらく少しでも科学的な外見を維持するためだったのだろうが、クズネッツは自身の考えを但し書きや留保条件を満載した文章で表現したために、そうでなくても複雑なものがいっそう複雑になってしまっている。クズネッツにはよくあることだが、一見するとAを支持するような主張で文を始めておきながら、文の終わり近くになるとAに対する問題が積み上がってしまい、読者はAが間違いでBのほうが正しいと思うようになったりする。パレートのスタイルとクズネッツのスタイルは正反対のものを代表している。一方は挑発的で、もう一方はできるかぎり挑発的にならないように努めている。しかしどちらも不平等と所得分配に取り組む姿勢は慎重で、自分の主張を誇張して述べることはしない。それがとくに顕著なのはパレートで、強い発言をしてもあとでそれを（少なくとも部分的には）引っ込めることが多い。

ナラティブ、理論、実証の不均等な統合

　わたしは先に、内実のある不平等研究を構成するものについて独自の基準を述べた。それは、説得力のあるナラティブ、しっかり構築された理論、そして

実証的証拠を特徴とする。この基準を頭に置いてこの本でとりあげる著者すべてを見渡してみると、ケネー、スミス、リカードにはいずれも非常に強くて明確なナラティブがあり、そのナラティブと理論とのあいだにしっかりとした結びつきがある（これはリカードが最もはっきりしている）のだが、実証がほとんどない。実証がないのは単純に、当時は必要なデータがほとんど存在していなかったからだ。だからこそリカードは、ほぼすべてを説明的な計算と数値例に頼らなければならなかった。地代、利潤、賃金についてはある程度のデータが存在したが、その情報ソースは断片的で分散的だった。これはマルサスのように、リカードよりずっと実証的証拠に関心が強く、目についた出版物のほぼすべてでデータを漁っていた著者でも同じだ。今日のわたしたちが思う以上に実証は不足していたのだ。

　マルクスの研究には、またパレートではそれ以上に、3つの要素がすべて揃っている。マルクスのデータと事実の活用ぶりは、リカードやスミスからは劇的な改善を遂げている。パレートはそれを新しい水準にまで引き上げるのだが、これは所得分配に関する財務データが利用できたためだ（第4章で示すように、マルクスもイングランドおよびアイルランドの所得分布に関する財務データを引用している。これと同じタイプのデータが、30年後にパレートの主張に実証的な核を提供することになる）。マルクスにもパレートにも明確なナラティブと理論があった。それはクズネッツも同様で、彼にも「すぐれた」アプローチを構成する3つの要素すべてが揃っていた。

　しかし冷戦の時期については、また、当時の社会主義国と資本主義国で実践された経済学については、事情が違っていた。わたしはこれがすぐには明快にならず、問題を抱えてしまった。1960年頃からあとの西側で突如として所得分配の研究が暗黒時代に入ったことが説明できなかったのだ。この日蝕のような暗黒時代は、東側ではさらに早くから始まっていたのだが、こちらの説明はすぐに見つかった。社会階級は廃止されたという思い込みと、その（強要された）思い込みに異を唱えかねない研究を許さないという政治的圧力だ。しかし西側についてはどうだろう。新古典派経済学や、冷戦が誘発した政治情勢になにかがあって、経済学者は、資本主義・民主主義の国での不平等研究に背を向けるようになったのだろうか。

プロローグ

パズルが解けたのは、1960年から1990年までに西側で教えられ、研究されていた経済の学派が、実は冷戦期のために設計されたものだとわかったときだった。ただし、政治的要素だけが関係していたわけではなく、客観的な要素もあった。この時期には不平等が大幅に縮小していたのだ。不平等は消えつつある問題のように思え、そのため、それを研究する関心も萎んでいった。また、経済学が抽象的なものに方向転換したことや、富裕層が研究に資金提供したことも責められるべきだ。しかし最も重要な決定要因は、やはり政治情勢だっただろう。冷戦期に西側で好まれたタイプの経済学では、階級間の不平等研究のための場所がなく、そのため、所得分配を真剣に研究する場もなかった――少なくとも、鉄のカーテンの向こう側の共産主義国が、階級は廃止されたと主張しているかぎりは。どちらの陣営も、自分たちのほうが平等だ、こちらのほうが階級的ではないと言い張らなければならなかったのだ。

冷戦期に社会的ないし階級的な分類の摘出手術が行われたことは、所得分配研究そのものがたどった歴史的進化を見れば明らかだ。ケネー、スミス、リカード、マルクスは社会階級を、経済学についての自身の思想を整理する方法として用いた。階級は自然な概念であって、それを中心に所得分配が「構築」された。パレートは個人間の不平等に移行したが、社会構造を忘れることはなかった。エリート（上位所得階級）とそれ以外の大衆が社会階級に取って代わった。もっと正確にいえば、政治体制によってエリートになる社会階級が異なることになった。ある体制では資本家が、別の体制では官僚がエリートとなる。クズネッツになってようやく社会階級もエリートも姿を消し、焦点は個人に移った。そこでの個人は、住んでいる場所（農村対都会）、職業（農業か工業かサービス業か）、教育（熟練対非熟練）によって社会的に差別化された。しかし、こうした集団のどれも、古典派経済学が見ていたような社会階級（生産過程においてほかとは明確に異なる役割を果たす集団）を表してはいなかったし、エリートを構成してもいなかった。階級はそれを通して不平等を把握するための主要カテゴリーだったのだが、その社会的マーカーを格下げしようとする流れがクズネッツとともに始まり、その後もさらに強化されて継続した。わたしの見方では、これも、20世紀後半に所得分配の研究が後退した理由のひとつだった。

冷戦経済学の庇護の下で所得分配研究が後景に押しやられた理由はほかにも

あって、それが第7章のテーマになる。しかし大切なことなので、望ましい三本柱の構造が崩壊したことにはふれておこう。純粋に実証的な研究は、数は多かったのだが、政治的にも、階級的にも、また国際的にも、ナラティブと無関係なものになっていった。そのほとんどは、ナラティブがまったくなかった。あったとしても「世界システム論」のように、実証面がほとんどなかった。同時に、理論的な研究はその前提が過度に単純化、非現実化していった。また、前提自体が最終結果を決定しているために、目的論化もしていった。そのような理論的研究では、ナラティブの部分と実証の部分の両方が犠牲になった。崩壊の理由としては、所得分配の研究が過度に専門化したこともある。多くの流れのどこも、3つの次元すべてを取り込むことができなくなってしまったのだ。

冷戦経済学には社会主義国のバージョンも存在した。こちらのバージョンは単純化したドグマ的マルクス主義で、社会主義社会に適用するときには階級分析の部分が刈り込まれていた。西側の経済学と同じように、こちらでも不平等とその原因は無視された。ナラティブと理論の部分は所得分配の規範的な見方に取って代わられた。実証的研究は（西側とは違って）数が少なかったのだが、これはデータがないためと、データが存在する場合でも、秘密主義に包まれていたためだ。このように、社会主義国での所得分配の研究は、せいぜい実証的なものがいくらかあるくらいで（それもたいていは貧弱だった）、ナラティブも理論もほぼゼロだった。

第三世界のいくつかの地域では状況がましだった。それが顕著なのはラテンアメリカで、長いあいだラテンアメリカの著者たちは、自国の所得不平等について実証的な研究を生み出していた。しかし、西側の冷戦経済学と比較したときに最も有利だったのは、そうした研究を構造主義のナラティブに結びつけられたことで、それによって彼らは、国際経済と自国の政治的立場を国内の（階級）構造の分析に結びつけることができた。こうしてこの理論は、冷戦期の新古典派経済学よりずっと豊かなものとなった。

研究者はどうだっただろう。ケインズが、偉大な経済学者が備えているべき「もろもろの資質のまれなる組み合わせ」について述べたのは有名だ[28]。わたしの考えでは、所得不平等を学ぶ者は、研究する社会の政治とその社会に関連する歴史について詳しく知っている必要があるほか、数学や実証のテクニック

にもすぐれていなければならない。研究するトピックに関して幅広い「視野」も必要だし、外国の経済史にも（経済学の文献も含めて）親しんでいなければならない。こうした特徴がひとりの著者のなかで組み合わさることは非常に少ない。それはおそらく、分業を過度に強調する教育システムと不合理な専門化のせいだろう。

今の視野に歴史的な視点を取り入れる

この本でとっているアプローチの利点のひとつは、とりあげている著者についてだけでなく、今日の不平等を見るときの、わたしたち自身の偏見についての洞察も得られることだ。現在のわたしたちが抱いている不平等への関心についても、その歴史的な特異性を正しく評価する一助となるだろう。わたしたち自身の見方に普遍的な意味があるわけでない。今のわたしたちの見方は、今日のわたしたちが不平等を決定する最も重要な力だと見ているものの表現にすぎない。社会が違い、時代が違えば不平等を形成する力も違うだろう。「歴史性」はそのことを理解する助けとなるはずだ。

そうはいいつつも、この本では、観察される効果について、ときに法則として言及することを認めておかなければならない。たとえば、マルクスの利潤率の傾向的低下の法則、パレートの法則、あるいはクズネッツの逆U字曲線が示唆する法則などだ。しかし本当をいえば、こうしたものはまだ仮説であって、確認されたように見えても、せいぜい傾向にすぎない。法則という用語は自然科学から取り入れられたもので、便利だから使われているが、それほどの厳密さはない。自然科学の法則と同レベルの予言的陳述が社会現象に適していないことは明らかだ。

どの世代も、それぞれに不平等の顕著な特徴ないし主要な原因と考えられるものに焦点を当てるものだ。過去の最も重要な経済学者がどう考えたかを見ていくことで、わたしたちは歴史を学ぶとともに、間接的に問いかける（というかむしろ指摘する）ことになる——わたしたち自身のアプローチは、現代社会についてのわたしたちの概念と、今日のわたしたちが不平等の重要マーカーだと考えているものの両方によって限定されているのである。

18世紀、19世紀の著者たちは（先に指摘したように）、人種やジェンダーの不平等にはほとんど関心がなかったし、それが全体の不平等とどう重なり、どう影響しているのかについても、ほぼなにも考えていなかった。どちらもほんのついでに言及されるくらいだった。国どうしの不平等でさえ——彼らは明らかに気づいていたし、マルクスの場合はその思考に大きな役割を果たすようになっていっていたのだが——今日のような位置づけはほぼされていない。18世紀、19世紀の大半を通じてなによりも強く望まれる目的は、法の下の平等だった。

　この本で検討する著者たちは、ほぼ全員が個人的に法の不平等に直面しているのだが、彼らの研究にそれが大きな役割を果たしたということはない。ケネーは、社会階級の法的平等が存在しえないことを半ば自明のことと受け取っていた。スミスはスコットランドでの投票権がなかった。リカードはイギリス議会の議員職を金で買うことを躊躇しなかったが、どうやら選挙区には一度も足を運ばなかったようだ。マルクスの父親は、弁護士の仕事を続けるためにプロテスタント・キリスト教への改宗を余儀なくされた。パレートは愛した女性となかなか結婚できず、最晩年になってようやくイタリア支配下のイストリア半島に、離婚経験者が再婚できる場所を見つけることができた。クズネッツは移民で、初めは、アメリカ合衆国に着いたらロシア語のクズネッツから英語のスミス（どちらも意味は同じ）に改名するのがいいと考えていた。

　大きなポイントは、不平等の受け取りは時代によって変わるということ、以下のページで考察していく著者たちも、それぞれの時代や場所の条件に影響を受けていたということだ。そのことを理解すれば、不平等そのものが歴史的な現象だという重要な真実をつかむことができる。不平等を動かす力も社会や時代によってさまざまだし、不平等の受け取りも、信じているイデオロギーの機能によって違ってくる。したがって、一般的ないし抽象的な用語で不平等を語ることはできない。語れるのは、それぞれの不平等の具体的な特徴だけなのだ。

　この本のひとつの目的は、こうした時代と場所に特異的な特徴を解きほぐし、読者に、わたしたち自身の不平等観がいかにわたしたちの社会の重要な特徴に影響されているかを理解してもらうことにある。不平等についてのわたし

プロローグ

たち自身の概念は、歴史と場所に規定された文脈によって形成されている。そのことが受け入れられれば、わたしたちは未来を考える能力を高めていけるのではないだろうか——未来がもたらすさまざまな課題に向けて。

原注 ——————————————————————————————————————

1. Heinz D. Kurz, "Will the MEGA 2 Edition Be a Watershed in Interpreting Marx?" *European Journal of the History of Economic Thought* 25, no. 5 (2018): 783–807.

2. Joseph A. Schumpeter, *History of Economic Analysis*, ed. Elizabeth Boody Schumpeter (Oxford: Oxford University Press, 1954; repr. 1980)［邦訳『経済分析の歴史』東畑精一、福岡正夫訳、岩波書店、2005.12–2006.11］; Mark Blaug, *Economic Theory in Retrospect* (Homewood, IL: R. D. Irwin, 1962).［邦訳『経済理論の歴史』1–4、久保芳和、宮崎犀一ほか訳、東洋経済新報社、1982.10–1986.2］

3. Leszek Kolakowski, *Main Currents of Marxism*, trans. P. S. Falla, 3 vols. (Oxford: Clarendon Press, 1978).

4. Robert Heilbroner, *The Worldly Philosophers: The Lives, Times, and Ideas of the Great Economic Thinkers*, 7th ed. (New York: Touchstone, 1999).［邦訳『入門経済思想史 世俗の思想家たち』八木甫、松原隆一郎ほか訳、筑摩書房、2001.12］

5. John Rawls, *A Theory of Justice* (Cambridge, MA: Belknap Press of Harvard University Press, 1971), 53–59.［邦訳『正義論』河本隆史、福間聡ほか訳、紀伊國屋書店、2010.11、128–138ページ］を参照。

6. たとえば Amartya Sen, *On Economic Inequality* (Oxford: Clarendon Press, 1973).［邦訳『不平等の経済学——ジェームズ・フォスター、アマルティア・センによる補論「四半世紀後の『不平等の経済学』」を含む拡大版』鈴村興太郎、須賀晃一訳、東洋経済新報社、2000.7］を参照。

7. Shlomo Avineri, *The Social and Political Thought of Karl Marx* (Cambridge: The University Press, 1968).［邦訳『終末論と弁証法——マルクスの社会・政治思想』中村恒矩訳、法政大学出版局、1984.7］アヴィネリは、マルクスは「労働組合運動が世界をつくり変えうる、とは思っていなかった。というのは、それが社会構造すなわち資本の諸条件のもとにおける人間労働の質を変革することはできないだろうからである」と述べている（原書121、邦訳150ページ）。また、労働者協会という概念は「狭い意味での政治的な意義や労働組合主義的な意義をもっているわけではない、つまりそれは、未来における人間関係の社会的組織をつくり出すまことに建設的な努力なのである」とも説明している［原書142、邦訳177–178ページ］。

8. Karl Marx, "Postface to the Second Edition," *Capital*, vol. I, trans. Ben Fowkes, intro. by Ernest Mandel (London: Penguin, 1976), 99.［邦訳『マルクス＝エンゲルス全集』大内兵衛、

プロローグ

細川嘉六監訳、大月書店、1959.10〜1991.11、第23巻a、19ページ］

9. ヨーロッパの富の不平等の比較については World Wealth and Income Database, https://wid.world; and Daniel Waldenström, "Wealth and History: An Update," IFN Working Paper No. 1411, Research Institute of Industrial Economics, Stockholm, October 14, 2021, https://www.ifn.se/media/442pkvuk/wp1411.pdf を参照。

10. 「これらの優位な利点にもかかわらず、奴隷制が廃止されることはありそうもない。それが現在廃止されている世界の一角では、いくつかの特殊な事情によってそうなったのである。民主制統治においては、立法者たちがそれぞれ奴隷たちの主人であるために、奴隷制が廃止されることはまずありえないのであり、したがって彼らは、自分たちの所有のうちのこれほど価値のある部分を手放す気には決してならないだろう」Adam Smith, "Report of 1762–63," *Lectures on Jurisprudence*, ed. R. L. Meek, D. D. Raphael, and P. G. Stein (Oxford: Clarendon Press, 1978; repr. Indianapolis: Liberty Classics, 1982), 186.［邦訳『アダム・スミス法学講義　1762-1763』水田洋ほか訳、名古屋大学出版会、2012.5、193ページ］

11. 「連邦存続のためのたたかいは奴隷支配存続に反対するたたかいであり、──そしてこのたたかいでは、いままでに実現された人民自治の最高の形態が、歴史の年代記に記録された人間の奴隷化の最も恥知らずな携帯にたたかいを挑んでいるのだということを知っている。［改行］その規模の壮大とその目的の偉大な点で、一八四九年以来ヨーロッパが体験してきた根拠のない、気まぐれな、ちっぽけな戦争とは雲泥の差のあるこの戦争に……」Karl Marx, "The London Times on the Orleans Princes in America," *New York Tribune*, November 7, 1861, in Karl Marx, *Dispatches for the New York Tribune: Selected Journalism of Karl Marx* (London: Penguin, 2007).［『マルクス＝エンゲルス全集』第15巻、310–311ページ］

12. 西欧の枠を超えたマルクスの調査ラインの拡張に関して、アンダーソンは支配的な見方とは逆に、マルクスの最後の10年は不毛ではなく、むしろ非常に活動的で、その研究は、まさに支配的なマルクスの研究方法で過小評価されがちな新しい方向に向けられていたのだと主張している。Keith B. Anderson, *Marx at the Margins: On Nationalism, Ethnicity and Non-Western Societies*, enl. ed. (Chicago: University of Chicago Press, 2016).［邦訳『周縁のマルクス──ナショナリズム、エスニシティおよび非西洋社会について』明石英人ほか訳、社会評論社、2015.2］

13. わかっている範囲では、ケネーとスミスが差し向かいで腰を下ろし、それぞれの考えを戦わせたことは一度もない。

14. Vilfredo Pareto, *Les syste`mes socialistes* (Paris: V. Giard and E. Brie`re, 1902).

15. Georges Weulersse, *Le mouvement physiocratique en France (de 1750 a` 1770)*, 2 vols. (Paris: F. Alcan, 1910), 85. 著者による英訳より訳出。

16. Adam Smith, *The Wealth of Nations, Books I–IV*, edited with notes and marginal summary by Edwin Cannan, preface by Alan B. Krueger (New York: Bantam Classics, 2003), based on

39

5th ed. as edited and annotated by Edwin Cannan in 1904.［邦訳『国富論　国の豊かさの本質と原因についての研究』山岡洋一訳、日経BPマーケティング、2007.7］地代については「きわめて長い本章の結論として」第1編、335ページ［邦訳270ページ］、金融操作については第2編、税関の規則については第4編を参照。

17.　Adam Smith, *The Theory of Moral Sentiments* (1759; London: Alex. Murray, 1872).［邦訳『道徳感情論』高哲夫訳、講談社、2013.6］

18.　リカードについてのシュンペーターの不満はもう少し長く引用する価値がある。「［ヨハン・ハインリヒ・フォン・］チューネンには絶えずつきまとっていた、基本原理や広範な一般的相互依存関係といったような包括的なヴィジョンは、おそらくリカードウには一時間の睡眠の価値にも匹敵しないものであったであろう。彼の関心は、直接かつ実際的な意義を持つはっきりした結論にあった。これを確保するために、彼は右の一般体系を個々の断片に細分し、できるかぎりその多くの部分を束にして、冷蔵庫に仕舞い込んだ。──こうしてできるかぎり多くのものは凍結され、『所与』とされた。そうしたのちに彼は一個の単純化のための過程を一つ一つ重ねていき、これらの過程によってあらゆるものをそれぞれの場所に片づけたので、ついにはただいくつかの集計的な変数のみが残されることとなり、そこで彼はこれらの変数相互のあいだに、右の仮定のもとで、簡単な一方交通の関係のみを設定した。したがって結局においては、望まれていた結論がほとんど同義反復トートロジーのように現れてくることになったのである。……このような性格を持った理論の結果を実際問題の解決に適用しようとする風習を、われわれは**リカードウ流の悪習**（Richardian Vice）と名付けたい」Schumpeter, *History of Economic Analysis*, 472–473.［『経済分析の歴史』179ページ］

19.　David Ricardo, *The Principles of Political Economy and Taxation*, intro. by F. W. Kolthammer (London: J. M. Dent and Sons, 1911; repr. New York: Dover, 2004).［邦訳『デイヴィド・リカードウ全集』第1巻「経済学および課税の原理」堀経夫訳、雄松堂出版、1972.2］

20.　David Ricardo to James Mill, September 29, 1818, in *The Works of David Ricardo, ed. Piero Sraffa, vol. 7, Letters 1816–1818* (Cambridge: University Press for the Royal Eco- nomic Society, 1952), 305.［『デイヴィド・リカードウ全集』第7巻、357ページ］これ以外にDavid Ricardo to James Mill, November 8, 1818 (7:327) にも「私は自分の思想を多少とも順序よく、明快、正確に紙に書きつける私の無能力に盲目ではありえません。私は自分自身の欠陥に呆れています、と申すのは、それは私の周囲の誰もが私よりもすぐれて具えている才能だからです」とある［同382ページ］。

21.　リカードの「機械について」へのコメントで、マルクスは「リカードがその著書の第三版に追加したこの部分は、彼を俗流経済学者たちから本質的に区別させる彼の誠実さを証明している」と述べている。Karl Marx, *Theories of Surplus Value*, in Karl Marx and Frederick Engels, Collected Works, vol. 32: *Karl Marx Economic Works, 1861–1863* (New

York: International Publishers, 1989), 181. [『マルクス＝エンゲルス全集』第26巻b、754ページ]

22. Martin Milligan, "Translator's Note on Terminology," in Karl Marx, *The Economic and Philosophic Manuscripts of 1844* (New York: Prometheus Books, 1988). [邦訳『マルクス＝エンゲルス全集』第40巻]

23. Karl Marx, *The Eighteenth Brumaire of Louis Napoleon*, trans. Daniel De Leon (New York: International Publishing, 1897), 47. [『マルクス＝エンゲルス全集』第8巻、156ページ]

24. Karl Marx, "The Elections in England—Tories and Whigs," *New York Tribune, August 21, 1852, in Marx, Dispatches for the New York Tribune* (London: Penguin, 2007), 103. [『マルクス＝エンゲルス全集』第8巻、333ページ]

25. Benedetto Croce, *Historical Materialism and the Economics of Karl Marx*, trans. C. M. Meredith (New York: Macmillan, 1914), 49. [未訳。本文中に言及されるジャンバッティスタ・ヴィーコは17〜18世紀のイタリアの哲学者。ベネデット・クローチェはヴィーコの研究者でもある。著作の邦訳は『新しい学の諸原理（一七二五年版）』上村忠男訳、京都大学学術出版会、2018.12]

26. Kurz, "Will the MEGA 2 Edition Be a Watershed?"

27. そう考えると、どれほど多くの重要文書がどこかの書庫や個人の蔵書に眠っているのだろう、きっと出版されないまま、広く読まれることなしに終わるのだろうかと思ってしまう。

28. 師であるアルフレッド・マーシャルの追悼文で、ケインズは次のように述べている。「経済学の大家はもろもろの資質のまれなる組み合わせを持ち合わせていなければならない。……彼はある程度まで、数学者で、歴史家で、政治家で、哲学者でなければならない。彼は記号も分かるし、言葉も話さなければならない。彼は普遍的な見地から特殊を考察し、抽象と具体とを同じ思考の動きの中で取り扱わなければならない。彼は未来の目的のために、過去に照らして現在を研究しなければならない。人間の性質や制度のどんな部分も、まったく彼の関心の外にあってはならない。彼はその気構えにおいて目的意識に富むと同時に公平無私でなければならず、芸術家のように超然として清廉、しかも時には政治家のように世俗に接近していなければならない」John Maynard Keynes, "Alfred Marshall" (1924), in *The Collected Writings of John Maynard Keynes, vol. 10: Essays in Biography* (London: Macmillan for the Royal Economic Society, 1972; repr. Cambridge: Cambridge University Press, 2013), 173–174. [邦訳『ケインズ全集』第10巻、人物評伝、大野忠雄訳、東洋経済新報社、1980.11、232–233ページ]

第1章

フランソワ・ケネー

「豊かな農業王国」の社会階級

　フランソワ・ケネーをはじめとする重農主義者たちを政治経済学の創始者と考えるのは正しいだろう。ケネーと大ミラボー［フランス革命初期の指導者ミラボーの父］が最も有名だが、この一群の学者たちは当初「経済学者（*Les économistes*）」とよばれていた。こうした類のレッテルが用いられたのはこれが最初で、重農主義者とよばれるのはのちのことだ。この用語を作ったのはケネー自身らしい。意味するところは（著書『重農主義』〈未訳〉の副題にあるように）「人類にとって最も有益な統治の自然法則」で、農業のもつ富の創出力を基礎とした自由と私有財産を尊重するものだった[1]。

　重農主義者の貢献は3つの点で重要だ。第一に、経済プロセスを循環的な流れとして捉え、定まったリズムに従うものとして見たのは彼ら（とりわけケネー）が最初だった。第二に、剰余は経済プロセスの内部で創造されるもので、重商主義者が主張したように商取引から生まれるのではないと考えたのも彼らが最初だった[2]。たしかに、彼らは、剰余は農業でしか生じないと考え、自然の力（アダム・スミスのことばとされる「無尽蔵の土壌の力」）に労働者の労働が合わさって産出物が生産されると見た。しかし、生産活動を通じて剰余が創造されるという本質的な考え方はのちにきわめて重要なものとなり、付加価値や国内総生産（GDP）といった現代的な概念のなかで今日でも支持されている。事実、少なからぬ経済学者は、重農主義者の研究に現代の国民勘定の先駆を見出している[3]。第三に、そしてこれがこの本で最も関心を寄せている点なのだが、重農主義者は『経済表』を生み出した。これはフランス経済内での数的関係を示す

とともに、社会階級とその所得を定義したもので、今日も、革命前フランスの所得不平等を研究するうえでの実証的基盤を提供してくれている。これは経済学で初めて明確に社会階級を定義したもので、おそらくは、初めての階級闘争の定義でもあった[4]。

ケネーの時代のフランスの不平等

　ケネーがルイ15世の宮廷でポンパドゥール夫人の侍医を務めていた頃、フランスはヨーロッパで最大の人口を擁する国だった。フランスは国王を頂点とする一大農業王国で、法律で公式に区別される3つの身分があった。それが聖職者、貴族、第三身分で、第三身分にはブルジョアジー、労働者、農民、貧困者、浮浪者など、聖職者と貴族以外のすべてが含まれた。この公的に定められた階級構造は、以下で見るように、階級差に関するケネー自身の見方に大きく影響していた。

　フランスの所得不平等は、課税データおよび社会構成表から判断できる範囲では、非常に大きかった。フランスの不平等はイングランドよりも大きかったと考えられる。フランスのジニ係数は、ケネー自身が提供するデータも含めた当時のさまざまなソースから計算すると49から55の範囲になるのに対して、イングランドのジニ係数は当時で50を下回るくらいだった［通常は0-1で示すが、ここでの著者はポイント形式として0-100で表記している］[5]。50を上回るジニ係数が示すような不平等は、もちろん今日でもないわけではない。これはラテンアメリカの、コロンビア、ニカラグア、ホンジュラス、ブラジルといった国々で見られる水準の不平等だ。こうした現代の例が示唆するように、これはかなり高い水準の不平等になる。モリソンとスナイダーが2世紀にわたるフランスの不平等を詳細に研究したところ、1760〜1790年のトップ十分位の所得シェアは推定で56パーセントだった（本書の第5章も参照）[6]。富の分配は所得よりもさらに不平等になるのがふつうなので、トップ十分位の所有する富は国富の70パーセントにもなっていた可能性がある[7]。

　さらに、革命前のフランスの平均所得は現代のラテンアメリカ社会よりずっと低かったから、革命前の「本当の」不平等はずっと大きかったはずだ。貧し

い社会でのジニ係数が豊かな社会と同じということは、その社会のエリート
は、実際の不平等を最大可能不平等に大幅に近づけられるということだ[8]（「最
大可能不平等」は、一握りの・限られた・ごく少数のエリートを除くすべての人びとが
生存に必要な最低水準で暮らしているような不平等、と定義される）。つまり、ジニ係
数が同じならば貧しい社会のほうが「搾取的」だということになる。革命前の
フランスでは「不平等抽出率」が――ある社会で想定される最大可能不平等に
対する実際の不平等水準の比率が――70パーセントに達していたと推定され
ている[9]。同じジニ係数を今日のブラジルに当てはめると、不平等抽出率は約
55パーセントになる。いいかえれば、フランスの支配層エリートは不平等の
水準を可能なかぎり高いところまで押し上げていたということだ。たしかに、
多くの植民地のように100パーセント近くというわけではないが、それでも、
それほど遠いわけでもない[10]。

　フランスの所得水準はイングランドよりも低かった。フランスの平均所得
は、不平等の推定に用いたのと同じソースに基づけば、生存最低水準の3.3倍
から3.8倍だったと推定される[11]。同じ時期のイングランドの平均所得は生存
最低水準の約6倍だった[12]。同様に、歴史的な国民勘定データの主要ソースで
あるマディソン・プロジェクトの2020年改訂版も、1760年のイングランドの
1人当たりGDPを3000ドル、フランスの1人当たりGDPを1700ドルと推定し
ている[13]。これはケネーの認識とも一致している。「われわれが［フランスにつ
いて］考える繁栄の水準は、いま述べたばかりの国［イングランド］の現実をは
るかに下回っている」[14]。この所得格差は、1800年にイングランド滞在からフ
ランスに戻ったフランソワ＝ルネ・ド・シャトーブリアンがみごとに捉えてい
て、次のような印象を述べている。

　　わたしはこの国の貧困ぶりに衝撃を受けた。港にはわずかに数本の帆柱し
　　か見えない。……道にはほとんど人を見ることができず、女性はといえば
　　……黒く焼けた肌に裸足、頭は剥き出しか、せいぜいハンカチーフを巻い
　　ているくらいの姿で畑を耕していた。ほとんど奴隷と見間違うほどだっ
　　た。[15]

45

この対比は、革命直前の頃にフランスの都市や町、農村部をまわったイギリスの農学者アーサー・ヤングも多くの機会に観察している。フランスについてのヤングの印象は過剰に否定的だが、それでも以下の引用に見られるように、莫大な富と貧困の共存という一貫した図式を描き出している（ノルマンディーにあったシャトーブリアンの先祖伝来の城を面白おかしく取り上げたものだ）。

　　私はラ・ブルドネ氏に、ブルターニュ州には、特権と貧困をおいて他に何もないように思える、と言った。彼は微笑して、二、三の重要な説明をしてくれた。しかし、いかなる貴人も、民衆に貧困を押しつけ、特権をわが物顔にふりまわして、その結果生じるこうした悪弊を当然のことと受け止めるわけにはいくまい。[16]

　興味深いので指摘しておくと、わずか2世代あとには状況は逆転してしまう。イングランドは引き続き産業発展の、さらには政治発展においてすら先頭を走っていると見られていて、アレクシ・ド・トクヴィルなどのフランス思想家もその点を称賛していたのだが、不思議なことが現れた。イングランドは、フランスより経済的に進んでいながら、貧困はフランスより深刻だったのだ。そこでトクヴィルは1835年、イングランドへ渡ってイギリスの貧困を研究するよう、シェルブールのアカデミーから依頼された。彼は短い草稿『貧困に関する覚書』（未訳）を書き上げたが、この論文が完成することはなかった。この『覚書』はアカデミーに提出され、死後にようやく出版された（フランス語で1911年、英語で1968年）[17]。トクヴィルは、イングランドの貧困がなぜそれほど深刻で、かつ蔓延しているのかについて満足のいく説明を提供することができなかった。存命中に論文が公式発表されなかったのはそれが理由だったのだろう。しかし、そうした状況が主として農業から工業への労働力移転によるものだと考えていたことは明白だ。これはつまり、それまで自分の土地を耕してわずかな富（十分な食料を含む）を享受していた人びとが、農村部を追われて新たな工業の中心地へと絞り出されていったということで、長子相続制と限嗣相続［血縁の男子1名にだけすべての財産を相続させること］、そして所有財産を奪われた新たなプロレタリアートの「計画性のない」行動が（トクヴィルによれば）貧困

第1章　フランソワ・ケネー

の主たる原因だった[18]。

　産業革命期のイギリスにおけるプロレタリアートの窮状は多くの観察者に強い印象をあたえた。もちろんフリードリヒ・エンゲルスもそのひとりで、1845年にはこのテーマで有名なパンフレットを出版している[19]。同様に、この状況はカール・マルクスに、そして産業革命期に深刻化した階級の両極化と労働者の貧困化に関する彼の見方に影響をあたえた（このトピックについては第4章でとりあげる）。反対に、今度はフランスの農民が、革命後に土地を手に入れて自作農となったことで相対的に裕福に見えるようになった。そしてイギリスのプロレタリアートは貧困化し、過重労働となっていく。

　しかし、18世紀半ばは事情が違った。重農主義者の主たる目的は、経済政策に影響をあたえてフランスを「豊かな農業王国」にし、イングランドに追いつくことだった。最初の動機は新しい科学を生み出すことではなかったのだが、彼らは「科学者」を自称し、自分たちのアプローチを科学的だとしていた[20]。彼らの賛同する主張は「為すにまかせよ、行くにまかせよ」で、これもケネーが考えたものだった。レッセ・フェールは今と同じ、政府による介入のない、事業活動の自由を意味していた。レッセ・パッセは、フランス国内での商品とりわけ穀物の移動を制限する国内関税からの自由を意味していた。

　重農主義者は伝統から決別するなかで、貧困階級の富を国富の最良の指標だとみなし、貧困層の所得が低すぎて過少消費になることを懸念していた。それはケネーの準則20番（ケネーが「経済統治の一般準則」としてあげた30項目のうちのひとつ）に「最下層の市民階級の康楽を減らさないこと。というのも彼らの康楽が減れば、国内でしか消費されない生産物の消費に彼らが十分に寄与することはできなくなり、したがって国民の再生産と収入が減少することになるからである」というかたちで表れている[21]。下層階級の康楽への関心というのは非常に新しい考え方で、それまでの重商主義者の見方からは著しく外れたものだ。重商主義者は、金の保有量や貿易収支の黒字といったかたちで表れるトップ階級の富ないし国家の富が経済的成功のバロメーターだとしていた。重農主義者の見方は、人口の大多数の生活条件こそが最重要の指標であり、これが国の富とその経済政策の健全さを示すというもので、これはあとで見るように、アダム・スミスによってさらに力強く表現されることになる。

47

重農主義者が中国の──当時のヨーロッパで理解されていた中国の──考え方に大きな影響を受けていた理由は容易に理解できる。フランスと同じように中国も、絶対的な支配者が治める農業王国であり、支配者は（原理的には）慈愛にあふれ、臣民の幸福に心を砕いていた。しかも、この皇帝は貴族からなる学者集団を維持し、公益にかなう政策を実施させていた。彼らは皇帝に助言するばかりか、集団として、専制君主の権力をある程度まで制限していると理解されていた[22]。驚くことではないが、重農主義者たちは、自分たちには中国の高級官僚と同じ役割があると考えていた[23]。ケネーは『中国の専制』と題されたモノグラフ（未訳）で、中国の宗教から公的支出への説明責任まで、さまざまな話題に8章を割き、中国の専制は進歩と対立するというモンテスキューらの主張を批判した[24]。

　重農主義者が達成しようとしたことに誰もが同意していたわけではない。フランス革命の約60年後に出版された『旧体制と大革命』でのトクヴィルは重農主義者にとても批判的だった。トクヴィルは彼らの教条主義を軽蔑し、重農主義者は社会のあらゆる制度を焼き直して全員に自分たちの考え方を強要しようとし、政治的自由は無視していたとした。「重農主義者たちによれば、国家は国民を支配するだけでなく、特定の方法による国民形成を行わなければならない。あらかじめ国家が示した特定のモデルに従って、市民の精神を育成することも国家の任務である。国家の義務は、市民の頭に特定の思想を植えつけ、市民の心に国家が必要とみなす特定の感情を吹き込むことである」[25]。最も重要なのは、イデオロギー面ではリベラルでイギリスの制度を称賛していたトクヴィルが、重農主義者について、伝統的で階層的な君主制のシステムのなかで知的に「虜となった」と見ている点だ。重農主義者の中国礼賛ぶりについての皮肉たっぷりなトクヴィルの描きぶりに注目してほしい。トクヴィルは中国の制度にまったく魅力を感じていなかった。

　　偏見のない絶対君主が、有益な技術を奨励するために自らの手で土地を耕す。こんな国を想像して、重農主義者たちは感動し、まるで有頂天になっているかのようだった。すべての官職は文官試験〔科挙〕によって取得される。宗教は哲学しかなく、貴族階級はすべてが文人である。[26]

第1章　フランソワ・ケネー

　中国への関心とは別に、ケネーは共和政ローマ［紀元前509年〜前27年］の没落という歴史的な経験のなかに、農業の重要性と、高水準の不平等と都市部での虚飾的な消費の有害さへの支持を見出した。農業の卓越と小規模農民の土地保有はローマ共和国の栄光であり、その力の基盤だった。しかし富が蓄積し、大規模地主が農村を離れてローマに集住して、資金を（農業に投資する代わりに）「奢侈的な芸術と工業」に費やすようになると、征服した土地は雇われ労働者や奴隷の耕作に任されるようになり、収穫が落ち込んでいった。ローマが穀物を外国からの輸入に依存するようになり、農業に関する知識や慣習が忘れ去られたことで、衰退は不可避となった。

　　かかる事情はローマ共和国が豊かになった原因であって、この国は当初においては非常に不妊的な階級である強盗や悪人からなりたっていたのであるが、かれらはやがて職をかえて農業の労働に専念することを余儀なくされたからである。そして彼等の労働は、その社会において五百年以上もの間特別に尊敬され保護され、この労働の生産物のおかげで、その人口と光栄とが絶えず増大することになったのであり、而して有史以来の世界において最も強勢にして、幸福且つ富裕なる国家となったのである。……ところが、大地主がローマに集中して、そこでかれらの収入を支出するに至るや、而して地方は徴税請負人の苛斂誅求にゆだねられ、その耕作が奴隷の腕にのみ放置されるや、また首都を養うためにエジプトから小麦を輸入しなければならなくなり、従って商船隊の必要に迫られるや、また更に、奢侈的な工芸や工業が、都市の人々の地位を強力なものにし、無産者（capite censi）の地位を向上せしめるや、而してかような多くの原因が自然的秩序を忘れて、風規を破壊せしめるに至るや、まさに国家は全面的に疲弊のどん底に転落して、ただただ侵略と鉄鎖を待つばかりの状態となり、またそうなるのが必然且つ当然であったのである。[27]

　農業への関心とも一貫するが、重農主義者は都会的なものへの強烈な偏見を示していて、そこには往々にして、都市の俗物への隠しきれない軽蔑心が混在していた。彼らの著作がフランス社会のエリート層である都市の知識階級ない

49

し宮廷に向けてのものだったことを考えると、これはいささか奇異なことだった（ただし、一部の宮廷メンバーは自分たちを「農村部の」人間だと考えるのを好んでいて、ヴェルサイユ宮殿はフランス田園部に現れたディズニーランドのような役割を果たしていた）。

社会階級とその収入源

　重農主義者が導入した階級構造には、経済学では初めてとなる、主要経済階級の図式が非常に明快に描かれている。表1.1に示したのは1763年に出版された『農業哲学』にある、要素所得分布の要約だ。この本は大半をミラボーが書いているのだが、所得分配を扱った第7章はケネーが執筆している[28]。『経済表』では単に説明のために数量が使われていたのと違い、ここではフランス経済のリアルな状況を描き出すことが目的になっている。最終的に『農業哲学』に落ち着くまでは、ミラボーとケネーはこの本のタイトルを『大経済表』とするつもりだった。本自体は野心的な企画で、おそらく彼ら「経済学者」がそれまでに企画したどれよりも野心的なものだったようだ。それは「その原理があらゆる国、あらゆる時代に適用される至高の真実の……純粋かつシンプル、権威ある完璧な説明」だった[29]。これは将来の分派にとっての「モーセ五書」になっていく[30]。

　重農主義者は『農業哲学』で4つの収入源——賃金、利潤、利息、純剰余——

表1.1　『農業哲学』での階級構造の要約

社会階級	細かい社会グループ	全体平均に対する所得の比	人口に占める割合（%）
労働者	農業労働者	0.5	48
	製造業の非熟練労働者（*gagistes inférieurs*）	0.6	22
自営業者	ブドウ栽培の自営農家	0.8	6
	製造業の熟練職人（*gagistes supérieurs*）	2.3	4
資本家	資本家（借地農）	2.7	8
エリート	地主（土地所有者、聖職者、国の行政官）	2.3	12
	合計	1	100

注：分類および数値は人口全体ではなく稼得者（純利益がプラスの者）の分布を表す。

と（少なくとも）4つの社会階級を定義している（表1.1）。支配層エリートを各構成部分（土地所有者、国の行政官、聖職者）に細分すれば、社会階級は合計6つになる[31]。労働者階級には農業労働者と農業以外の非熟練労働者がいて、合わせて労働人口の70パーセントを占める。彼らの所得は全体平均の50〜60パーセントだ。次は自営業者で、人口の10パーセントを占め、これも2つのグループに分けられる。ひとつは自営農で、ケネーは、すべてのワイン製造業者が自分の土地を所有して自己資金を用いていると仮定している[*]。もうひとつは製造業で働いている各種の熟練職人になる[†]。前者のグループでは、ブドウ栽培農家の暮らしぶりはふつうの労働者と大差がないが、後者のグループでも、高価なものを扱う職人はずっと豊かで、平均所得は全体平均の2.3倍あった。資本家ないし借地農は、農地を借り受けて運営の代価（利潤）を受け取るとともに、労働者に資本を前払いして利息を取るので、すべて農業に従事していることになる。彼らはすべての階級のなかで最も所得が高く（全体平均の2.7倍）人口に占める割合は8パーセントだ。

　重要なので指摘しておくと、重農主義の体系でいう資本家は、土地所有者から土地を借りて農業を行う借地農だけだ[‡]。階級闘争は、リカードの場合（第3章）と同じように、借地農と土地所有者とのあいだで生じる。労働者は、賃金が生存最低水準だと仮定されていて、土地所有者の地代と借地農の利潤との分配がどうなろうと関係ないため、この闘争には加わってこない。ヴァッジが述べているように、ケネーは初め、借地農の味方をすることが多かった。理由は、彼らの活動が農業生産の拡大にとって決定的に重要だと考えたからだった[32]。ケネーは、借地契約の期間を長くして2つの階級の関係を安定させるべきだと主張した。理由は、収益が見込めないのなら、借地農が投資をしたがらないのは明白だからだ。ケネーは、借地農と貴族を土地の共同所有者だとすら

[*]　なぜブドウ栽培にだけこうした所有構造が当てはまるのかについての説明は一切ない。
[†]　ケネーの用語ではよくあることだが（おそらく新造語だからだろう）、曖昧で、再定義の必要なものが少なくない。たとえば熟練職人は大半が自営業者だが、どちらも *gagistes supérieurs* と呼ばれている。ここでの gage は語源としては英語の wage（賃金）と同じなので、こうした人びとは雇用労働者だと考えたくなるが、実際はそうではない。
[‡]　借地農は、収益を見込んで大型の鋤、動物、種など（すなわち資本）を持ち込む。

考えていた。「農業のなかでいま以上に注意すべきは、土地所有者も耕作の前払の所有者もともに所有者たる以上、両者の品位は相等しい、ということである」[33]。これは、それまで聖職者および貴族階級とそれ以外の全員とを画然と区別してきたフランス法体系の変更を求めることにならなかった。そんなことを、強大な力をもった（しかもケネー自身がそのなかで行動していた）貴族階級や国王が快く思うはずはなく、ケネーの資本家擁護は徐々にトーンを弱めていった[34]。

目につくのは、この世界には農業分野以外の資本家が存在していないことだ。農業分野以外に存在しているのは自営の熟練職人と、あとは当然のことながら、雇用労働者だけだった。ウルレスが述べている。

> 重農主義者は工業を農業の「賃金労働者」だと考えているので、この物事の道理が覆るなど想像もしていない。製造業の起業家が現実の純利益を実現するようになる一方で、農場経営者と土地所有者自身が、かつての経済優位から賃金労働者に近い状況にまで落ちぶれるなど思いもしないのだ。彼らには、裕福な製造業者が農業を維持していく社会を仮定するなどありえないように思われるし、少なくともフランスのような広大で肥沃な領土を有する国では、醜怪なことなのだ。[35]

直接には生産過程に関わらない3つの階級（地主、国の行政官、聖職者）を、ケネーはまとめて「地主階級」とよんだ。これは第一身分と第二身分、すなわちフランスの公的な社会階級の上位2つとほぼ重なる。地主階級は剰余から収入を受け取る。土地所有者は地代を受け取り、国の行政官は税から、聖職者はまた別の税（十分の一税）を通して支払いを受ける。地主階級は全部合わせると人口の12パーセントとかなり多く、平均所得は全体の平均の2.3倍になる。容易に見て取れるように、重農主義者が定義する階級構造は、革命前のフランスに存在した公的な階級区分とほぼ一致している。

今度は各階級の構成と所得水準をもっと詳しく見ていこう。まずは労働者だが、労働者には3つのタイプがある。農業での雇用労働者、女性の農業労働者（賃金は非常に低く、非熟練労働者の4分の1しかなかった）、そして製造部門の非

第1章　フランソワ・ケネー

熟練労働者だ*。明確に述べられてはいないが、非熟練労働者の賃金は生存最低水準だったと考えられる。生存最低水準に関する曖昧さは、あとで見るように、古典派の多くの著者のあいだで共通している。当然のことながら、ロバート・アレンがすでに多くの論文で述べているように、生存最低水準は労働者本人だけでなく、労働者およびその家族の生存最低水準として解されなければならない。

ケネーの『経済表』での資本家ないし借地農が所有する資本総額はさまざまで、所得には格差があるのだが、それは富の差異から直接生じている。彼らは所有する資本による所得（利息）と農地経営からの実り（利潤）の両方を受け取っていた。資本家は生産のさまざまな分野に資本を振り向けていたが、すべて同じ率（年間10パーセント）の収益を受け取るとされていた。この具体的な収益率はそれほど深刻に捉えるべきではない。注目するべきポイントは利潤率が一定になっている点で、これはさまざまな農業分野だけでなく、商業や製造業にも当てはまる。いいかえれば、資本は可動的だということだ。

原理的には、所得不平等の多くは資本家階級（借地農）内部の差異から生じる。図1.1は、さまざまな資本家間に見られる所得不平等をさらに詳しく描き出したものだ。見てのとおり、最も豊かな階級は穀物生産、林業、商業に投資している資本家で、その平均所得は全体平均の約3.8倍となっている。投資の分野にかかわらず収益率は一定だとする前提はすでに受け入れているので、こうした資本家の所得が高いのは、単純に、穀物生産、林業、商業に投資した資本の額が大きいことによる。おそらくケネーは、こうした分野をほかよりも資本集約的だと判断していたのだろう。

地主階級の所得はすべて同じになっている。このように上位3階級間に所得格差がないことは——各階級内部での所得格差は別で、これもかなり大きかったに違いないのだが——ケネーによる最大かつ最も不幸な単純化だったと思われる。最上位階級には非常に裕福な貴族もいたが、中程度ないし貧しい官僚や

---

*　これには暗黙の前提があって、女性の使用人には養うべき家族がいないことになっている。したがって、その平均賃金である125リーブルは1人当たりの金額であり、農業で雇用されて4人家族を養っている男性労働者が受け取る500リーブルと合致している。

53

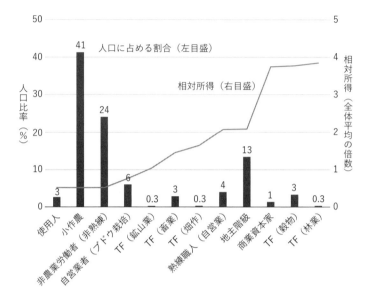

図1.1　詳しい社会構造（12階級）

注：TFは借地農（tenent-farmers）ないし土地資本家。階級は左から右へ、所得の少ない順に並んでいる。人口に占める割合は棒グラフで示した。相対所得は全体平均に対する倍数として、折線グラフで示している。これは人口全体での分布なので、階級ごとの割合は表1.1と一致しないところもある。たとえば使用人と小作農は、この図1.1では総人口の44パーセントだが、表1.1では総稼得者数の48パーセントになっている。
データソース：Mirabeau and Quesnay, *Philosophie Rurale*.

聖職者もいて、一様ではなかった。それをこのように「エリート」としてまとめてしまったところに、ケネーがフランスの所得不平等を全体として過小に見積もってしまった最大の要因を見ることができる。

　図1.1に示したすべての階級について見ると、最富裕階級と最貧困階級との差は7対1を超える。しかし、階級は大ざっぱに所得でランクづけされていて、労働者がいちばん下、資本家が中、地主階級がいちばん上になっているのだが、もう少し詳しく見ていくと、このランクづけがつねに正しいとはかぎらない。資本家の所得が地主階級より大きいこともあれば小さいこともある。製造業の自営業者（職人）で羽振りのいい者が一部の資本家よりも稼いでいたりもする。階級内の不平等もあって、資本家では、すでに見たように、どれだけ多くの資本を投下できるかによって稼ぎが違ってくるし、労働者のあいだでも

（女性の使用人まで含めれば）ほかより多くの賃金を受け取っている者もいる。

農業のなかでの所得は区別されているが、それ以外の領域の階級構造はごく初歩的だ。非農業領域は、上位3階級のための剰余を生み出さないことから「不生産的（不妊的）」と考えられた。非農業での生産は、各種の税も地代も聖職者のための十分の一税も生み出さないことが前提で、単に労働のコストや資本の平均収益率をカバーするだけだった。また、残余利益の請求者はいなかった。つまり、剰余をあてにできるのは地主と国の行政官と聖職者だけということだ。別の見方をすれば——おそらくこちらのほうが正しいのだろうが——ここで重要視されたのは農業本来の生産性（ケネーのことばでいいかえるなら、土地が労働者とともに働くこと）ではなく、製造業においては、生産に直接関わっていない者にそこから収入を受け取ることを許すような階層関係が制度化されていないことだった、といえるだろう。容易に想像できることだが、ケネーの世界の製造業はまったく税を支払わず（実際にケネーは土地への単一税を支持する主張をしている）、上からの制度的な力によって、生産に直接関わっていない者に収入の一部を移転させられることもなかった[36]。

剰余の重要性

理解しておくべき重要なことは、ケネーにとっての経済活動の目的は剰余の産出だったが——それ自体は今でもそうなのだが——ここでいう「剰余」は今でいう「付加価値」よりずっと定義の幅が狭かったという点で、理由は、賃金と資本収益が含まれていなかったためだ。これは今日の視点からは奇妙に思われるが、ケネーの視点からはそうではない。賃金と利息は単に生産に必要なコストだった（法的に自由な労働者は賃金なしでは誰も労働力を提供しないし、資本家も保証なしには資金を貸し付けたり前払いしたりしないのが前提だから）。しかし、ケネーにはそれでは不十分だった。社会が存在し繁栄するためには、支配階級を維持するだけの剰余が生み出されなければならない。支配階級のメンバーは、生産には直接関わらないが——つまり労働もしなければ資本の前払いもしないが——社会の機能においてなくてはならない役割を果たす。十分な剰余がなければ、その日の暮らしに必要な生産以上の活動はできなくなってしまう。司法

行政もなければ国防も資産保護もなくなるだろうし、全体の構造を維持するためのイデオロギー（宗教）もなくなってしまうだろう。剰余は文明社会が存在するための前提条件と考えられているのであって、その点では、今日の税に関する考えとまったく変わらない*。

ここで最上位階級を構成する三者は、マルクスが指摘したように、リカードにおける資本家階級と同じ役割を果たしている[37]。彼らは残産利益の請求者であり、その所得は経済にとって必要不可欠なものだ。リカードにとって、資本家の純利益は投資のために、そして究極的には成長のために必要なものだった†。ケネーにとって、地主階級の純利益は経済と社会が引き続き機能していくために——法と秩序をもたらし、そして精神的な栄養を（おそらく聖職者が貢献して）提供するために——必要なものだった。こうした機能の代価を地主階級に支払えない社会は崩壊し、存在をやめ、ホッブズ的な無秩序と混沌へと滑り落ちていくことだろう。

成長については、重農主義者がそれを経済の目標として明示的に検討することはなかった。しかし、やはり成長は資本収益から生じるもので、それを資本家が受け取って、再投資にまわすと考えていたのだろう。しかしこの推定は、誰もが受け入れているわけではない。たとえばイサーク・ルビンは、ケネーが実際に思い描いていたのは定常的な経済（拡大しない、単純に再生産するだけの体系）であって、資本収益は減価償却分の補償にすぎなかったと主張している[38]。

同様にケネーは、剰余が生存最低水準を超える賃金増加に使われたり、資本家の利益増大にまわったりすることも想像していなかった。剰余はそもそも最上位階級、すなわち土地所有者や（ケネー自身のような）国の行政官、聖職者にまわるものと見ていた。「土地から収入を引き出しうるためには」とケネーは述べている。「農村労働が労働者に支払われる賃金［および借地農に支払われる利息］を超えて、純生産物を産まなければならない。なぜなら純生産物こそが、

---

* しかし重商主義者も最上位階級の所得と権力が重要だと考えていたので、類似点もいくつかある。

† リカードにおいては、資本家は、地主が地代を受け取り、賃金が労働者に支払われたあとに初めて利益を受け取る（ケネーの場合は前払い金として賃金が支払われるので、形式的にはそれより早くなる）。

国家に必要な他の諸階級の人びとを生存させるものだからである」[39]。

　ケネーが与えてくれるのは、産業革命前の、ほとんど伝統的な社会における階級構造の静的なスナップ写真だけだ。その階級構造が経済発展によってどのような影響を受けるのか、あるいは各階級の所得がどのように変化するのかについては、なんの予言も示されていない。これは、わたしたちが重農主義者から不平等の静止画を受け継いでしまったことの最大の欠点だ。これは単に、重農主義者が動的な分析に関心をもたなかったということなのだろうか。あるいは、社会が豊かになるなかで社会階級の進化の道筋を指し示すということの重要さを認識していなかったのだろうか。

　むしろわたしは、彼らのすべての仕事の目的が、あらかじめ定めた結論へ読者を導いていくことにあったからだと考えている。彼らが描き出す社会の構造や提示する所得の数字が表しているのは、当時のフランス経済に少なからぬ装飾を加えたバージョンだ。これは、重農主義者の研究に一貫して存在する隠れた目的が、支配者たちに——つまりは国王とその周囲の面々に——正しい政策を採用すれば繁栄はフランスのものになりますよと、わかりやすく示すことだったからだ。正しい政策とは、もちろん、重農主義者が推奨するものだ。かくして重農主義者は、暗黙のうちに、理想的な社会の社会構造を伝えることになった。それは彼らの精確なスケッチであり、豊かな（そしておそらくは静止した）農業王国だった。その理想に到達できるのなら、社会を動的に記述する必要などなかったのである。

原注 ───

1. ウレルスによれば、ケネーがこの用語を作り出したのはギリシャ語好き、合成語好きに
   よるもののようだ。Georges Weulersse, *Le mouvement physiocratique en France (de 1750 à*
   1770), 2 vols. (Paris: F. Alcan, 1910), 1: 128. François Quesnay, *Physiocratie, ou Constitution*
   naturelle du gouvernement le plus avantageux au genre humain, ed. Pierre-Samuel Dupont de
   Nemours, 6 vols. (Yverdon, 1768).

2. ケネーによれば「この科学は、見かけだけいい金融操作のための抹消的な知恵と混同さ
   れてはならない。というのも、こうした金融操作の的となるのは、もっぱら国民の保有
   貨幣と貨幣の不正取引による貨幣の運動だからである。そこでは、信用貸や魅惑的な利
   子などは、賭けと同様に不妊の流通しか生まないのである。こうしたことがなんらかの
   利益となりうるのは、きわめて例外的な場合に限られる。富の真の源泉と富を増加させ
   永続させる諸手段との認識のなかにこそ、王国の経済統治の科学は存立するのである」
   Tableau économique, Maxime 24, extract from the *Royal Economic Maximes of M. de Sully*,
   Third Edition of Tableau Économique, in François Quesnay, *Quesnay's Tableau économique*,
   ed., with new material, translations, and notes by Marguerite Kuczynski and Ronald L. Meek
   (London: MacMillan for the Royal Economic Society and the American Economic Association,
   1972), 21.［邦訳『経済表』平田清明、井上泰夫訳、岩波書店、2013. 3、70ページ］

3. Romuald Dupuy, Pierre Le Masne, and Philippe Roman, "From the Accounts of *Philosophie*
   rurale to the Physiocratic Tableau: François Quesnay as Precursor of National Accounting,"
   Journal of the History of Economic Thought 42, no. 4 (2020): 457–481.

4. ジャンニ・ヴァッジが述べているように「その分析が階級間の利害の対立を強調し、経
   済的構造と政治的構造の対照的な側面を強調していることは、重農主義の最大の功績のひ
   とつとみなさなければならない」。しかし、のちに貴族階級がこれを単なる知的訓練と見
   ることを拒否するようになると、重農主義者の政治的立場は難しくなっていった。Gianni
   Vaggi, *The Economics of François Quesnay* (Durham, NC: Duke University Press, 1987), 187.

5. フランスの不平等と平均所得の推定値については Branko Milanovic, "The Level and
   Distribution of Income in Mid-18th Century France, According to François Quesnay," *Journal*
   of the History of Economic Thought 37, no. 1 (2015): 17–37, Table 4を参照。さまざまな
   推定値は François Quesnay, "Les rapports des dépenses entre elles" (1763), in Quesnay,
   Physiocratie, ed. Jean Cartelier, 149–207 (Paris: Flammarion, 2008); Achille-Nicolas Isnard,
   Traité des richesses (Lausanne: F. Grasset, 1871); Jean-Claude Toutain, *Le produit intérieur*

brut de la France de 1789 à 1982 (Paris: Institut de sciences mathématiques et économiques appliquées, 1987); and Christian Morrisson and Wayne Snyder, "The Income Inequality of France in Historical Perspective," *European Review of Economic History* 4 (2000): 59–83 より。イングランドおよびウェールズの推定値はジョセフ・マッシー（Joseph Massie）による1759年の社会構成表（Peter H. Lindert and Jeffrey G. Williamson, "Revising England's Social Tables, 1688–1812," *Explorations in Economic History* 19, no. 4 (1982): 385–408 に所収の改訂版）による。

6. Morrisson and Snyder, "Income Inequality of France in Historical Perspective." 今日のフランスでは、トップ十分位の所得占有率はおよそ32〜33パーセントである。Piketty, *Le capital au XXIe siècle* (Paris: Seuil, 2013), 429.［邦訳『21世紀の資本』山形浩生、守岡桜、森本正史訳、みすず書房、2014.12、282ページ］を参照。

7. イギリスの富の不平等が頂点にあった1900年頃、トップ十分位は国富の約70パーセントを所有していた。Facundo Alvaredo, Anthony B. Atkinson, and Salvatore Morelli, "Top Wealth Shares in the UK over More Than a Century, *INET Oxford Working Paper*, No. 2017–01 (2016); Peter Lindert, "Unequal British Wealth since 1867," *Journal of Political Economy* 94, no. 6 (1986): 1127–1162.

8. Branko Milanovic, Peter Lindert, and Jeffrey Williamson, "Pre-industrial Inequality," *Economic Journal* 121, no. 1 (2011): 255–272.

9. Milanovic, "Level and Distribution of Income," table 4.

10. Branko Milanovic "Towards an Explanation of Inequality in Pre-modern Societies: The Role of Colonies, Urbanization, and High Population Density," *Economic History Review* 71, no. 4 (2018): 1029–1047, figure 3.

11. Milanovic, "Level and Distribution of Income," table 4.

12. 1759年イングランドに関するマッシーの社会構成表（Milanovic, "Level and Distribution of Income," 33に引用）に基づいて算出。

13. Maddison Project Database, version 2020, https://www.rug.nl/ggdc/historicaldevelopment/maddison/releases/maddison-project-database-2020?lang=en.

14. Quesnay, "Les rapports des de´penses entre elles" (1763).

15. François-René de Chateaubriand, *Memoires d'outre-tombe*, vol. 2, *Livres 13–24* (Paris: Garnier frères, 1898; Garnier: Livre de poche, 2011), bk. 13: 32–33. 著者による英訳より訳出。［邦訳『わが青春』真下弘明訳、勁草書房、1983.3 があるが前半部分のみの抄訳で本書の該当部分は訳出されていない］

16. Arthur Young, *Arthur Young's Travels in France during the Years 1787, 1788, and 1789*, ed. with intro. and notes by Miss Betham-Edwards (London: G. Bell and Sons, 1900), entry for September 19, 1788.［邦訳『フランス紀行：1787、1788、1789』宮崎洋訳、法政大学出版局、1983.1、145–146ページ］

17. 秀逸な検討については Gertrude Himmelfarb's "Introduction" in Alexis de Tocqueville, *Memoir on Pauperism*, trans. Seymour Drescher (Chicago: Ivan R. Dee, 1997) を参照。ドレッチャー訳の初版は New York: Harper and Row, 1968.

18. この点は続編となる Tocqueville, *Second memoire sur le paupérisme* (1837) でさらに強く押し出されている。「こうして土地の耕作から暴力的に追い出された者は製造業に逃げ込むことになる。工業階級の拡大は単に産業のニーズを追った自然かつ漸進的なものではなく、農業階級の貧困に駆動されて突然、人工的に起こるのである」。Available through "Les classiques des sciences sociales" collection, Université de Québec à Chicoutimi, http://classiques.uqac.ca/classiques /De_tocqueville_alexis/memoire_pauperisme_2/memoire_pauperisme_2.html. My translation で入手可能。著者による英訳より訳出。

19. Friedrich Engels, *The Condition of the Working Class in England* (London: Penguin Classics, 2009). [邦訳『マルクス゠エンゲルス全集』第2巻に所収]

20. ミラボーによれば「経済学とは、人類の生存と増殖に関連する自然の法則を研究、証明する科学である……したがって、こうした法則についての知識は万人の幸福に不可欠の基盤であり、必要な手段である」Mirabeau, "Suite de la seizième lettre de M. B. à M***," *Éphémérides du citoyen*, 2 (1769) : 1–67, 13. 著者による英訳より訳出。

21. François Quesnay, "Maximes générales du gouvernement économique d'un royaume agricole" (1767), in *Quesnay, Physiocratie*, ed. Jean Cartelier (Paris: Flammarion, 2008), 243. [邦訳『経済表』平田清明、井上泰夫訳、岩波書店、2013. 3、154ページ]

22. この帝国統治の制度についての秀逸な検討については Charles Hucker, *The Censorial System of Ming China* (Stanford: Stanford University Press, 1966) を参照。明王朝は1636年に終わったが、ケネーが執筆していた頃の中国を支配した清王朝の下でも、このシステムは変わらずに続いていた。

23. アーノルド・トインビーは中国とフランスを比較して、フランスはアジアにおける中国と似た役割をヨーロッパにおいて果たしてきたと主張している。これは、フランスは文化的にヨーロッパで最も影響力の大きい国であり、ほかの国はフランスを模倣するか憧れるかのどちらかだったという意味でのことである。Arnold Toynbee, "Looking Back Fifty Years," in *The Impact of the Russian Revolution*, ed. Toynbee (Oxford: Oxford University Press, 1967), 14.

24. Charles Montesquieu, *The Spirit of Laws*, Book VIII, 21 (Cambridge: Cambridge University Press, 1989). [邦訳『法の精神』根岸国孝訳、河出書房、1966.2、129–131ページ] ケネーは「中国の統治に帰される欠陥」と題された章を丸ごと割いて、恣意的な専制というモンテスキューの主張に一つひとつ反駁している。最初の口撃は「モンテスキュー氏はまずもって多くの大胆な憶測をし、それを大変な技量でもって提出しているため、この統治に対する詭弁の多くがさももっともらしく思えてきてしまう」というものだ。François Quesnay, *Le Despotisme de la Chine* (1767), in *Œuvres économiques et philosophiques de F.*

Quesnay, 563–660 (Paris: Peelman, 1888), https://www.chineancienne.fr/17e-18e-s/quesnay-despotisme-de-la-chine/. 著者による英訳より訳出。

25. Alexis de Tocqueville, *The Old Régime and the French Revolution*, trans. Stuart Gilbert (Garden City, NY: Doubleday Anchor Books, 1955), 162.［邦訳『旧体制と大革命』小山勉訳、筑摩書房、1998.1、341–342ページ］

26. Tocqueville, *The Old Régime*, 163–164.［邦訳『旧体制と大革命』343ページ］

27. François Quesnay, "Du commerce" (1766), in Quesnay, *Physiocratie*, ed. Jean Cartelier (Paris: Flammarion, 2008), fn 304–305.［邦訳『ケネー全集』第3巻、島津亮二、菱山泉訳、有斐閣、1952、189-190ページ］

28. Quesnay, "Les rapports des dépenses entre elles" (1763). ケネーの仕事はV. R. de Mirabeau, *Philosophie rurale*, 3 vols. (Amsterdam: Chex les Libraries Associés, 1763) にも見ることができる。

29. Weulersse, *Le mouvement physiocratique en France (de 1750 à 1770)*, 2 vols. (Paris: F. Alcan, 1910), 85. 著者による英訳より訳出。

30. この表現はフリードリヒ・メルヒオ・グリム（Friedrich Melchior Grimm）による。Weulersse, *Le mouvement physiocratique*, 85に引用。

31. Quesnay, "Les rapports des dépenses entre elles" (1763).

32. Vaggi, *Economics of François Quesnay*, 140–143.

33. *Maximes Générales*. Vaggi, *Economics of François Quesnay*, 141に引用。［邦訳『経済表』平田清明、井上泰夫訳、岩波書店、2013. 3、179ページ］

34. Mirabeau, who was more outspoken in his support of tenant-farmers than Quesnay, ended up being imprisoned for a week and banished to his estate for two months. ミラボーはケネーより露骨に借地農を支持したため、ついには1週間投獄されたうえ、自分の領地に2か月間押し込められてしまった。Vaggi, *Economics of François Quesnay*, Weulersse, Le mouvement physiocratiqueに基づく。

35. Weulersse, *Le mouvement physiocratique*. 540. 著者による英訳より訳出。

36. ここでの直接の関心事ではないが、興味深い疑問がある。はたしてケネーは、農業にそれだけで剰余を生み出せるほどの十分な生産力があると考えていたのだろうか。それともケネーのモデルは（部門間で前提されている交換関係によって）農業だけが生産的に見えるように「適合させた」ものだったのだろうか。ジャン・カルトリエは秀逸な前書きで後者の主張をしている。Cartelier, "Preface," in Quesnay, *Physiocratie*, ed. Jean Cartelier (Paris: Flammarion, 2008). しかし、この説明は時代錯誤のように思える。ケネーは多部門ないしスラッファ的なモデルに関して考えていたわけではなく、単に大半の（あるいはすべての）地主階級の所得が農業生産に基づく課税査定からきていることを観察で知っていたにすぎない。基本的に、ケネーが農業を本質的にほかより生産的だと考えていたかどうか、あるいは自身の経験した社会関係を所与のものとして捉えていたかどうかは重要ではな

い。

37. マルクスは、重農主義の体系での「資本家は、土地所有者の利益のためにのみ資本家であるにすぎない。それは、その後発達した経済学が、資本家を、労働者階級の利益のためにのみ資本家たらしめたのとまったく同様である」と述べている。Karl Marx, *Theories of Surplus Value*, in Karl Marx and Frederick Engels, *Collected Works*, vol. 32, *Marx: 1861–1863* (New York: International Publishers, 1989), 53. ［邦訳『マルクス＝エンゲルス全集』第26巻 Ⅰ、23ページ］

38. Isaac Ilyich Rubin, *A History of Economic Thought*, trans. Donald Filtzer and Miloš Samardžija (London: Ink Links, 1979). Originally published in Russian in 1929.

39. Quesnay, "Maximes générales du gouvernement économique d'un royaume agricole," (1767), 265. My translation. ［邦訳『経済表』平田清明、井上泰夫訳、岩波書店、2013. 3、186ページ］

第2章

アダム・スミス

「豊かさへの道筋」と暗示的な所得分配理論

　今日の用語でいうなら、アダム・スミスは開発経済学者と考えられるだろう。『国富論』でのスミスの目的は、大衆にとって最大の「豊かさ」につながる政府政策を描き出し、主張することだった。スミスは初めて発展の定常理論を構築し、社会は未発達な状態（「未開の社会」）から牧畜へ、そして農業ないし封建の社会へと進み、最終的に商業国家に達するとする考えを提唱したうちのひとりだ[1]。同様に社会についても、富の面から見て発展途上、安定、衰退の3つに分類した。スミスの時代には、北ヨーロッパと北アメリカが第一のグループに、それ以外の国は第二のグループに属していて、おそらく中国だけが第三のグループに入っていた[2]。

　『国富論』の第1編は、わたしの使っている版で全1200ページ中の340ページを占めていて、生産力の向上を扱っている。つまりは成長がテーマだということだ。第2編は130ページで、資本の蓄積に取り組んでいる。第3編は60ページ足らずで、ローマ時代からスミスの時代まで、さまざまな社会がそれぞれ経済を組織してきた歴史を語っている[3]。この3つの幅広いトピックを見れば、今日の開発経済学者は、すぐにこれは自分の分野だと認識するだろう。アダム・スミスの関心が今日の開発経済学者と似ている理由を理解するのは難しくない。この時代のイングランドとスコットランドは発展途上の経済だったからだ。実際にこの両国（とオランダ）を先頭に、多くの国が、その後2世紀にわたって次々と自国経済の開発を試みていっている。そうした国々の問題は──個人の自発性と政府の政策の適切な組み合わせを見つけること、資本と労働の

適正なバランスを見つけること、投資を増大して「豊かさ」を加速することは
——アフリカやラテンアメリカ、アジアの発展途上経済が1960年代以降に直
面したものと同じだった。経済発展に関するスミスの定常理論はさまざまな
かたちで複製され、マルクス、ルドルフ・ヒルファーディング、レーニンから、
ウォルト・W・ロストウ（と彼による経済成長段階の現代化理論）にまで至っている。

　スミスは、わたしたちの誰もが望んでいる（と彼が信じている）ものから語り始
める。それは、生活を向上させる手段としての富だ。「生活をもっとよくしたい
と思うとき、大部分の人が考え望む手段は、富を増やすことである」[4]。スミス
は「自然的自由」の体制こそが経済的富を最大化させるもの、つまりは人類の
情熱を最もよく満たすものであることを発見し、幸福を感じた。翻ってそれは、
人間の自由と経済成長とのあいだには自然な一致があることを意味していた。

　スミスは往々にして狭義に解釈され、経済問題への政府介入にはほぼすべて
反対していたと思われている。これは正しくない。スミス自身は政府の関与が
必要な場合を数多くあげていて、それには航海法［ピューリタン革命時の1651年
に貿易をイギリス船籍に限定した法律。第一次英蘭戦争の遠因となった］のような国
家安全保障に関する問題や、幼稚産業の保護、独占の防止、労働者からの搾
取の制限、金融規制の導入、談合（とくに雇用者が共謀して労働者に不利な計画を
すること）を禁じる法律などが含まれる[5]。しかし、こうした特殊な場合を除い
て、スミスは政府が経済生活の参加者に「手を出さない」でいることをよしと
していた。以下の有名な引用は、その主要な考え方をよく捉えている。

　　一国家を最低の野蛮状態から最高度の富裕にまで導くためには、平和、軽
　　い税、および司直［正義］の寛大な執行のほかはほとんど必要としない。
　　他の一切は事物の自然の経過によってもたらされるからである。この自然
　　の経過を妨げたり、事物を他の水路に無理に向けたり、ないしは、ある一
　　点で社会の進歩を停止させようと努めるすべての統治［政府］は反自然的
　　であり、自己を支えるために圧制的かつ暴政的であらざるをえない。[6]

　次の引用も、政府の傲慢さと思いあがりを如実に描き出して、スミスの見方
をいっそう明確にしている。

第2章　アダム・スミス

したがって国王や閣僚が民間人の家計を監視し、贅沢禁止法や贅沢品輸入の禁止によって民間人の支出を抑制しようとするのは、まったく不適切だし厚顔無恥である。国王と閣僚はつねに例外なく、社会のなかで最大の浪費家である。自分たちの支出に気をつけるべきなのであり、民間人の支出については民間人に任せておけばいい。国王や閣僚が派手な浪費を重ねて国を滅ぼさないかぎり、民間人の浪費で国が滅びることはない。[7]

　『国富論』には、ほかの世界（ここではイギリス諸島以外）への言及が豊富で、比較すると『道徳感情論』よりずっと多い。よその国や出来事についての歴史的な知識があったからこそ、スミスは経済発展の定常理論を創造できたのだとわたしは考えている。実例の範囲は、古代ギリシャ・ローマから、中国、オランダ、ポーランド、オスマン帝国、ヒンドゥスタン［おおむね北部インド地域］、ベンガル、アンゴラ、北アメリカ、スペイン、ポルトガル、ロシア、ペルー、アステカ帝国にまで及ぶ。スミスは、18世紀スコットランドの輝かしい経済発展の目撃者であるとともに、1778年から1790年まではスコットランドの関税委員の地位にあったことから、その当事者でもあった[8]。イングランドとスコットランドを行き来するなかで、スミスは王国の2つの領域のルールを比較対照し（たとえばスコットランドではギルドや民間企業があって労働者が自由に移動できたのに対し、イングランドでは教区間の移動が制限されていた）、それを結果の違いに関連づけることができた。フランスも、スミスの世界観を形成するうえで特別な役割を果たしている。これには1764年から1766年（41歳から43歳の頃）に、幼い第3代バクルー公爵ヘンリー・スコット（8歳から10歳）の家庭教師としてフランスに滞在したことが大きい。重農主義の理論と出会い、フランソワ・ケネーと顔を合わせたのはこの時期のことだ。
　スミスの世界的な関心には植民経営とその誤りも含まれている。驚くことではないが、スミスの目的は「経済成長のための秘密」を発見することだったので、植民地を統治していた商人会社に関する話題ではとりわけ批判的だった。理由は、商人たちの運命が、単に彼らの監督している「多数の不幸な国」の市民の運命からかけ離れていただけでなく、はっきりと逆の方向に走っていたからだ。「インドを統治している政府はきわめて特殊な性格をもっていて、当局

65

者の全員が国を抜け出したいと考えており、したがってできるかぎり早くその仕事を終わりにしたいと希望している。国の利益にはまったく関心がなく、そして資産をすべてもって抜け出せば、その翌日に国全体が地震で消えてなくなっても知ったことではないと思っているのである」[9]。ヨーロッパによる植民地慣行に関する議論は『国富論』第4編のうちの100ページ以上（全巻の約8パーセント）を占め、ほぼすべてが否定的だ。数少ない例外は、植民者には（北アメリカ大陸でのように）本人たちの望むようにさせてやるべきだと主張しているところで、これはつまり、北アメリカの植民者はデフォルトで悪人だとは考えられていなかったことになる。大切なので（とくに無視されることが多いので）強調しておくと、帝国主義に関するスミスの見方は——十字軍はヴェネツィア、ジェノヴァ、ピサといった商人共和国の大悪党が企んだとする見方も含めて——ほぼすべてが否定的だ。見ようによってはマルクス以上に批判的で、マルクスはときに（とりわけインドに関する記述では）帝国主義を資本主義発展の、そしてひいては社会主義発展の下女だと描き出している。

　驚くことに、スミスが明確に非難しきれなかった慣行のひとつに奴隷制がある。いくつかの例では暗黙ないし間接的に非難しているのだが、直接反対の立場をとることはまったくない。これは推測だが、スミスが奴隷制を非難できなかったのは、それをすると奴隷を所有している多くの有力者——とりわけ多くのスコットランド貴族——の利害とまともにぶつかってしまうからではなかっただろうか。これは、スミスが富裕層や有力者に関して多くの場面でことばを濁していることを考えると、いっそう興味深い[10]。

　『国富論』に幅広い歴史的、地理的な関心が明確に表れていることを考えると、この本の出版が1776年で、北アメリカを扱った部分の完成がおそらく1775年だったことも、偶然ではあるが、巡り合わせだろう。スミスは、本の最後のページを暴徒の要求に関する議論に割いている（全体として彼らを支持していない）＊。『国富論』は予言的な調子で終わっている。

＊　もっと正確にスミスの立場を要約するなら、アメリカ植民者による分離独立を（彼らには本国から多くの貿易制限が課せられていて、それにはスミスも賛成していなかったにもかかわらず）経済面から擁護しようとは考えていなかったが、道徳的ないし倫理的に分離独立に反対する理由があるとも考えていなかった、といえるだろう。

第2章　アダム・スミス

　　帝国全体を支えるために貢献するのを拒否する植民地があるのであれば、
　　戦争の時期にそれらの植民地を防衛する経費、平和の時期に行政と軍事の
　　組織を一部であれ支える経費を負担するのを止めて、イギリスが置かれて
　　いる地味な状況に合わせて、将来の展望と計画を調整するようにすべきで
　　ある。[11]

　スミスの関心は、最良の開発経済学者による研究のように、全世界に広がっ
ている。そこで、彼が言及している国を、その富と開発水準に関するスミスの
受け取りにしたがって、いくつか大まかなカテゴリーに分類しておくのが有効
だろう。それをしたのが表2.1の左から1列目と2列目だ。オランダがトップに
来ているのは、スミスがこの国を最も進んだ商業社会としてたびたび扱ってい
るからで、実際には、賃金水準だけを基準にすれば、北アメリカの植民地を同
時代の社会のどこよりも前に置きたくなるかもしれない（スミスは北アメリカで
の高い賃金率にたびたび言及している）。それ以外の国についてのスミスのランキ
ングは大なり小なり明確で、ポルトガルやポーランドのようなヨーロッパの周
辺国は、ヨーロッパで最も開発の遅れた国と考えられている。またスペイン語
圏南北アメリカについてもかなり否定的で、とくにコロンブス以前の文明につ
いては「メキシコやペルーの伝統産業の製品がヨーロッパに輸入されたことは
ない」とまで述べている[12]。インドについてもたびたび検討されているが、ほ
とんどはイギリス東インド会社（スミスの大嫌いなもののひとつ）による経営の
拙さという文脈でのことだ。中国については、単に停滞した社会なのか後退し
ているのか確信がもてなかったようだが、それにしても、ケネーが考えていた
ような模範的な王国からはかけ離れたものだった。中国に関して最も批判的な
一節のひとつで、スミスは次のように述べている。「中国の下層は、ヨーロッ
パでとくに貧しい国の下層よりはるかに貧しい。広東近辺では、何百、何千も
の家族が家もなく、河川や運河に浮かぶ小さな漁船で生活しているという。食
料を見つけるのが難しいので、ヨーロッパの船から投げ捨てられる汚い塵を必
死に拾うほどだ」[13]。
　最後に、この開発リーグの底辺に位置するのがアフリカ内陸部と、今日のシ
ベリアおよび中央アジアを含んだ「タルタリア」だ。こうした地域は「野蛮」

67

表2.1 『国富論』当時のさまざまな国の開発水準

スミスの分類（類推）	スミスによる国のランキング （類推と概算）	1776年前後の 1人当たりGDP
豊か	オランダ	4,431
	北アメリカ	2,419
	イングランド	2,962
	スコットランド	—
	フランス	1,728
低開発	ドイツ	1,572
	スカンジナビア（スウェーデン）	1,562
	スペイン	1,447
	ポルトガル	1,929
	ポーランド	995
貧しい	ロシア	—
	メキシコ	1,446
	ペルー	1,278
極貧	ヒンドゥスタン（インド）	1,068
	ジャワ（インドネシア）	795
	中国	981
「野蛮」（スミスの表現）	アフリカ	—
	タルタリア（シベリア/中央アジア）	—

データソース：左から1列目と2列目のデータは著者によるスミスの読み込みを反映したもの。3列目のデータは Maddison Project, 2020 より。各国のGDPデータは大半が1775〜1776年のもの。例外はドイツ（1800年）、ヒンドゥスタン（1750年）、ジャワ（1815年）、中国（1780年）。スミスはイングランドとスコットランドを区別してイングランドを上位に置いているが、ここでは両国を合わせてイギリス全体のGDPデータとして割り振っている。

とみなされている。この世界漫遊で抜け落ちているのは日本とオスマン帝国だけだ。そのうちオスマン帝国については多くの場面で検討されているのだが、それは貿易に関するものに限られている。そのためオスマン帝国の発達水準を測定するのは難しいのだが、スミスは、彼の地の人びとは（ヒンドゥスタンでのように）貴重品を政府や盗賊から守るために土中に埋めておかねばならないと述べていることから、それほど高い発達水準には位置づけていなかったことが示唆される。

　表2.1の3列目は、スミスを読み込んだ結果にしたがって諸国をランクづけしたあとにわたしが追加したもので、マディソン・プロジェクトから最も近年のデータを示し、世界の大半の地域の1人当たりGDPを比較できるようにしている[14]。比較に用いたデータは1775年から1776年のもので、それに最も近

い年のデータを用いた例もある。比較が示すように、スミスのランキングは、今日のわたしたちがこうした国々についてある程度の自信をもって推測している所得水準と非常に近い。スミスの「豊かな」国は実際にほかよりも豊かで、唯一の分類ミスは、ポルトガルが低開発のカテゴリーに位置づけられていることだ。ほかにはポーランドの所得を過大に見積もっているようで、今日わかっている統計にしたがえば、ポーランドの暮らし向きは中国と変わらない[15]。スミスのグループ構成が現代のデータと非常に近いことから、当時の人びとがさまざまな国の開発水準をわかっていたこと、スミスにはそうした知識へのアクセスが十分にあり、常識もあって、世界の多様な地域の立ち位置を正確に認識していたことが示唆される。世界的な規模での関心と知識という点では、間違いなくスミスは（マルクスと並んで）この本でとりあげているほかの経済学者より高くランクされるだろう。18世紀後半には、1、2世紀後と比べてデータが少なかったことを思えば、スミスの功績にはいっそう感慨深いものがある。

　ひとりの人物として見た場合、ここで言及しておく価値のある「アダム・スミスの謎」が3つある。すなわち、ほかの著者からの引用に対する姿勢、自身の私生活のさまざまな面についての洞察の欠如、そして自身の富の処分に関する謎、である。

　アダム・スミスは引用をしたがらないことで有名で、カール・マルクスによれば「稼ぎの出所を用意周到に隠している」[16]。言及されている著者をすべて調べてみると、細部が一致しない引用を含めても、38万語の本（『国富論』）のうちプラトンが6回、アリストテレスとヒュームが各5回、モンテスキューが4回、コルベールが4回、ケネーが3回、カンティロンとミラボーが各1回しかない。ほかにも、たとえば「重商主義」の体系（ないしアプローチないし理論）については99回の、大半は批判的な言及があるのだが、その有力な擁護者であるジェームズ・スチュアートの名前は一度も出てこない。どのように想像をめぐらしても、ほかの著者からの引用がこれほど貧弱というのは受け入れがたい。「過少引用」として最も顕著なものはヒュームとケネーの貢献だろう。ヒュームとは生涯の半分以上にわたる仲間で親密な関係にあったし、ケネーからも、フランスで出会ったときには多大な知的影響を受けている[17]。なぜこんなことになるのだろう。ひとつの可能性としては、スミスは嫉妬深く、自分の

影響力をほかの人間と分かち合いたくなかったことが考えられる。別の説明としては、スミスは論争に巻き込まれるのが嫌で、意見の一致しない者の名前をあげて引用しないようにしたら非常に「経済的」だったことから、ついでに自分が学んだ相手や意見の一致する者の名前もあげないようにした、というのもある。その場合、ケネーは両方のカテゴリーに入るだろう。スミスが重農主義者との議論に踏み込みたくなかったのは、ある文の冒頭のフレーズから明らかだ。「しかし、彼らの独創的な理論を支えている難解な主張について不愉快な議論に立ち入らなくても……」［一部改］[18]。しかしスミスは、意見の一致するテーマ、ケネーから影響を受けたといえるようなテーマについてもケネーを引用していない。これには、自然的自由の体制、国内外での商業の自由、階級間での所得分配、そして最大階級の福祉を国民の幸福の指標とし、政府政策の大きな目的とすることの重要性などが含まれる[19]。

　引用と先達および同時代人との関係ということでは、スミスは、とくにこの本でこれ以後にとりあげる著者（リカード、マルクス、パレート）と比べると、はるかに抑制的で冷淡なように見える。わたしたちは、いつもぼんやりとしたガラスを通してスミスを見ているようだ。スミスの美徳は彼の友人たちによって、亡くなったときにもそれ以後にも大いに語られるのだが、その表現は定型的なもので、19世紀イングランドおよびスコットランドに多く見られるありふれた賛辞だった。「平静さ」や「快活さ」といった気質の繰り返し、あるいは「氏の会話に筆舌に尽くせない魅力を与えた」といった言及からは、本当のところはあまりわからない[20]。サミュエル・ジョンソンは「スミスはこれまで見たこともない、犬のように退屈な奴」で「少し酒を飲んだらこのうえなく不愉快な輩」という、ほかでは見ない観察結果を提供してくれている[21]。これはいかにもジョンソンらしい辛辣な言いまわしだが、おそらくアダム・スミスの、とくにいくらかアルコールが入ったときの気難しいところまでよく見抜いていたのではないだろうか。

　人物像の曖昧さにくわえてもうひとつ、アダム・スミスには、リカード、マルクス、パレートと対照的なところがある。この3人の生涯は、膨大な通信が残っているおかげで日常のほぼすべてまで再構築できるのに対して、アダム・スミスの生涯にはいくつか「空白のスポット」があるのだ。スミスのロマンス

面はなにひとつとして知られていない。なぜ40代のほぼすべてを母と従姉と暮らしていたのか、なぜ見たところ結婚や子どもにまったく関心がなかったようなのかなど、すべて推測するしかない。こうした選択は、どれもそれ自体としては奇妙なものではない（母親と暮らしていたのは単純に母親が好きだったからかもしれないし、独身者が著作に打ち込むには母親に食事の世話をしてもらったほうが、頻繁に酒場へ出向くよりも好都合だったからかもしれない）。しかし、すべてを合わせると、スミスという人物がわからなくなる。スミスが死に際して、原稿や書簡をすべて目の前で焼き捨てるよう求め、何も残さないようにしたことも、さらに謎を深めている（スミスにマックス・ブロードはいなかった！）［マックス・ブロード（Max Brod）はフランツ・カフカの友人。遺言で原稿の焼却を依頼されたが、あえて『審判』『城』などの未発表作品を出版して世に知らしめた］。

　最後の謎はアダム・スミスの富に関するものだ。『国富論』の出版後、スミスはスコットランドの関税委員として年間600ポンドを受け取っていたほか、バクルー公爵からまだ年300ポンドの年金を受けていたし、著作の印税でも稼いでいたから、年収は1500ポンドにもなっていた[22]。したがって、スミスはイギリスの所得分布のトップ1パーセントに悠々と入っていたことになる。ジョセフ・マッシーによるイングランドおよびウェールズの1759年の社会構成表によると（この資料はあとでまた利用することになる）、記載された60近い階級のうちのトップ階級でも、1人当たり所得は年間700ポンドとなっている。スミスの所得を当時の平均収入（マッシーによれば年間28ポンド）との比較で表すと、比率は53対1になる[23]。これを現在の数字に置き換えると、イギリスの正規および非正規雇用の稼ぎ手の平均収入は2020年のデータで約2万5000ポンドなので、スミスの年間所得は約130万ポンドということになる。若い頃の収入も、この水準ではないにしても、かなり高かった。しかし、死亡時点でのスミスの財産はそれほど法外なものではなかった[24]。デュガルド・スチュアートは、スミスは生涯の大半を通じて「匿名の慈善事業」活動に関わっていたのではないか、また「小さいが優れた蔵書」を取得していたのではないか、さらには「常に喜んで友人たちを迎えた……歓待心に溢れてはいるが質素な食事」を提供していたのではないかと推測している[25]。あとの2つでは金額の開きをとても説明できないし、最初のものは単なる憶測にすぎない[26]。さまざまな仮説を提出

することはできるが、どれも証拠に欠けている。なにかしら符合しないところがあるのだが、それがなにかを明確に指摘することはできない。

アダム・スミスの時代の
イングランドおよびスコットランドの不平等

　アダム・スミスが『国富論』を出版した1776年頃のイングランドの社会構造を捉えるには、ほぼ同時代にマッシーが編纂した1759年の社会構成表を用いるのが最善だろう[27]。これを近年になってロバート・アレンが再構築したおかげで、イングランド人口の56パーセントが非農業労働者（使用人や兵士を含む）、ほぼ20パーセントが自作農、ほぼ10パーセントが小売店主だったことがわかる[28]（図2.1を参照）。残りのおおよそ15パーセントは、大半が今日でいう「ホームレス」だった。資本家はわずか4パーセント、平民地主や貴族（ジェントリ）は1.5パーセントしかいない。この社会構成表を単純で視覚的な階層構造に読み替えるには、要素所得と階級に基づく三層構造のピラミッドを思い描けばいい。頂上を構成するのは人口の1.5パーセントで、土地をもっている。次の層は4パーセントで、これは資本家だ。いちばん下が人口の95パーセントで、農民、被雇用労働者、自営業者、浮浪者となる。

　主要階級の相対所得はどうだっただろう。アレンが修正したマッシーの表によれば、地主の家系では1人当たりの年間所得が平均450ポンド、資本家では145ポンド、労働者では14ポンドとなっている。資本家と労働者のあいだにくるのは小売店主と自作農で、年間所得はそれぞれ27ポンド、22ポンドだ。社会ピラミッドの最下層にいるのは農場労働者と浮浪者で、こちらの年間所得は3ポンドに満たない。地主と資本家の所得の比率は約3対1で、資本家と労働者では10対1となる。したがって、労働者に対する地主の優位は30対1という大きさになる。社会での地位は、3つの基本タイプの要素所得——地代、賃金、利潤——のどれを受け取るかでほぼ決まっていた。地主が貧しいことはまずなかったし、労働者で富裕層ということもまずありえなかった。

　スミスの時代に個人間の不平等は広がっていたのだろうか。これについてはいくつかの研究があるが、どれも基礎としている社会構成表は同じだ[29]。マッ

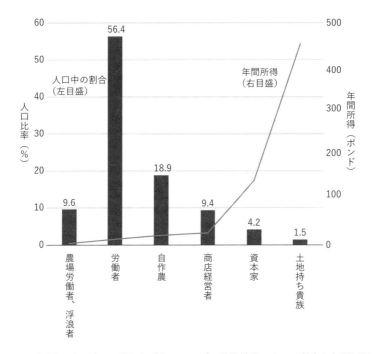

図2.1　1759年頃のイングランドおよびウェールズの階級構造：人口の割合と年間所得

注: 階級は左端が最貧層で右端が最富層。折れ線は1人当たりの平均年間所得の違いを示している。棒グラフはそれぞれの階級の人口中の割合を示している（単位はパーセントで合計は100）。
データソース: Robert C. Allen, "Class Structure and Inequality during the Industrial Revolution: Lessons from England's Social Tables, 1688–1867," *Economic History Review*, 72:1 (2019): 88–125.

シーの数値をどう「翻訳」するか（世帯の規模を修正するかどうか、一定の社会グループをひとつにまとめるかどうか、など）の違いはあるが、どれも、アダム・スミスの時代のイングランドでは不平等が非常に大きかったことを示している。ジニ係数（0-100）で見ると、どの推定値も45から51の範囲に収まる＊。これは今日のチリやドミニカ共和国に存在する水準の不平等で、高くはあるが、現代の経験の範囲から外れているわけではない。グレゴリー・キングが初めて社

＊　第1章で指摘したように、これでも同時期のフランスの不平等より小さいことを思い出してほしい。

会構成表を提出した1688年からマッシーの社会構成表のある1759年までに、イングランドの不平等が明確に増加したようすはない。第3章で検討するように、イングランドの（そしてほぼ間違いなくイギリスの）不平等の持続的な拡大が始まるのは、どうやら19世紀の初めになってから、すなわち『国富論』の出版から20〜30年後のことのようだ。

スミス、リカード、マルクスにおける社会階級

不平等や階級の問題に関して、スミス、リカード、マルクスに共通するのはどのような世界観なのだろうか。それぞれの著者を個別に取り上げる前に、ここで3人の類似点にふれておくのがよいだろう。第一に、3人とも、機能的所得分配が個人間の所得分配での各人の立場を決定すると考えていた。いいかえれば、問題になるのはほぼ機能的所得分配だけ、ということだ。個人間の所得分配はそのなかに組み込まれる、というより決まってしまうのである。

第二に、誰もこの3つの「機能的」階級を単なるランダムな個人の組み合わせとは見ていない。3つの階級は明確なランキングを示唆していて、地主ないし貴族を頂点に、産業ないし金融資本家があいだに来て、その下が自営業者、小作農、労働者（ほぼこの順番）となる。ほかに、全部足すとイングランド人口の約10パーセントを占める大きな数になる人びとがいる。マッシーはこれを「路上生活者、農場労働者、浮浪者」としているが、彼らのことも忘れてはならない。彼らの存在は、一方では、土地に縛り付けられて労働の法的義務を負わされた封建時代が終わったことによるものであり、他方では、まだ完全に発達していない産業システムの産物だった。

スミスが著述活動をしていた時代、イングランドとスコットランドはほかのヨーロッパ諸国よりも進んでいた。どちらも自営業者の割合がフランスより少なかったが、これはヨーマンとよばれる自営農民が自分の土地を耕していたことによる。土地に関する典型的なイギリス流の役割配置が（実際にヨーロッパ大陸や北アメリカ、中国で広がった役割配置とは大きく違ったやり方）すでに実施されていた。すなわち、地主が借地農に土地を貸し、借地農が賃金労働者を雇って働かせるという、3つの階級による分割である。このイギリス独自の役割配

置が政治経済思想史にどれほどの影響をあたえたかを評価するのに最善の方法は、イギリス以外の、別の役割配置がずっと一般的だった場所を考えてみることだ。フランスをはじめとするヨーロッパ大陸の各地では、また中国の大半でも、農民は自分の土地を額に汗して耕していた。インドでは、土地からの生産物を地主と農民で分け合っていた。中央および東ヨーロッパでは、地主に一定の日数の無償労働を提供する法的義務を負った人びとがいて、彼らが土地を耕した。ロシア、カリブ諸国、北アメリカ南部地域では、そうした強制労働を農奴や奴隷が行っていた。こうした役割配置のどれをとっても、そこに資本家的借地農はいない。つまり、こうしたイギリス以外の役割配置には、第3章で見るように、経済学に関する初期のイギリスの著作物できわめて基礎的な役割を果たし、今日に至るまでわたしたちの階級構造観に影響をあたえている人びとがまったく見当たらないのだ。

　第三に、スミスもリカードもマルクスも、単純化した階級所得のモデルを自明のこととして受け入れていて、上の階級の者は「全員が」下の階級の誰よりも所得が多いと考えている。これは、今の方法論の用語でいえば、異なる階級の所得にオーバーラップがないということだ。これが単純化であることは明らかだ。社会構成表では（そして現実でも）、労働者や自営稼得者（自営の商人など）で一部の資本家以上の所得がある者もいた。しかし、それでも、こうした単純化を採用する合理性はあった。ほとんどの場合はそれで正しかったからだ。異なる階級の所得がオーバーラップすることはまずないし、ある人物の所得は——それが資本からのものであろうが、労働や土地からのものであろうが——たいてい1タイプだけの所得で成り立っている（たとえばジェーン・オースティンの小説を考えてほしい。オースティンの本に出てくるのはほとんどが富裕層で、彼らの所得はすべてが土地所有や資本からなのに対して、めったに出てこない貧困層は完全に自分の労働に依存している）。地主で産業資本家という者はほとんどいないし、産業資本家で雇用労働者としても働いているという者はさらに少ないだろう。そこには二重の階層化がある。ひとつは階層構造の階級間のもの、もうひとつは所得タイプの違いによるもので、これが同じ人物のなかで混在することはほとんどない。

　この単純化は労働者と小作農についてとくによく当てはまる。どちらも商人

75

以上に暮らし向きがよいことはまずないし、資本家以上ということはさらにない。対照的に、小売店主と商人の所得はかなり幅が広く、マッシーの社会構成表では、最も裕福な商人が上位1パーセントに入っている一方で、貧しい商人は所得分布全体の平均あたりにいる。

　階層化された社会では、機能的分配は直接、個人間の分配に翻訳される。ここにあげた3人の著者のうち、個人間の分配を独立したテーマとして取り上げていないのも、おそらくこれが最大の理由だろう。驚くことに、スミスもリカードもマルクスも、この用語の現代的な意味での不平等にはほとんど言及していない。あとで見るように、この用語はマルクスではまったくといっていいほど登場しない。マルクスは（明らかに）資本主義に批判的で、いくつかの著作では、労働者階級の急速な窮乏化と見たものについて懸念して——あるいは資本主義の終わりの前ぶれだからと喜んで——いたのだが、個人間の分配には言及がない。階級の階層化がこれほど明確に所得水準の違いにつながっていることを考えれば、きっと『資本論』の著者には、個人間の不平等を単独で取り上げるなど無用の重複のように思えたのだろう。同じことはリカードについても当てはまる。

繁栄する社会とは

　『国富論』はミラボーとケネーの『農業哲学』からわずか13年後に出版されているが、提示している経済像は——そしてある程度は世界像も——非常に異なっている。ケネーでは農業が舞台の中心だったのと違い、ここでは工業がその地位にある。『農業哲学』は、法律で定められた地位に基づく典型的な農業社会の階級を導入したが、それがスミスでは、労働者と資本家と地主からなる三層の階級構造と、労働者と資本家という二層構造へと移っていく。前者は今日でも発展途上国について用いられているし、後者はマルクス以来、先進資本主義経済で一般的なものとなっている。しかし、ウェスリー・ミッチェルが述べているように「アダム・スミスの分配の理論は、彼の組織の主要な部分でなくって、むしろ偶発的なものであった」[30]。たしかに、スミスの分配理論はかなり無頓着に導き出されている。スミスの主な関心は商品の「自然価格」を構

成する3つの要素（地代、利潤、賃金）にあって、分配理論やそれにともなう階級構造は、価格形成の副産物として登場している[31]。しかし偶発的かもしれないが、この理論の発展は今もスミスにとって——そしておそらく後世の経済学者にとってはさらに——重要な始まりとなっている。この理論は、西洋資本主義に本質的な3つの階級を導入したのだ[*]。

　また階級の導入によって、スミスはある過激な見方を提出できるようになった。このことの重要性はどれほど高く評価しても過大ではない。すなわち、国の豊かさは最大階級である労働者の生活条件と不可分だということだ。これは、重要なのは統治階級の富と国家の富だけだと考える重商主義者の立場からの一大飛躍だった。この新しい視点は、第1章で見たように、ケネーをはじめとする重農主義者がすでに輪郭を示していたのだが、スミスほど力強く述べられることはなかった。それはひとつには、重農主義者たちの簡略な文体のせいであり、ひとつには、彼らが最大階級の繁栄を過少消費の懸念と結びつけたことによる。彼らが労働者や自営農民のいっそうの繁栄をそれ自体としてよいこと、社会が繁栄しているしるしだと見ていたのか、あるいは単に、過少消費の罠に落ちるのを避けるために必要なこととして見ていたのかは、必ずしも明確ではない。

　スミスになって、わたしたちは経済学史上初めて、重要なのは最大の集団の幸福なのだという考えと遭遇する。「労働の価格が高いことは、単に社会が全般的に豊かで、雇用される者すべてに十分に賃金を支払えることの証明だと考えるべきではない。それは大衆の豊かさのまさに真髄を構成するものとして、あるいは、まさに大衆の豊かさが正しく存在するところのものとして考えられねばならない」。スミスは「さまざまな職種の使用人、労働者はどの社会でも、人口の圧倒的な部分を占めている」と指摘したうえで、こう続けている。「大多数の人の生活が向上したのが、社会全体にとって不都合だとは考えられない。大部分の人が貧しく、みじめであれば、社会が繁栄していたり幸せであっ

---

[*]　マイナス面としては、とくにマルクス主義の文脈で、18、19世紀の西洋の（さらに狭くはイギリスの）階級構造を具象化したために、別の、非西洋社会を見る能力が限定されてしまい、つねにスミス、リカード、マルクスの定義した三層の階級構造を見出そうとしてしまうようになった、とはいえるかもしれない。

たりするはずがないからである」[32]。これは真に革命的な思想だった。今では常識の地位を獲得してしまったが、たとえそうであっても、現在でもなお革命的な思想だといえるだろう。

『道徳感情論』と『国富論』での富裕層への態度

『道徳感情論』と『国富論』は非常に異なった本で、取り上げているテーマも違えば念頭に置いている読者も違っている。経済学者の注意は自然と『国富論』に向けられるが、近年は『道徳感情論』も幅広く読まれるようになり、引用も多くなっている。2つの著作の大きな違いは、まず『道徳感情論』が家族、友人、同僚など、近しい人たちとの関係を扱っているのに対して、もう一方の『国富論』はもっと大きな世界との関係と、その世界での関係を——すなわち経済的理由で相互に影響する人びととの関係を——扱っているところにある[33]。焦点の違いは本のタイトルからも明らかだ（わたしたちはこのタイトルに慣れきっているので意味の違いにほとんど注意を払わなくなっているかもしれないが）。スミスは、一方では道徳的な感情を扱い、他方では富の獲得を扱っている。2つはまったく異なるものだ。

『道徳感情論』でのスミスは道徳哲学者であり、本としては、近年になってアマルティア・センが広めた見方によれば、いくつかの点で『国富論』よりも「ソフト」だと見ることができる。『国富論』についてはジョージ・スティグラーが「自己利益という花崗岩の上に建てられた壮大な宮殿」としているのが忘れがたい[34]。『道徳感情論』では、他者を理解しようとする能力が大きく強調されている。同書でスミスが導入する「公平な観察者」には、他者に共感し、その動機や行動を理解する能力があたえられている。センは、こうした共感的な傍観者を語りに用いていることを強調していて、ロールズなどのドライな「契約論」と比べて大幅にすぐれている点だとしている。契約論では外部の観察者はいっさい発言を許されず、したがって（センによれば）、契約の参加者が外部ソースによって裁かれる可能性が排除されている。ロールズの、公平であるためには意思決定者が自身の利益について「無知のヴェール」を採用しなければならないとする考えは「（スミスのいう）『人類のうちの彼ら以外』によ

第2章　アダム・スミス

る精査を呼び起こすことを放棄している」とセンはいう[35]。対照的に、共感は
『国富論』にはそれほど登場せず、自らが自己利益と理性に導かれ、かつ他者
も同じものに導かれていると仮定されているだけだ。

　しかし、不平等と階級社会に対するスミスの態度ということでは、センのい
う『道徳感情論』の「ソフトさ」は、それほど博愛主義的なスタンスには翻訳
されない。それどころか、分配の問題では『道徳感情論』のほうが辛辣で妥協
がない。本のトーンや内容は大部分が道徳的、宗教的で、富裕層の道徳感の欠
如を非難する発言があちこちで出てくるのだが、本としては、不変の階級構造
を受け入れている。『道徳感情論』でのトップ階級は、嘲笑表現の対象となっ
ているが、彼らがトップにいる権利を疑問視されることはまったくないし、彼
らの財産の起源が検証されることも一切ない。スミスが富のヒエラルキーを擬
似宗教的に受容していたことを驚くほどわかりやすく示しているのは、彼が自
身の著作で初めて経済での見えざる手の働きに言及した一節だ[36]。虚栄心に満
ちた強欲な富裕層の消費習慣を取り上げて、スミスは次のように述べている。

　　富者は、見えない手に導かれて、生活必需品のほぼ等しい分配──大地が
　　その住人のすべてに等分されていた場合に達成されていたであろうもの
　　──を実現するのであり、こうして富者は、それを意図することもなく、
　　またその知識もなしに、社会の利益を促進して、種が増殖する手段を提供
　　するのである。神の御旨が、大地をごく少数の傲慢な支配者に割り振った
　　とき、分割から除外されていたように見えた人々は、忘れられていたわけ
　　でも、見捨てられていたわけでもない。[37]

　ここで驚くべきことは、大きな所得格差の存在によって形成された社会秩序
が受容され、あまつさえ称賛されていることだ。理由は、富者は貧者の提供す
る商品やサービスを欲することで、必然的に自身の稼ぎの一部を費やすからだ
という。まったく同じ理由から、すべての所得格差は、それがどれほど不公平
なものであろうと受容でき、さらには称賛さえできると宣言される。誰でもわ
かるように、富者は所有している金を食べることも、その上で寝ることもでき
ない。たしかに、自身を維持するために必要なものは他者に生産させる必要が

79

あり、その仕事の報酬を他者に支払わなければならない。しかしどう考えても、この事実を彼らの所得の多さの正当な理由として受け取ることはできないし、そのような分配を受け入れることもできない[38]。どちらについても、擁護する主張はほかで探さなければならない。とりわけ衝撃的なのは、引用した一節の末尾にあるきわめて楽観的な一文で、この不平等世界のあらゆるものは、最後には理想的な配置となり、最善の結果になることが示唆されている。このロジックは自由に拡張することが可能だから、たとえば、ごく少数の者がすべての所得を受け取るような所得分配でさえ、神の設計の一部だと主張することもできてしまう。『道徳感情論』では（ほかにどうしようもないときに）神の御旨をもちだすことが珍しくないが、目に見えて不正な社会秩序を支持するためにそうするのは珍しい。

　たしかに些細な違いではある。しかし貧者の視点から見れば、小さいながらも自分の土地を所有して働くことと、その人物を雇おうという富者の意思に依存しなければならないこととが同じであるはずはない——その点は、この「同じ」ということばを、所得、個人の行為主体性、力、あるいは幸福のどれで測ろうと、結論は変わらない。スミスの一節は過剰なほどに反動的で、富者は支出を通じて「生活必需品のほぼ等しい分配——大地がその住人のすべてに等分されていた場合に達成されていたであろうもの——を実現するのであり」という主張、さらには「富者が食べ尽くす量は、貧しい人々のそれとほとんど違いがない」[『道徳感情論』339ページ]という主張には、ある種の冷笑的な性質をすら感じ取ることができる。これは面食らうほどの言説だ。これを文字どおり読めば、あらゆる分配は、たとえどれほど不平等で不正なものであっても、それがほかと比べて悪いということはない、どんな分配でも富者と貧者は同じだけの分け前を手に入れるという意味にもとれる（それならなぜ富者は「富」者とよばれるのだろう？）。このような主張は『国富論』には決して現れない。『国富論』で財産の起源に関して批判されるのは富者だけだ。

　不釣り合いな富の妥当性をさらに割り引くものとして、スミスは『道徳感情論』で歪んだ自己欺瞞を描き出している。すなわち、わたしたちは想像力に駆り立てられ、洗練されたものほど自分を幸せにしてくれると信じて、そうしたものを求めるようになるというのだ。そこで、わたしたちは一所懸命に働き、

リスクを冒して富と偉大さを増大させようとする。それは多くの場合、人類の産業を推進し、幅広く進歩させていく。したがって、これはプラスの力だ。しかし富が増えてもわたしたちは幸せにはならない。しかも「主要道のかたわらで日光浴をする物乞いでも、国王の戦いの目的である安全を確保している」[39]。これは逆にいえば、幸福における本当の不平等は物質としての商品で測られる見かけ上の不平等よりずっと小さいということだ。富のギャップは大きいかもしれないが、幸福のギャップはずっと小さく、おそらく存在しない。こうした迂回路をとることで、実際の所得不平等の重要性は最小化され、富める者は心穏やかに貧者を雇い、自分を幸福にしてくれることがほとんどない（とスミスのいう）富を、心置きなく消費することができるようになる。

　2つの著作の顕著な違いを、宗教に傾斜した道徳哲学家の「パンとバター」というべき語句、具体的には「God（神）」「the divine（天与の）」「Providence（神の御旨）」「the Great Maker（偉大なる創造主）」の使い方の差に見ることができる。この4つのことばは『道徳感情論』には149回登場するが『国富論』には6回しか出てこない。『国富論』は『道徳感情論』のおよそ3倍の長さだというのに、である。いいかえると、『道徳感情論』でのスミスは、神性を表すことばを『国富論』のほぼ50倍の頻度で用いているということだ。これは、すでに述べたことに照らせば、まったく驚くことではない。『道徳感情論』を書いたのは有神論の道徳哲学者であり、そういってよければ説教者だったからだ[40]。『国富論』を書いたのはかなり懐疑的な、辛酸を嘗めたとさえいえるような、経済生活と社会的慣習の観察者だった[41]。エッセイストのニラド・チョードリはかつて、人間の生涯には第四の、そして最後の「厳格な、ほとんど勝ち誇ったような絶望」の段階があると書いた[42]。これは『国富論』の著者にはかなりよく当てはまる。しかし『道徳感情論』の著者を表したことばではない[43]。

　『道徳感情論』では、富者はその行動（「富をため込むことの愚かさ」）と消費パターンを理由に嘲笑されるが、彼らの地位と富が疑問視されることはない。これは『道徳感情論』の1世紀半あとに書かれた『有閑階級の理論』でのソースタイン・ヴェブレンとよく似た視点で、多くの富をもち、財産があって、社会的階級の高い者を嗤いものにはするが、彼らがその地位にある権利を否定する

ことは決してしないし、そうした階層構造が存在しない状況など想像もしない[44]。富者を嘲笑する感情にもかかわらず——あるいは、これはおそらく「それゆえに」だろう、スミスは富裕層の力の起源への深い考察を回避している——『道徳感情論』でのスミスは往々にして、単なる保守主義者ではなく、露骨な反動主義者として立ち現れてくる。

『道徳感情論』でのスミスの態度を要約するなら、貧者の地位は神意によって定められたものだからそれを受け入れるべきであり、すべての社会はそのように構築されていると考えていたが、富者が必ずしも徳があるとは限らないという見方をしていた、というのがフェアなところだろう。とはいえスミスは、富者の富の起源をあまり詳しく調べるべきではないと考えていた。貧者については、彼らの貧しさは「あの世で」相殺されると明確に主張しているところはないが、その考えは、薄っぺらな神学の衣装をまとってたびたび登場する。不平等についてのこうした疑似宗教的な説明は、これから見るように、『国富論』では一度も出てこない。

富者の所得の正当性を疑う

『道徳感情論』から『国富論』へ移ると、わたしたちは容赦ないリアリズムと自己利益の領域に入り込む。そこは経済的な相互作用の世界であり、それは本質的に他人との関係だ。それはまた、有機的なコミュニティから——行動が共感と、さらには利他主義に（あるいは今見たような、明白な不正の受容に）彩られた場から——機械的な、まったくルールの違うコミュニティへ、ということでもある。実際に『国富論』を確固たるものにするためには、自己利益だけで十分だ。その視点から見れば、スミスは称賛に値するほどの、仮定の経済を展開している。偉大な社会では、人びとの行動を説明するのに過剰な仮定は必要ない。人は自分の利益にしたがって合理的に行動する、とするだけで十分なのだ。

しかし——と、ここが富裕層への姿勢の大きな違いなのだが——『道徳感情論』が階級構造に対して黙従するところで、『国富論』はリアリスティックかつ非情になる。『国富論』は富裕層を露骨に批判し、どのようにして彼らがそ

の富を獲得しているのか、それを使ってさらに自らを富ませ、力を増大させているかを語っていく。彼らの行動のいくつかに、スミスは聖人ぶった態度しか見ない。「社会のために事業を行っている人が実際に大いに社会の役に立った話は、いまだかつて聞いたことがない。もっとも社会のためという考え方は、商人の間ではあまりみられないものなので、そのように考えるのをやめるべきだと説得するために言葉をつくす必要はない」[45]。別のところでは手厳しい皮肉で扱っている。「最近、ペンシルベニアのクエーカー教徒が黒人奴隷をすべて解放すると決議したことをみれば、奴隷の数はそれほど多くないといえるはずである」[46]。

宗教でさえ、大衆が実践していることだからと地上へと引き下ろされ、やはり嘲りを免れられない（『道徳感情論』では想像もできないことだ）。

> 穀物取引に関する法律はどの国でも、宗教に関する法律に似ているといえるかもしれない。人はみな、現世の生活と来世の幸福に関することに強い関心をもっているので、政府は国民の偏見に従うしかなく、社会の安定を維持するには、国民が招福する制度を作るしかない。この二つの重要問題のどちらについても適切な制度がめったにないのは、おそらくこのためだろう。[47]

不平等に関しては、『国富論』は『道徳感情論』よりずっとリアリスティックで「辛辣」であるとともに、ずっと「極左」だ。ヒエラルキーの倫理的な正当性を受け入れず、富裕層の所得はたいてい不正に獲得されているとする。富裕層はピラミッドの頂点にいるかもしれないが、それは彼らにその価値があるということではないし、彼らの所得について、また彼らがどうやって頂点にたどり着いたかについて、研究も批判もせずにおくべきでもない。実際、高所得はたいてい共謀、独占、略奪、あるいは政治的影響力の利用の産物だ。共謀についてスミスはこう述べている。

> 同業者が集まると、楽しみと気晴らしのための集まりであっても、最後にはまず確実に社会に対する陰謀、つまり価格を引き上げる策略の話になる

ものだ。こうした集まりを法律で禁止しようとしても、取り締まりができないか、そうでなければ自由と公正を侵害する法律になる。法律では、同業者がときおり集まるのを禁止することは不可能だが、このような集まりを容易にするべきではないし、まして必要にするべきではない。[48]

独占についてはこうだ。

オランダはモルッカ諸島で、豊作の年に収穫された香料のうち、満足できる利益率でヨーロッパで販売できると予想する量を超える部分をすべて償却するという。……それ以外の抑圧の方法も使って［オランダ人は］モルッカ諸島の先住民の数を、それほど多くない駐留部隊……に、新鮮な食料などの生活必需品を供給するのに必要な水準まで減らしている。[49]

このテクストが婉曲的に示しているように、独占利益を追求するために、オランダの入植者は先住民の数を抑制するばかりか殺すことまでして、人口がスパイスの生産と外国人への奉仕という観点から「最適」になるようにしたのだ。
　略奪については、商人会社（イギリス東インド会社とそのオランダ版であるオランダ東インド会社）および商人共和国が、彼らの利益が公然たる略奪の結果だったことから、とりわけ非難の的になっている。

商人の独占企業による支配はおそらく、どの国にとっても最悪の支配形態である。[50]

これも略奪についてだ。

聖地の征服のためにヨーロッパの各地から大規模な軍隊が派遣されたことから、ベネツィア、ジェノバ、ピサの海運業がときには軍隊の輸送に使われ、大量の食料の輸送にはつねに使われて、きわめて大きな刺激を受けた。イタリアの都市はいうならば、十字軍の兵站部門であった。そしてヨーロッパに起こったもののなかで最悪の破壊的な熱狂が、イタリアのこ

れら共和国にとって繁栄の源泉となった。[51]

最後は政治的影響力についてだ。

> 独占を強化する法案をすべて支持する議員は、商業を理解しているという評判を得られるだけでなく、人数と富のために重要な位置を占める階層で人気と名声が高まる。逆に、独占を強化する法案に反対すると、ましてや法案の可決を阻む力をもっていたりすると、高潔な人柄を広く認められていても、最高の地位にあっても、国に大きな貢献をしていても、最悪の誹謗と中傷、個人攻撃を避けることができず、ときには失望し怒りくるう独占主義者の相手かまわぬ暴力によって、身に危険が及ぶことすらある。[52]

『国富論』に満ち満ちている懐疑的な見方が適用されるのは、資本家と商人だけではない。それは貴族にまで及んでいる。

> 高位高官を独占する貴族の特権を維持するには、限定付き相続［広大な領地の分割を禁じること］が必要だと考えられている。貴族は他の階層に対する不当な特権をすでに一つひとつ力ずくで奪っているのだから、貧乏になってこの特権が笑い物にされないように、もう一つの特権を確保するのが当然だと考えられている。[53]

富裕層は、道徳的な優位性という主張を奪われているばかりか、その富の起源を精査の対象とされることで、富のギャップまで、不公平な社会秩序ないし不正な商業社会の産物と見られかねないことになっている。この点については以下でもう一度取り上げることになる。

社会が発展するなかでの賃金、地代、資本収益

労働所得についてのアダム・スミスの見方はどうだろう。トップ階級の所得に関してリアリスティックで批判的な見方をしている『国富論』では、それに

ともなって下層階級の幸福が強調されている。進んだ社会なのに労働者への支払いが悪い社会であってはならない。社会の成功は、その社会の最大階級がどれほど幸福かで判断される。ここでスミスは、あまり好ましくない対比を引き合いに出す。ひとつはスペインとポルトガルで、少数の支配階級が大きな富を見せびらかす一方でほかの者はすべて貧しい。もうひとつはオランダで、当時は最も繁栄した国として広く認知されており、賃金が高くて金利が低かった[54]。スミスによれば、高賃金と低金利は、経済的に発展しつつ合理的な正当性を維持したいと願うすべての社会にとって最も望ましい特徴だ。「資本の利益率は地代や賃金とは違って、社会が繁栄すれば上昇するわけでもなく、社会が衰退すれば低下するわけでもない」とスミスはいう。「逆に、豊かな国では低く、貧しい国では高く、急速に衰退している国ではとくに高くなるのが自然である」[55]。

　高金利は社会が停滞しているしるしになる（ここでスミスは、オスマン帝国、インド、中国をあげている）が、それだけでなく、金利が低ければ、人びとが働かずに自分の富だけで暮らしていくのが難しくなるという利点もある。「富を上限一杯まで獲得し、どの産業でも限度まで資本が投じられている国では……金利もきわめて低くなるので……利子で生活できるのは、ごく一部の大金持ちだけになるだろう」[56]。こうして幸福な偶然によって、経済的な優位と見られるもの、社会の進歩と不平等の低減をともなうものが、倫理的にも好ましいと判断されることになる。

　大多数の幸福が（基本的には労働者の賃金の高さが）社会がどれだけうまくいっているかの判断基準になるとき、そこに示されているのは、なにがよい社会なのかについての新しい、非常に近代的な見方だ。*comeattibleness*（手に入りやすさ）はスミスの造語で、労働者階級が自分に必要なものをどれくらい容易に買えるかを意味している。「生活の必需品や便宜品が容易に手に入る国家は、国家の他の条件にかかわらず富裕であり、この手に入りやすさをおいてほかに富裕の名に値するものはありえない」[57]。このように、国家の進歩を最大階級の幸福と同一視するのは、現代では議論の余地のないことかもしれないが、スミスの時代には受け入れられるものではなかった。当時は、労働者階級の惨めさは彼らの不可避の運命と考えられることが多く、むしろ、飢えと貧しさの恐怖

がなければ貧困層は働かないのだから望ましいことだとさえ考えられていた*。『国富論』が出版されるほんの6年前に、アーサー・ヤングが次の有名な一文を書いている。「白痴以外のすべての人々が知っているように、下層階級は貧乏にしておかないと、決して勤勉ではなくなる」[58]。

ここからわかるようにスミスは、社会の制度や状態がどうなろうと賃金は生存最低水準（肉体的に生きていくのにぎりぎり足りるレベル）にとどまるとは考えていなかった。さらに生存最低水準の中身自体についても、スミスは、人間のありようのなかで不変のものではなく、時代と場所によって変化しうることを示している。スミスは生活必需品として「生きていくために必要不可欠なものだけでなく、その国の慣習によって最下層にとっても恥をかかないために必要なものを含めている」としている[59]。

必需品を、一度あたえられたら変わらない、固定された商品とサービスの束と捉えてはならない。そこには当然のことながら、社会の進歩につれて実質賃金が上昇する可能性が開かれているのであって、スミスはそのことを明確に述べている。進んだ社会では金利も下がるから、要素所得の具体的な組み合わせ（賃金の上昇と金利の低下）からは、個人間の不平等の小さな社会が暗示される。こうして、スミスの暗示的な所得分配理論が見えてくる。それは、経済の発展にしたがって資本家と労働者のあいだの不平等が——そしておそらく社会全体での個人間の不平等も——縮小していく理論だ。

しかし生産の第三の要素も計算に入れなければならない。すなわち、土地とそこからの収益である地代だ。ここで状況はさらに複雑になる。実質地代も社会の進歩とともに上昇すると考えられるからで、これは絶対的な金額だけでなく、全体の生産物に対する比率においてもそうだと考えられている[60]。さらに、社会の進歩によって（食料以外の）商品の数的な需要が増大するということもある。増分は（綿のように）土地で栽培されるか、採掘を通じて取得されるかだ[61]。富裕層でこうした製品への需要が高まれば土地の価値が上がり、その土

---

* 第1章で指摘したように、ケネーも、貧しい者は飢えに追われなければ働かないという見方を否定していた。この点では、ほかの多くの点と同じく、ケネーとスミスは意見が一致している。

地の所有者が得る地代も増える。したがって、労働者と地主の利益は公共の利益と一致する。労働者も地主も、社会の進歩とともにその地位が向上するからだ。発展によって所得にマイナスの影響を受けるのは資本家階級（雇用主。スミスのことばでいえば親方）になる。それは、彼らの所得の中身である利益率ないし金利が必然的に下がるからである[62]。

　こうして、スミスの暗示する所得分配理論はさらに複雑なものになっていく。なぜなら、頂点にいる者の所得と底辺にいる者の所得は社会の進歩に合わせて上昇し、中間にいる者の所得は減少すると考えられるからだ。進歩の結果として全体の不平等が縮小するというのは、受益者層の規模だけから見れば、おそらく正しいだろう（すでに見たように、スミスの時代のイングランド／イギリスの人口の80パーセントは労働者と小作農だった）。しかし、トップ階級（人口の1.5パーセント）がますます富んでいくことで、社会の二極化がさらに進むとも予想される。スミスの見方にしたがえば、発展によって所得不平等は（今日のジニ係数のような共通の総合指標で測定される不平等は）縮小するだろうが、おそらく二極化もさらに進み、トップ1パーセント（おそらく大半が地主）の分配率がいっそう大きくなるといえるだろう。

　最後に注目すべきことがある。もともと不平等についての発言は数少ないのだが（おそらくどれほど緩く数えても5、6か所）、そのうちのひとつで、スミスは北アメリカとフランスの不平等水準を比較している。フランスはアメリカより豊かな国であるにもかかわらず、スミスの見るところでは「もっとも富の分配が不平等なので、貧乏人と物乞いも多い」という[63]。これはスミスが、アメリカの奴隷ですらフランスの貧困層よりましな暮らしをしていると考えていたことを示唆している。

進歩した社会の実質賃金と相対賃金

　スミスは実質賃金の差を、進歩している社会、停滞している社会、衰退している社会の区別に用いている。これは定常的な歴史観の一部かもしれないが——とくにローマ時代からの「豊かさへの自然な筋道」を検討した『国富論』第3編と合わせて読むとそう思えるのだが——これは同時に、スミス自身の時

代の社会の公正な描写でもある。すでにふれたように、スミスは、国が違えば実質賃金が必ずしも同じではないことに気づいていて、ヨーロッパでは中国やインドと比べてずっと高いという事実から話を始めている[64]。またスミスは、賃金を用いたヨーロッパの国々のランクづけもしている。ここではオランダの実質賃金が最も高く、したがって最も進んだ国と考えられ、続いてイングランド、スコットランド、フランスときて、ずっと遅れてポーランド、ロシアとなっている[65]（1765年から1766年にかけてヨーロッパを訪れたことやスコットランド税関で働いたことが、このランキングにある程度の証拠を提供したに違いない）。

　今日では、1人当たりGDPの水準と実質賃金の水準には相関があると考えることが多いが、スミスにとっては、賃金水準の高さはその国の成長率と関連するものだった。スミスはことあるごとに、成長率の高さがその国の賃金水準を決めると繰り返している。これは明らかに、何度も繰り返すべき重要なことだと考えていたからだ[66]。今日では、これは驚くほど不可解かもしれない。21世紀の中国の成長率が高いからといって、中国の賃金はアメリカよりも高くはない。しかし可能な説明はある。どうやらスミスには、ごく最近まで（つまりは商業革命まで）すべての国は平等に貧しく、賃金はどこでも生理的な生存最低水準だったという前提があるようなのだ。その意味では、経済の成長率が実質賃金を決定すると見ることもできると、わたしは考える。スミスの時代であれば、高度成長している国とは、マルサスの罠を抜け出して（もちろん当時はこんな言い方はなかったが）実質賃金の増加が実現した国だったのだろう。『国富論』の終わり近くで、高賃金に絡んで引き合いに出されている北アメリカの植民地諸州がその例を提供してくれている[67]。

　労働者間の（異なる種類の仕事に従事している労働者どうしの）相対賃金については、資本家間の（異なる業種に投資している資本家どうしの）利益率の違い以上に差が大きいと主張されている。その理由は、労働者は非常に異なる職業で働いていて、仕事によっては（危険あるいは汚い条件に置かれる、肩身の狭い仕事である、費用のかかる長期的な教育が必要とされる、などの理由から）賃金の補償的な要素が大きいためだ[68]。しかし一方で、利益率は、資本が多様な使われ方をしてもそれほど変わらない。なぜなら資本はずっと不定形で、労働よりもはるかに容易に職業の枠を超えて移動し、利益を均質化してしまうからだ[69]。

『国富論』第1編、第2編の長々しい調査を経て、スミスは、相対賃金と相対利益は——つまり賃金の幅と利益率の幅は——国家が進歩しているか衰退しているかによる影響を受けないと結論づけている。すべての賃金は相互変化なしに一緒に上下するし、利益についても同じことが当てはまる。

> 業種ごとにみた場合、労働の賃金と資本の利益の違いは、社会が豊かか貧しいか、発展しているのか停滞しているのかにはほとんど影響されないようだ。このような社会全体の状況の激変は、賃金と利益の一般的な水準に影響を与えるが、その影響はどの業種でも同等になるはずである。したがって業種間の比率は同じであり、少なくともかなりの期間にわたって、こうした激変によっては変化しえない。[70]

これは『国富論』のなかで最も満足のいく部分とはいえないだろう。技術的な変化は——あるいは本のごく初めの部分で紹介された分業の増加でさえ——異なる職業の賃金にさまざまな影響をあたえるだろうし、異なるスキルをもった労働者の賃金についても同様だろう。技術変化とそれによる労働への影響というテーマは（あとで見るように、リカードにとってはかなりな頭痛の種になるのだが）スミスではまるごと回避されている。生産の三大要素所得は、社会の発展につれて異なる動きをするかもしれないが、それぞれの内部での関連性は影響を受けないのである。

暗示的な所得分配理論と資本家への不信

スミスの暗示的な所得分配理論は、経済政策に影響をあたえる者としての資本家への不信感と密接に関連している。これは、スミスの見方では、労働者と地主の所得が上がることは社会発展の結果であって、この2つの階級の利益は社会全体の利益と一致するからだ。資本家にとっての状況はその逆になる。発展した社会ほど資本は豊富になり、利益率が下がる（利益率が下がるのは、資本が豊富になると資本家どうしの競争が厳しくなるため）。発展しても損失を被るだけだとなれば、資本家は、経済政策への助言提案者として非常に疑わしい集団に

なる。これが正しいと思えるのは、スミスの見方では、地主の怠惰や労働者の教育欠如、怠け癖を考えると、地主も労働者も、自分たちの（ひいては社会の）利益になる政策を強く主張しそうにないからだ[71]。対照的に資本家は、政治的な説得や主張という問題では非常に長けている。しかし彼らの世界観は幅が狭く、彼らの助言は、その利害が社会の利害と並行に走っているわけではないので、信用するべきではない。

> 雇い主の階級が商業に関する新しい法律や規則を提案した場合には、かならず十分に注意すべきであり、時間をかけて注意深く検討した後でなければ、それも細かい検討にとどまらず、最大限疑い深く検討した後でなければ、採用すべきではない。こうした提案は、社会全体とは利害が一致することがない階級からだされたものであり、この階級は一般に、社会全体をあざむき、ときには抑圧することにすら関心をもっていて、このため、実際に何度も社会全体をあざむき、抑圧してきたのだから。[72]

この背後には、グラムシ［イタリアのマルクス主義思想家］の「ヘゲモニー」論の影がちらついている。しかも、これが孤立した発言だと考えられないように、すぐ前の部分でもほぼ同じことが繰り返されている。「しかし商業と製造業のどの業種でも、雇い主の利害はつねに、社会全体の利害とは何らかの面で違っており、正反対ですらある」[73]。

このように、スミスの所得分配理論は、資本家の政治的役割への懐疑主義がその起点となっている。資本家の助言は経済発展を遅らせるものでしかない、なぜなら社会が発展しても彼ら自身はなにも得るものがないからだ。有名な一節で、スミスは「北アメリカを保護し統治しているイギリスの政治体制と、アジアで抑圧と圧政を行っている東インド会社と」を対比している[74]。そのうえで、資本所有者の政治的役割を明確に拒絶して、スミスはこう述べる。

> しかし、商工業者は支配者ではなく、支配者になるべきではないので、その浅ましい強欲と独占の精神はおそらく矯正が不可能だとしても、そのために仲間うちで争うのはともかく、他の階層の平穏を乱すようになる事態

表2.2　階級的利害の一致と不一致

	地主	資本家	労働者
「社会の向上」とともにこの階級は……	得をする（地代が上がるため）	損をする（利益が下がるため）	得をする（実質賃金が上がるため）
政策立案者を説得する階級の能力は……	低い（怠惰なため）	高い（口がうまいため）	低い（教育レベルが低いため）
一般大衆の利害と階級自体の利害は……	一致する	相反する	一致する

は簡単に防げるとも思える。[75]

　所得分配に関するスミスの見方は『国富論』第1編の最後となる（スミス自身が「きわめて長い」といっている）第11章の結論部分に、気持ちのよい明確さで述べられている。それをまとめると表2.2のようになる。

　自己利益は『国富論』の基礎ではあるが、ときには一部の自己利益が広範な社会目的ないし社会の「改良」に反する働きをするというのもまた真実だ。この議論からは、必ずしもすべての自己利益が等しく尊重されるべきではないということが明確に見えてくる。大規模な独占業者、政府関係者、国家の保護産業などの自己利益は社会全体に深刻な害をなすものであり、つねにチェックしておかなければならない。『道徳感情論』と比べたときの最も対照的なポイントであり、また一部の、支配階級についてのスミスの辛辣なコメントを見逃している後年の経済史家と比べて最も対照的なポイントでもあるのは、スミスが一部の高所得の正当性を疑問視していることと、資本家の利害が往々にして社会の利害と衝突するという主張だ。『国富論』では、この2つの特定の批判が労働者や農民には向けられることは決してない。労働者と農民が批判を免れているのは、スミスが彼らのことを道徳的にすぐれていると思っていたからではなく、彼らには富がないので、自分たちの自己利益を強要するだけの政治的な力がなかったからだと考えていいだろう。富は必ずしも道徳的に悪いものと見られているのではなく、その所有者に、なにが社会的に望ましいかを無視して、限られた範囲の利益だけを推進する手段をあたえるものだと見られているのだ。さらに、労働者の利害は、スミスによれば、社会の利害と一致するところが多い。

第2章　アダム・スミス

　重要なことなので強調しておくと、政策立案における資本家の役割についてのスミスの批判は、独占行動や共謀の具体的な事例に基づいたものではない。もっと一般的な見方として、資本家の所得（利益）の源泉は「豊かさの一般的な道筋」の衰退と結びついているのだから、彼らの利害は社会の利害と一致しないということが基礎になっている。

　ここで概略を示した主張は、スミスは2つのバージョンの資本主義社会ないし商業社会を提示していると解釈することができる。ひとつは競争的な社会で、それは所得が正当に獲得される「自然的自由」の体制だが、もうひとつは縁故主義ないし政治的資本主義を基礎とした社会であり、そこでの所得は詐欺、独占、あるいは略奪の産物だ。わたしの考えでは、スミスが後者を「現存資本主義」と見ていたこと、完全に競争的な資本主義については、哲学者ないし政策立案者がその実現を目的とするべき社会と考えていたことには、ほとんど疑いがない。『道徳感情論』では富裕層に対する道徳的な、そしてときには嘲るような批判だったものが、『国富論』では経済学に基づく批判となっている。なぜか？　それは政治的な力や独占、特定の利益の促進によって獲得された所得は、単に不正だけでなく、発展を遅らせることで、経済効率を損なうものでもあるからだ。

　こうして、不当に得られた富に関する2つの重要な批判が『国富論』でひとつに合わさってくる。一方は哲学的ないし道徳的な根拠に基づいてこれを非難し、他方は経済成長への悪辣な影響力を暴露する。当然のことながら、後者は不平等への批判としても有効だ。しかし、この批判は『国富論』の世界でしか意味をもたない。『国富論』での著者の主たる目的は、物質的に豊かな生活につながる原理を明らかにすることにあるからだ*。

　そうなると、実は『道徳感情論』と『国富論』には背後に統一的な目的があった可能性が見えてくる。長い目で見れば、共感の世界は十分な物質的富の達成なしには不可能だ。となれば『国富論』の世界が「自然に」先にくること

＊　ここには、高金利への批判に顕著に見られるものと同じ、道徳的主張と経済効率との連携を見ることができる。高金利が悪いのは、最富裕層が働かずに暮らすことを可能にするからだけでなく、後退する社会の特徴でもあるからなのだ。

になる。これは『道徳感情論』の世界の物質的基礎を整えるものだからだ。おそらくこういってもいいだろう。繁栄の物質的基礎が広く共有されるなら、あとは『道徳感情論』の富裕層を嘲笑するだけで済む。誰もがまずまずいい暮らしをしているのなら、富裕層の所得の不正をことさら主張する必要はない。ファイティングポーズをとるのをやめて、億万長者の愚行を静かに笑っていればよいのだから。

結　論

　スミスの『国富論』のなかで、この本での関心事となるキーポイントはなんだろう。それは6つある。第一は、最大階級（労働者と小作農）の繁栄が国家の経済的成功の指標になること。第二に、発展した社会では賃金は高くなり、資本収益は少なくなること。第三に、高所得の多くは不正に獲得されたものであり、それゆえ富裕層は道徳的な優位性を主張できないこと。第四に、経済的繁栄を保証する条件は所得の公正性を保証する条件と同じであること。第五に、暗示的な所得分配理論があること。それによると地代と賃金は社会の進歩とともに増加するが、利益と金利は下落するので、全体としての不平等はおそらく減少する、ただしその分だけ最上位への所得集中は強まる（地主がさらに豊かになる）。そして第六に、そして非常に重要なことだが、スミス独自の所得分配理論の結果として、資本家に国家の支配を許してはならないということ。彼らの経済的利害は大衆の利害と対立するからだ。

　この章を終わる前に、わたしとしては、ほかにアダム・スミスの姿勢の3つの側面に光を当てておくことが重要だと思う。これはこの本で考察している所得分配についての見方をはるかに超えるものではあるのだが、スミスの研究が今日どのように利用されているかの説明に役立つだろう。これが以下の章の主要部分ではないのなら、なぜさらに拡張したスミスの見方を提出するのか。理由は単純で、アダム・スミスが経済学にあたえた影響が、この本で取り上げる著者の誰よりも大きいからだ。しかもその影響は、彼の研究の多くの部分から生じるもので、賃金、利益、地代の進化に関連する部分からだけではない。

　まず強調するべき側面は、富裕層に対する、そして彼らが富を獲得した方法

に対する、スミスの批判的な態度だ。とくにスミスは、事業家の利害は社会の利害ともろに対立するので、彼らの限定的な、特定の利害をほかの人びとに強要させてはならないとする意見を何度も表明している。このアダム・スミスは単なる「中道左派」ではない。スミスの引用の多くはバーニー・サンダース[アメリカの上院議員で「民主社会主義者」を公言している]がふつうに口にしそうなもので、それを読んでも多くの人は、その文章が経済学者の始祖のひとりのものだとは気づかないだろう。このアダム・スミスは、今日のアメリカ合衆国であれば、ほとんど資本主義への「社会主義的」批判といわれるところまできている。

しかし第二に、スミスは富裕層に関して懐疑的な一方で、大きな政府にも同じように懐疑的だった。自然的自由の体制への信念から、スミスは、全体の利益という衣装をまとって自分の利益を押し通そうとする連中の動機を疑っているのだ。それゆえ、スミスは最低限の統治がよいとして、その機能を3つに限定した。すなわち、外国による攻撃からの保護、司法行政、そして公共事業と公教育（全般的な知識水準を上げ、究極的に経済を向上させるため）だ。それ以外にも政府が行動するべき個別の例をあげてはいるが、それはほぼすべて規制の性質をもったもので、共謀や独占勢力の制限を意図している。スミスの政府機能は、現代の資本主義国家のどこと比べても、劇的に少ない。大まかにいって、スミスの政府機能であれば、必要となる支出はGDPの10パーセントほどだろう。これは、今日の先進資本主義国の政府が支出している額の3分の1から4分の1程度だ。となれば、そのような政府で必要となるのは、ずっと限定的な、ただし（スミスが示唆するように）緩やかではあるが累進性の、個人課税となるだろう。これが、自由市場主義の経済学者やメディアでたびたび引用されるスミスだ。たしかに本当のスミスではあるが、これはスミスの一部にすぎない。右翼の経済学者が、反資本主義的で左翼的なスミスに言及することはほとんどない。

スミスの研究のなかで、ここで強調しておくべき重要な側面の3つ目は、たしかにスミスは、自然的自由と自由競争の体制が人類の幸福を推進させるうえで最善のシステムだと考えていたが、その一方ではっきりと、そのようなシステムは実際には達成されそうもないと評価していた点だ。自然的自由と自由競

争という理想的な状態は、現実の世界の達成度を測定する尺度としてなら使えるかもしれないが、それが実現すると期待するのは合理的ではなかった。現実主義者アダム・スミスには、一般均衡分析や、そうした分析から生じる多くの難解な結果も含めて、抽象的な経済スキームを考える忍耐も興味もなかったのだろうと、わたしは考えている。せいぜいのところ、論理的練習問題として有効だと思うくらいで、おそらくは（彼のことばを借りるなら）「修飾的」だが「役立つ知識」ではないというカテゴリーに入ってしまうのだろう。

　こうした3つの、同等に重要な、しかし複雑なスミスが、彼の研究を今日の政治経済議論に含めることを難しくしている。今のようにイデオロギーで分断され、その分断がきわめて意識される社会では、今日の視点から見て左翼とも右翼とも、あるいは非常にプラグマチックとも解釈される思想家の貢献を認めることは困難だし、おそらく不可能でさえある。だからこそスミスについては、引用も利用も選択的に行われているのだ。

第2章 アダム・スミス

原注

1. 誰が最初かを決定するのは難しい。アダム・ファーガソン（Adam Ferguson）、ジョン・ミラー（John Millar）、アンヌ・ロベール・ジャック・テュルゴー（Anne Robert Jacques Turgot）もほぼ同時期に類似した定常理論を提出している。

2. スミスは、発展途上、安定、衰退の状態にある社会が歴史の定常理論とどのような関係にあるかについて、まったく検討していない。おそらく、それぞれの発展段階で前進する社会としない社会があるということなのだろう。では、封建段階にあって発展途上の社会はやがて商業社会へと移っていくのだろうか。それはまったくわからないし、スミスも語ってはくれない。

3. 第1編から第4編に言及する際のページ数はAdam Smith, *The Wealth of Nations*, edited with notes and marginal summary by Edwin Cannan, preface by Alan B. Krueger (New York: Bantam Classics, 2003), based on 5th ed. as edited and annotated by Edwin Cannan in 1904 に、第5編に言及する際のページ数はAdam Smith, *Of the Revenue of the Sovereign or Commonwealth (Book V of The Wealth of Nations, 1776)*, ed. D. N. Deluna (Altoona, AL: Owlworks/Archangul Foundation, 2009) に拠った。［本書での訳文引用はすべて『国富論 ──国の豊かさの本質と原因についての研究』山岡洋一訳、日経BPマーケティング、2007.7 より］

4. Smith, *Wealth of Nations*, Book II, ch. 3, 436. ［『国富論』上巻、350ページ］

5. たとえば金融規制について、スミスは次のように述べている。「しかし、少数の個人による自然な自由の行使が社会全体の安全を危険にさらしかねない場合には、どの国の政府の法律でも自由に制限を加えているし、加えるべきである。とくに専制的な政府でも、とくに自由を大切にする政府でも、この点に変わりはない」。Smith, *Wealth of Nations*, Book II, ch. 2, 414. ［『国富論』上巻、331ページ］

6. この一節はスミスと同時代のデュガルド・スチュワート（Dugald Stewart）を通じて伝わったもので、後年になってから「スミス氏により一七五五年に作成され、当時氏が一会員であった一協会に氏みずからによって提出された短い一原稿」から選んで引用している。Dugald Stewart, "Account of the Life and Writings of Adam Smith, LLD, from the transactions of the Royal Society of Edinburgh, read by Mr. Stewart, January 21 and March 18, 1793," in *The Glasgow Edition of the Works and Correspondence of Adam Smith*, vol. 3, *Essays on Philosophical Subjects*, ed. W. P. D. Wightman, J. C. Bryce, and I. S. Ross, 269–332 (London: Cadell, 1811; Oxford: Oxford University Press, 1980). ［本文中の訳文は『アダム・スミスの

97

生涯と著作』福鎌忠恕訳、御茶の水書房、1984.6、78ページより。またこの原注での訳文は同書77ページより〕

7. Smith, *Wealth of Nations*, Book II, ch. 3, 442. 〔『国富論』上巻、354–355ページ〕

8. スコットランドが経済的に後退しているという印象について、スミスは、それはフランス人の多くがそのように考えているからだとし、自分の考えではそれは正確ではない、とくに「スコットランドについては、現在の姿と二十年前、三十年前の姿を知っているものは誰も、そうは考えないだろう」という意見だった。Smith, *Wealth of Nations*, Book I, ch. 9, 127. 〔『国富論』上巻、95ページ〕

9. Smith, *Of the Revenue (Book IV of The Wealth of Nations)*, ch. 7, 813–814. 〔『国富論』下巻、229ページ〕

10. マーヴィン・ブラウンは、スミスは経済生活では奴隷制を受け入れていたが、道徳哲学者としては否定していた、と主張している。Marvin T. Brown, "Free Enterprise and Economics of Slavery," *Real-world Economics Review* 52 (2010): 28–39, http://www.paecon.net/PAEReview/issue52 /Brown52.pdf. これは『道徳感情論』と『国富論』は生活の異なる2つの面——有機的コミュニティでの生活と商業的生活——を説明するために書かれたとするわたしの見方と一致している。

11. Smith, *Of the Revenue (Book V of The Wealth of Nations)*, ch. 3, 243. 〔『国富論』下巻、548ページ〕

12. Smith, *Wealth of Nations*, Book I, ch. 11, 276. 〔『国富論』上巻、223ページ〕

13. Smith, *Wealth of Nations*, Book I, ch. 8, 102. 〔『国富論』上巻、75–76ページ〕

14. Maddison Project Database, version 2020 by Jutta Bolt and Jan Luiten van Zanden, Groningen Growth and Development Center, Faculty of Economics and Business, University of Groningen, https://www.rug.nl/ggdc/historicaldevelopment/maddison/releases/maddison-project-database-2020?lang=en.

15. わたしがスミスよりも上のカテゴリーにポーランドを入れている可能性もある。ポーランドは（ポルトガルと並んで）つねにヨーロッパの最低開発国の例にあげられるが、わたしには、暗黙のうちにアジアの国々より上に置かれているように思える。しかしスミスは直接の比較はしていない。

16. Karl Marx, *A Contribution to the Critique of Political Economy*, trans. S. W. Ryazanskaya (Moscow: Progress, first written in 1859), Note C: Theories of the Medium of Circulation and of Money. 〔邦訳『マルクス資本論草稿集』資本論草稿集翻訳委員会訳、大月書店、1984、399ページ〕

17. Dennis C. Rasmussen, *The Infidel and the Professor: David Hume, Adam Smith, and the Friendship That Shaped Modern Thought* (Princeton, NJ: Princeton University Press, 2017) は、ヒュームとスミスのあいだに仮定される友情がタイトル（『異端者と大学教授』）のポイントとなっていて、本文中でも広範な調査がなされているのだが、この本を基礎に考え

ても、スミスは十分に友情に報いていないのではないかと考えてしまう。両者の友情については さらに専門的な議論に踏み込むことはしないが、あえてわたしの印象を述べれば、スミスはたいていヒュームを避けていて、手紙を書いたのは、自分や自分の学生のために推薦が必要なときだけだったのではないだろうか。ヒュームからひっきりなしに招待されながらまったく返事を出さなかったことについても、ラスムッセンが言及していない解釈が可能だと思う。すなわち、スミスはこの友人をどこか疎ましく感じていて、顔を出さない口実を毎回考えるよりも、いっそ無視するほうを選んだのではないだろうか。

18. ここでの「彼ら」についてスミスは「学派」としかよんでいないが、このグループが重農主義者を指しているのは明らかだ。Smith, *Of the Revenue (Book V of The Wealth of Nations)*, ch. 2, 113.［『国富論』下巻、418–419ページ。本文では「彼ら」としたが、邦訳では「エコノミスト派と称する学派」「重農主義者」と明確に訳出されている］

19. キャナンによれば「スミスが、分配の想案が必要であるという考えを重農主義者から得たこと……は明白である」。Edwin Cannan, "Introduction," in Adam Smith, *Lectures on Justice, Police, Revenues, and Arms, Delivered in the University of Glasgow by Adam Smith; Reported by a Student in 1763*, ed. Edwin Cannan (Oxford: Clarendon Press, 1896), xxxi. Maurice Dobb, *Theories of Value and Distribution since Adam Smith: Ideology and Economic Theory* (Cambridge: Cambridge University Press, 1973), 56n.［邦訳『価値と分配の理論』岸本重陳訳、新評論、1976.11、331ページ］。しかし、スミスによる1750年代のエディンバラでの講義の原稿（1930年代にようやく発見されたもの）によると、寛大に解釈しても、重農主義者の影響はずっと小さかったように思われる。シュンペーターは、マンデヴィルやケネーを含めたほかの著者への扱いが軽すぎることについて「彼が『経済表』の重要性を十分に把握していなかったことはほとんど確実である」と述べている。Joseph A. Schumpeter, *History of Economic Analysis*, edited from manuscript by Elizabeth Boody Schumpeter (Oxford: Oxford University Press, 1954; repr. 1980), 232.［邦訳『経済分析の歴史』東畑精一、福岡正夫訳、岩波書店、2005.12–2006.11、419ページ］

20. Stewart, "Account of the Life and Writings of Adam Smith," 329–330.［邦訳『アダム・スミスの生涯と著作』福鎌忠恕訳、御茶の水書房、1984.6、90–91ページ］

21. ジョンソンのことばは彼の伝記作家であるジェームズ・ボズウェルの私文書に引用されている。*Boswell: The Ominous Years, 1774–1776*, ed. Charles Ryskamp and Frederick A. Pottle (New York: McGraw-Hill, 1963).（未訳）「犬のように退屈な奴」はボズウェル日記の1776年4月13日付（337ページ）に、「このうえなく不愉快な輩」はボズウェル日記の1776年3月17日付（264ページ）に見られる。

22. Wesley Mitchell, *Types of Economic Theory: From Mercantilism to Institutionalism*, vol. 1, edited with an introduction by Joseph Dorfman (New York: Augustus M. Kelley, 1967), 136.［邦訳『経済理論の諸型態』春日井薫訳、文雅堂銀行研究社、1971-81、173ページ］

23. スミス自身もこの比較をしろというだろう。「どれだけの量の他人の労働を支配できる

か……によって豊かさと貧しさがきまることになる」。Smith, *Wealth of Nations*, Book I, ch. 5, 133.［『国富論』上巻、32ページ］

24. アダム・スミスの検認と富に関してはデーヴィッド・ウートン（David Wootton）の指導に感謝する。

25. Stewart, "Account of the Life and Writings of Adam Smith," 326.［『アダム・スミスの生涯と著作』84ページ］

26. 蔵書は実際には小規模ではないので、金額のギャップをある程度まで説明できるかもしれない。最も新しい調査によると、アダム・スミスは約2000冊の書物を所有していた。Daniel B. Klein and Andrew G. Humphries, "Foreword and Supplement to 'Adam Smith's Library: General Check-List and Index,'" *Econ Journal Watch* 16, no. 2 (2019): 374–383. およそ1800冊は以前の調査でリスト化されている。Hiroshi Mizuta, *Adam Smith's Library* (London: Cambridge University Press, 1967). 冊数の差はクラインとハンフリーが、エディンバラ大学が所有していてアダム・スミスの蔵書票のあるものに基づいて追加したもの。

27. マッシーなどによる歴史的なイングランドおよびイギリスの社会構成表は近年になって修正が施され、階級的に一貫した（同じ階級がすべての時代を通して示された）一連の社会構成表が作られている。Robert C. Allen, "Class Structure and Inequality during the Industrial Revolution: Lessons from England's Social Tables, 1688–1867," *Economic History Review* 72, no. 1 (2019): 88–125. ここではほぼすべてアレンの版の表を用いている。マッシーによるオリジナルの表はアレンの修正版よりずっと詳細で、60近いグループに分けられ、最上位の肩書を有する第1階級（こうした高位階級が12ある）から路上生活者まで、それぞれに平均所得が推定されている。Joseph Massie, *A Computation of the Money That Hath Been Exorbitantly Raised Upon the People of Great Britain by the Sugar-Planters, in One Year, from January 1759 to January 1760*, broadside, January 10, 1760, London, Kress Collection no. 9612.12, Baker Library Special Collections, Harvard Business School.

28. Allen, "Class Structure and Inequality," 98.「労働者」は「製造業の労働力、建設業、鉱夫、人夫と戸外労働者、兵士、船員、家事労働者、農場労働者」と定義されている。

29. Peter Lindert and Jeffrey Williamson, "Reinterpreting Britain's Social Tables 1688–1911," *Explorations in Economic History* 20 (1983): 94–109; Branko Milanovic, Peter Lindert, and Jeffrey Williamson, "Pre-industrial Inequality," *Economic Journal* 121, no. 1 (2011): 255–272; Allen, "Class Structure and Inequality."

30. Mitchell, *Types of Economic Theory*, 287.［『経済理論の諸型態』28ページ］

31. 「どのような社会でも、すべての商品の価格は、この三つのうち一つか二つ、あるいは三つ［賃金、利潤、地代］に当てられる。……そして発達した社会では、商品の大部分でこの三つがすべて、多かれ少なかれ価格の構成要素になっている」Smith, *Wealth of Nations*, Book I, ch. 6, 71.［『国富論』上巻、53ページ］

32. ひとつ目の引用はスミスの渡仏に先立って作成された初期の『国富論』原稿より。

第2章　アダム・スミス

Jerry Evensky, *Adam Smith's* Wealth of Nations: *A Reader's Guide* (Cambridge: Cambridge University Press, 2013), 33; Tony Aspromourgos, "'Universal Opulence': Adam Smith on Technical Progress and Real Wages," *European Journal of the History of Economic Thought* 17, no. 5 (2010): 1169–1182, 1176. 2つ目の引用はSmith, Wealth of Nations, Book I, ch. 8, 111 [『国富論』上巻、82-83ページ] より。

33. 同様の解釈についてはDavid Wootton, *Power, Pleasure, and Profit: Insatiable Appetites from Machiavelli to Madison* (Cambridge, MA: Harvard University Press, 2018), 174を参照。「2つの著作［『道徳感情論』と『国富論』］がうまく噛み合わないことを認める見方もある。それは一方が家族、友人、隣人（好ましい感情を呼び起こす人たち）に対してどのように振る舞うべきかを扱っているのに対して、他方は市場で出会う他人（特段の気遣いをする義務を負っていない人たち）とどう交流するべきかを扱っているからである――「買主の危険負担」は他人に対してとりうる正当な態度ではあるが、家族や友人や隣人に対するものではない」。

34. Amartya Sen, "Adam Smith and the Contemporary World," *Erasmus Journal of Philosophy and Economics* 3, no. 1 (2010): 50–67; Amartya Sen, *The Idea of Justice* (Cambridge, MA: Belknap Press of Harvard University Press, 2009); Amartya Sen, "Uses and Abuses of Adam Smith," *History of Political Economy* 43, no. 2 (2011): 257–271; George J. Stigler, "Smith's Travels on the Ship of State," *History of Political Economy* 3, no. 2 (1971): 265–277.

35. Sen, "Uses and Abuses of Adam Smith," 267. センの引用は*Adam Smith, Lectures on Jurisprudence*, ed. R. L. Meek, D. D. Raphael, and P. G. Stein (Oxford: Clarendon Press, 1978; repr. Indianapolis: Liberty Classics, 1982), 104 [邦訳『アダム・スミス法学講義 1762-1763』水田洋ほか訳、名古屋大学出版会、2012.5、107ページ] より。

36. スミスはこれ以前にも、天文学に関する論文で見えざる手に言及しているが、それはここでの関心事ではない。

37. Adam Smith, *The Theory of Moral Sentiments* (1759; London: Alex. Murray, 1872), Part IV.i.10. [邦訳『道徳感情論』高哲夫訳、講談社、2013.6、339-340ページ]

38. 異なる2つの立場を考えてみよう。一方では、10人全員がそれぞれ同じ大きさの土地を所有し、各人が10単位を稼ぐ。他方では、1人がすべての土地を所有してすべての所得を手に入れるので、残りの9人にはなにも残らないが、その後、この富者は90単位を費やして他者を雇用し、商品やサービスを提供させるので、彼らの所得は10になる。この2つの場合は同じではない。後者の場合、推定される平等に到達するために、貧者の所得（10）と富者の純貯蓄（100-90）とを比べているからだ。この「平等」の不合理さを全面的に理解するためには、この富者が彼の所得のすべてを商品やサービスに費やし、購入後の純貯蓄がゼロになる状況を考えてみればよい。そのうえで、この富者は実際には貧しいのだと主張したとして、納得できるだろうか。

39. Smith, *Theory of Moral Sentiments*, Part IV.i.10. [『道徳感情論』340ページ]

40. 『道徳感情論』では（よび方はどうあれ）神が『国富論』と比べてはるかに重要な役割を果たしていることは認めつつ、ラスムッセンには『道徳感情論』の理神論的要素を最小化する傾向があって、最後の版でスミスがいくつか施した（どちらかというと穏当な）修正が「宗教を代弁する彼の主張をいくぶん和らげている」と主張している。全体として、ラスムッセンはスミスを「ある種の理神論者」で「懐疑的な理神論者」だと考えている。Rasmussen, *The Infidel and the Professor*, 233, 15–16.

41. マンデヴィルの「有害な傾向をもつ体系」をスミスが強く拒絶していることにも有神論的な要素が現れている。Smith, *Theory of Moral Sentiments*, Part VII.ii. 1998, 273.［『道徳感情論』568ページ］

42. Nirad C. Chaudhuri, *Thy Hand, Great Anarch! India: 1921–1952* (New Delhi: Vintage/Ebury div. Random House, 1987), 130.

43. はっきりさせておくが、わたしは、この二重性が起こってくるのは2つの著作の執筆時期が異なっているためではないと考えている（たびたび指摘されているように『道徳感情論』にはスミスによる改訂が施されているが、そのときにはすでに『国富論』が出版されている。したがって「青年マルクス」と「老マルクス」のような意味での「青年スミス」と「老スミス」はありえない）。この二重性が起こってくるのは、むしろ、2つの著作が異なるテーマを扱っていて、人生の異なる社会的立場を反映しているためだろう。

44. Thorstein Veblen, *The Theory of the Leisure Class: An Economic Study of Institutions*, intro. by C. Wright Mills (New York: Macmillan, Mentor Book, 1953).［邦訳『有閑階級の理論』村井章子訳、筑摩書房、2016.11］

45. Smith, *Wealth of Nations*, Book IV, ch. 2.［『国富論』下巻、32ページ］

46. Smith, *Wealth of Nations*, Book III, ch. 2.［『国富論』上巻、400ページ］

47. Smith, *Wealth of Nations*, Book IV, ch. 5, 682–683.［『国富論』下巻、122ページ］

48. Smith, *Wealth of Nations*, Book I, ch. 10.［『国富論』上巻、136–137ページ］

49. Smith, *Wealth of Nations*, Book IV, ch. 7, 807.［『国富論』下巻、224ページ］

50. Smith, *Wealth of Nations*, Book IV, ch. 7, 722.［『国富論』下巻、155ページ］

51. Smith, *Wealth of Nations*, Book III, ch. 3, 513.［『国富論』上巻、415ページ］

52. Smith, *Wealth of Nations*, Book IV, ch. 2, 592.［『国富論』下巻、47–48ページ］

53. Smith, *Wealth of Nations*, Book III, ch. 2.［『国富論』上巻、398ページ］

54. スミスは「カディスとリスボンの商人は法外な利益を獲得しているが、そのためにスペインとポルトガルの資本は増加しているだろうか。とくに貧しい両国で、貧困が解消されてきただろうか」と問いかけている。Smith, *Wealth of Nations*, Book IV, ch. 7, 779.［『国富論』下巻、201ページ］

55. Smith, *Wealth of Nations*, Book I, ch. 11, 109.［『国富論』上巻、273ページ］

56. Smith, *Wealth of Nations*, Book I, ch. 9.［『国富論』上巻、101ページ］

57. Smith, *Lectures on Jurisprudence*, A, vi, 33–34.［『法学講義』366ページ］

第2章　アダム・スミス

58. J. Cunningham, *An Essay on Trade and Commerce* (London: printed for S. Hooper, 1770), 266–267. Mitchell, *Types of Economic Theory*, 115 に引用。［『経済理論の諸型態』155ページ］

59. Smith, *Of the Revenue (Book V of The Wealth of Nations)*, ch. 2, 157.［『国富論』下巻、462ページ］

60.「地主が得る部分の真の価値、つまり他人の労働を支配する力は二重に上昇する。生産物の真の価値が上昇すると同時に、生産量に対する取り分の比率が上昇するからである」。Smith, *Wealth of Nations*, Book I, ch. 11, 335.［『国富論』上巻、271ページ］

61. Smith, *Wealth of Nations*, Book I, ch. 11.

62. 金利に起ったことを利益率がそのまま模倣するのは、利益率が金利に依存しているからだ。「ある国で通常の市場金利が変動すれば、それとともに通常の利益率も変動しており、金利が下がれば利益率も低下しているし、金利が上がれば利益率も上昇しているといえるだろう」。Smith, *Wealth of Nations*, Book I, ch. 9, 123.［『国富論』上巻、93ページ］

63. Smith, *Wealth of Nations*, Book IV, ch. 3, 624.［『国富論』下巻、74ページ］

64. Smith, *Wealth of Nations*, Book I, ch. 11.

65. Smith, *Wealth of Nations*, Book I, ch. 9.

66. スミスは「労働賃金の上昇をもたらすのは、国富の大きさではなく、国富の増加が続くことである。このため、労働賃金がとくに高いのは、とくに豊かな国ではなく、とくに勢いのよい国、とくに急速に成長している国である」と述べている。Smith, *Wealth of Nations*, Book I, ch. 8, 99.［『国富論』上巻73ページ］　また「国による労働の真の報酬の違いは、それぞれの国が実際にどこまで豊かか貧しいかではなく、それぞれの国が発展しているか停滞しているか衰退しているかによって自然に決まることを思い起こすべきだ」とも述べている。Smith, *Wealth of Nations*, Book I, ch. 11, 258.［『国富論』上巻、205ページ］

67. Smith, *Of the Revenue (Book V of The Wealth of Nations)*, ch. 3, 234.［『国富論』下巻、539ページ］　北アメリカ植民地の一般人は、スミスによればイングランドよりも賃金が高いが、奴隷は「スコットランドやアイルランドの最下層より地位が低い」とされている。この見方は Peter Lindert and Jeffrey Williamson, *Unequal Gains: American Growth and Inequality since 1700* (Princeton, NJ: Princeton University Press, 2016), Figure 2.2 and the discussion around it, 40 で確認されている。

68.「すべての職業のなかでもっとも不愉快な死刑執行人の仕事は、通常のどの職業よりも仕事量の割に高い賃金を支払われている」とスミスは述べている。Smith, *Wealth of Nations*, Book I, ch. 10, 140.［『国富論』上巻、105ページ］

69.「一つの社会または地域でみて、資本の平均的で通常の利益率は、労働の賃金よりも業種ごとの違いが小さいはずである」とスミスは述べている。Smith, *Wealth of Nations*, Book I, ch. 10, 154.［『国富論』上巻、118ページ］

70. Smith, *Wealth of Nations*, Book I, ch. 10, 196–197.［『国富論』上巻、151ページ］

103

71. スミスによれば「労働者の利害は社会全体の利害としっかりと分かちがたく結びついているが、労働者は社会全体の利害を理解することができないし、社会全体の利害と自分の利害との結びつきを理解することもできない」。Smith, *Wealth of Nations*, Book I, ch. 11, 337. [『国富論』上巻、273ページ]

72. Smith, *Wealth of Nations*, Book I, ch. 11, 339. [『国富論』上巻、274ページ]

73. Smith, *Wealth of Nations*, Book I, ch. 11, 339. [『国富論』上巻、274ページ]

74. Smith, *Wealth of Nations*, Book I, ch. 8, 176. [『国富論』上巻、77ページ]

75. Smith, *Wealth of Nations*, Book IV, ch. 3, 621. [『国富論』下巻、72ページ]

第3章

デヴィッド・リカード

平等と効率のトレードオフは存在しない

　見よ、この男だ——トマス・ド・クインシーはリカードの『経済学および課税の原理』の第1章を読みながら声を上げた[1]。その後の2世紀にわたって、数えきれないほどの経済学者が、このスマートで簡潔な一冊を読んでほぼ同じ反応をしてきた。リカードは『原理』出版後も長きにわたってある種の魅力を放ってきたし、それはこれからも長く続くことだろう。その魅力の源は、リカードが作り出した簡潔で、力強く、しかも優美なモデルにある。本質的には数理モデルなのだが、数式ではなくことばで記述されており、説明も（まったく矛盾がないわけではないが）明快だ。モデルの背後にある精神には論理的な一貫性があって、数学的だ。『原理』のこの側面こそが、経済学者とりわけ19世紀後半に経済学が高度に数理化されて以降の経済学者を魅了してきたのだ。

　リカードは、イングランドの地域問題を普遍的な意味をもつものへと高めた。彼の著作は、直接には穀物法に反対するものだった。経済保護を狙ったこの法律が、輸入食糧に関税を課すことで生活費を上昇させていたからだが、この地域問題を検討するなかで、リカードは国際貿易理論の基礎を作り出し、3つの主要な社会階級をそれまでの誰よりも明確に定義した。これはその後の2世紀にわたって経済学を強力に特徴づけることになる。スミスも社会を3つの階級に分けたが、リカードは自身の体系でこの階級区分をずっと重く位置づけ、分配をめぐる階級間の対立を舞台の中央へと押し出した。この対立は現実のものだったが、スミスはその全面的な意味合いを引き出しはしなかった。それをリカードは、ここで明白なものにしたのである。

105

リカードの階級構造は、当時のイングランドの発展状況を反映したものでも
あった。驚くことではないが、リカードでこれほど大きな役割を演じた3つの
階級は、その後半世紀も経たないうちに融合し、マルクスの文章ではわずか2
つ――資本家と労働者――になってしまう。土地所有者は、実業家が増える
につれ、数のうえでも経済面でもその重要性を失っていく。土地は資本の単なる
一形態となり、地主階級は、最終的にマルクスの下で、単なる土地持ち資本家
として組み込まれていくことになる。しかしリカードのイングランドでは、彼
らは大きな政治的・社会的役割を果たしていたので、資本家とは別に正しく考
察されている。

　しかし、リカードのアプローチのもつ優美さは、のちに経済学の多くの分野
で悩みの種となる問題も植え込んでいる。それは、行為主体とその利害および
動機に関する高水準の抽象化と単純化だ。これは現実世界の行動を曖昧にする
とともに、経済学を過度に抽象的な方向へ誘導してしまう傾向がある。『経済
学および課税の原理』の出版後、この方法論はたちまち多くの批評家を惹き寄
せた。ジャン゠バティスト・セイもそのひとりだ。

> リカルド氏はときに一般化が過ぎるほど抽象的な原理に基づいて推論する
> ことがある、というのは氏に対する十分に根拠ある反論だろう。非難ので
> きない仮説を定めると、それが疑問の余地のない観察に基づいているから
> と、氏はその推論をこれ以上ないほど離れた結果にまで押し広げて、その
> 結果を実際の経験の結果と比較しようとしない。[2]

　同じ傾向は、のちにヨーゼフ・シュンペーターも「リカードウ流の悪習」と
いうことばで批判している。

> 彼は一個の単純化のための過程を一つ一つ重ねていき、これらの過程に
> よってあらゆるものをそれぞれの場所に片づけたので、ついにはただいく
> つかの集計的な変数のみが残されることとなり、そこで彼はこれらの変数
> 相互のあいだに、右の仮定のもとで、簡単な一方交通の関係のみを設定し
> た。したがって結局においては、望まれていた結論がほとんど同義反復の

ように現れてくることになったのである。[3]

　リカードは、その方法論においても、また多くの分野での洞察を通じても、今日の経済学でなお大きな存在であり続けているが、最も存在感が大きいのは国際貿易、金融政策、そして技術進歩の役割についてだ。リカードはまた、これから述べるように、初めて分配のトピックと経済成長のトピックを統一した人物でもあった。それはリカードが、階級間の所得分配を（もっと正確には「正しい」分配を）経済成長の前提条件と見ていたことによる。

　スミスと違って、リカードの旅行経験や世界への関心は限定的だ。成人してからまとまった期間を海外で暮らしたことは一度もなく、永遠の亡命者だったマルクスとは人生経験がまったく異なっている。イングランドとヨーロッパ大陸の2、3の国から外へ出たことはほとんどなく、ほかの世界について大きな関心を示したこともない。せいぜい外交問題と外国の証券取引所について純粋に実利的な関心がある程度だった（おかげで株式仲買人として巨万の富を築いている）。著作でほかの土地に言及することもあまりなかった。フランスと、あとはオランダが出てくるくらいだ（オランダは移民だった父親の出身国で、11歳から2年間、親戚のところで暮らしている）[4]。アメリカ、スペイン、ロシア、ポーランド、ポルトガル（父方の親戚の出身国）も出てくるが、どれも単にリカードが主張したいポイントの例として便利だっただけで、とくに関心があるとか、そこの問題に精通しているとかいうのではなかった。外国に言及しているところで国名をA、B、Cといった文字に置き換えても、ほとんど支障はないだろう。実際に旅行したときにはかなり豪勢だった。というのも、生涯の終わり頃には、往時の荘園領主のように一族郎党を引き連れてヨーロッパ巡りができるほど金銭的に余裕があったからだ。リカードは突然、51歳という異例の若さで亡くなった。死因はちょっとした、しかし気づかない病気だったようだ。

　リカードは、その関心もイングランドに限定されていた。1819年に庶民院の議席を買い、多くの政治議論に参加するなか、スミスを読んで注釈をつけているうちに経済学に関心をもつようになっていくつかのパンフレットを執筆し、会う者からは一様に大きな称賛を受け、好かれもしていた。存命中は貿易と投資の成功を通じて巨万の富を獲得しているが、これは本人も認めているよ

うに、ナポレオンがエルバ島を脱出してから最終的にワーテルローで敗北するまでに、イングランドの国債が大幅に変動したときの投資も含んでのことだ[5]。リカード本人も、決して自惚れが強いとか自ら美化しているというのではないのだろうが、自ら市場でふるっていた力を誰よりもうまくことばにしている。

> ある人はたまには他人にいった——リカルド氏はこのまたはあの財貨、または株式を買った。それによって儲けた。君はそれ以上うまくやれない、と。この事態の下では、私はほんの短時日後に、しばしば私が買った財貨を小利益でもって売却するべき、その需要そのものを創り出した。結局、こんなのが私が成功せる投機家であるとの世評であった。私はそれを速やかに転売することで利益が得られるよき見込みを以て、市場へ出でて、物の種の何はとわず偶発的に購入することが可能であるとときどき思ったのであった。[6]

このコメントには、のちに行動派のジョージ・ソロスがいった「反射性」が見事に表されている[7]。

亡くなった1823年の時点で、リカードの資産は61万5000ポンドだった。これは、アダム・スミスによる富の定義のひとつである「どれだけの量の他人の労働を支配できるか」を用いるなら、熟練労働者およそ1万4000人分の年間賃金に等しい[8]。これだけの富があれば、リカードは容易にイングランド人口のトップ1パーセントに入ることができる。これを現在のイギリスの条件に読み替えて、同じ平均賃金の尺度を用いると、リカードの財産はおよそ3億5000万ポンドに等しくなる＊。したがってリカードは、これまでで最も影響力のある経済学者のひとりであるとともに、最も金持ちの経済学者だったともいえるだろう[9]。

ウェスリー・ミッチェルの理解では、リカードはその文体も、人は事業でも政治でも道徳でも自己利益によって動くとする人間観も、株式仲買人としてのリカードの体験に多くを負っているという。そこには、金儲けの純化された抽象的な本質が最も明瞭に表れるからだ[10]。リカードの強い抽象思考への偏向が

＊　2020年の平均総賃金である2万5000ポンドを用いた。

若い頃からのことだったとしても、これは十分にありえる話だ。しかし、これはやはりその知的好奇心と誠実な性質、さらには生まれもっての礼儀正しさからだろう、リカードは、政治的にはまったく両極端でたびたび対立していたような経済学者からも人気があり、好かれていた。マルサスとは多くの問題で意見が合わなかったのだが、それでも誠意ある、まるで友人のような関係を維持していた。マルクスから最も尊敬された古典派経済学者でもある[11]。アルフレッド・マーシャルも、自身の経済学の源流にリカードを含めていて、それが、経済学者が自分たちの科学の発展について考える基準となっていた。

リカードは救貧法や普通選挙に反対していたが、当時の進歩主義者からは尊敬され、彼の仕事が基礎となって、死後まもなくリカード派社会主義が登場し、さらに1世紀のちには新リカード派が、新古典派の正統性に異を唱えるようになる[12]。このように、この最も「資本主義的な」経済学者は、おそらく社会階級を基本的な経済学上の前提として取り上げたという、まさにその理由から、いわゆる「ブルジョア」経済学や新古典派から派生した各種の経済学だけでなく、左翼やマルクス主義の経済学者のあいだでも、今も大きな影響力がある。リカードは経済学のフアン・ペロンとなり、左翼、中道、右翼のすべてから評価されている［ペロンはアルゼンチンの軍人、政治家。労働者保護や女性参政権の実現といった左翼的政策、外資系企業の国有化などの民族主義的政策を実施し、かつファシスト的な独裁体制も敷いた］。こうしてリカードは、アダム・スミスでさえ共有するところのない、独特の地位を占めている。経済学に関する文章は（マルサス、ミル、セイなどとの膨大な書簡を除けば）全部を合わせてもせいぜい2、3巻だが、その早すぎる死から2世紀以上を経た今も、リカードは驚くほど「生きている」。

ナポレオン戦争時のイングランドの所得不平等

リカードが執筆していた時代、イギリスは世界第一の大国になりつつあって、イギリスの資本主義はアダム・スミスの時代よりもずっと成熟していた。『国富論』と『経済学および課税の原理』とのあいだにはおよそ40年の隔たりがある。またこの時代、イギリスとヨーロッパはナポレオン戦争の血塗られた

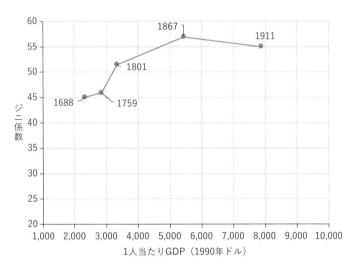

図3.1　1688〜1911年のイングランド／イギリス——ジニ係数と1人当たりGDP

データソース：Gregory King (1688), Joseph Massie (1759), Patrick Colquhoun (1801), Dudley Baxter (1867), Arthur L. Bowley (1911) が作成し Peter H. Lindert and Jeffrey G. Williamson が "Revising England's Social Tables 1688-1812," (*Explorations in Economic History* 19 (1982): 385-408) で修正した社会構成表より算出。ほかに Branko Milanovic, Peter Lindert, and Jeffrey Williamson "Pre-industrial Inequality," *Economic Journal*, 121:1 (2011): 255-272; Maddison Project Database, 2020.

激動期を経験していた。『原理』自体の出版もワーテルローの戦いからわずか2年後、ウィーン会議の閉会から1年でのことだった。

　イングランドの不平等は、当時の社会構成表から計算すると（図3.1を参照）、アダム・スミスが30代後半だった1759年から19世紀初めにかけて、大幅に拡大している。この社会構成表では不平等が過小評価されているのだが（当時は正確な情報がなかったため、ある社会階級の者は全員が同じ所得だと仮定するしかない）、それによると、1801年のイングランドの不平等はジニ係数にして約52ポイントだった。これは今日の南アメリカ諸国と同じレベルの不平等で、現在のイギリスと比べると約20ポイント高い。1759年から1801年では、ジニ係数が7ポイント以上も大きくなっている。ここでも現代との比較が役に立つ。イギリスでは1979年にマーガレット・サッチャーが権力の座についてから約30年で不平等がピークに達し、ジニ係数が9ポイント上昇しているのだが、7ポイント

はそれをわずかに下回っている程度だ。

『経済学および課税の原理』が書かれた時代は、所得と富の不平等が大幅に拡大しただけでなく、相対的な高度成長の時代でもあった。表3.1に表れている最も驚くべき特徴は、第一に、18世紀後半に資本家の所得が劇的に増えていること（その次に成功したグループの所得のほぼ2倍に増えている）、第二に、その成長が少数者の手に集中していることで、資本家家系の割合は人口の約4パーセントから3パーセントに下がっている。同時に労働者は、名目賃金の増加が全体平均以下の水準だったのに対して、人数は全人口の56パーセントから61パーセントへと拡大している。

リカードの『原理』の登場人物である主要3階級（地主、資本家、労働者）を念頭に考えると、上の2階級（土地持ち貴族と資本家）はどちらも相対的なサイズが縮小したが、資本家の所得の成長は貴族をはるかに凌いでいたという結論になる。この両者の所得ギャップは、比率にして3対1から1.5対1以下へと半減している。リカード自身の資産は、先に見たように、まさに彼の階級の成長を証言するものだ。

他方で労働者は、数は増えたが、資本家と比べた相対的な地位は低下して

表3.1　イングランドおよびウェールズの社会階級の規模と相対所得

	世帯の割合		所得 （年間の名目ポンド）		所得の増加 （％）
	1759	1801	1759	1801	
土地持ち貴族	1.5	1.3	453	756	67
資本家	4.2	3.2	145	525	261
商店経営者	9.4	8.6	27	65	138
農民	18.9	10.8	22	49	126
労働者	56.4	61.1	14	23	67
浮浪者	9.6	14.9	4	4	1
合計／平均	100	100	28	52	88
1人当たり実質GDP （1990年ドル）			2850	3351	18

注：この時期の高いインフレ率が、名目および実質の1人当たり総所得の大きなギャップに反映している（「所得の増加」の下2段を比較してほしい）。所得は最下段を除いてすべて年間のもの。

データソース：Robert Allen, "Revising England's Social Tables Once Again," Oxford Economic and Social History Working Paper 146, tables 11 and 12 の社会構成表より要約、調整。1人当たりGDPは the Maddison Project 2020 version (in real 1990 PPP dollars) より。

いった。しかし、19世紀初めのイングランドに関して今日のわたしたちが知っている数字は、リカードにはかすかに知覚されるだけだっただろう。想像するのは難しくないが、リカードは、資本家の繁栄と全体の成長との関係を（経済を前進させるのに必要な貯蓄と投資を生み出すためには資本家の高所得が必要だという意味で）概念的に把握していただけではなく、それが実証的に確認されるところも見ていた。実際に、1759年から1801年までのイギリスの1人当たり累積実質成長率は、マディソン・プロジェクトの最近の推定によれば、18パーセントとなっている（表3.1の最下段を参照）[13]。ここから、平均の年間成長率は1人当たり0.4パーセントということになる。これは現在の基準では低いが、リカードの時代には高かったとみなせる[14]。さらに指摘するなら、イギリスの人口は同時期に年間0.7パーセントのペースで増加している[15]。これを足し合わせると、2世代以上にわたって1パーセントを超える経済拡大があったことになる。

　リカードが『経済学および課税の原理』に着手した目的は、こうした成長にとっての脅威について、そしてその結果としての（リカードの見方によれば）資本家の地位向上への脅威について探究することであり、ひいては、当時提案されていた政府による介入に反撃することだった。こうして成長と分配の問題は、リカードにとってはごく早い段階から緊密につながっていた。したがって、リカードが成長と分配を扱ったやり方は、のちの新古典派経済学者とはずいぶん異なっていたことになる。のちの学者たちは、生産と分配はまったく異なる力によって支配されると見て、生産は物理的経済的な法則に、分配は社会的な法則にしたがうと考えるようになる。

所得分配と経済成長

　『原理』では、機能的所得分配、純所得をめぐる闘争、そしてその闘争に参加する3つの主要階級（労働者、資本家、地主）が中央舞台に上る[16]。古典期のほかの著者と同様に、リカードも、個人所得の分配がどうなるかについては論を展開しなかったが、それはこれが自明のことだったからだ。個人はその人物の階級所得によって定義されるのだから、あらためて説明する必要はなかった。労働者の所得は生存最低水準であり、地主の所得は、借地人である資本家

に「合理的な」利益を（当然のことながら、農場労働者の賃金を支払ったうえで）生み出せる最悪の区画の土地での穀物生産コストで決まった*。階級間の分配が個人間の分配を決定したのだ。ピーター・リンダートは、19世紀イングランドの不平等に関する自身の研究で次のように結論づけている。

> 貴族階級と商人階級は、すでに社会のほかの人びとよりもずっと裕福だったが、彼らは産業革命の1世紀のあいだにその優位をさらに拡大した。そのやり方はマルサス、リカード、ミル、マルクスらが非難したもので、経済的なランクが3つの古典的な生産要素といかに密接に結びついていたかは［以下の事実に見ることができる］……ほぼすべての土地は所得のトップ十分位によって所有されている。彼らの得る所得を社会のほかの人びとと比べると、資本から得られるものがはるかに多く、労働から得られるものははるかに少ない。このような世界であれば、所得ないし富のサイズ分布の動きは地代、利益、賃金で十分に説明することができる。[17]

となれば、ここではたびたび引用される『原理』序言の宣言を思い出すだけで十分だ。「［土地の所有者、資本の所有者、労働者のあいだの］この分配を左右する法則を決定することが、経済学における主要問題である」［『原理』5ページ］。

スミスとは違い、リカードにとっては、最大階級の所得向上が経済活動の目標ではなかった[18]。分配は成長を加速させるためのツールにすぎない†。リカー

---

* 　リカードでは、最悪の土地は地代を生まないが、これは大きな変更を導入しなくても修正可能だ。マルクスは絶対地代という概念をもちこんでそれをしている。

† 　これは、リカードがこの最大階級の生活水準が向上することの価値を否定していたというのではない。リカードは次のようにも書いている。「人道の友としてはこう望まざるをえない、すなわち、すべての国で労働階級が慰安品や享楽品にたいする嗜好をもつべきであり、そしてそれらの物を取得しようとする彼らの努力が、あらゆる合法的手段によって奨励されるべきである、と。過剰人口を防ぐには、これよりもよい保障はありえない」Ricardo, Principles of Political Economy and Taxation, ch. V, 57. ［『デイヴィド・リカードウ全集』第1巻、116ページ］　しかし、暗に労働階級が享楽品に対する「嗜好」を欠いているとしているうえ、ここでの所得向上はそれ自体が目的ではなく、人口増加の負のチェックを提供するから正当化できるものとして扱われているという問題には留意してほしい。

113

ドの研究の第一の目的は、序文の発言とは異なり、成長をスピードアップさせることだった。リカードが恐れたのは経済が動かないことだった。マルクスが次のように述べている。

> リカードは、ブルジョア的生産が社会的生産力の最大可能に無拘束な発展を〔意味する〕かぎりでは、生産の担い手が資本家であろうと労働者であろうと、その運命に心を煩わされることなく、ブルジョア的生産を支持したのである。彼は、この発展段階の歴史的な正当性と必然性を〔しっかりと〕つかんでいた。彼には過去についての歴史的な感覚は欠けているが、それだけにかえって彼はその時代の歴史的な跳躍点のなかに生きている。[19]

そこで、別のところでマルクスはこう結論づける。

> リカードがあれこれと顧慮しなかったということは、科学的に誠実であっただけでなく、彼の立場から科学的に要求されていたことでもあった。だが、そのために、生産力の発展が土地所有や労働者を死滅させるかどうかということも、彼にとってはまったくどうでもよいことなのである。この〔生産力の〕進歩が産業ブルジョアジーの資本を減価させるとすれば、これも同様に彼には歓迎されることである。労働の生産力の発展が現存の固定資本を半分も減価させるとしても、それがどうだと言うのか、とリカードは言う。人間労働の生産性が倍化されたのである。こうして、ここには科学的な誠実さがある。リカードの理解はだいたいに産業ブルジョアジーの利益のためのものであるとすれば、それは、ただ、彼らの利益と、生産のそれとが、または人間労働の生産的発展のそれとが、一致するからであり、またそのかぎりにおいてにすぎない。彼らがこれと対立するようになれば、リカードは、他の場合に彼がプロレタリアートや貴族と対立するのとまったく同様に、容赦なくブルジョアジーと対立する。[20]

リカードの目標は生産の増大だった。どの社会階級であれ、リカードは、生産高の向上と最も利害が一致する社会階級を支持しただろう。このリカード解

釈だと、プロレタリアートの台頭を支持するまではほんの一歩だ。プロレタリアートの利害が経済成長の加速と一致することさえ示せばいい。もちろんリカードがそのような思想を抱くことはなかった。それは、資本家こそが進歩の主体だったからだ。しかし論理的には、彼の分析はそれを許容する。旧ソ連の五カ年計画の背後にリカード流の分析の影を見ることさえできるのだ。

　所得分配に、経済成長を高めるための単なる道具としての役割を振り当てることで、リカードは、初めて分配と成長の統合を生み出した。スミスでも分配は舞台に登場したが、その理由は、あらゆる商品の価格が賃金、利益、地代という3つの要素に分解されるからで、そのひとつは労働者のもの、別のひとつは資本家のもの、3番目は地主のものだった。リカードにとっては違った。商品の価値は、それを生産するために必要な労働の量で決まる。これには2種類の労働が含まれる。すなわち、生きている労働者の労働と、道具に体現される「凝固した」あるいは「物体化した」労働だ。しかし、価値は所与のものだが、その価値が異なる生産要因のあいだでどう分配されるかは決まっていない。3つの階級はその分け前をめぐって争う。「賃銀が上昇するときには、それはつねに利潤を犠牲にしておこなわれ、そして賃銀が低下するときには、利潤はつねに上昇する」[21]。別の言い方をするなら3つの未知数による方程式、すなわち 賃金＋利益＋地代＝価値 ということだ。最初の時点では、価値だけがわかっている。しかし、実質賃金は生存最低水準で一定だという前提があるので、賃金商品（リカードの場合は穀物）の生産コストがわかりさえすれば答えは簡単に出る。限界地での穀物生産コストがわかれば地代もわかるから、方程式は解けるというわけだ。

　リカードの『原理』（のうち、この本で関心のある部分）が書かれた目的は、賃金、利潤、地代の分配がどのように決まるかが経済の成長率に大きく影響することを示すためだったと見ることができる。利潤が押し潰されれば成長が行き詰まる。ここにあるのは動的な経済観だ。今日の分配は、明日の所得がどれだけ成長するかで決まる。分配が生産を決める。もう一歩マルクスに近い表現をするなら、生産関係が生産の諸力を決定する、ということだ。

　このように、リカードの主要な考えは、およそモデルを作りたいと思う者なら誰もが抱く夢だ。その単純な明快さは、長きにわたって知的成功を収めてき

た理由のひとつでもある。『原理』は、先にもふれたように、穀物法に反対するパンフレットとして着想された。しかし、この法律がイングランドの成長にいかに有害かを示すためにリカードが作り上げたものは、経済科学で最初の、そしておそらく最も影響力の大きいモデルとなった。

　ここで先に進む前に、用語を明確にしておく必要がある。わたしはいくつかの用語を、リカードの定義した意味ではなく、現在の意味で用いている。したがって「実質賃金」は、労働者が名目賃金で購入できる商品の実際の物理量を表す。リカードの用語での「実質賃金」は今でいう労働分配率で、労働者が受け取る純所得の割合を意味していた。ほかに明確にしておくべき用語としては「純所得」「純付加価値」がある。現在の用法では、これは労働者の所得と資本家の所得の両方を含んでいるが、リカードでその意味を表すのは「総生産」だ。また、資本家を唯一の能動的行為主体と見ていたことから、リカードの「純生産物」ないし「純生産高」の中身は利潤だけだった（同様に、重農主義者の場合の「純所得」は地主階級の所得だけを意味していた）。

賃金、利潤、地代の進化

　穀物法の目的は、国内価格と穀物産出高に応じて食糧輸入の総額を規制することで、国内生産が不十分なときにだけ関税を下げるというものだった。これに反対する主張を手早く要約すれば以下のようになる。穀物法が維持され、かつイングランドの人口が増え続けるならば、豊かでない土地でも穀物を栽培しなければならなくなる。これは、穀物の限界単位での生産コストが上昇することを意味していて、このコストが価格を決定する。穀物の価格が上がれば、それ以外の土地（そこより豊かな、限界以下の区画）でも地代が上がるだろう。ゆえに、人口増加と穀物法の継続によって地代が上がることになる。

　しかし、生存最低水準のコストが上がることで名目賃金も増加する。穀物価格が上がったために生存最低水準のコストが上がったのだから、同じ物理量の穀物を受け取るためには（賃金はつねに生存必要最低水準だと仮定すれば）労働者の名目賃金は上がらざるをえない。一方で名目賃金は、資本家と労働者のあいだの純生産の分配を支配している。労働者の名目賃金が上がれば、資本家の手

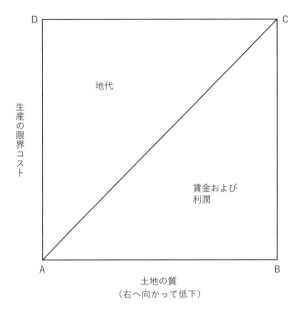

図3.2 リカードの分配モデル

Maurice Dobb, *Theories of Value and Distribution since Adam Smith: Ideology and Economic Theory* (Cambridge University Press, 1973), 87n. より。

に残る純所得の割合は小さくなる。結論として、穀物価格の上昇は利潤の総額も利潤率も引き下げることになる。

　主要な考えは、図3.2に示した図式で表すことができる。食糧生産がどこで止まるかは人口（および労働力）の規模で決まる。これを点Bとしよう。生産の限界コストは、単純化すると、最も低い点A（最も豊かな土地を表す）から線形に増加して、最後に耕作される土地Dに到達する。この土地Dは限界区画の土地で、ここの生産コストによって、限界以下の区画（ADCで囲まれた部分）から受け取れる地代の額が決まる。こうして地代の総額が決まる。次に決めなければならないのは、ABCで囲まれた部分を資本家と労働者でどう分配するかだ。これは、この三角形から労働コストを引くことで得られる。労働コストは生存最低水準の賃金に労働者の数を掛けたもので、残りが利潤になる。利潤率は、この1部門だけの単純な経済では、賃金に対する利潤の比率によって得ら

れる。なぜなら、借地人である資本家が前払いする賃金だけが、存在する唯一のタイプの（流動）資本だと考えられているからだ*。

ここで先ほどの方程式「賃金＋利益＋地代＝価値」に戻ると、3つの未知数は以下のように求められる。（現代の用法での）実質賃金と労働者の数があたえられれば、生産される食糧の総量もあたえられる。すると、それによって、必要量の食糧を生産するために耕作が必要となる最後の（限界）区画の土地が決まる。限界以下の土地はすべて地代を受け取る。したがって、地代の総額も決まる。その残りが、額がどうあれ利潤となる。ここから明らかなように、労働者が多くなれば、それだけ食糧の必要生産量が大きくなり、以前より貧しい土地が限界区画に含まれるようになる。したがって、価値のうち地代にまわる割合が大きくなり、利潤にまわる割合が小さくなる、というわけだ†。

利潤率が下がれば、単純に貯蓄と投資が減る。それはすなわち経済の成長率が鈍るということだ。リカードが最も恐れたのは、賃金が最終的に高くなりすぎて（実質賃金が上昇するからではなく単純に食糧コストが増大するために）賃金が全体の純所得を窒息させてしまい、利潤になる分が（ほぼ）残らなくなることだった。利潤率がゼロになったら資本家は投資をやめてしまい、経済は動かなくなってしまうだろう。リカードはこれをうまく、明快に要約している。

> 利潤率は賃銀の低下による以外にはけっして増大しえない、そして賃銀の永続的低下は、賃銀が支出される必需品の下落の結果として以外には起こりえない、ということを本書をつうじて証明するのが、私の努めてきた点であった。それゆえに、もしも外国貿易の拡張によりあるいは機械の改良によって、労働者の食物と必需品が低減された価格で市場にもたらされう

---

* もう少し詳しく説明すると、資本は前払いされた賃金の総額なので、名目賃金が上昇すると、資本家が前払いする資本の総額も増える。ゆえに、総利潤（分子）の減少と資本の増加（分母）の両方の理由から利潤率は下がる。

† 単純化するためには、生産の拡大はすべて拡張的限界（新しい、それまで使われていなかった土地を含めた範囲）で起こるとするほうが扱いやすい。しかし、集約的限界を念頭に置いても同じ主張ができるのは明らかで、その場合は、すでに開発された土地で生産を拡大することになる。

るならば、利潤は上昇するであろう。もしも、われわれが、自国の穀物を栽培したり、あるいは労働者の衣服およびその他の必需品を製造したりするのではなく、より安い価格でこれらの商品をわれわれに供給することができる新しい市場を発見するならば、賃銀は低下し利潤は上昇するであろう。しかし、もしも、外国貿易の拡張によりあるいは機械の改良によって、より安い値段で取得される諸商品が、もっぱら金持によって消費される諸商品であるならば、利潤率にはなんらの変更も起こらないであろう。たとえブドウ酒、ビロード、絹織物、およびその他の高価な商品が五〇パーセント下落するとしても、賃銀率は影響を受けないであろう、またその結果として利潤はひきつづき不変のままであろう。[22]

あるいはマルサスに宛てた手紙で、強い調子で次のようにも述べている。「私が主張したいのは、利潤は賃銀に依存し、賃銀はふつうの事情のもとでは食物と必需品の価格に依存し、食物と必需品の価格は最後の耕地の肥沃度に依存するということだけです」[23]。これを図式化するとこうなる。

食糧価格の上昇 → 地代の上昇 → 名目賃金の上昇 → 利益の低下 → 投資の減少 → 成長の鈍化

リカードの文章は、このプロセスを止めることのできる2つの方法に光を当てている。第一は食糧の輸入だ。別のところでリカードはこう書いている。「もし諸国の富と人口とが増進しているばあい、資本が増加するごとに、肥えた土地の新しい部分がこのような図に付加されるならば、利潤はけっして低下しないし、地代も上昇しないであろう」[24]。第二の方法は技術進歩によるもので、これによって食糧生産は安くなる。

このように、リカードの利潤率観はスミスとは——そしてあとで見るようにマルクスとも——かなり違っている。リカードにとって、利潤率は分配に完全に埋め込まれている。スミスでは、利潤率は資本間の競争によって（多くの資本があることで）押し下げられるのに対して、リカードでは「資本がなんらかの利潤を生じているかぎり、資本の使用にはぜんぜん限度がない、そして資本

がどのように豊富になろうとも、賃銀の上昇以外には利潤の低下にたいする妥当な理由がない」[25]。こうして、利潤と蓄積と成長への脅威はすべて食糧生産のコスト上昇から、それが支配する名目賃金の上昇を通じてやってくることになる[*]。

　リカードの確認した問題には、長期にわたる地政学的意味合いがあった。およそ30年後、イングランドが産業の成長を継続するためには食糧輸入が必要だという考えが穀物法の撤廃につながり、その後はケネス・ポメランツが『大分岐』で名づけた「幻の耕地」——外国（大半はアメリカ合衆国とロシア）にあってイングランドへ輸出する食料と綿花を生産する土地——に依存することになった[26]。しかし幻の耕地に依存することで、アヴナー・オファーが主張しているように、海の支配が不可欠になった。海を支配できなければ、戦争によって重要商品の流れが遮断され、国民が飢えてしまう。労働者が腹を減らしていて戦えるはずがないから、戦争は負けてしまうだろう。こうした理解から、イギリスの戦争立案者は海の支配を強調した。艦隊が関税と入れ替わった[27]。ドイツの戦争立案者も同じ計算をして、そこから第一次世界大戦前の海軍軍拡競争が起こるのだが、ドイツの海軍はずっと小規模で、大戦ではイギリスによる海上封鎖によって北海に閉じ込められてしまった。やむなくドイツは潜水艦作戦に訴えて、食糧供給がイギリスに届くのを防ごうとした。1917年初め、ドイツは大きな賭けに出て、無制限の潜水艦作戦を再開した。これがアメリカ合衆国を戦争に引き込み、大勢は決まったのだが、イギリス海軍は（最終結果を明確にするために）停戦後も海上封鎖を継続し、ついにドイツの士気は完全に挫かれた。こうして、ナポレオン戦争を受けて考案されたリカードのメカニズムはその後も1世紀にわたって長い影を落とし、第一次世界大戦の終わりまで続いたのだった。

　リカードの引き出した結論はそもそもの執筆動機でもあった（『原理』は、望む結論からモデルへとさかのぼる「リバースエンジニアリング」で書かれている）。そ

---

[*]　リカードは、わずかでも利潤があれば資本家が生産と投資を継続するには十分だといいたいようだ。利潤が下がれば投資にまわす分が減って成長率が下がるが、利潤がゼロでないかぎり資本主義的生産のインセンティブが残ることは明らかだ。これについては第4章で検討する。

第3章 デヴィッド・リカード

表3.2 イングランドの2つの状態

	穀物の輸入で成長する経済	穀物法で停滞する経済
地代	下がる	上がる
実質賃金	固定	固定
利潤	上がる	下がる
地代分配率	下がる	上がる
賃金分配率	下がる	上がる
利潤率	上がる	下がる
投資	増える	減る
成長率	上がる	下がる、場合によってはゼロ

してその結論は政策志向のものだった。穀物法は廃止しなければならない、そうしないと地代が急騰し、労働分配率が上がって利潤がゼロになって、成長が止まってしまう。ここには、分配理論と成長理論の統合をはっきりと見ることができる。リカードのモデルの意味合いを広げれば、分配が成長を決めるということになる。リカードのモデルは、この両者の相互関連性を強力に主張している。

　表3.2は、リカードの見たイングランドの2つの状態（穀物法があるかないか）を要約したものだ。穀物法を廃止すればイングランドの状態が改善され、穀物法を維持した場合には経済が荒廃ないし静止するという対比が容易に見て取れる。実質賃金は一貫して不変だと仮定されている。『原理』のほかの部分では、リカードは賃金が国によって変動すること、個別の国の内部でも増加することがあると認めているのだが、彼のモデルの目的のためには——これは短期ないし中期的には有効だと仮定していい——賃金は動かないものとされている[28]。これが最もよくわかるのが、賃金への税は利潤への税だとする言説だ[29]。この主張は正しい。なぜなら税は、実質賃金率には影響しないが（実質賃金率は生存最低水準プラスその土地の慣習が許すもので固定されている）、すべて資本家の負担となるからだ[30]。賃金に対するリカードの姿勢は彼のマルサス主義によっても説明できる。リカードは、実質賃金の増加はすべて単純に人口増加をもたらすので、最終的に賃金は以前の水準まで下がると考えていた[31]。しかし、リカードの賃金の取り扱いが一冊を通して一貫していないことは認めなければならない。一貫性をもたせるためにできる最善のことは、リカードは社会が豊かにな

121

るにつれて長期的には実質賃金が上昇することを予見していた、と主張することだが、分析の目的のために、また実際問題としても、リカードは、実質賃金は一定という前提が望ましいと考えたのだろう。

　地主と資本家との闘争のなかで穀物法が維持されれば、利潤分配率は、上昇する賃金分配率と高騰する地代の両方から押し潰されて、下がるしかない。地代分配率はほぼ確実に上昇する。ただし、少し技術的なポイントとして、あまり豊かでない土地も耕作にまわされるので、地代の総額は必ず上がるが、総生産高に占める地代の割合は必ずしも増えない。すべては食糧生産コストの曲線次第だ。たとえば、新しく使用しなければならない土地の生産性が、それまでの限界耕地と比べてわずかに落ちる程度だったとしよう。そのわずかに生産性が低いということは、生産コストが少しだけ増えるということに、ほぼいいかえられる。すると地代の総額もごくわずかだけ増えるだろうが、食糧の総生産量は大幅に増えるかもしれない。ゆえに、地代分配率が下がる可能性が出てくる[32]。しかしこれは極端な事例で、外国の土地を使うことなしに、ほぼ同じコストで新しい地域に生産を拡大できるというのは、リカードの考えでは、まずありそうもない状況だった。

階級闘争

　『原理』は、純生産をめぐる3つの階級の闘争に関して、非常に荒涼とした光景を提示している。しかし主要な階級闘争は、資本家と労働者との闘争ではなく（労働者は生存最低水準に固定された賃金で暮らしていると単純に考えられていたため）、むしろ地主と資本家のあいだの闘争となる。『原理』の2年前に出版した（しかし、ここで検討している問題に関しては同じ範囲をカバーしている）『穀物の低価格が資本の利潤におよぼす影響についての試論』で、リカードは「地主の利害は、社会の他のすべての階級の利害とつねに相反するものとなる」と述べている[33]。スミスの階級闘争では、資本家の利益はほかのすべての階級の利益と対立するとされているのとは対照的だ。

　注目すべきはリカードが、単純化のために、スミスの2つの闘争（資本家対地主、そのあとは資本家対労働者）を、根本的にはひとつだけにしたことだ。資

本家と地主との階級闘争で食糧価格が決まったあとは、その価格が、純生産の
なかでの資本分配率と労働分配率を決定し、したがって利潤率も決まってく
る。もしリカードが、自分のモデルをもっと現実的な（そしてもっと複雑な）も
のにしようと思ったら、実質賃金率が変動するようにしただろう。そうなれば
資本分配率と労働分配率は不確定となり、労働者（たいていは労働組合で団結し
た労働者）と雇用主が作る同盟とのあいだでの、相対的な政治的パワーと駆け
引きの結果として現れるようになっただろう。これは、リカードの著作が出版
されてから1世紀以上もあとに、多くの新リカード派がとったステップだ。

　社会が進歩するなかでの賃金の進化に関しては、リカードは『原理』第3版
で付け加えた有名な第31章で、自身の立場を少なからず翻している。その主
たるポイントは、新しい機械の導入は労働者に有害なものとはならないとした
以前の意見を撤回し、第3版では、資本集約的な生産が進むことで短期的に労
働への需要が減少し、賃金が下がると推測されることを示した点にある。しか
し、それでもリカードは、長期的に見れば機械は商品の量を増大させることで
労働者の生活水準を向上させると主張した。ここでのわたしたちの関心は、主
として所得分配の長期的進化に関するリカードの見解にあるので、明らかに、
生産の資本集約化が進んだことによる一時的な影響は横に置いておくべきだ。
さらにいえば、たとえ労働代替的な技術変化が短い間隔で起こり続け、そのた
びに労働需要が抑制されたとしても、その影響によって全体としての生産は向
上を続け、実質賃金は一定に保たれるだろう。ゆえに実質賃金は、短期的には
変動するにしても、長期的には動きにくいということになる。

　経済と分配に関してリカードが提示した光景は、アダム・スミスが描き出
したものとはかなり違う。スミスは、すでに見たように、最も数の多い階
級（労働者階級）の繁栄が全体の繁栄と同義だと考えた。しかしリカードで
は、成長こそが最も重要な目標であり、したがって問題となるのは資本家の
所得だ。能動的行為主体は資本家しかいない。彼らは地主とは違う。地主は
地代を集めるだけで、自分自身はなんの貢献もしない（価格で地代が決まるので
あって地代で価格が決まるのではないから）。彼らは労働者とも違う。労働者は（賃
金が低すぎて）投資ができないから、また（つねに慣習的な生存最低水準にいるとい
う意味で）彼らの所得は「受動的」だから、やはり能動的行為主体ではない。

ゆえに、成長を確保するためには利潤が必要だとなる。高利潤は進歩のしるしだ。これもスミスとはかなり違う。スミスは利潤率の低さを繁栄のしるしと見て、オランダを、低金利・低利潤率の先進経済の見本だともちあげた。リカードも、スミスの指摘したオランダの繁栄に取り組んでいるが、そこでは、オランダの利潤率（と金利）が低いのは、すべての食糧を輸入して、労働者の必需品に重い税を課しているからだと指摘している[34]。これでは名目賃金を押し上げ、利益を搾り取ってしまう。このように、オランダの利潤率の低さは、リカードにとっては、成熟した繁栄のしるしではなく食糧コストの高さによるもので、したがって望ましいものではなかった[35]。

スミスにとって、高金利は私有財産の安全が保証されていないことのしるしであり、後退する経済のしるしだった。これとはまったく対照的にリカードは、高利潤をダイナミックな、成長している経済のしるしと見ているのだ。

リカードの「思わぬプレゼント」

すでに見たように、リカードの研究では、所得分配と成長との結びつきが非常に明確だ。彼が比較している2つの社会——穀物法の下で静止している社会とそれを廃止したダイナミックな社会——では、所得不平等の水準にも違いがある。静止した社会は高水準の不平等の社会だ。超富裕な地主がいて、貧しい資本家がいて（リカードは彼らの利益率がゼロまで下がることを恐れていた）、生存最低水準の賃金を稼ぐだけの労働者がいる。

成長している経済は、資本家の利潤が上昇しているにもかかわらず、不平等の小さな社会だ。地主の所得は減少し、それが資本家の所得へ移ることで資本家の所得が上がる（先に見たように、リカードの時代のイングランドでは実際にそうなった）。上の2つの階級は、停滞する経済の場合よりも互いに近づく傾向がある。賃金は大きな役割を果たさないが、これは単純に、停滞する経済でも成長している経済でも固定して考えられているからだ。成長している経済の特徴は不平等が小さいことで、これは最富裕階級（地主、今でいうトップ1パーセント）の所得が減ることによる。

この「階級ベース」の結果を個人の所得分配に読み替えてみよう。労働者は

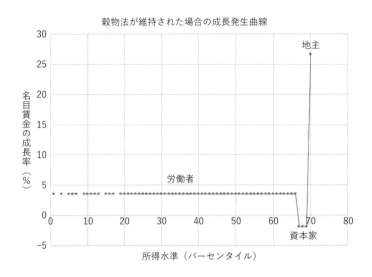

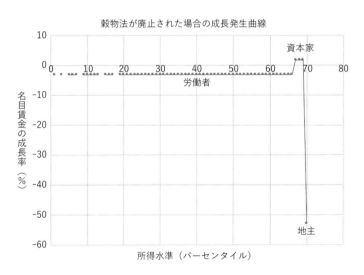

図3.3　穀物法がある場合とない場合の成長発生曲線
注：上のグラフは穀物法が維持された場合のシナリオを、下のグラフは廃止された場合のシナリオを示す。

すべてピラミッドの底辺にいて、資本家はすべて中間、地主はすべて頂上にいる。そこから成長発生曲線を導くことができる（さまざまなパーセンタイルの所得稼得者について、実質所得が時間とともにどう変化するかをグラフ化したもの）。数字をさらに現実的なものにするためには、表3.1にある3つのグループの大まかな人口割合を用いるのがいいだろう。コフーンによる1801年のイングランドおよびウェールズの社会構成表を、近年になってロバート・アレンが調整したものだ[36]。そのうえで、穀物価格がある地点から上がるか下がるかしたときに3つの階級の所得になにが起こるか示した数値例があるので、それを用いることができる。ベースとなる価格としては、リカードが分配シナリオに合わせて5つの穀物価格を示しているので、そのうちのひとつをとろう。具体的には4ポンド10シリングだ。そのうえで、まずは4ポンド16シリングに上がった場合（7パーセント弱の上昇）、次に4ポンド4シリング8ペンスに下がった場合（6パーセントの下落）を考えてみる[37]。前者の推移はもちろん穀物法の継続を反映したもの、後者の推移はその廃止を反映したものだ。図3.3の2つのグラフは、2つのシナリオの下で労働者、資本家、地主の名目所得がどうなるかを示している。

　労働者の名目所得は、穀物価格が上昇するとわずかに増え、下落するとわずかに減る。どちらの場合も、かろうじて実質賃金がほぼ一定に保たれる程度だ[38]。上のグラフでは、資本家の所得が約3パーセント下がり、地主の所得が27パーセントも急上昇している。穀物法を継続することで、機能的所得分配が富裕な地主に有利な方向に動くだけでなく、個人の所得分配も、最富裕階級がほとんどを得てしまうために、悪くなっていく。

　下のグラフでは、安価な穀物が持ち込まれることで正反対の結果になる。地主の所得は半減し、資本家の所得は増加する（ただしこの例ではごく控えめに2パーセントだ）。資本家からすると、労働者は「以前より安価」になる。これは、同じ量の食糧を生産するにしても、リカードの示す総所得のうち、労働者に支払わなければならない割合が小さくなるからで、したがって利潤が増える。利潤は投資に使われるので、経済は成長する。成長発生曲線は、最上位が損をし、中間が得をし、底辺は（実質的に）変わらないことを示している。所得の集中度は下がる。したがって、個人間の不平等の減少には成長の加速がとも

なっている。

アーサー・オーカンは、平等性と効率性とのあいだには必ずトレードオフが
あると主張している。少しことばを替えるなら、これは所得不平等の削減と経
済成長の推進とのあいだには、となるだろう[39]。デヴィッド・リカードにとっ
ては、その正反対が真実だった。個人間の不平等の縮小は経済成長の加速につ
ながる。イングランドで穀物法が廃止されるのは『原理』の30年後のことだっ
たが、リカードが読者に提示した展開の素描にどれほどの魅力があったかは容
易に見て取れる。それは成長の加速と不平等の縮小の両方を約束するものだっ
た[40]。

結論として、リカードは所得分配と経済成長を初めて統合し、成長する経済
と資本家の所得の高さを結びつけ、資本家は利潤が十分に高くなって初めて能
動的行為主体の役割を果たすことができると主張した。しかし階級闘争につい
ては、資本家と労働者の闘争が第一だとは見なかった。むしろ19世紀初めの
イングランドの発展状態を反映して、主たる闘争は資本家と地主との——すな
わち利潤と地代との——あいだで起こると考えた。経済成長を通じてさらに進
んだ状態の社会が到来すれば、それはいっそうの所得平等化を特徴とするもの
になるだろう、なぜなら地主が受け取っていた最高所得が削減されるからだ。
したがって、リカードの処方を採用すれば、収穫しなくても風で勝手にリンゴ
が落ちてくるような、思わぬプレゼントが手に入ることになる。所得が上がる
のに合わせて不平等も少なくなるという副産物が。

原注 ——————

1. ド・クインシーが「ヨハネによる福音書」19: 5にある有名なセリフを使ったようすを、ボードレールが短い伝記的記述に記している。「幸いにして経済学が娯楽として彼に残されていた。経済学は、一科学、即ち、有機的全体として考えられねばならないが、その全体を構成する部分のあるものは、そこから引き抜かれて単独に考察されることもできる。彼の妻は、ときおり国家の討論とか、経済学に関する新刊書を彼に読んで聞かせたが、深淵博識の文学者たる者にとっては、これは惨めな糧であった。論理学を用いた人から見れば、これは人間精神の残滓である。そのうちに一八一九年のこと、エジンバラのある友がリカルドの本を一冊送ってきた。その第一章を読み終わらぬうちに、かつて彼自らが、この科学の立法者の降臨を予言したことを想い起こして、叫んだ。『これこそ、その人だ！』と」。Charles Baudelaire, *Les paradis artificiels* (Paris: Poulet-Malassis et de Broise, 1860; Paris: Editions Gallimard, Livre de Poche, 1964), 193.［邦訳『人工楽園』渡邉一夫訳、角川書店、1955.5、150ページ］ David Ricardo, *The Principles of Political Economy and Taxation*, 3rd ed, with intro. by F. W. Kolthammer (London: J. M. Dent and Sons, 1911 [Everyman's Library]; repr. New York: Dover, 2004). First edition: London: John Murray, 1817; 3rd edition: London, John Murray, 1821.［邦訳『デイヴィド・リカードウ全集』第1巻「経済学および課税の原理」堀経夫訳、雄松堂出版、1972.2］

2. Jean-Baptiste Say, *A Treatise On Political Economy; or the Production, Distribution, and Consumption of Wealth*, 5th American ed., trans. from 4th French ed., by C. R. Prinsep (Philadelphia: Grigg and Elliott, 1832), xlvii.

3. Joseph A. Schumpeter, *History of Economic Analysis*, edited from manuscript by Elizabeth Boody Schumpeter (Oxford University Press, 1954; repr. 1980), 472-473.［邦訳『経済分析の歴史』東畑精一、福岡正夫訳、岩波書店、2005.12-2006.11、179ページ］

4. Arnold Heertje, "The Dutch and Portuguese-Jewish Background of David Ricardo," *European Journal of the History of Economic Thought* 11, no. 2 (2004): 281-294を参照。

5. これはリカードの書簡から明らかだ。「私はといえば……私の有り金の全部を……公債に投資していましたが、これは値上がりによってもうけることを予期したり希望したりしえた最大の利益です。私は公債で相当の利得を得てきました。……そこで私は十分に満足して良いわけです」David Ricardo to Thomas Malthus, June 27, 1815, in Ricardo, *The Works and Correspondence of David Ricardo*, ed. Pierro Sraffa with the collaboration of M. H. Dobb, vol. 6, *Letters, 1810–1815* (Cambridge: University Press for the Royal Economic Society, 1952),

233. ［邦訳『デイヴィド・リカードウ全集』第6巻、273–274ページ］(Hereafter *Works and Correspondence of David Ricardo*). リカードはイングランド銀行の株主でもあった。

6. リカードのことばは「政治哲学者と政治家の典型的な領域」というヘンリー・ヴェテイク（Henry Vethake）の思い起こした逸話としてまとめられている。"The Distinctive Provinces of the Political Philosopher and the Statesman," *Merchants' Magazine and Commercial Review*, January 1840, 109–110. Wesley Mitchell, *Types of Economic Theory: From Mercantilism to Institutionalism*, vol. 1, ed. with an introduction by Joseph Dorfman (New York: Augustus M. Kelley, 1967), 265 に引用。［『経済理論の諸型態』春日井薫訳、文雅堂銀行研究社、1971–81、5ページ］

7. George Soros, "Fallibility, Reflexivity, and the Human Uncertainty Principle," *Journal of Economic Methodology* 20, no. 4 (2013), 309–329.

8. 1806年のロンドンの熟練労働者の賃金は1日当たり3〜4シリングだった。Robert C. Allen, "Real Wages Once More: A Response to Judy Stephenson," *Economic History Review* 72, no. 2 (2019): 738–754, 743. 平均値（3シリング6ペニー）——これはレンガ職人や石工の賃金でもある——を使い、年間で250日働くとすると、1年では44ポンド弱となる。別の方法としてコフーン（Colquhoun）の1801年の社会構成表を用いると、平均的な労働者家庭の所得は55ポンドになる。Peter Lindert and Jeffrey Williamson, "Revising England's Social Tables 1688–1911," *Explorations in Economic History* 19, no. 4 (1982): 385–408, 400. 一部の（もっと正確には5分の1の）家庭では賃金稼得者が2人いると仮定すると、やはり労働者1人当たりの年間所得は約44ポンドになる。したがって、61万5000ポンドというリカードの富は、熟練労働者約1万4000人の年間賃金と等しくなる。

9. リカードの富をフィクションの登場人物と比べることもできる。ジェーン・オースティンの『高慢と偏見』では、ダーシー氏の富が現実的な言いまわしで巧みに表現されている。この小説の時代はリカードの死の10年ほど前に設定されているが、2つの時期の名目上の金額は十分に比較が可能だ。ダーシー氏の富も、コフーンの1801年の社会構成表を当てはめれば確実にトップ1パーセントに入るだろうが、金額は20万ポンドなので、リカードの富の半分にも満たない。

10. Mitchell, *Types of Economic Theory*, 1: 313–314, 338. ［『経済理論の諸型態』第2分冊、63–65ページ］

11. シュンペーターによれば「リカードウこそマルクスが師匠としてとり扱った唯一の経済学者である。……彼はリカードウから自分の理論を学んだ。けれどもそれよりはるかに重要なのは、マルクスがリカードウの分析装置を用いたという客観的事実である。……彼の問題とするところは、リカードウがこれらに与えた形態のままで、彼に啓示されたのであった」Schumpeter, *History of Economic Analysis*, 390. ［『経済分析の歴史』25ページ］

12. リカード派社会主義についてはマルクスのコメントが最も適切だ。「経済学が発展してきたのにつれて……現実の発展が……イギリスにおける『国民』の富の増大と労働者の貧

窮の増大との対立を発展させるのだから、さらにまた、これらの諸矛盾がリカードの理論などにおいて……理論的に的確な表現を与えられたのだから……プロレタリアートの側に立った人々が、理論的に彼らにとってすでに処理されてあった矛盾につかみかかったということは、当然だったのである」Karl Marx, *Theories of Surplus Value, in Karl Marx and Frederick Engels, Collected Works*, vol. 32: Marx: 1861–1863 (New York: International Publishers, 1989), 395. Emphasis in original.［邦訳『マルクス=エンゲルス全集』第26巻III、339–341ページ］　強調原文ママ］

13.　マディソン・プロジェクトのデータは Stephen Broadberry, Bruce M. S. Campbell, Alexander Klein, Mark Overton, and Bas van Leeuwen, *British Economic Growth 1270–1870: An Output-Based Approach* (Cambridge: Cambridge University Press, 2015) より。

14.　現代の成長は、サイモン・クズネッツによれば、1人当たり年間2パーセントの成長率になる。Simon Kuznets, *Economic Growth of Nations: Total Output and Production Structure* (Cambridge, MA: Belknap Press of Harvard University Press, 1971), 10–27. それまでの成長率は年間0.2パーセント未満だった。したがって、19世紀後半のイングランドの成長は、少なくとも以前の成長率の2倍はあったことになる。

15.　これは、1750年のイングランドには600万人が暮らしていたとする推定と、1801年の人口調査による830万人という数字から得られる。Census of Great Britain, 1801, *Abstract of the Answers and Returns: Enumeration: Part I: England* (Lake Hanlard: Greater Turnstile, 1802). これは年間0.7パーセントの増加率を示唆している。

16.　リカードは『経済学および課税の原理』（1817）の2年前にも *An Essay on the Influence of a Low Price of Corn on the Profits of Stock, Shewing the Inexpediency of Restrictions on Importation* (London: John Murray, 1815)［邦訳「穀物の低価格が資本の利潤におよぼす影響についての試論」『デイヴィッド・リカードウ全集』第4巻所収］を発表していて、そこでもよく似た主張をしているが発展度はかなり落ちる。とはいえ『原理』の最も重要な2つのポイント――分配と成長率は食糧の限界単位の生産コストで決まることと、経済の停滞を防ぐには食糧の輸入を一般に自由にするべきだということ――は、タイトル（「低価格のおよぼす影響についての試論」）が示すように、すでに含まれていた。

17.　Peter Lindert, "Unequal British Wealth since 1867," *Journal of Political Economy* 94, no. 6 (1986): 1127–1162, 1154.

18.　Ricardo, *Principles of Political Economy and Taxation*, ch. V, 57.［『デイヴィッド・リカードウ全集』第1巻、123ページ］

19.　Marx, *Theories of Surplus Value, in Collected Works*, 32: 243–244.［『マルクス=エンゲルス全集』第26巻III、57–58ページ］　強調原文ママ。

20.　Marx, *Theories of Surplus Value, in Collected Works*, 32: 348.［『マルクス=エンゲルス全集』第26巻III、144ページ］　強調原文ママ。

21.　Ricardo, *Principles of Political Economy and Taxation*, ch. XXXII, 276n1.［『デイヴィッド・

リカードウ全集』第1巻、464ページ]

22. Ricardo, *Principles of Political Economy and Taxation*, ch. VII, 77.［『デイヴィド・リカードウ全集』第1巻、154–155ページ］

23. David Ricardo to Thomas Malthus, October 11, 1816, in *Works and Correspondence of David Ricardo, vol. 7, Letters, 1816–1818*, 78.［『デイヴィド・リカードウ全集』第7巻、92ページ］

24. David Ricardo, "An Essay on Profits (and the Rent of Land)," in *Works and Correspondence of David Ricardo, vol. 4, Pamphlets and Papers, 1809–1811*, 18. Maurice Dobb, *Theories of Value and Distribution since Adam Smith: Ideology and Economic Theory* (Cambridge: Cambridge University Press, 1973), 72.［邦訳『価値と分配の理論』岸本重陳訳、新評論、1976.11 、90ページ］に引用。［引用元は『デイヴィド・リカードウ全集』第4巻、25ページにも収録］

25. Ricardo, *Principles of Political Economy and Taxation*, ch. XXI, 197(my emphasis)（強調引用者）［『デイヴィド・リカードウ全集』第1巻、341ページ］および *Principles*, ch. XXI, 193.［「これらの物を生産すべき労働者を維持するわれわれの力を限定するものを除けば、これらの物を取得するのに使用されうる資本にはなんらの制限もありえない」『デイヴィド・リカードウ全集』第1巻、338ページ］

26. Kenneth Pomeranz, *The Great Divergence: China, Europe, and the Making of the Modern World Economy* (Princeton: Princeton University Press, 2000).［邦訳『大分岐——中国、ヨーロッパ、そして近代世界経済の形成』河北稔ほか訳、名古屋大学出版会、2015.5]「幻の」耕地とは、その国が国境外の資源から得ている食糧を生産するために必要な追加の土地のことで、Georg Borgstrom, *The Hungry Planet: The Modern World at the Edge of Famine*, rev. ed. (New York: Collier, 1967)で導入された。Peer Vries, *Escaping Poverty: The Origins of Modern Economic Growth* (Vienna: V&R Unipress, 2013), 290–298 も参照。

27. オファーが述べているように「1846年に農業保護を犠牲にしたのは食糧価格を下げるためだったが、それによって海洋を［イギリスにとって］安全にする義務を背負い込むことになった」。Avner Offer, *The First World War: An Agrarian Interpretation* (Oxford: Clarendon Press, 1989), 218.

28. 賃金に関する章で、リカードは国によって実質賃金に差がある可能性を受け入れているうえ、生存最低水準と考えられるものも社会的に決定されることを認識している。「労働の自然価格は、食物と必需品で評価してさえ、絶対的に固定かつ不変である、と理解されるべきではない。それは同じ国においても時を異にすれば変動し、また国を異にすれば実にいちじるしく異なっている。……イギリスの労働者は、もしも彼の賃銀がジャガイモ以外の食物を購買することができず、また泥小屋よりもよい住宅に住むことができないほどであれば、それはその自然率以下にあり、家族を維持するにはあまりに乏しい、とみなすであろう。しかもこれらのつつましやかな自然の需要物でも、『人間の生活が安価で

あって』、彼の欲望が容易に満たされる国々では、しばしば十分であると考えられている」Ricardo, *Principles of Political Economy and Taxation*, ch. V, 54–55.［『デイヴィド・リカードゥ全集』第1巻、113ページ］　賃金が（ある国の内部で）一時的に、また（国と国とで）地理的に分化するという賃金観は、スミスもリカードもマルクスももっていた。しかし短期的・中期的な分析では、3人とも賃金は（実質水準がどうあれ）固定されていると仮定することが多かった。

29.　Ricardo, *Principles of Political Economy and Taxation*, ch. XVI, 146–148.［『デイヴィド・リカードゥ全集』第1巻、260-262ページ］

30.　リカードではよくあることだが、最初に強く述べられたポイントが示唆する以上に問題は複雑になっていく。第16章は、賃金への課税コストはすべて雇用主の負担になるとすることばで始まっている。そのあとリカードは、税は一般に無駄な使い方をされることが多く、賃金への税もまったく同じだと書いている。それゆえ、政府に移転される購買力のうち、製造業者に戻される分が少なくなり、製造業者の所得と投資が減ることになる。Ricardo, *Principles of Political Economy and Taxation*, ch. XVI, 145.［『デイヴィド・リカードゥ全集』第1巻、259ページ］

31.　とくに Ricardo, *Principles of Political Economy and Taxation*, ch. V, 61.「貧民の慰安と幸福は、彼らの側ですこし注意をするか、あるいは立法府の側ですこし努力をして、彼らの数の増加を調整し、そして彼らのあいだでの想起の軽率な結婚をより少なくするようにしなければ、永久に確保されえない、ということは疑う余地のない真理である」を参照。［『デイヴィド・リカードゥ全集』第1巻、125ページ］

32.　この点は Dobb, *Theories of Value and Distribution*, 87fn. でわかりやすく説明されている［『価値と分配の理論』338ページ］。

33.　Ricardo, *An Essay on the Influence of a Low Price*, 5.［『デイヴィド・リカードゥ全集』第4巻、28ページ］

34.　Ricardo, *Principles of Political Economy and Taxation*, ch. XXI, 193n1.［『デイヴィド・リカードゥ全集』第1巻、334ページ］

35.　1822年のオランダ旅行中、当時の国の状態と若い頃の記憶とを比較して、リカードはオランダの進歩と経済的繁栄に強い印象を受けている。「フランダースの町々、なかでもオランダのそれらは、非常な裕福さの徴候を相当にみせています。港には船が溢れていますし——倉庫には商品が充満している様子ですし、家々は一流であって、しかもそのうえに非常に清らかで小ざっぱりしていて、住民たちの富裕さを疑う余地がありません」。Ricardo, "Journal of a Tour of a Continent," in *The Works and Correspondence of David Ricardo*, vol. 10, *Biographical Miscellany*, 197.［『デイヴィド・リカードゥ全集』第10巻、241ページ］

36.　Robert C. Allen, "Class Structure and Inequality during the Industrial Revolution: Lessons from England's Social Tables, 1688–1867," *Economic History Review* 72, no. 1 (2019): 88–125.

37. Ricardo, *Principles of Political Economy and Taxation*, ch. VI, 68n1.［『デイヴィド・リカードゥ全集』第1巻、136–137ページ］

38. リカードの数値例では、名目賃金は約3パーセント変化する（穀物価格が上がれば上がり、下がれば下がる）が、これは穀物の名目価格の変動（上下に6〜7パーセント）よりも小さい。前提としては、賃金は穀物価格によって制限されるだけでなく、ほかの商品（価格は固定していると仮定）によっても制限される。このことは『原理』出版の3年後にあたる1820年に書かれた、ハッチス・トロウワー宛の長い書簡で述べられている。「穀物はそれの生産がヨリ困難になるために騰貴します。この根本的な必需品の騰貴の結果、労働［の価格］もまた騰貴しますが、それは穀物の騰貴と同じ程度ではありません」David Ricardo to Hutches Trower, September 15, 1820, in *Letters of David Ricardo to Hutches Trower and Others, 1811–1823*, ed. James Bonar and J. H. Hollander (Oxford: Clarendon Press, 1899; repr. Elibron Classics, 2006), 120.［『デイヴィド・リカードゥ全集』第8巻、263ページ］

39. Arthur Okun, *Equality and Efficiency: The Big Trade-off*, rev. and expanded ed., foreword by Lawrence Summers (Washington, DC: Brookings Institution Press, 2015).

40. 穀物法廃止の効果はリカードの予測と一致していた。労働者と資本家は実質的に利益を得て、地主は損失を被り、全体としての所得不平等は縮小した。Douglas A. Irwin and Maksym G. Chepeliev, "The Economic Consequences of Sir Robert Peel: A Quantitative Assessment of the Repeal of the Corn Laws," Working Paper 28142, National Bureau of Economic Research, Cambridge MA, November 2020, rev. January 2021.

第4章

カール・マルクス

利潤率は下がっても労働所得への圧力は変わらない

　ポーランド出身の作家で哲学者のレシェク・コワコフスキは記念碑的な3巻本『マルクス主義の本流』（未訳）を「カール・マルクスはドイツの哲学者であった」という一文で始めている[1]（これは「ルネサンス」を造語したことで知られるフランスの歴史家ジュール・ミシュレがイギリス史の連続講義をつねに「イングランドは一個の島である」というセリフで始めたことを踏まえている）。これはマルクスを考えるうえで当然のやり方だと思われる。つまりマルクスをヘーゲル哲学および19世紀のドイツ哲学一般という背景に結びつけているわけで、どちらも多くの面でマルクスの青年時代を――そしておそらくは生涯と研究のすべてを――特徴づけるものとなっている。

　しかし、本当にそれでいいのだろうか。それでマルクスを、たとえドイツ人という狭い背景に限るとしても、正確に定義できるのだろうか。事情はもっと複雑だと思う。ミヒャエル・ハインリッヒの秀逸な伝記は、マルクスの青年時代に関する新しいこと、新しい光を投げかけるものについての詳細を、数多く明らかにしている。マルクスの青年時代について、大まかな輪郭はすでによく知られているが、ハインリッヒが強調する背景には、少なくとも3つの重要な亀裂が走っていることで、もっとずっと複雑な、むしろ「コスモポリタン」とさえいえるものになっている。その亀裂とは、民族的、宗教的、政治的なものだ[2]。

民族的な亀裂

コワコフスキが書いたように、マルクスがドイツの哲学者であることは誰もが知っている。しかし、もし3年前に生まれていたら、マルクスはフランス市民になっていただろう。ベルリンではなくパリへ出て学んだかもしれない。ハインリッヒはマルクスの生誕地であるトリーアの複雑な歴史をもちだす。トリーアは1794年にフランスに征服され、1815年にナポレオンが最終的に敗れるまでフランスの手にあった。フランスは当初、多くの進歩的な改革を導入して、ユダヤ教徒の住民にも完全な市民権を認めるなどしていたのだが、戦況が変わるにつれ、フランスの支配は少しずつ抑圧的になった。税金が上がり、若い男子の徴兵も始まった。トリーアのブルジョア階級は完全なフランス語話者で、当初はかなりフランス寄りだったのだが、急速にナポレオン支配に幻滅するようになっていった。しかし1815年以後のベルリン・プロイセン政権もそれほど人気はなく、政権側も、ライン地方の人びとを完全に「信頼できる」とは見ていなかった。それまでトリーアにあった公共機関の本部の多くがコブレンツやケルンへ移された。プロイセンの国王大権による締め付けや体制順応の強要、尊大な態度も、最後には抑圧的なものとなった。フランス贔屓の感情が——それはブルジョア的自由主義思想とフランス革命の理想に近いものだったが——この国境沿いの地方に戻ってきた。ハインリッヒは、トリーアの仏独が入り混じった特徴について多くの事例を指摘しているが、そのなかで、遠く離れたベルリンとプロシアは背景にぼんやり浮かぶくらいだ。トリーアからベルリンまでの距離は722キロメートルで、パリまでの300キロメートルと比べると倍以上ある。マルクスがベルリンで学んでいた頃は、5〜7日をかけて、ドイツ国内の州境をいくつも越えていかなければならなかった[3]。今日でも、ベルリンまでは鉄道で8時間、パリまでは4時間だから、やはり倍の時間がかかる。

言語の問題もあった。マルクスの母ヘンリエッテ・プレスブルクはオランダ語を話して育ち、20代半ばで結婚してから初めてトリーアに移っている。マルクスが娘のエリノアに語ったところでは、ヘンリエッテは最後まで完全にはドイツ語をマスターしなかったようだ[4]。それはヘンリエッテからカールへの

手紙からも明らかだ。息子やほかの家族との意思疎通に使ってはいたが、彼女のドイツ語はかなり限定的なものにとどまっていた。マルクス本人の言語「コスモポリタン」ぶりは、後年にいくつもの言語を操っていたことに表れている。推定では、マルクスの文章の60パーセントはドイツ語で、30パーセントが英語、5パーセントがフランス語、残り5パーセントがロシア語、スペイン語、ラテン語で書かれていたという[5]。

宗教的・文化的な亀裂

　若き日のマルクスには、ユダヤ教の伝統とキリスト教の伝統との亀裂もある。両親はどちらもユダヤ教徒として生まれ育った。父親のハインリッヒはトリーアに移住後の1817年から1819年末のどこかの時点でキリスト教に改宗し、トリーアで多かったカトリックではなくプロテスタントを選択した[6]。カール・マルクスは1818年の生まれなので、父親の改宗は生まれる直前か直後ということになる。背後にある理由はそれ自体としても興味深い。ミヒャエル・ハインリッヒが説明しているように、トリーアが（ナポレオンを盟主とする）ライン同盟の一部となるとともに廃止されていた差別的な反ユダヤ法が、1808年になって、ほかの多くの逆行的施策とともに、ふたたび導入されたのだ。これはナポレオンの力が衰え、その支配が「悪化」したためだった。差別的な布告は、そのあとの新たなプロイセン政権にも引き継がれた。プロイセン政権は、行政機関を含めた多くの職業からユダヤ教徒を排斥した。マルクスの父親は弁護士で、弁護士は国家公務員だった。したがって、それなりの報酬を受けていた——裕福でさえあった——専門職が、苦しい選択を迫られることになった。仕事を失って（40歳近くで）まったく違うキャリアに入るか、改宗するかだ[7]。避けられないものをなんとか先延ばしするよう試みたうえで、彼は改宗を選択し、それから数年のうちに幼いカールに洗礼を受けさせた（これによってカールは「直接」キリスト教徒になった）[8]。こうした選択は、長く続くラビの家系だった父マルクスに大きな影響をあたえたに違いない。カールの母は、自分の母が亡くなるまで改宗を引き延ばした。おそらく母親を悲しませる原因を作りたくなかったのだろう。

　改宗したことで、マルクス一家は高所得の地位と社会的評判を維持すること

表4.1　1831〜1832年のトリーアの推定所得分布

世帯の総所得（単位：ターラー）	人口の割合
200未満	80
200から400	10
400から2500	8.8
2500超	1.22

データソース：Heinrich, *Karl Marx and the Birth of Modern Society*, 45.

ができた。それがわかるのが、1831年から1832年（カール・マルクスが13〜14歳の頃）のデータを示した表4.1だ。ハインリッヒ・マルクスの所得1500ターラーがあれば、一家はトリーア人口の所得のトップ十分位か、おそらくはトップ5パーセントにすら入っていただろう。

　家族が代々ユダヤ教徒だったことがマルクスの生涯にそれほど大きな役割を果たしたとは思えない[9]。マルクスが26歳のときに書いた『ユダヤ人問題に寄せて』［邦訳『ユダヤ人問題に寄せて／ヘーゲル法哲学批判序説』中山元訳、光文社、2014.9ほか］には反ユダヤ的だという声もあるくらいだ。マルクスの著作、投稿記事、私信には聖書からの引用が数えきれないほど見られるが、それは初等教育、中等教育での、さらにはベルリンの大学で得た知識を反映したものだ（大学では宗教批判から哲学者としてのキャリアをスタートさせている）[10]。したがって、マルクスの宗教知識の源は家族ではなく、むしろ教育システムだった。先に検討したフランス−プロイセンの亀裂とともに、このユダヤ教−キリスト教の亀裂はマルクスの意識を高め、ひとつの視点から見た真実も別の角度から見ればまったく異なって見えることがあるという認識を養ったのだろう。

政治的亀裂

　ハインリッヒ・マルクスは周囲の評判を見ても、またカールとの手紙のやり取りからわかるかぎりでも世俗主義者で、啓蒙思想の影響を受けた自由主義者だった。しかし、プロイセンの官僚機構やスパイの圧力があるなかで、そうした見方は隠さざるをえなかった。ミヒャエル・ハインリッヒがそのすぐれた例として、マルクスの父親が1834年にライン州議会の地方議員のための祝賀会で行ったスピーチをあげている。スピーチでは、国王への賛辞も含めて多くの

「政治的に正しい」意見が表明されているのだが、ハインリッヒ・マルクスの短いコメントからは、ベルリン支配の執行者に決して屈しないという、反体制的な調子も伝わってくる。たとえば、当選した議員は州議会で自分たち選挙民の視点を代表していると賞賛することで、ハインリッヒ・マルクスは、彼らには政治問題について一定の決定権があるように描き出している。しかし事実はどう贔屓（ひいき）目に見ても違っている。州議会は皇帝の諮問機関でしかなかったからだ。これは助言をあたえるための集会で、イギリスの議会のような意思決定機関ではなかった[11]。このように、ハインリッヒ・マルクスは「イソップ的言語」を使い、自由主義への支持を伝えながら、国王への賛辞でそれをカモフラージュしたのだった。ミヒャエル・ハインリッヒが指摘しているように、国王への謝意が述べられたのは2番目で、最初は議員たちへの感謝の気持ちが述べられている[12]（少なからず皮肉なことだが、のちに多くの人びとが、カール・マルクスを知的な意味での創設者だと主張する体制下で暮らすなかで、父マルクスと同じ手を使っている。彼らも、表向きは自分たちの体制は民主的だと賛美しつつ、その実は民主的ではないという意味合いを伝えていた）。

このように、マルクス一家の背景は、西ヨーロッパの小さな断片のようにも思えるが、その実これまで考えられていたよりずっと豊かな、民族的・言語的・宗教的・政治的な矛盾に満ちたものだった。

カール・マルクスの時代の
イギリスおよびドイツの富と所得の不平等

イギリスの富の不平等は18世紀、19世紀を通じて増大を続け、第一次世界大戦前夜にピークを迎える（図4.1）。マルクスが『資本論』を書いていた頃のイギリスの富の不平等は、増大していただけでなく、ほかに例を見ないほど大きくもあった。トップ1パーセントの富裕層が国の富の約60パーセントを所有していたのだ。これはおそらく前例のないことで、あとには確実にない。今日のアメリカ合衆国は富裕国のなかでも異常なほど富の不平等が大きいが、それでもトップ百分位が所有している富は全体の約35パーセントだ[13]。今日のイギリスでは、トップ1パーセントが所有しているのは全体の富の約20パーセント

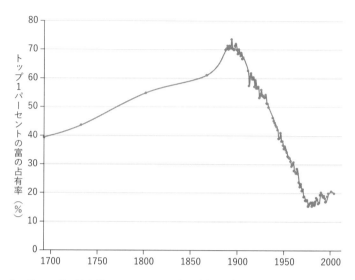

図4.1　イングランドの最富裕1パーセントの富の占有率（1670〜2010年）

データソース：Facundo Alvarado, Anthony B. Atkinson, and Salvatore Morelli, "Top Wealth Shares in the UK over More Than a Century," *INET Oxford Working Paper* 2017–01 (2016); Peter Lindert, "Unequal British Wealth since 1867," *Journal of Political Economy* 94, no. 6 (1986): 1127–1162.

である。

　所得不平等も第3章で指摘したように非常に大きく、1870年代くらいまではほぼ間違いなく増大を続けていた。バクスターによる1867年（『資本論』出版と同じ年）の社会構成表は、19世紀イギリスの不平等のピークを示している（図3.1）。ロバート・アレンの社会構成表は調整の仕方がわずかに異なっていて、こちらのピークは1846年だ[14]。

　主要3階級の相対所得も変化した（表4.2を参照）。『国富論』の時代には、資本家の平均所得は労働者の平均所得の11倍、地主は33倍だった。それからおよそ1世紀後の『資本論』の時代になると、資本家の所得は労働者の15倍になっていて、労働者の立場は悪化しているが、地主の所得は労働者の21倍なので、こちらとの比較では少しよくなっている。表4.2のデータは、最上位階級（地主）の地位が下がって資本家の地位が向上したことを示している（先に第3章で指摘した流れがリカードの『原理』からマルクスの『資本論』までのあいだに

第4章　カール・マルクス

表4.2　イギリス主要3階級の相対所得

	1776年前後 (『国富論』出版の時代)	1867年前後 (『資本論』出版の時代)
地主（貴族）	33	21
資本家	11	15
労働者	1	1

注：労働者の所得を1とする。
データソース：ロバート・アレン修正のイングランドの社会構成表より算出：Allen, "Revising England's Social Tables Once Again"; and Allen, "Class Structure and Inequality during the Industrial Revolution," tables 10 and 11.

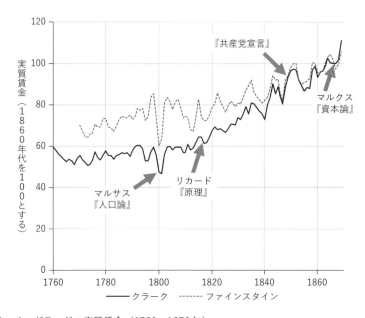

図4.2　イングランドの実質賃金（1760〜1870年）

Gregory Clark, "The Condition of the Working Class in England, 1209–2004," *Journal of Political Economy* 113 no. 6 (2005): 1307–1340, figure 8; Charles Feinstein, "Pessimism Perpetuated: Real Wages and the Standard of Living in Britain during and after the Industrial Revolution," *Journal of Economic History* 58, no. 3 (1998): 625–658 より著者の了解を得て書式を変更のうえ転載。

強まったかたちだ）。

　実質賃金はどうだろう。こちらは、グレゴリー・クラークとチャールズ・ファインスタインがそれぞれ推定したイングランドの賃金に関するデータがある（図4.2）。クラークによれば、実質で見た賃金は19世紀初めまでほとんど変わらなかったが、ナポレオン戦争のあとから上昇を始め、1840年代後半の停滞と恐慌、1857年の世界的金融危機があったにもかかわらず、間違いなく上昇傾向にあった。ファインスタインによれば（こちらはもう少し悲観的だが）上昇はゆっくりで、始まるのも少し遅い。しかしこの2人の著者にしたがえば、マルクスの『資本論』が出版された頃の実質賃金は、リカードの『原理』が出版された1820年よりも大幅に上がっている。クラークにしたがえば、実質賃金は1820年より50パーセント高く（平均して毎年1パーセント近い成長率で、当時の基準からすれば大きな数字だ）、ファインスタインにしたがえば、およそ30パーセントも増えていたことになる[15]。

　これについては、マルクスとエンゲルスも1850年代の末までには気づいていた。エンゲルスは、マルクスに宛てた1858年の手紙で「イギリスのプロレタリアートが事実上だんだんとブルジョア化してゆき、その結果全国民中で最もブルジョア的なこの国民が、究極はブルジョアジーと並んでブルジョア的貴族とブルジョア的プロレタリアートをもつようになるだろう、ということだ。全世界を搾取している一国民においては、そのことは確かにいくらか当然の点もあるだろうが」[16]と書いている。エンゲルスによれば、そこにはすでに労働者間の所得格差があり、のちに「労働貴族」とよばれるものも生まれつつあった。労働者のブルジョア化については説明が必要だ。エンゲルスが好んだ説明では、実質賃金の上昇は植民地からの一方的な移転（もう少し無神経な表現をするなら「略奪」）のおかげだった。最大の植民地列強であったイングランドは、リソースの一部を植民地から移転させ、労働者に（エンゲルスのことばによれば）「独占利益の分け前」をあたえることができた。たとえ、その利益が労働者のあいだでも非常に不均等に分配されたとしても、である[17]。そしてまさにこの説明が、20世紀初頭になって大いに共鳴され、多大な影響を及ぼすことになる。これが社会民主主義運動の左翼とりわけレーニンによって利用され、主流派社会民主主義政党の現実的ないし修正主義的なスタンスについての、格好の

説明にされたのだ。資本主義制度の下で労働者の暮らしがよくなるのなら、その制度を暴力的に転覆させることにどんな意味があるというのだろう。レーニンらがこの「融和的な」姿勢を「修正主義者」に適用したのも、まったく不合理というわけではなかった。

マルクスも、所得と富の不平等に関するさまざまなテーマについて自ら言及していて、多くのデータを利用している。それがのちに（数十年、さらには1世紀後に）ほかの人びとによって活用されたことで、イングランド／イギリスの当時の不平等がさらに正確に把握されるようになった。資本所得の割合が上昇したことを示すために、マルクスは1853年から1864年までの課税所得に関するデータを提出し、この時期に資本所得が50パーセント以上増加していること、対照的に賃金の増加が約20パーセントでずっと少なかったことを示している[18]。そのうえでマルクスは、実質賃金はまったく上昇していないかもしれない、なぜなら労働者が消費する必須生産物のコストも上がっているからだ、と主張する[19]。そしてイングランドおよびウェールズについての、また（別に）アイルランドについても、1864年と1865年の所得税表も示している。これは以下のセクションで指摘するように、のちのパレートが20世紀になる頃に用いたのと同じ種類のものだ。

最後に、そしてかなり奇妙なことで、マルクスの引用に関して最大の議論となったものがある。マルクスは文字どおり何百という著書や演説から引用しているのだが、1863年に所得不平等のテーマに関連してウィリアム・グラッドストーンの発言を引用したところ、これが騒ぎとなった。当時のグラッドストーンは商務長官で（のちに首相となる）、マルクスが彼のものだとした所感を実際に表明したのかどうかもよくわかっていない。その後はマルクスがグラッドストーンの意図を歪曲して伝えたのかどうかをめぐって激しい争いとなった。それについては数十年を経てもなお、エンゲルスがドイツ語版『資本論』第4版への序文で、ほぼすべてのページ（約5〜6ページ）を費やして、この批判に反駁しているほどだ（この珍しいエピソードに関する詳細は本章末の補論を見てほしい）。

同じくふれておくべきこととして、19世紀後半のイギリスでの社会立法と参政権の大幅な拡大がある。工場法は繊維産業での1日の労働時間を12時間

に制限するもので、1833年に成立し、1867年にはすべての部門に拡大された。同じ年、投票権が都市の労働者階級の一部に認められ、1884年には参政権がさらに広がって、成人男性の60パーセントを含むまでになった。1875年にはストライキが認められ、1880年には児童労働が禁止となった。

　ロバート・アレンは近年、イギリスの社会構成表を修正して、資本と労働との要素分配率を推定している[20]。アレンは、実質賃金が増えているにもかかわらず、労働分配率が目に見えて減少していることを発見した。資本家の分配率は大幅に増えていて、18世紀後半には国民所得の約20パーセントだったものが、100年後には50パーセントになっていたのだ。この資本分配率の拡大は、労働者と地主の両方の分配率を犠牲にしたものだった。ここにも、のちにマルクスが指摘する展開を見ることができる。すなわち、実質賃金の増加と労働分配率の低下の同時進行だ。わたしは以下で、これがマルクスの世界観に影響したことを主張していくつもりだ。

　ドイツでの所得不平等と所得集中の進化にも目を向けてみよう。もちろん、イングランドはマルクスが最終的に最も関心を寄せた国であり、生涯の大半を過ごし、資本主義の模範として、また「ブルジョア的宇宙の造物主」として研究した国だ[21]。しかし、ドイツも同時期に劇的な経済発展を遂げていて、マルクスは非常な関心を寄せていた。そしてそれは、単に自身がドイツ人だからというだけではなかった。マルクスは1848年革命の前から、またその期間中も、非常に積極的な政治生活に参加していたし、革命後も、ドイツ社会民主主義への関わりを通して積極的に関与していた。またドイツは、資本主義の長期的な発展についても重要な教訓を提供してくれていた。マルクスはドイツの不平等に関するデータを知らなかったので、その点は、先ほど見たように大半のデータが手に入ったイングランドとは違っていた。今のわたしたちがこうした情報を利用できるのは、近年になって多くの経済学者が、過去に作成されていたが公表されていなかったデータや、現代的な方法で分析されていなかったデータを研究してきたおかげなのだ。さらには、こうしたデータを研究する方法論さえ、19世紀には存在していなかった。バーテルズ、カースティング、ウォルフによる最近の分析は、当時のドイツできわめて興味深い展開があったことを示している。図4.3は、1874年から1914年までのドイツ各地域での所得不平等

第4章　カール・マルクス

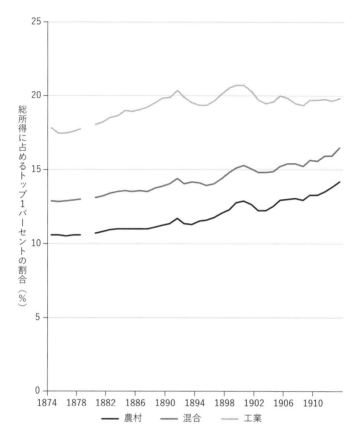

図4.3　ドイツでのトップ1パーセントの所得占有率（1874～1914年）
　　　　──地域ごとの農業雇用の割合の違いによる

注：グラフは、総所得のどれだけが稼得者のトップ1パーセントにまわったかを、3つの異なる地域タイプに分けて示している。地域の違いは農村地域（労働者の50パーセント超が農業で雇用）、工業地域（同40パーセント未満）、混合地域（同40～50パーセント）。
データソース：Charlotte Bartels, Felix Kersting, and Nickolaus Wolf, "Testing Marx: Income Inequality, Concentration, and Socialism in Late 19th Century Germany," Stone Center on Socio-Economic Inequality Working Paper 32, March 2021, figure 1.

の変化を示したもので、各地域は、総雇用のうちのどれだけが農業雇用かで定義されている。

すべての地域で——農業雇用が中心のところから、中程度のところ、ほぼすべて工業雇用のところまですべてで——所得不平等が拡大している[22]。これは20世紀半ばに「クズネッツ曲線の上昇部分」とよばれるようになるタイプの変化で、初期の工業発達は所得不平等の増大をともなうことを意味している（第6章参照）。図4.3では、それがきわめて衝撃的な表れ方をしていて、不平等の増加はドイツの3つのパートすべてで、当初の農業や工業の発達水準とも、当初の所得不平等水準とも、まったく無関係に起こっている。したがってドイツの19世紀末は——さらにいえば19世紀後半はすべて——不平等の拡大によって特徴づけられると結論することができるだろう。

下準備——マルクス主義の鍵となる概念を整理する

この本では、マルクスの所得分配についてほかの著者と同じやり方で議論するわけにはいかない。それは、まずマルクスのいう生産と分配の「統一」ないし相互依存（およびそれにともなう所得不平等それ自体の重要性の欠如）、搾取の理論と階級闘争の中心性、そして資本の歴史的な定義について説明する必要があるからだ。どれも経済を回す力としては新しく、リカードには存在しなかったものだ。

歴史的カテゴリーとしての生産と分配

生産と分配の統一は、マルクスの見方と彼以前の見方を対照させて説明するのがいちばんいいかもしれない。とくにジョン・スチュアート・ミルと彼に続く新古典派の経済学者は、生産は論理的にいって分配に先立つものと見ていた（まず物を作らなければ分配もできない）ので、経済学とは、既存の制約があるなかでの生産の最大化を目的とする科学だと考えていた。分配は、原理的には変更可能な歴史的カテゴリーだとする考え方が受容されていたし、生産は、物理的ないし機械的な法則によって決定されるものであり、参加者どうしの生産関係は人間の本質に関する不変の法則によって決定されると受け取られていた[23]。

マルクスは『資本論』で批判的に述べている。

> ［ミルの意識のような］もっと教養のある、もっと批判的な意識は、分配関係の歴史的に発展した性格を承認するのであるが、しかし、そのかわりに、生産関係そのものの、変わることのない、人間の本性から生まれてくる、したがっていっさいの歴史的発展から独立な性格を、ますます固執するのである。[24]

　問題の本質は、とマルクスは説明を続ける。「人間が彼らの社会的生活過程において、彼らの社会的生活の生産において、取り結ぶ関係——は、一つの独自な、歴史的な、一時的な性格をもっているということ、そして……分配関係は本質的にこの生産関係と同じであり……両方とも同じ歴史的な一時的な性格を共通にもっている」。さらに数ページをおいてこう要約する。「だから、特定の分配関係は、ただ歴史的に規定された生産関係の表現でしかないのである」[25]。そして数年後には、この点をいっそう強調して次のように述べている。

> 消費手段の分配は、生産諸条件そのものの分配の結果にすぎない。しかし、生産諸条件の分配は、生産様式そのものの一特徴である。たとえば資本主義的生産様式は、物的生産諸条件が資本所有と土地所有というかたちで働かない者のあいだに分配されていて、これにたいして大衆はたんに人的生産条件すなわち労働力の所有者にすぎない、ということを土台にしている。生産の諸要素がこのように分配されておれば、今日のような消費手段の分配がおのずから生じる。[26]

　新古典派についてはどうだろう。歴史性の不在（たとえば資本家がいかにして資本家になったかの説明など）と、著作のなかで資本家と労働者がシンメトリーに扱われていることの2つが、おそらくマルクスとの最も重要な違いだろう。新古典派にとって、生産高は、資本やスキルといった参加者の初期保有に一致するかたちで、生産過程のなかで生み出される要素価格にしたがって分配される。政治決定を通して生産高をさらに再分配し、貧しい者や、生産そのものか

ら十分な所得を受け取っていない者を助けることもできる。このような世界観では、初期保有は経済学の埒外にあると見られる。このことは、エリ・クックが示したように、ポール・サミュエルソンが『経済学』で明確に述べている[27]。経済学者は控えめな主張をするもののようだ。社会的生産のエンジニアらしく、彼らは一定の初期保有とテクノロジーという条件下で生産高を最大化する任務を負っている。市場は所得を生み出すものであり、その先の再分配の任務はもっとふさわしい人びとに任せてしまう。つまり、政治家だ[28]。生産と市場が決定する価格とは、技術的なカテゴリーであって歴史的なカテゴリーではない。これは線形プログラミングに類する状況だ。リソースがあり、需要があり、最適な生産高ミックスがある。生産されたものの分配はそのあとにくるのだが、これは要素報酬が上乗せされているから、まったく別の価格設定になる。

マルクスにとっては、すでに見たように、生産の法則と分配の法則は同じ法則で、表現の形態が異なっているだけだ。これは一定の様式での生産に特有の法則だ。資本主義的生産様式であるかぎり、結果は一定の所得分配となる[29]。初期保有が不平等に分配されていて、なんらかの初期保有（つまりは資本）がある者はそれを使って労働者を雇用して剰余価値を収奪できるのなら、所得分配の変化に焦点を当てても論理的に意味をなさないし、実際の生活でもなにも実際上の違いは生まれない＊。マルクスが、社会主義は所得分配の問題に還元できるという考えを繰り返し否定する発言をしているのは、ここに根源がある。「俗流社会主義はブルジョア経済学者から……分配を生産様式から独立したものとして考察し、また扱い、したがって社会主義を主として分配を中心とするものであるように説明するやり方を、受けついでいる」[30]。

新古典派の世界では外生的な初期保有が、マルクスにとっては重要な鍵となる。初期保有は、以前およびその時点で行使される権力に依存する。「本源的蓄積」は資本主義制度の根幹であって、装飾品ではない。初期保有の分配が

＊　マルクスは、国家が分配に関してそれほど大きな役割を果たせるとは——所得分配を動かすだけにとどまらず、初期保有の分配まで変更して、資本主義でも不平等の少ない分配を「内生的に」生み出すほどの役割を果たせるとは——考えていなかった。たとえそうなっても、階級が残ることは明らかだ。

違っていれば、生産構造も違うことになり、したがってさまざまな階級の力も違ってくる。逆にいえば、さまざまな階級の力に違いがあれば、初期保有の分配もそのほかのものも、生産高ミックスや相対価格も含めて、すべてが違ってくるだろう。異なった生産様式の下では、生産構造も相対価格も個人の所得も、すべてが異なってくるのだ。

こうして初期保有（私的に所有された資本）の影響力の強さを強調することにくわえて、その初期保有を保護する法律があることから、マルクス主義の断固とした主張が生まれてくる——生産の組織の仕方が歴史的に異なっていれば価値法則も違った形態をとるのだ、と。支配的な生産様式が小規模で、商品生産者は自身の所有する生産手段を使って働くというのであれば、利潤率が一般に平準化へと向かう傾向はなくなるし、相対価格の構造も資本主義の下でのものとは違ってくるだろう[31]。また、2つの制度の下では相対価格が違うのだから、生産高ミックスも生産要素に対する収益も違ってくる。マルクスの経済学のこうした特徴は、第7章で見るように、社会主義の下での所得分配に関する経済学に強い影響をあたえた。多くの議論と争いが、価値法則は社会主義でどのように現れるのか（さらには、そもそも価値法則は社会主義で存在しうるのか）、そして逆に、どうすれば商品の「正常価格」に、ひいては生産要素間での「正常な分配」に到達するのかに焦点を当てていた。

所得不平等の相対的な非重要性

生産と分配の統一についてのマルクスの理解は、不平等の扱いにも暗に影響している。所得分配が根底にある生産様式から切り離せないのだとすれば、マルクスの資本主義批判は分配の問題に向かっているという考えも、だから分配の問題は資本主義制度の内部で取り組むことが可能なのだとする考えも、すべて根本的に誤りとなる。制度を変えないかぎり、具体的に分配を変えることは決してできない。問題は階級の廃止であって、周辺部での所得不平等の変更ではない。所得分配に関する発言が意味をなすのは、背景となる「正しい」制度が確立されたときのみ、すなわち、資本の所有者と労働者との敵対的な関係を超越した制度が確立されたときのみだ。「賃金制度を基礎としながら、平等な報酬、それどころか公正な報酬さえ要求することは、奴隷制を基礎としながら

149

自由を要求するのと同じである」[32]。マルクスにとっての平等を、アレン・W・ウッドがうまく要約している。「平等とは正確にいえば政治的概念にすぎない。しかもそれは明確にブルジョア的な政治的概念でさえある。したがって……プロレタリアートによる平等の要求の本当の意味は階級廃止の要求なのである」[33]。

このテーマに関するエンゲルスの意見も、マルクスの『ゴータ綱領批判』につけた序文を見るかぎり、マルクスと同じだ。これはドイツ社会主義労働者党［当時。1890年にドイツ社会民主党と改名して現在に至る］が1875年に打ち出した政策綱領を攻撃したものだが、同じ年にアウグスト・ベーベルに宛てた手紙でも、エンゲルスはこの点を明確に指摘している。すなわち、綱領文書が「『あらゆる社会的・政治的不平等の除去』といっているのも、また『あらゆる階級区別の廃止』というかわりにつかわれた非常にいかがわしい文句です。国と国、州と州、それどころか地区と地区とのあいだにさえ、生活条件のある程度の不平等はいつもあるでしょう。この不平等を最小限に減少させることはできるが、完全に除去することはけっしてできないでしょう」[34]。

搾 取

マルクスの搾取理論は彼の分配理論にとって不可欠の部分だ。新しく創造された価値がすべて労働者に属するという極端なケースに限って——すなわち労働分配率が100パーセントになって初めて——（資本主義の下での）搾取理論の適用は終わる[35]。それ以外のケースでは、純生産の分配がどれほど労働者に有利になっても、そこには搾取がある。搾取理論は、純生産はすべて労働者によって生産されるという仮定が基礎となっている。その意味するところは、生産手段である原材料や道具、すなわちマルクスのいう「不変資本」は、単にその価値が最終生産物まで移っていくだけだということだ。したがって、最終生産物で高まった価値はすべて労働者の貢献によるもので、あとは不変資本の劣化分が総付加価値に入ってくるだけだ。この視点から見れば、資本と労働とのあいだでの分配は、もはや単なる生産の2つの要素間の分配問題ではなくなる。それは搾取の問題となるのだ。利潤がプラスとなるシナリオの下では、労働者が受け取る分は、必ず彼らの付加価値への貢献分より少なくなる。利潤率がゼ

ロになって初めて純生産のすべてが受け取れる。利潤率がゼロになれば、資本主義は機能できなくなって終焉を迎える。このように、搾取は資本主義の欠くべからざる特徴なのだ[36]。

どのようにしてマルクスは、労働者が受け取る分は自分たちの貢献よりも少ないと主張する一方で、価値法則は有効だと主張することができたのだろう。マルクスはこの見かけ上の矛盾を、労働と労働力を区別することで説明した。資本家は労働力をその価値どおりに買う（というか賃借する）。労働力の価値は、その労働力を再生産するのに必要な商品の価値に等しい（これは基本的な生活コスト、すなわち、その労働者の生産活動を維持するのに必要となる総額と考えることができる）。労働力の価値は（以下で検討するように）国や時代によって変わるかもしれないが、その価値がいくらであれ、労働には特有の特徴がある。それは、労働は労働力の価値を超える価値を生み出すということだ。労働者を生産過程の初めと同じ福祉状態に戻し、このタイプの労働の長期的な再生産を保証するためのコストは、生産過程で彼らが貢献した価値よりも少ない。これが労働力の価値と労働によって新たに創造された価値とのギャップだ。たとえば、1時間の労働で10単位の価値が創造されるが、労働者がその1時間の労働（「必要労働」）で費やした筋肉的・知的・およびその他の努力を完全に補充するのに必要な商品とサービスの価値が6単位で済むとしたら、残りの4単位（「剰余労働」）の価値は資本家が収奪することになる。ゆえに、マルクスが強調しているように、この交換は完全に価値法則に基づいている。労働者は不公正に扱われているわけでもなければ、労働力の価値よりも少なく支払われているわけでもない。搾取は労働に特有のこの特徴から生じている。労働には、その努力で費やされる（したがってその補償に必要となる）商品やサービスの価値よりも大きな価値を生産する能力があるのだ。搾取理論からは、利潤は装いを変えた剰余価値だという結論も引き出される。となれば、搾取率ないし剰余価値率は単純に、資本家が受け取る剰余（s）を可変資本の価値（v）で割ったものになる。後者（v）が、資本家が労働者に支払う賃金になる[37]。

階級闘争の中心性

マルクスのもうひとつの大きな貢献は、階級闘争を——第3章で明らかにし

たように、リカードでも重要な役割を果たしていたものを——人類史の中心的存在にしたことだ。それは資本主義のなかに存在しているだけではない。実は資本主義は、階級闘争や階級社会のひとつの例にすぎない。階級がマルクスによって公式に定義されたことはなく、また『資本論』第3巻は思わせぶりなほど短い「階級」という章で終わっているのだが、実際には定義に近いものを『ルイ・ボナパルトのブリュメール18日』に見ることができる。「数百万の家族が、彼らをその生活様式、利害、教養の点で他の諸階級から区別し、それと反目させるような経済的生存諸条件のもとで生活しているかぎりで、彼らは一つの階級をつくっている」[38]。リカードでも階級闘争は成長のエンジンだったという主張は可能だが、マルクスでは階級闘争が世界史のエンジンとなっていて、階級の定義そのものが「敵意」や衝突の要素を含んでいる。

マルクスでは、階級の果たす役割と分配をめぐる闘争が、リカードでは（どれほど鋭い分析が展開されていたにしても）ありえないほど重要な、はるかに一般性のあるものとなっている。階級闘争は、純生産の分配に関係するだけでなく、労働日の長さ、労働組合の権利、労働条件、さらには労働者の疎外感といった問題までも包含する[39]。労働は活動の目的（生産物）から切り離されている。そこに行為主体性はない。労働は資本家から純粋に「可変資本」として扱われ、その結果として、自身の作り出す生産物との関係が遠い「異質な」ものになる。「彼がこの過程にはいる前に、彼自身の労働は彼自身から疎外され、資本家のものとされ、資本に合体されているのだから……他人の生産物に対象化されるのである」[40]。

生産関係としての資本

最後に、マルクスの資本の定義だ。それまでのどの著者の仕事でも、資本は本質的に生産の道具や機械との——あるいは金融資本の場合なら貨幣との——相互交換が可能だと考えられていた。しかし、マルクスにとっては状況が少し違う。資本主義社会では、道具が資本の形態を獲得する。それは資本家（道具の所有を独占している者）が労働者を雇用し、その道具を使って働かせて剰余価値を収奪するときだ。小規模ないし零細な商品生産では、道具は資本ではなく単なる道具だ。わたしたちが自分自身の生産のために使う機械は資本ではな

い。こうして、資本は社会関係ないし社会形態となる。この社会関係ないし社会形態は、マルクスが書いているように、生産によって獲得されるもので、道具が労働者の雇用に用いられたときに生じる。有名な引用にあるように「資本は物ではなく、一定の、社会的な、一定の歴史的な社会構成体に属する生産関係であって、この生産関係がある物で表されてこの物に一つの独自な社会的性格を与えるのである」[41]。いいかえれば、資本は歴史的なカテゴリーだということだ。この点が重要なのは、資本の存在を賃労働の存在と結びつけているからだ。この2つはつねに一緒だ。今はもう少しガードを緩めた（おそらくあまりマルクス主義的ではない）口調で、単に機械や生産手段という意味で資本という語を用いることが多い。しかしもっと正確なマルクス主義的な用語でいうなら、資本が労働者を雇用して生産手段の所有者のために利潤を生み出すときには、その資本自体もまた生産の手段になるということなのだ。

階級構造

リカードと同じで、マルクスでも3つの主要階級がある。地主と労働者と資本家だ。階級の地位が所得分配での個人の地位が決まるのも、リカードと同じだ。コワコフスキは、マルクスがユートピア的社会主義者の階級分類を否定したことを指摘し、そのなかで「ユートピア主義者のような富による分類はマルクスの思想とはまったく無縁だ」と正しく読み取っている[42]。しかしマルクスは、リカードよりもはるかに綿密かつ実証的に資本主義の歴史的進化を研究し、歴史に関する書物やパンフレットをものするなかで、階級構造についてずっとニュアンスの豊かな見解をもつに至った。リカードは説明の明晰さを目指していたので、階級構造を非常に単純化したやり方で扱っている（リカードの歴史的知識の水準については、これを彼の著作に基づいて推し量るのは非常に難しい）。

3つの主要階級はいくつかの下位階級に分解することができる。表4.3は、マルクスの『フランスにおける階級闘争』および『ルイ・ボナパルトのブリュメール18日』に現れた階級を『資本論』第3巻での階級構造と比較したものだ。どれもほぼ同じだ。資本家は産業資本家と金融（商業）資本家に分けられ

表4.3　資本主義社会の階級構造

	『フランスにおける階級闘争』 『ブリュメール18日』での概要	『資本論』第3巻（収入源） での概要
資本家	金融ブルジョアジー	金融資本家（利潤）
	産業ブルジョアジー	産業資本家（利潤）
		銀行家（利子）
		土地資本家（地代）
自営業者	プチブルジョアジー （土地持ち農民を含む）	プチブルジョアジー （利潤と賃金）
労働者（プロレタリアート）	土地なし農民もしくは貧農	農民（賃金）
	労働者	労働者（賃金）
没落者	ルンペンプロレタリアート	ルンペンプロレタリアート

データソース：Marx, *Class Struggles in France; Marx, Eighteenth Brumaire*; Marx, *Capital*, vol. III, chap. 52（未完の最終章）.

ている。彼らの利害は賃金を抑えることでは一致しているが、剰余生産物を分割しなければならなくなったとたん、分岐を始める。産業ブルジョアジーの「利益は、疑いもなく生産費の軽減にあり、したがって、生産費に含まれてくる税金の軽減にあり、したがってまた、その利子が税金にはいってくる国債の軽減にあって」、金融ブルジョアジーのための収入源を提供していた[43]。銀行家も導入されている。彼らは金融ないし商業ブルジョアジーに近いが、厳密にはそこに含まれていない。銀行家の所得は貸し付けた資本につく利息なので、資本の所有者が受け取る利潤とは違っている。地主は単に一般資本家階級の一部として扱われている。このことは重要だ。なぜならこれは、さらに発達した状態の資本主義では、明確な階級としての地主が消滅することを示しているからだ。地主は単なる別タイプの資本家となる。わずかな違いは、彼らの資本が土地に投資されていることで、いいかえれば、発展とともに、リカード的な貴族地主は単なる土地持ち資本家に変換されるということだ。「大土地所有者が、その封建ふうの気どりや血統の誇りにもかかわらず、近代社会の発展によって完全にブルジョア化されていたからである」[44]。

　マルクスで2番目に大きな階級は自営業者ないしプチブルジョアジーになる。彼らは（ケネーで見たように）フランスを含めた多くの国でかなり重要な役割を果たしていたし、農業と工業の両方に存在していた。リカードには登場しないが、これはリカードの関心が主要な闘争、すなわち地主、資本家、労働者の闘

争にあったためだ。しかし歴史的などの分析でも——ケネーの分析であろうと
マルクスの分析であろうと——それなりの役割は必ずある。自営業者は、資本
家でもあり労働者でもあるという矛盾した階級的性格から、往々にしてプロレ
タリアート支持と資本家支持とのあいだを揺れ動く。これがきわめて明確に表
に出ているのが『フランスにおける階級闘争』で、自営業者は、初めは都市プ
ロレタリアートと連携するのだが、徐々に陣営を移していき、最後には反動勢
力に加わってしまう[45]。1846年のパヴェル・アンネンコフへの手紙でマルクス
は、プチブルジョアジーは「大ブルジョアジーのはなやかさに幻惑されるかと
思うと、民衆の苦しみに共感を示します。彼はブルジョアであると同時に人民
でもあります。……［彼は］矛盾を神格化します。というのも矛盾が彼の本質
の核心だからです。彼自身は行動しつつある社会的矛盾にすぎません」と定義
している[46]。

　次にくるのが労働者で、これは2つのグループに分けられている。すなわち、
土地なし農民（もしくは、少なくとも雇用のために自分の労働を差し出さなければな
らない程度に貧しい農民）とプロレタリアート（都市労働者で産業および各種サービ
スでの「雇われ人」）だ。ここでの分け方もすでにケネーで存在していたもので、
新しいものではない。

　よく知られているように、マルクスによれば、労働者の利益は人類すべて
の利益と同じだ。その理由は、彼らは搾取された階級（階級社会の歴史の最後の
階級）なので、彼らが賃金奴隷の状態から解放されるためには、ほかのすべて
の人びともそこから解放されることが条件だからだ。したがって労働者は、実
際には賃上げに関心があるかもしれないが、そこにあるのはあらゆる搾取の廃
止という歴史的な目的（目的因）であって、彼ら自身の特定の階級的利益では
ない[47]。マルクスによれば、これがプロレタリアートとブルジョアジーとの違
いで、ブルジョアジーにも自由を動機とするアジェンダ（さまざまな法的身分の
廃止）があるが、彼らの目的はそこで止まってしまう。自身が1848年の二月革
命と1871年のパリ＝コミューンの両方でパリの都市プロレタリアートの側につ
いた経験から、マルクスは彼らの、まさにいま概略を述べたとおりに解釈する
ことのできる平等主義を確信するようになった。たしかにフランスの平等主義
には、シャトーブリアンやトクヴィルなど、革命に反対した著述家ですらマル

クスに同意させてしまうものがあった。しかし彼らは、そうした平等主義が望ましいとは考えなかった[48]。

　農民は、マルクスによれば、矛盾した利害をもつ階級だった。構成メンバーには、土地なし農民や雇用労働者だけでなく、小規模な土地のある者や、ほどほどに豊かな者もいたからだ。マルクスは農民に大きな共感を表していない。『フランスにおける階級闘争』では「文明のなかで野蛮を代表するこの階級」だとしているし、『資本論』第3巻でも「半ば社会の外にある未開人の階級」とよんでいる[49]。扱いは「それ自体でひとつの階級」だが、ひとつにまとまって独自の利益を主張することはできないとした。農民階級について述べた有名な一節では「同じ単位の量を単純に寄せ算していくことで、フランス国民の大多数者ができあがる。それはちょうど、一袋分のジャガイモを合わせると、ジャガイモ袋一個となるようなものである」としたうえで、フランス革命によって封建時代の土地が分配されたおかげで自分の土地を手に入れた「分割地農民」は「おびただしい大衆である。その成員たちは、似たりよったりの事情のもとで生活していながら、おたがいのあいだで多面的な関係を結ぶということがない」としている。詳しくは次のとおりだ。

> 彼らの生産様式は、彼らをたがいに連絡させないで、たがいに孤立させる。この孤立は、フランスの交通手段が貧弱で、農民が貧乏なため、いっそう助長される。彼らの生産の場である分割地は、その耕作に分業を適用したり、科学を応用したりする余地がなく、したがって、そこでは、多様な発展も、さまざまな才能も、ゆたかな社会関係も、生まれてくる余地がない。[50]

　農民内部でのこうした区別は所有する土地の規模によるもので、共産主義体制とりわけソヴィエト連邦と中国で繰り返し登場し、良いこと（土地改革）にも悪いこと（富農の抑圧や集団農場化、コミューンの創出）にも利用された。

　最後の階級は没落者階級とでもよべるもので、ある意味、正しい階級構造の外部にいる人びとだ。マルクスはこれをルンペンプロレタリアートと名づけたが、それとは別の、イギリス19世紀の社会構成表での分類にしたがって「慢

性的失業者、物乞い、ないし路上生活者」という名称がいいだろう。彼らは直接には生産過程に関わらない。マルクスでは、この最後の社会的（というよりむしろ「非社会的」）階級が役割を果たすのは、条件が揃って労働需要が強まったときだ。その時点で、この階級のメンバーは生産過程に引き込まれてくる。そしてその役割は、本来なら生じたはずの賃金分配率の上昇を挫くことだ。彼らは「労働予備軍」となり、ふだんは失業しているが、経済が（今の用語でいえば）加熱してくると、賃金に圧力をかけるために資本家によってよび起こされる。この、失業者が資本家に利用されて、実質賃金の大幅増を防止しつつ、労働者に規律を教える道具にされるという考え方は、のちにカレツキとレイヨンフーヴッドが詳しく論じるテーマだ[51]。

　マルクスによるルンペンプロレタリアートの定義では、これは都市部での現象という認識で、長所を見つけようという気がまったくない。「ルンペンプロレタリアートは……すべての大都会で産業プロレタリアートとは截然と区別される集団であり、泥棒やあらゆる種類の犯罪者の供給源であり、社会の落ちこぼれ屑をひろって生活し、定職をもたない人間、浮浪者、宿なしの無籍者［gens sans feu et sans aveu］……である」[52]。また彼らは、支配者が暴徒に「秩序」を強要する必要があるときには、簡単に雇われて高位のブルジョアジーや貴族階級を支える*。マルクスは、ルイ・ボナパルトの支持者は「兵隊くずれ、前科者、逃亡した漕役囚、ぺてん師、香具師、ラッツァローニ、すり、手品師、ばくち打ち、ぜげん［Maquereau］、女郎屋の亭主、荷かつぎ人夫、売文文士、風琴ひき、くず屋、鋏とぎ屋、いかけ屋、乞食、要するに、はっきりしない、ばらばらになった、あちらこちらとゆれ動く大衆、フランス人がラ・ボエム［la bohème］とよんでいる連中」だと容赦のないことばを並べている[53]。

　マルクスの社会政治的構造は、とりわけフランスの状況を念頭に構築された部分があるので、これを、モリソンとスナイダーが19世紀の多くのソースから構築した1831年のフランスの社会構成表と対照させて見るのが有効だろう。

＊　ルンペンプロレタリアートがこのように利用される例は現代でも多い。最も多くの血が流れた露骨な例としては、蒋介石が犯罪者集団である青幇と手を組んで、1927年4月に上海のストライキを弾圧し、中国共産党員を多数虐殺した「上海クーデター」がある。

表4.4　1831年フランスの社会構成表

モリソン゠スナイダーの階級 （所得によるランクづけ）	雇用率 （総数を％表示）	平均収入（全体平均 との比率で表現）	マルクスの階級で 最も近いもの
雇用者	3.4	8.6	産業資本家
大規模農民	5.1	3.0	土地資本家
高位の公務員	1.1	1.8	［国家］
ブルーカラー従業員	13.9	1.0	労働者
ホワイトカラー従業員	2.0	0.9	
自営業者	13.4	0.7	プチブルジョアジー
低位の公務員	1.1	0.6	［国家］
小規模農民	31.4	0.5	農民
農場労働者および使用人	28.5	0.45	
合計	100	1	

注：［国家］は政府の従業員のことで、マルクスでは階級として明確に切り離されていない。
データソース：雇用率と所得の数字はMorrisson and Snyder, "Income Inequality of France," table 7, 73のデータ
に基づいて算出。

　表4.4はモリソンとスナイダーの社会構成表から階級の規模と相対所得を示し、その階級を、マルクスの分類中のグループと対応させたものだ[54]。どちらの表でも、産業資本家と土地資本家が所得の最上位にきていて、労働者（従業員の約16パーセントを占める）が中間に、プチブルジョアジー（従業員の13.4パーセントで所得は平均以下）がその次にきて、農民（この時点までは最大階級）は底辺にきている。農民は、土地を所有しているか雇用されて農場労働者として働いているかだ。得られるのは大なり小なり逆さのピラミッドで、階級の人数が少ないほど豊かになっている。

　この表で目立つのは、自営業者ないしプチブルジョアジーの矛盾した性格だ。所得水準ではこの階級は労働者に近く、社会構成表によれば、平均より貧しい者さえいる。しかし自身の資産があるということで、なにももたない労働者とは対立する立場に置かれている。同じ矛盾は土地を所有する農民の場合にも生じてくる。それを非常にうまく描写しているのがトクヴィルで、1848年革命の回想録では、ほんのわずかでも資産のある者はすべて都市プロレタリアートに対抗して共同戦線を形成したとある。

　たしかに民衆煽動（デマゴジー）による動揺が都市の労働者をいくらか支配していた。し

158

かし農村ではすべての土地所有者、それがどのような出自をもつものであれ、どのような経歴のものであれ、教育がどうであれ、財産がどうであれ、すべての土地所有者は相互に手を結んで、もはや一体となっているようにしかみえなかった。……所有権を享受するすべての者のなかでは、所有権は一種の友愛と化していた。長男はもっとも富み、次男以下は豊かでない、しかしすべての者が共通の相続財産をまもるという同じ関心のもとに、お互いに兄弟であると考えていた。フランス革命は土地の所有を無限にひろめたから、［農村部の］住民全体がこの広大な家族に属しているように思われた。[55]

マルクスの分類にないのが国家や自治体の従業員で、モリソンとスタイダーの分類では高位・低位の公務員となっている。このグループはサービス部門の労働者（郵便配達員など）から最高位の政府役人や将校（大臣や将軍）まですべてをカバーしている。実際にはマルクスも、家庭的な背景でいえばこの階級に属することになる。

資本主義経済が進化するなかでの主要な傾向に関するものも、資本主義での所得分配に関するものも、マルクスの議論は、ある意味でリカードの分析の簡易版だ。なぜなら、扱っているのが2つの階級（労働者階級と資本家階級）とその収入源（労働者については賃金、資本家については剰余価値から生じるすべての資産所得すなわち利潤、利子、地代）だけだからだ。政治的な文章でのマルクスは、プチブルジョアジーないし自営業者のような「矛盾を孕んだ」社会階級に特段の注意を払っているのだが、分析的な文章では世界がずっと単純化されている。マルクスの描いたのは理想的で典型的な資本主義だと、早くからマルクスに批判的だったベネデット・クローチェは指摘している[56]。あとに続く所得分配についての議論も同じように単純化されていて、労働者の所得と資本家の所得に焦点が絞られ、両者の相互作用で不平等がどうなるかが決まるとされている。

労働と賃金

賃金についてのマルクスの説明に戻ると、そこには答えの必要な疑問が2つ

ある。第一は、タイプの異なる労働者どうしで賃金は異なるのかという疑問だ。もし答えがイ・エ・ス・なら、それによって自動的に、重要な所得不平等の根源が導入されることになる。なぜなら大半の人びとは労働者だからだ。第二は、平均賃金（ないし別の定式化では最低賃金）は、経済発展に応じて社会ごとに違うのかという疑問だ。もし答えがイ・エ・ス・なら、経済発展と大多数の人びとの平均的な幸福には相関があることになる。したがって、もしこの2つの疑問の答えがともにイ・エ・ス・なら、マルクスの還元主義的な見方は——すべての労働者の賃金はほぼ同じでなければならず、かつ、賃金は発展水準と無関係に生存最低水準にあるとする見方は——誤りであることが示される。

複雑労働と単純労働

賃金が生存最低水準でなければならないかどうか、また賃金に（生産力が発展する一定の時点で）ばらつきが生じるかどうかは、マルクスの基本原理からスタートすれば容易に決着のつく問題だ。労働（もっと正確には労働力）はほかのあらゆる商品と同じように商品だ。したがって、労働の長期的価格（価値）を支配する法則は、ほかのすべての商品の価格形成を支配する法則と同じでなければならない。どの商品についても、長期的価格はその商品を生産するのに要した過去および現在の労働の総量によって決まる。次に、労働力の長期的価格はそれを生産（ないし再生産）するのに要した商品やサービスの価値に等しい。もし異なるタイプの労働を生産するためには異なる商品やサービスが必要であるなら（訓練のコストや訓練期間の違いがあるため）、賃金も異なっていなければならない[57]。異なる商品に単一価格がありえないのと同じで、異なるタイプの労働力にも単一賃金はありえない。最も単純なタイプの労働は、単に生理学上の生存を賄うだけの商品があればよいので最も安価に生産することができるし、ほかの、もっと複雑なタイプの労働にはもっと高い価格（賃金）がともなわなければならない。こうして、容易に3つの結論が確認できる。第一に、生存最低水準の賃金で済むのは最低のタイプの労働だけである。第二に、労働者の所得には必ずばらつきがある。第三に、もし「生存最低水準」には単なる生理学上の要素だけでなく、歴史的な要素もあるのなら、最低賃金は生存に必要な最低水準を超えて上昇することができるし、実質賃金の分布も全体として上

へ移動するはずだ。その全般的な上昇が異なるタイプの労働どうしの相対賃金に影響するかどうかは、その特定タイプの労働力の生産コストに入ってくる商品価格の変動によって決まる。たとえば、高水準の教育の相対コストが上がれば、賃金格差は大きくなると予想される*。

　マルクスでも、ほかの著者の仕事と同様、賃金水準とその進化はきわめて重要なテーマだ。鍵となる疑問は、賃金には同じ水準にとどまる傾向があるのかどうか、その水準は生存最低水準なのかどうか、賃金はスキルによって異なるのかどうか、そして、賃金は国によって異なるのかどうかだ。もちろんマルクスは、フェルディナント・ラッサールの「賃金鉄則」についてはよく知っていた。これは、資本主義の下での賃金は生存最低水準を長期的に上回ることは決してできないとするものだ[58]。しかしロマン・ロズドルスキとエルネスト・マンデルは、マルクスの文章には、マルクスがこれを法則として受け入れていたとか、資本主義の下では賃金は必然的に生存最低水準まで引き下げられると考えていたことを示唆していると解釈できる引用は皆無だと、かなり力強く主張している[59]。実際にマルクスでは、異なるカテゴリーの労働者どうし、異なる国どうしでの賃金格差への言及はごくふつうに見られる。

一定の時点、一定の国での実質賃金

　マルクスは（ほぼ）すべての労働者が生存最低水準の賃金を受け取ると考えていたという主張には、事実によって容易に反駁することができる。マルクスは少なくとも2つのタイプの労働を定義していた。すなわち複雑（ないし複合）労働と単純労働だ。複雑労働には多くの投資（教育など）が必要で、再生産するにも費用がかかるから、支払いも多くなければならない。このことは、労働者間の不平等について非常に明確な意味をもってくる。なぜならこれでもう、第一近似においてすら、労働者間の不平等に目をつぶり、すべての労働者は同じ賃金を得ていると考えることはできなくなるからだ。賃金は労働者の再生産

---

*　したがって、純粋にマルクス主義的な枠組みでは、無償教育によって必ず賃金ギャップが狭まるという理由が非常によくわかる。これは第7章で、社会主義の下での賃金不平等を論じるときにもう一度出てくる。

コストの関数なのだ[60]。もちろん、単純に熟練度の高い労働者を生産するにはコストがかかるから、資本家はすぐにでも彼らに多くを支払うということではない。熟練度の高い労働者は生産性も高いに違いない——これは教育が高水準になるほど正しいと仮定してもいいだろう[61]。

新古典派経済学との類似点

マルクスは「社会的平均労働に比べてより高度な、より複雑な労働として認められる労働は、単純な労働力に比べてより高い養成費のかかる、その生産により多くの労働時間が費やされる、したがってより高い価値をもつ労働力の発現である」と述べている[62]。労働のタイプはその生産コストによって異なるという見方は、ジェイコブ・ミンサーの人的資本論と似ている、というかほとんど同じだし、実はアダム・スミスにまでさかのぼるものだ[63]。ミンサー的な見方では、賃金の違いは単純に代償だ。すなわち、訓練期間中に必要となる投資と、働ける年月が短くなることへの埋め合わせである（訓練に費やされる年月が長いうえ、ほぼその時期はすべての種類の労働から退くと仮定されるため）[64]。ここにはマルクスと新古典派とのあいだに強い類似がある。とりわけマルクス主義的な要素は「労働予備軍」で、これはすでに見たように、賃金を抑えると考えられている。しかし新古典派の枠組みでは、この予備軍までもが、拡大期には雇用の魅力増進によって近似される。拡大期には、通常なら自宅にいるような意欲のない労働者の多くが、女性労働者も含めて、ふたたび労働力に加わってくる。彼らを賃金労働の領域へ引き込むことで、資本家への賃金圧力は引き下げられる。

実質賃金と発展

国どうしの賃金格差について、したがって発展過程にともなう賃金の上昇については、明確に認識されている。「ある国が世界市場で他の国に比べてより生産的であればあるほど、それだけその国の労賃は他の諸国に比較してより高い」[65]。『資本論』第3巻の注釈で、マルクスはイギリス、フランス、プロイセン、オーストリア、ロシアでの名目賃金の差を示している（表4.5参照）。最上位のイギリスと最下位のロシアとの名目賃金の比率は5対1だ。もちろん、消

第4章　カール・マルクス

表4.5　1848年前後の各国の名目賃金の違い

国	年間の賃金（単位：ターレル）
イギリス	150
フランス	80
プロイセンおよびオーストリア	60
ロシア	30

注：データは、実際には人的資本の価値として示されていて、賃金は年率4パーセントで資本化されている。しかしそうした数字から示唆される年間賃金は容易に算出できる。
データソース：*Capital*, vol. III, ch. 29, 596nI.［『全集』25巻b、597ページ］　マルクスのデータは Friedrich Wilhelm Freiherr von Reden, *Vergleichende Kultur-Statistik der Gebiets-und Bevölker-ungsverhältnisse der Gross-Staaten Europa's* (Berlin: A. Duncker, 1848), 434 より。

費財はロシアのほうがイングランドより安価だから、実質賃金のギャップはそこまで大きくないかもしれないが、それでも比率にして3ないし2.5対1にはなるだろう。これはかなりな違いだ。さらに、このロシアの賃金を生存最低水準だと仮定すると（それより下とは考えられない。労働者も生きていかなければならない）、イングランドの賃金は生存最低水準よりもかなり上だったに違いない。これは重要な点で、マルクスがラッサールの賃金鉄則に同意していたはずがないこと、スミスと同様に、マルクスも発展過程での賃金上昇を認めていたことを明確に示している。

　さらにマルクスは、最低限度の受容可能な賃金というものの概念自体、歴史的なものだと主張している[66]。たしかに、マルクスにとっては経済に関するすべてのカテゴリーが歴史的なものだったのだから、彼がその同じ論理を労働力に適用しなかったと想像するほうが難しい。低度ないし原始的な発展段階では人間の欲求が単純だから、その限られた欲求のための商品を生産する「必要労働」（つまりは賃金）も小さいだろう。必要労働が小さい理由は労働が生産的だからではない*。それは、マルクスによれば、欲求が限られているからだ[67]（欲求は歴史的に決まるのであって、内生的なものでも絶対的なものでもないという言説は、

---

*　形式的には、生産性が高ければ労働力の再生産には労働日のごく一部だけで足りるから、そのための「必要労働」は少なくなる。しかし、必要労働は労働の生産性と充たすべき欲求の両方によって決まるし、充たすべき欲求は発展とともに拡大する。やがて、生産性と欲求は互いに相反する働きをするようになり、生産性の向上によって必要労働が少なくなる一方で、新しい欲求によって必要な労働が増えることになる。

163

それ自体としても、また、これが賃金決定の基礎になるという理由からも重要な点だ）。のちに未完の草稿として出版された『経済学草稿』で、マルクスはこう書いている。

> 資本に基礎をおく生産では、[労働者にとって十分な賃金を「生産する」ための]必要労働時間の存在は過剰労働時間［すなわち資本家によって収奪される労働時間］がつくりだされるかどうかによってきまる。第一に、生産のもっとも低い段階では、人間の欲求はまだわずかしか生みだされておらず、したがってまた充たされる［べき］欲求もわずかである。したがって必要労働時間が限られているのは、労働が生産的であるからではなく、労働があまり必要でないからである。[68]

これでつながった。限られた欲求が必要労働の少なさにつながり、それが実質賃金の低さにつながるのだ。

欲求が発展水準に対応していることの明らかな意味合いは、実質賃金が発展水準とともに上がっていくということだ。発展水準が上がるにつれて、欲求はさらに幅広い、多様なものになっていく。新しい商品やサービスへと広がり、その結果、そうした欲求を充たすための必要労働が（生産性の向上による補正値を超えない範囲で）増えていく。実質賃金も上がらざるをえない[69]。これがマルクスのいう「労働力の価値規定は……ある歴史的な精神的な要素を含んでいる」ということの意味だ[70]。同じ点は『資本論』第3巻で、気候を原因とする賃金格差を加えて、ふたたび論じられている。「彼の労働力の現実の価値はこの肉体的最低限とは違っている。それは風土や社会的発展の程度によって違っている」[71]。

実質賃金、相対賃金、欲求

このことは、実質賃金が増大するにつれて労働分配率も必ず上がるという意味ではない。実際にはその逆が真かもしれない。マルクスは、資本主義的な意味での先進経済のほうが実質賃金は高いが、労働分配率（「相対賃金」）は低いと主張している[72]。これはまさに、ロバート・アレンの19世紀に関するデータ

が示しているとおりだ[73]。マルクスがこの点をとくに力説しているのが『賃労働と資本』で、この本は、マルクスが1847年にブリュッセルのドイツ人労働者協会で行った政治宣伝目的の講義原稿がもとになっている。マルクスは、資本分配率が上がれば、実質賃金がどうなるかとは無関係に、労働に対する資本の力が増大することを強調している。したがって「実質賃金がもとのままであっても、また上がった場合でさえも、それにもかかわらず相対賃金［労働分配率］は下がることもありうる。……労働者階級を支配する資本家階級の力は大きくなり、労働者の社会的地位は悪くなり」「資本が急速に増大すれば、賃金も上がるかもしれないが、資本の利潤のほうがくらべものにならないほどはやく上がる。労働者の物質的状態は改善されたが、それは彼の社会的地位を犠牲にしてである。彼らと資本家をへだてる社会的溝は、ひろがったのだ」[74]。

　労働者の物質的地位と社会的地位との対照は——後者は明らかに相対的な概念なのだが——強く、繰り返し引き合いに出されている。これは、不平等も欲求も——不平等の場合は他者との関係で測定されるし、欲求の場合は他者および時間との関係で測定される——どちらも相対的なものだとするマルクスの見方と一貫している。不平等について、マルクスは次のように見ている。

　　家は、大きくても小さくても、そのまわりの家々が同じように小さければ、住居にたいする社会的な要求をすべて満たす。しかし、小さな家のそばに大邸宅が建てられると、その小さな家はあばら屋にちぢんでしまう。そうなるとその小さな家は、そこに住んでいる人が要求権を全然もっていないか、もっていてもごくわずかだということの証明になる。

また欲求については次のように説明している。

　　われわれの欲望や消費は社会から生まれる。だからわれわれは、それを、社会を尺度にしてはかる。われわれはこれらを、それを満たす物を尺度にしてははからない。それらは社会的な性質のものであるから、相対的な性質のものである。[75]

このように、欲求は二重の意味で相対的だ。ある時点では、他者のもっているものに対応してできあがり、歴史的には、過去において習慣だったものとの比較でできあがる。どちらの相対性も、すでに見たように、スミスの最小限の必需品の定義にすでに存在していたし、今のことばなら貧困ラインというところだろう。しかし、マルクスは欲求をもっと哲学的に考えていて、単に社会が発展すれば機械的に進歩するものではなく、人間自身の活動によって作り出されるものだと見ていた。シュロモ・アヴィネリが述べているように「マルクスは、各世代自身の欲求について各世代の意識が、単なる物質的刺激に対する人間の意識の機械的、自動的な反応であることを、否定する。みずからの欲求についての人間の意識は、人間の歴史的発展の産物であり、先行する諸世代によって達成された文化的価値の証明となる」のだ[76]。

ローザ・ルクセンブルクはマルクスによる実質賃金と相対賃金の区別をさらに進めて、労働分配率は資本主義の発展とともに縮小する傾向があると主張した。そこで提唱したのが「相対賃金の傾向的低下の法則」だ[77]。ルクセンブルクによる労働分配率の強調には、それが資本家と労働者の社会的関係の研究につながるという利点がある。これもリカードとよく似ていて、リカードの分析全体は、資本と労働との分配率の違いという観点から説明できる。実質賃金の上昇が労働分配率の低下をともなう可能性があるということは（これは今日にも見られることだが）、搾取率が（ほぼ確実に）上がることを意味している。すでに見たように、搾取率（s^*）は可変資本（v）に対する剰余価値（s）ないし利潤の割合で、可変資本が賃金総額だ。しかしひとつ疑問が残る。もし時間とともに資本の量が労働よりも速く増えたらどうなるのだろう。つまり、もし不変資本（c）と可変資本（v）の比率が——あるいはマルクスが『資本論』第1巻で「資本の有機的構成」とよんだ比率が——高くなったらどうなるのだろう。

この問題を考える前に——この問題は資本と労働との分配力学に関連するものであり、かつマルクス主義的なアプローチと新古典派の成長理論が交わる部分でもあるので非常に重要なのだが、その前に——マルクス主義の用語をいくつか明確にしておかなければならない。不変資本（c）とは生産に使われる機械や原材料にかかる費用のことだ。可変資本（v）は賃金に費やされる資金だ。

マルクスは古典派の大半の著者と同じように、cについてもvについても、必要な資金は資本家の手元にあると仮定している。原材料を無視すれば、新古典派の生産関数に出てくる資本（K）はマルクスのcと等しくなる[78]。同様に、一定の賃金率について、マルクスのvは新古典派の労働力（L）と平行して動く。ゆえに、マルクスにおける資本の有機的構成の高度化すなわちc/v比の上昇は、新古典派におけるK/L比の上昇と近似することができる[79]。資本−労働比の上昇と資本の有機的構成の高度化とは、相互に入れ替えて使うことができる。つねに暗示されているのは、技術も一定で価格も一定ならば、労働者1人当たりの機械の数は増えるということだ。

　マルクスは、資本の有機的構成の高度化は資本主義的生産の規則性のひとつだと捉えていた。機械による労働の置き換えは生産価格を引き下げ、たいていの場合、最初に機械を導入した資本家に追加の利潤を供給する。すると、同じ行動がほかのすべての資本家によって繰り返される。これは最終的に全体としてのK/L比を上昇させる[80]。これにはいくつかの効果がある。第一に、K/L比の上昇は利潤率を引き下げる可能性がある*。マルクスでこれが起こるのは、労働者だけが剰余価値を生産できるからだ。また、資本1単位当たりの労働者が少なくなるので剰余価値率（搾取率）が上がらないか、または十分に上がらないと仮定すると、利潤率は下がるしかなくなる（新古典派の経済学では、資本が多くなると限界生産物が少なくなることで同じことが起こる）。第二に、生産性の向上は、賃金決定に入ってくる賃金財の価格低下を意味する。したがって、剰余価値率（s^*）は上昇するかもしれない[81]（新古典派の用語でいうなら、労働分配率を下げるために、資本深化が利潤率を同じ程度の比率まで押し下げることがあってはならない[82]）。

　こうして4つの重要ポイントを指摘したので、これをマルクスの多様な文章から組み合わせることで、先進的な資本主義社会で所得分配がどのように進化していくかについて、この本での解釈をまとめていけるだろう。第一に、実質

＊　ここで用いるのはマルクスによる利潤率の定義で、剰余価値を、不変資本と可変資本の両方のために資本家が前払いした総額で割ったもの、すなわち$s/(c+v)$となる。新古典派のモデルと違い、マルクスのアプローチでは、資本家は生産が始まる前に労働者への賃金（ないし賃金財）を前払いすると見ている。

賃金はおそらく発展とともに増加する。第二に、搾取率は上下どちらに動く可能性もある。第三に、労働分配率は傾向として下がるだろうし、その結果、資本分配率は上がるだろう。そして第四に、これは次に検討するポイントだが、資本分配率の上昇は、利潤率の上昇ではなく、むしろ下降を意味するかもしれない。理由は、資本総額のほうが資本所得より速く増加するかもしれないからで、その場合には利潤率（$s/(c+v)$ に等しい）は下がることになる。この4番目の展開をマルクスは「利潤率の傾向的低下の法則」とよんでいて、彼の最も有名な構成概念のひとつとなっている（ただし、実際には『資本論』第3巻の3つの章で約6ページにわたってかなり断片的に検討されているにすぎない[83]）。これは、資本主義での所得分配に関するマルクスの議論においても、そして資本主義的生産様式の最終的な運命においても、最も重要かつ異論の多い役割のひとつを果たしている。次はこれを見ていこう。

資本と利潤率の傾向的低下

法則の仕組み

マルクス経済学に関しては、大きく4つの分野で議論と意見の不一致がある。すなわち、労働価値説、価値の生産価格への転化（転化問題）、生産手段を生産する部門と消費手段を生産する部門との動的平衡、そして利潤率の傾向的低下の法則だ[84]。このうち、初めの2つはさまざまな歴史的構成での価値法則の適用に関わるもので、3つ目は均衡成長と不均衡成長のモデルに関係している。しかし最後のひとつが、まさにここでの関心事だ。理由は2つある。第一に、もし歴史的に見て利潤率が低下する傾向があるのなら、それは、資本主義の発展につれて所得不平等がどう変化するかの予測について明確かつ直接的な意味をもってくる。第二に、そして政治的にはこちらのほうが重要なのだが、もし利潤率が最終的にゼロまで落ちてしまったら、資本主義は機能しなくなってしまう（すでに見たように、リカードも同じ見方をしていた）。資本主義が機能しないとなれば、代替となる制度（マルクスの考えでは社会主義）がそれに置き換わることになる。こうして、利潤率の傾向的低下の法則は、資本主義の崩壊の理論と密接に関連するものとなった。不治の病からの死だ。だからこそこの法

第4章 カール・マルクス

則は、1895年に『資本論』第3巻で公表されて以来、多くの注目を集めてきたのだ。

しかしこの本の目的からすれば、この法則が問題となるのは、これが先進的な資本主義での所得分配についてマルクスの考えを明らかにしてくれるからであって、資本主義の終焉を示唆するからではない。この点を強調しておくことは大切だ。なぜなら、マルクス主義の釈義ではこの法則が過剰な重大性を獲得していて、往々にして単に「法則（The Law）」とよばれるまでになっているからだ。これは支持者からも反対者からもさかんに用いられている。一方は最終的な資本主義の終焉の証明として、他方は法則の論理的有効性に関するマルクスの不確実性を証明するものとしてなのだが、しかしここで大切なのは、ごくふつうの意味において、これがマルクスの見方を——すなわち、長い目で見れば資本家の所得は少なくなるだろうし、階級間の不平等は（少なくとも資本所得に関するかぎりは）おそらく縮小するという見方を——反映しているということだ。

この法則を支えている論理はごく標準的なものだ。マルクスの考えは多くの経済学と同じで、進歩は生きた労働が機械（投下労働）で置き換えられることで成り立っている。生産性向上と利潤増大のために、個々の資本家は、さらに資本集約的な過程（マルクスの定式では資本の有機的構成の高度化）を適用しなければならない。すべての資本家はそれぞれ独立に労働を資本に置き換え、個々の地位を向上させて支配的な平均相場を超える利潤を回収しようとするので、その経済全体の資本−労働比が増大する。資本ストックに対する労働者の数が少なくなるので、生産される剰余価値は相対的に減少する（これは搾取率が大きく上がらないことが前提となっている）。ゆえに、ここが鍵なのだが、利潤と資本の比率は減少するしかない。つまり、利潤率は必ず下がるということだ。マルクスはきわめて明快だ。「利潤率が下がるのは——たとえ剰余価値率が同じままであるか、または上がるにしても——、労働の生産力の発展とともに可変資本が不変資本に比べて減って行くからである」[85]。利潤率はどんどん小さくなり、最後にはほぼゼロにまで下がることが想像できる。マルクスの推論に新古典派の装いをまとわせたければ、それは可能だし、同じ結果が得られる。労働と比較して資本が豊富になるということは、資本の限界生産物は減るしかな

169

く、やはり利潤率は低下してしまう[86]。この利潤率の傾向的低下の法則に対する唯一の解決策は、新古典派の体系では技術進歩で、これなら法則とは別のステップで、資本の限界生産力を高めて利潤率を維持することができる。マルクスの体系での唯一の解決策は労働からの搾取を強化することで、あとは以下で検討するような方法でこの傾向を埋め合わせる（もっと正確にいえば遅延させる）しかない。

　ここは少し立ち止まるだけの価値がある。ハインリッヒが強調したように、状況が少し複雑だからだ[87]。資本家がさらに多くの不変資本を導入するときは、それが労働と置き換えるためであろうと、一定の労働者にもっと多くの機械を使わせようとするためであろうと、とにかく生産性を高めようとしてのことだ。実際、賃金が一定だとすれば、生産性の向上は剰余価値率（s/v）の上昇を意味する。ここで利潤率の定義は次のとおりなので、

$$p = \frac{s}{c+v} = \frac{s/v}{\frac{c}{v}+1} = \frac{\text{剰余価値率}}{\text{資本の有機的構成}+1} \qquad （Ⅰ）$$

　利潤率は、分子が増えても分母が増えても変化する。c/vが増えれば分母が大きくなるのは明らかだ。その一方で、生産性が上がっても実質賃金の増大には反映されないので、s/vも増加する。これはつまり、生産過程の資本集約度が高まると労働者１人当たりの生産高が増大するが、実質賃金は一定なので、剰余は必ず増えるといっているのと同じだ。したがって、利潤率が必ず減少するとはいいきれない。理由は、分子と分母が両方とも増えるからだ。これは煎じ詰めると、c/vの増加がs/vの増加よりも大きいかどうか次第だということになる。

　この問題は古くからあって、最初は1907年にラディスラウ・ボルトキエヴィッチが気づき、それから多くの研究者によって定式化された。ここではポール・スウィージーのことばを例としてあげておこう。「もしも資本の有機的構成と剰余価値率とが、両者ともに変化すると仮定するならば……、利潤率の変動する方向は、不確定のものとなる。われわれのいいうることは、剰余価値率の百分比増加率が、［資本の有機的構成の高度化の］百分比増加率よりも小で

あるならば、利潤率は低下するであろう、ということだけである」[88]。なぜそうなると思えるのかを理解するためには、関係式（I）での労働者の数が固定されていて、かつ資本家が資本集約度の高い工程を導入してc/vを向上させたと考えてほしい。するといま述べたように、s/vは必ず上がる。理由は単純で、工程の資本集約度が上がれば賃金財も含めて生産性が向上すると考えられるからで、その結果、たとえ実質賃金が変わらなくても、可変資本への支出は少なくなる（これはリカードとまったく同じで、リカードでは、賃金財のコストが下がることで名目賃金が押し下げられるが実質賃金は変わらない）。ゆえにハインリッヒのことばは正しい。s/vの増加は法則に反作用を及ぼす力ではなく、むしろ法則が生じるための条件だ。あるいはそれよりも、法則それ自体がs/vを増加させるというべきだろう[89]。

それでも、s/vがc/vよりも上がりにくい傾向にあるのは確かではないのか。可能性はいろいろある。第一に、実質賃金が上がることで剰余の増大が抑制されるかもしれない。第二に、歴史的な理由（労働日の長さの法的限界）のためであれ、生理的理由（作業努力を無限に増大させることはできない）のためであれ、s/vには上限があるが、資本の有機的構成の高度化には限界がない。第三に、生産性が向上すれば、それに勇気づけられた、または大胆になった労働者が労働時間の短縮を要求するかもしれず、それもsの増大を抑制することになる[90]。本質的には、値はどうあれs/vが一定であれば、利潤率を押し下げるような資本の有機的構成は必ず見つけることができる[91]。

こうして、話はマルクスの最初の、そして最も重要な論点——生産の資本集約度が大きくなるにつれて（その変化による影響が労働からの搾取強化によって相殺されないかぎり）利潤率は低下する——に戻ってくる。そこでは同時に3つの条件が成り立つ。

(1) 実質賃金の上昇（生産性向上の一部が労働者と共有されるため）。ゆえに $dv > 0$。

(2) 利潤率の低下。ゆえに $d\left(\dfrac{s}{c+v}\right) < 0$。

(3) 労働分配率の低下。ゆえに $d\left(\dfrac{v}{c+v}\right) < 0$。

この3つの条件が成り立つ状況と簡単な数値例を脚注に示しておく。*†

法則の意味

第2章で見たように、アダム・スミスも同様に、経済発展にともなって利潤率は低下する傾向があると考えていた。したがって、マルクスの法則は決してユニークなものではない。利潤率がゼロになれば資本主義は機能しないという見方も同様だ。同じ意見はリカードも抱いたし、実際にそれこそが、彼が『経済学および課税の原理』の執筆に取り組んだ第一の理由だった。『資本論』のわずか4年後に出版された『経済学の理論』で、ジェヴォンズが同じことを述べている。

> 社会が進歩し資本が蓄積されるに従い、利潤率は……下降する傾向をもつとは、アダム・スミスの時代以来経済学者の好んで説く学説の1つである。……この率は結局はなはだしく低下し、そのためさらに資本を蓄積しようとする動機は止むであろう。……利率に関するわれわれの式の示すところによれば、資本の蓄積が進行するものと仮定して、もしたえざる技術の進

---

* 容易に引き出せる条件は次のようなものだ。

$$\frac{ds}{s} < \frac{dc+dv}{c+v}$$

$$\frac{dv}{v} < \frac{dc+dv}{c+v}$$

どちらも、総資本（$c+v$）の増大する割合のほうが、可変資本が増大する（ということは資本の有機的構成が高度化する）割合よりも、また剰余価値が増大する（ということは利潤率が低下する）割合よりも、必ず大きくなることを示している。

† 以下の簡単な例を見てほしい。$c=50$, $v=50$, $s=50$ としよう。利潤率は $s/(c+v)=50/100=50$ パーセント、搾取率（s/v）は $50/50=100$ パーセント、総粗付加価値中の労働分配率は $v/(c+s+v)=50/150=33$ パーセントだ。ここで、資本家が機械への投資を増やし、c に10単位を加えたとしよう。さらに、賃金総額も1単位増えたと仮定する（これによって実質賃金が増える。労働の総量は固定と仮定しているからだ）。搾取率が同じままだったら、付加される s は1となる。新たな利潤率は $51/111=46$ パーセント、新たな労働分配率は $51/162=32$ パーセントとなる。結論として、実質賃金が上昇すると、利潤率も労働分配率も下がることになる。

第4章　カール・マルクス

歩がなければ、この率は零に向かって低下する傾向をもつに違いない。[92]

　資本主義経済が最後には静止状態になるという見方は、多少の違いはあれ、多くの経済学者が考えてきたことで、これにはヨーゼフ・シュンペーター、アルヴィン・ハンセン、もっと近年ではラリー・サマーズなども含まれる。マルクスが定式化した利潤率の傾向的低下の法則をめぐってこれまでおびただしい量のインクが費やされてきた理由は、これがほかの古典派ないし新古典派経済学者の書いたものと大きく異なっているからではなく（底流する論理においても、利潤ゼロの資本主義はありえないという言説においても大きな違いはない）、それが示唆するもの、すなわち、資本主義の最期を告げる鐘の響きのためだ。この法則は、マルクスのような解釈では、資本主義に対して不利に働く長期的な力となる。資本主義を分裂させる短期的な力は、過剰生産による危機だ。この2つの動きが共同というかむしろ同時に発生したら——すなわち、長期的な低利潤と経済危機とが同じタイミングで起こったら——それは資本主義の終焉を告げるものになる。そうして資本主義は衰え、萎んでいく。

　大切なのでふれておくと、多くのマルクス主義者は、ほぼゼロの利潤率が資本主義の終わりを告げるという考えに同意していない。ルクセンブルクとカウツキーは（ほかではほとんど意見の一致することのない両者だが）どちらも、利潤の絶対量はそれでも増大すると主張している（理由は単純に、まだまだ多くの資本があるからだ）。しかし彼らの論理には欠陥がある。資本家は高収益をインセンティブとしている。たとえば利潤率が0.1パーセントになったとしよう。それでも大きな資本ストックがあるので、たしかに、それはまだ大きな絶対利潤を生み出すだろう。だがその後は、その（相対的に）わずかな利潤のために投資を継続し、生産を組織しようとするインセンティブは減少していく。投資は低迷し、経済は静止状態になるだろう。ごく単純な例をとって、平均利潤率が0.1パーセントになったとしよう。資本−所得比が今日の先進経済並の約5パーセントだとしたら、利潤／所得（あるいは利潤／GDP）は0.5パーセントにしかならない。たとえ利潤のすべてが投資にまわったとしても投資率はGDPのわずか0.5パーセントということになる。これは現代の経済の投資額と比べるとほんのわずかだ[93]。これは一方で、成長率がほぼゼロになることを意味している。

しかし状況はさらに悪くなる。長期的な利潤がほぼゼロで、長期的な成長もほぼゼロだとすれば、根本的な疑問が湧き上がってくる。もし平均的な収益がほとんどないとしたら、資本家が引き続いて起業家的機能を果たしていくインセンティブはどうなるのだろう。たしかに、利潤率はランダム変数で仮平均がほぼゼロというだけだから、なかにはまだプラスの収益を得る者もいるだろう。しかしそれは、収益がマイナスになって最終的に破産する者がいることで相殺されてしまう[94]。ゆえに、シュンペーターの主張は正しい。すなわち、静止した資本主義経済というものは不可能であり、資本主義制度としてもちこたえるためには、資本主義的起業家にプラスの収益を生み出さなければならない。もしそれができなければ、生産を継続するインセンティブは完全になくなってしまう[95]。形式的には、そのような経済は国家によって、ないしは「関連した生産者」に引き継がれて機能を継続するしかない[96]。

法則と所得分配

しかし先にも指摘したように、この特定の力学がここでの関心の中心ではない。この本での関心の中心にあるのは、先進的な資本主義での所得分配の進化をマルクスがどう見ていたのか、そしてそのなかで、この法則がどのような意味をもっているのか、だ。もし利潤率が低下するなら（かつほかのすべてが同じ状態なら）、資本家は豊かではなくなり、おそらく所得の不平等は縮小するだろう。さらにそこに、最低限の（生存最低水準の）賃金には精神的・歴史的な側面が含まれるというマルクスの主張を付け加えるなら、マルクスは暗に、先進的な資本主義では主要2階級間の所得不平等は縮小すると考えていたに違いないと、容易に主張することができるだろう。これはスミスの到達した結論とそれほどかけ離れてはいない。スミスも、発展は賃金上昇と利潤低下につながると見ていた。

しかしこの、資本主義における不平等の未来についてのかなり明るい解釈は、マルクスに見られるほかの言説と矛盾している。そうした言説は3つのカテゴリーに分けられる。第一に、法則の働きを遅らせるないし反作用を及ぼす力に関する言説がある。第二に、資本所有の集積度の上昇についての言説がある。そして第三に、賃金を抑制する労働予備軍の役割の増大についての言説が

ある。こうした要因のどれをとっても、資本家の所得と労働者の所得の収束を
遅らせるか、逆転させる可能性すらある。したがって資本主義が発展すると、
不平等は、最終的に減少ではなく増大するのではないだろうか。この3つのカ
テゴリーは、それぞれに詳しく検討する価値がある。

法則への反作用力

利潤率低下に反作用を及ぼす力は明快で、マルクスによって明確にリスト
化されている[97]。これには6種類あって、第一は労働の搾取の強化だ（ことば
を変えればs/v比の増大ということで、たとえば労働日の延長や労働強化などの方法が
ある）。第二は、賃金をその価値以下に抑えようとする試みがありうる。わた
しとしては、この2つの力は却下できると思う。どちらも長くは続けられない
し（ほかの商品と同じで、賃金も価値以下まで下げられるのは一時だけだ）、無制限に
延長することもできない（先に検討したようにs/v比には限度がある）。また、ど
ちらもあまり動機がない。これはマルクス自身の体系の精神と矛盾していると
さえいえるだろう。資本主義の発展は特定の問題に頼って説明されるのではな
く、市場メカニズムは明快で限定のない方法で動くという前提に基づいて説明
されるべきだ。

ほかに法則の作用を遅らせる要因としては、マルクスによれば、資本集約
度の低い部門での雇用の増大があって、これは生み出す剰余価値が大きくな
る。こうした雇用が増大すると、そうでない場合と比べて利潤の総額が大きく
なる。この説明は完全に却下することはできない。先進的な資本主義国での労
働分布の特徴として、資本集約度の低い部門での雇用が多くなる理由はいくつ
かある。たとえば、資本の集約化が進んだ部門で最も技術が進んでいるとする
と、そのような部門では労働を追い出すから、そのような労働者は資本集約度
の低い部門で雇用を見つけるようになるだろう——今日、サービス業での雇用
が伸びているのと同じだ。したがって、雇用構成の変化によって実際に生産さ
れる剰余の総額が変わり、法則の作用を遅らせる可能性はある。

ここまで検討した3つの要因はどれも労働に関するものだが、残りの3つは
違う。第四の要因は、危機による（不変）資本の価格低下だ。危機になって資
本の大部分が陳腐化し、大半がクズになってしまったら資本の価値は下がるし

175

かなく、利潤−資本比率は以前の（高い）水準で維持される可能性が高い。これは非常に高度な議論で、シュンペーターの創造的破壊の概念に似ている。今日の資本破壊は利潤率を高く維持し、明日の生産をさらに利潤の多いものにする。シュンペーターの分析では、資本主義制度の信頼できる特徴である革命的変化（あるいはここでいう「危機」）は「厳密にいえば絶えず起きているわけではない。革命は突発的に孤立して起きる。革命と革命の間には相対的に無風の状態がある」もので、このメカニズムが長い年月にわたって資本主義的生産を持続可能なものにしているとされている［邦訳『資本主義、社会主義、民主主義』大野一訳、日経BP社、2016.7、211ページ］。

　第五の要因は外国貿易の拡大だ。ここで利潤率低下の遅れを予見できるのは、国内取引の利潤より外国貿易の利潤のほうが大きいと仮定される場合のみになる。これはのちにローザ・ルクセンブルクが展開する分野で、ルクセンブルクは、資本主義が存続するためには地理的に新しい地域に拡張し、従来の前資本主義的生産様式の下で生産性の低い領域を、いわば飲み込んでいくしかないと主張した[98]。この説明は、マルクスが提示しているように、疑わしい。外国貿易の利潤がつねに、あるいは通常でさえ、国内での生産・取引からの利潤よりも大きいということは明らかではない。もし一定の期間にわたってそうだとすれば、それは単純に追加の資本を惹きつけるので、やがて利潤率は均等化する。同じように、領土拡大にも限界があるし、資本主義がほかの前資本主義的生産様式を「侵略」すればするほど、それを続ける機会が残り少なくなっていくのは明らかだ。しかし、この説明にもっと説得力をもたせることはできる。資本主義の拡大は生き残りのために必要だが、拡大は必ずしも地理的なものでなくてもよいと考えればいい。そこには生産を組織する新しい方法、新しい生産物の導入、あるいはまったく新しい市場の創造（たとえば近年になって登場したものだけでも、短期的な住宅賃貸市場や、自分の名前のブランドとしての販売の2つがあげられる）などを含めることができるだろう。こうした点から見れば、機会の拡大は無限であり、資本主義のダイナミクスは利潤率を高く保つ力となるだろう。

　マルクスが認定した最後の要因は株式保有の拡大だ。株主が受け取るのは配当だけで、これは平均すれば利潤よりも少ない。したがって、所有者であり経

営者でもある資本家は、そうでない場合よりも多く（配当プラス未分配営業利益の分割分）を受け取ることになる。これは利潤率の低下を遅らせる。ここでの主張の基本は資本家を2つのグループに分けることにある。一方のグループは配当だけを受け取るから、もう一方のグループのほうが大きなπ/Kを受け取れるというのだ。この主張は疑わしい。もし資本家をかなり恣意的な2つのグループに分けなかったら——これはそもそもマルクス研究精神に反するのだが——この特定の要因は利潤率の低下を抑制する方向に作用できないことになる。

こうして、利潤率の低下を遅らせることのできる重要な要因は2つだけになった。不変資本の価格低下と新しい生産領域・分野への拡張だ。これが十分に強くなって、資本集約度の高い生産が利潤率を押し下げる力を覆せるかどうかは、判断と実証の問題になる。

資本の集積度の高まりによる法則への影響

しかし力はこれだけではない。資本所有の集積が利潤率と所得不平等を押し上げることは、たびたび引用される『資本論』第1巻の第25章「資本主義的蓄積の一般的法則」で重点的に扱われている［邦訳では第23章］。このテーマは、のちに大いに重要視されることになるわりには、マルクスの扱い方はかなり駆け足だ。しかもそこですら、資本の集積についての検討に入るところで、マルクスはこう書いている。「資本の集中……の諸法則をここで展開することはできない。事実を簡単に示唆しておくだけで十分である」。別のところでも、資本の集積は大半が傍論として言及されていて、たいていは簡単な主張しかしていない。なぜこんなことが起こるのだろう。資本の集積と集中は、マルクスの主張では、技術進歩によってもたらされるが、技術進歩は資本集約的なプロセスに体現されており、したがって大企業に有利に働く[99]。ほかにも、事業を運営するために必要となる最小規模（今日なら参入コストとでもよぶもの）が大きくなることでも、資本の集積と集中は進む。参入コストの増大は規模の経済を暗に意味するので、これも大企業に有利になる。技術進歩に関するマルクスの見方は、簡単にいえば、資本偏向的な技術変化と規模の経済を前提としている。マルクスはこうした力を次のように要約している。

競争戦は商品を安くすることによって戦われる。商品の安さは、他の事情
が同じならば、労働の生産性によって定まり、この生産性はまた生産規模
によって定まる。したがって、より大きい資本はより小さい資本を打ち倒
す。さらに思い出されるのは、資本主義的生産様式の発展につれて、ある
一つの事業をその正常な条件のもとで営むために必要な個別資本の最小量
も大きくなるということである。[100]

　マルクスの言説は、生産の個別産業領域内では、利潤率は企業の規模に応じ
て体系的に分岐するという意味に解釈できる。くわえて、経済危機によって小
規模な資本家企業は徐々に精算されていく。企業の生き残りに必要な規模があ
まりに大きくなると、小さな企業の所有者は破産し、労働者階級に加わるよう
になる[101]。したがって、こうした力が合わさることで、大規模な資本家企業
では技術進歩の能力が高まり、生産のための単位当たりコストが縮小して、危
機を生き残る能力も向上する。これは逆にいえば、生き残る資本家の数が減る
ということで、それに付随して、彼らのごく一部が突出して豊かになってい
く[102]。
　これは、この本の文脈でそのまま使える主張ではない。この本の目的は、マ
ルクスが将来の不平等についてどう考えていたかを理解することであって、実
際に起こったことに目を向ける必要はないからだ。しかし、それでも指摘して
おく価値があるのは、先進的な資本主義経済では、高度な資本所得と労働所
得の両方を得ている者の数が急速に増えていて、マルクスが断定した強い分離
にはなっていない点だ。この展開はわたしが「ホモプルーティア」と名づけた
もので、定義としては「人的」資本と金融資本の両方の富を意味している[103]。
これはほとんど疑いのないことだが、先進的な資本主義経済では個人間の要素
所得（資本所得対労働所得）による階層化がはっきりしなくなっていて、資本所
得だけを受け取る人びとと労働所得だけを受け取る人びととの対立は、リカー
ドやマルクスの時代ほど鮮明ではない。

労働予備軍による法則への影響

　利潤率の低下を遅らせる最後の重要な要素は、労働予備軍による賃金抑制の

第4章　カール・マルクス

役割だ。これについては先に検討しているので、ここでは、資本主義の活動分野が広がることで、通常なら放置されていた労働力が多数もたらされるという点にふれておくだけで十分だろう。これは賃金の上昇を抑制する。搾取率も上昇させるし、一時的にせよ、利潤率の低下も防ぐ。しかし、理解しておくべき重要なことがある。それは、たとえ短期的にどれほど重要であっても、労働予備軍を正当な「救いの手」として用いて、利潤率が低下しない理由を説明することはできないということだ。予備軍には労働年齢人口による規模の限界がある。したがって、利潤率の傾向的低下に反対する主張をしたければ、予備軍に残された人数だけでなく、なにかシステムに内在する特徴を引き合いに出してこなければならない。

　しかし、グローバリゼーションによって、もはや国内の予備軍が意味をもたなくなっていることは考えてもよいだろう。国際的に十分な数の人がいて、それが世界規模での資本主義的生産の領域にもたらされるかぎり、その追加労働のもつ賃金抑制の役割は残るだろう。しかしこれは、マルクスには存在しなかった議論をもちこむことになる。マルクスによるグローバリゼーションの扱いはリカードよりもずっと徹底していたが（リカードにとってのグローバリゼーションは商品取引に限定されていた）、それでも、今日のわれわれが経験しているものにまでは及んでいない。

不平等の進化についてのマルクスの大局的な見方
——ふつうに思われているより明るい

過少消費について

　過少消費のテーマに移るにあたってまず指摘しておかなければならないのは、不平等の進化に関するここでの議論は、長期的ないし構造的な力に関するものだけで、危機状況のものではないということだ。第一に、わたしが検討するのは、危機前後の賃金対利潤の短期的変化に関するマルクスの見方でもなければ、マルクスが過少消費を危機の原因として同定したことでもない。目的はいわゆる崩壊仮説の検討ではなく、長期的な力が資本主義の下でどのように所得の進化を動かすのかを（マルクスにしたがって）理解することだ。第二に、過

179

少消費という危機の原因が高水準の不平等（ホブソンの用語では「悪分配」）ということはあるかもしれないが、ここでの焦点は、不平等の結果ではなく、不平等がどのように進化するかにある。いいかえれば、ここでの不平等は従属変数であって、原因となる変数ではないということだ。第三に、危機の原因としての過少消費に関するマルクス自身の見方は、必ずしも一貫していない。たとえば『資本論』第3巻でのマルクスは、過少消費を危機の原因とする見方を非常に強く推している。

> すべての現実の恐慌の究極の原因は、やはり、資本主義的生産の衝動に対比しての大衆の窮乏と消費制限なのであって、この衝動は、まるでただ社会の絶対的消費能力だけが生産力の限界をなしているかのように生産力を発展させようとするのである。[104]

　ところが第2巻では、同じ強さでそうした見方を排斥し、危機は賃金が低すぎるから起こるのではない、なぜなら賃金はたいてい危機が発生する直前がピークだからだと書いている。

> 恐慌は支払能力ある消費または支払能力ある消費者の不足から生ずる、と言うことはまったくの同義反復である。……もしだれかが、労働者階級はそれ自身の生産物のあまりにも少なすぎる部分を受け取っているのだから、労働者階級がもっと大きな分けまえを受け取り、したがってその労賃が高くなれば、この害悪は除かれるだろう、と言うことによって、この同義反復にもっと深い根拠があるかのような外観を与えようとするならば、それにたいしてはただこう言えばよい、──まさに、労賃が一般的に上がって、労働者階級が年間生産物中の消費用部分のより大きな分けまえを現実に受け取るという時期こそは、いつでも恐慌を準備するのだ、と。このような時期は──この健全で「単純な」（！）常識の騎士たちの観点からは──逆に強行を遠ざけるはずなのに。つまり、資本主義的生産は善意や悪意にはかかわりのない諸条件を含んでいて、このような条件があの労働者階級の相対的な繁栄をただ一時的にしか、しかもつねにただ恐慌の前

第4章　カール・マルクス

ぶれとしてしか許さないのであるかのように見えるのである。[105]

　わたしはエルネスト・マンデルが正しいと考える。マルクスは、危機を所得の悪分配によって起こるのではなく、部門Ⅰ（生産手段）と部門Ⅱ（消費財）の不均等成長の結果だと見ていた[106]。したがって危機を研究するためには、所得の分配ではなく、経済成長がどのように均等ないし不均等であるかに——すなわち、資本主義的生産の「無政府状態」に——目を向けるべきなのだ[107]。ゆえに、わたしたちは過少消費のテーマは捨てて、分配に戻ることになる。

所得分配を動かす力

　マルクスは先進的な資本主義での不平等の進化について、自身の見解を要約することも全面的に説明することもしていないが、すべてのピースをつなぎ合わせることで、不平等で予想される変化の全体像を描き出すことはできる。それはふつうに思われているよりもずっと明るい。この全体像で鍵となる構成要素は以下のとおりだ。

　利潤率の傾向的低下は必ず不平等を削減する。理由は資本家が（資本家階級の下位集団として扱われるだけの地主も合わせて）最も豊かな階級だからだ。最上位階級の所得が上がらないか、場合によっては下がるとすれば、分配の改善が期待できるだろう。たとえ資本家の所得の集積が加速し、一部の資本家がきわめて豊かになる一方で別の資本家が破産して労働者に加わるとしても、これは正しいと思われる[108]。

　労働の側で見ると、マルクスの見方は明快で、最低賃金には歴史的な要素が含まれていて、それは国の実質所得水準とリンクしている。ということは、社会の進歩にともなって最低賃金は上昇し、ほかの賃金もそれに連鎖してすべて上昇することになる。たしかにマルクスには、労働者階級の「窮乏化」について説得力のある主張はない。この点についても（先に検討したように）マンデルやロズドルスキが述べている。『資本論』第1巻第25章［邦訳では第23章］は、マルクスの文章のなかでも、資本の蓄積とそれによる賃金への影響に関する動力学的な力を扱った最も重要な部分なのだが、そこでさえ、労働需要が（資本の蓄積に動かされて）供給を上回るにつれて賃金が上昇することについての分析

表4.6 不平等に影響する要因

	不平等を縮小するもの	不平等を拡大するもの
資本	利潤率の傾向的低下	危機 新分野への生産拡大 資本の集積の強化
労働	実質賃金の上昇	労働予備軍

から話が始まっている。さらに、すでに指摘したように、利潤率の傾向的低下は、固定ないしゆっくりと上昇するs/v比をともなっている、というか、長期的にはこの比率に依存さえしている。技術進歩の条件下では、これは実質賃金の増加を示唆するものだ。したがって、ジョーン・ロビンソンのことばは正しかった。「この極端な矛盾をかれは看過したように見える。なぜならば、かれが利潤低下の傾向を論じている時、それに伴う実質賃銀の上昇傾向についてはなんらの言及もない」[109]。いいかえれば、マルクスでの実質賃金の上昇を支持する主張は、利潤率の傾向的低下の「法則」に関する主張によっても支えられているということだ。

しかしほかにも力はある。それは資本の側にも労働の側にもあって、互いに逆の方向に作用しながら、利潤率を高く維持して賃金を搾り取ることで不平等を押し上げる（表4.6）。資本の側では、まず生産の集積と集中で、これは大きな（資本集約的な）企業で単位当たりコストが低下することが原因だ。次が経済危機で、これは短期的には資本にとって有害だが、長期的には利潤率を高いレベルに維持してくれる。あとは新たな地域への資本主義的生産の拡大で、これによって利潤率は上昇を続ける。

労働の側の状況でいっそう重要なのが産業予備軍だ。これは賃金抑制装置の役割を果たすが、とくに、労働需要が高まる経済的繁栄期にそれが著しい。

> われわれはすでに、近代産業の技術的必要とその資本主義的形態に固有の社会的性格とのこの対立が……いかにしてその怒りを吹き出し、あの奇怪なもの、すなわち、いつでも資本の自由にしてもらえるよう、つねに惨めな状態でいる産業予備軍を生み出したかも見た。[110]

そしてきわめて重要かつ明快に、

> 労賃の一般的な運動は、ただ、産業循環の局面変転に対応する産業予備軍の膨張・収縮によって規制されているだけである。[111]

今もふれたように、現代の条件下での産業予備軍は、労働需要が厳しくなったときだけ労働市場に入ってこようとする人びとの数を足し合わせることで近似できる。参入の理由は、仕事に就けるという見込みに楽天的になったか、予備軍の賃金が高いかどちらかだ（たとえば幼い子どものいる人物なら、代わりに世話を頼むための費用を賃金で埋め合わせられるのでないかぎり、仕事に就こうとは思わないだろう）。しかしマルクスの時代の予備軍は、ルンペンプロレタリアートの一部と、マルクスのいう「移動民」で構成されていた。後者の集団についてマルクスは「この人民層は資本の軽歩兵であって、資本はこれを自分の必要に応じてあるときはこの点に、あるときはあの点に投げ込むのである。それは、行軍していないときは『野営』している」と述べている[112]。予備軍には女性も含まれるかもしれない。女性は、家族の状況によって労働力に入ってきたりこなかったりしながら、西ヨーロッパの産業労働力では間違いなく重要な役割を果たしていた。労働者の立場からすると「予備軍」は恒久的な脅威で、労働者が（資本家目線で見て）図々しくなったり、分不相応な態度をとり始めたりすると活性化する。

　不平等を拡大する力がとくに強まって支配的になると、状況はかなり暗いものになる。実際に、マルクスの有名な発言で扱われているのは、こうした不平等拡大要因の作用だけだ。マルクスは『資本論』第1巻で、資本の集積の強化と階級の二極化の進行とを組み合わせて、次のように述べている。

> この転化過程のいっさいの利益を横領し独占する大資本家の数が絶えず減ってゆくのにつれて、貧困、抑圧、隷属、堕落、搾取はますます増大していくが、しかしまた、絶えず膨張しながら資本主義的生産過程そのものの機構によって訓練され結合され組織される労働者階級の反抗もまた増大してゆく。……生産手段の集中も労働の社会化も、それがその資本主義的

表4.7　マルクスの所得分配でありうる4つの進化

楽天的なシナリオ	後退する社会のシナリオ
構造的な実質賃金の上昇	「労働者の窮乏化」
構造的な利潤率の低下	構造的な利潤率の低下
（相当しそうな現代の社会： 　　西ヨーロッパ）	（相当しそうな現代の社会： 　　一部のラテンアメリカ社会）
二極化社会のシナリオ	崩壊のシナリオ
構造的な実質賃金の上昇	「労働者の窮乏化」
資本集積の強化	資本の集積の強化
（相当しそうな現代の社会： 　　アメリカ合衆国）	（相当しそうな現代の社会： 　　南アフリカ）

な外皮とは調和できなくなる一点に到達する。そこで外皮は爆破される。資本主義的私有の最期を告げる鐘が鳴る。収奪者が収奪される。[113]

　同様な記述は第1巻第25章にも出てくる[114]。この2つの記述では不平等の拡大要因だけが作動しているので、これを読んだ多くの批評家は、これがこの問題に関するマルクスの見方のすべてを表していると結論づけてきた。しかし、マルクスの文章すべてを注意深く調べていくと、こうした悪性の力は一時的な力にすぎないことが示唆されている。期間をもっと長くとれば、経済発展の良性の力が利潤と実質賃金に影響を及ぼしてくる可能性もある。すなわち、アダム・スミスが予見していたように、利潤が減少して実質賃金が増加するということだ。たしかに、マルクスの文章から浮かび上がる全体像はスミスのものほど楽天的ではない。しかしそれは、多くのマルクス主義者が思い描いているような単純化された社会状態とは程遠いものだ。ごく少数の途方もなく富裕な資本家集団と貧困にあえぐ労働者大衆との分断が深まり続けるような社会状態が当てはまるのは、不平等の拡大要因が資本と労働の両方の領域に働いたときに限られる。そうではなく、資本の側では不平等の拡大要因が働くが、それが労働者の側の不平等縮小要因（長期的な賃金上昇など）で抑制されることもあるだろうし、利潤率の低下と賃金水準の上昇の両方が働いて不平等が縮小することもあるだろう。可能性としては、表4.7に示したように4つある[115]。最も暗いものは、4つの潜在的なシナリオのひとつにすぎない。不平等の拡大要因にだ

け焦点を当てるのは限定が過ぎるように思われる。マルクスの文章には、そう
した見方だけを排他的に受け入れるような根拠は、事実としても論理的にも、
ない。

所得不平等に関するマルクスの見方を政治問題化することについての覚書

この本では、所得不平等の将来の展開について何人もの著者を検討している
が、マルクスの一連の予想ほど政治問題化されてきたものはない。すでにふれ
たように、労働者階級が窮乏化し、資本所有がさらに少数の者の手に集積され
ていくことは、4つの可能なシナリオのひとつにすぎない。しかしそれは、ま
ずマルクス主義者にとって、そして次に反マルクス主義者にとって、特別な魅
力をもっていた。

将来の所得を加速度的な二極化と捉えることが――一方にはプロレタリ
アートがいて、実質賃金は固定か下がることさえあるうえに、つねに移動民労
働者とルンペンプロレタリアートからの圧力にさらされていて、しかも他方で
は資本所得が加速度的に蓄積され続けるとする見方が――資本主義は加速度的
に矛盾が強まって最後には破綻すると信じる者にとって、特別な魅力があった
ことは明らかだ。このようなマルクスの読み方にしたがえば、労働者の窮乏化
は労働の脱熟練化をともなっている。熟練を要する機能の多くで機械化が進む
からだ。これは技術の進歩を低スキル偏向的だと見ているわけで、今日とは正
反対の見方になる。これによって労働者間の所得格差は縮小するかもしれない
が、労働者と資本家との平均ギャップは広がっていくだろう。それとは対極的
に、利潤率の傾向的低下は最富裕資本家の所得に影響しない。なぜなら利潤率
の低下は（このようなマルクスの読み方では）資本所有の集積をともなっていて、
少数者の富は増加するからだ。したがってその結果は人口の深刻な二極化とな
り、不平等の拡大となって、資本主義的生産関係の最期を告げる革命の可能性
が高まっていくことになる（と考えるのが合理的だ）。

平均利潤率の低下という予想は闇をさらに深くする。利潤率の低下は資本主
義が拡大も成長もできないことを示しているからだ。こうして、所得の二極化
と成長の減速（ないしは停滞）という2つの側面が資本主義の最期を予兆するこ
とになった。

こうしたマルクスの読み方が、20世紀前半には社会民主主義政党から、のちには共産主義政党から特権を与えられた理由はよくわかる。この読み方は、マルクスのなかでの科学的分析に基づいているように思われた。資本の集中や、トラストと独占企業の役割の拡大なども含めて、現実に起こっていることと著しい類似を示していた。そして、共産党のメンバーには未来についての楽天主義が染み込んでいた。

　20世紀後半の先進的な資本主義国での展開はこれと正反対の方向に進んだ。賃金水準は上昇し、全体的な所得不平等が縮小し、労働力の熟練度が上がって、階級を基礎とする二極化は縮小した。すると、窮乏化と集積というマルクスの理論は、反マルクス主義者によって、マルクスの予言がいかに現実とかけ離れていたかを示すものであり、したがってマルクスの研究のほかの部分も同じように欠陥品だと喧伝された。

　すでに述べたように、所得分配のこの進化（労働者階級の窮乏化をともなった資本の集中）は4つあるシナリオのひとつにすぎず、その4つのシナリオは、マルクスを詳細に読み込んだうえでなら、正当な擁護が可能だ。これと対照的なシナリオでは、賃金にはマルクスが主張したように歴史的・社会的な要素があるので、資本主義経済のGDPが増加するのに合わせて段階的に増えていき、資本の利益が減っていく。このシナリオから導かれる結論は、窮乏化と集積のシナリオからの結論とは正反対のものになる。実際には、所得不平等は縮小し、賃金が上昇して、利潤は減少することになるだろう。

　これ以外にも、極端なケースの要素を組み合わせた中間的なシナリオが2つある（実質賃金の上昇に資本所得の集積強化の組み合わせと、実質賃金の停滞ないし低下に利潤率低下の組み合わせ）。わたしとしては、可能な4つのシナリオのどれが最も可能性が高いかについて、マルクス自身も確信がなかったと考えている。この問題に関するマルクスの文章は多くが未完であり、したがって可能な4つの解釈のどれもが許される。時間がなかったからなのか、問題が複雑だったからなのか、あるいは単純に、あれやこれやの文章を書き散らしてさまざまなニーズ（政治的・歴史的研究、政治宣伝、経済分析）に対応していたためなのかはわからないが、おそらくマルクスは、資本主義の下での所得不平等の進歩について、確固とした見方ないし決定的な見解には、最後まで到達しなかったので

はないだろうか。したがって、所得分配に関するマルクスの理論は根本的に不確定だ。

　ここで提出する解釈は、資本主義での所得分配の進化について、マルクスはヴィクトリア最盛期の決定論者だったとする見方を拒絶する。4つの可能性が示唆するのはもっと確率論的な見方であって、そこでは傾向が問題にはなるが、それはただ傾向というだけのもので、歴史の不可逆的な展開ではない。くわえて、すべての資本主義社会についてシナリオがひとつだけというのでもないだろう。表4.7に示した現在のシンプルな例が示唆しているように、同じ資本主義でも、社会が違えばたどる所得分配の道筋も違うということは容易に想像できる。したがって、どの時点においても、2つ以上のシナリオが見られるものと思われる[116]。

　現代資本主義の展開でマルクスがまったく予期していなかった（したがってまったく検討していなかった）唯一のものがホモプルーティアで、近年の傾向として、最も豊かな所得グループが労働所得と資本所得の両方で豊かになり、高度な熟練労働の見返りに高額な賃金を受け取りつつ、資産所有からも高い利潤を上げている。自分自身の人格のなかで、彼らは資本と労働の敵対的な関係を「克服」している。古典派のすべての著者と同じくマルクスも、富裕層は資本所得のみに依存するもので、賃金労働者としての顔を併せもったりしないのは自明のことだと考えていた。わたしは、この展開だけは、マルクスの考え方や『資本論』などで表明した思想から根本的に異質で相容れないものだと思う。それ以外の現代資本主義での展開は、どれについても（あるいはほほどれについても）合理的に妥当な主張をマルクスの文章に見出すことができる。

パレートへ、そして個人間の所得不平等へ

　この直前まで検討してきた『資本論』第1巻の第25章「資本主義的蓄積の一般法則」で、マルクスは資本所有と所得の集積について述べていて、説明にイングランドおよびウェールズの1865年の所得税に関するデータを使っている[117]。

　用いられている課税データは「税率表D」といわれるもので、事業、会社、

専門職、雇用からの利益を含んでいる。1865年には、イングランドの全世帯のおよそ1.5パーセントがこうした税を支払っていた（当時はアメリカ合衆国を含めたほとんどの国で直接税がまったく存在していなかった）。マルクスが示したのは、所得分類ごとの累積所得と累積納税者数に関する公開データだ。最も低く分類された納税者では、1865年の1人当たりの平均所得は133ポンド（納税の閾値は60ポンド）で、この分類には全納税者33万2000人のうちの30万8000人が含まれていた（いいかえれば納税者の90パーセント以上がここに含まれていたことになる）。最上位に分類される最も豊かな納税者はわずか107人で、1人当たりの平均所得は10万3526ポンドになる。このグループは、イングランドおよびウェールズの納税者の約0.03パーセントにすぎないのだが、彼らは課税総所得の10パーセント以上を稼いでいた。こうした所得ないし富の劇的なほどの最上位層への集積は、次の章で見るように、マルクスの死後わずか10年ほどでパレートの注意を引くことになる[118]。ここからパレートは、その名を冠した、そして今もさかんに使われている所得分配関数を定義することになる。また、この本の目的にとってはこちらのほうが重要なのだが、ここからパレートは、個人間の所得不平等の進化に関する独特の見方へと向かっていく。そしてそれは、多くの面で、マルクスとは正反対のものだった。

　もしマルクスが、自身が『資本論』で示した課税データをすぐあとでパレートがしたのと同じ方法で変換していれば、多様な分類の所得水準（対数）と納税者の累積分布（対数）とを結びつけた、みごとな右肩下がりの直線が引けたことだろう。それは図4.4で示したグラフのようになり、1.2というパレート係数が得られたはずだ。そしてそれは、19世紀末の西ヨーロッパの都市や州から得られた同様の課税データに基づいてパレート本人が得た結果とよく一致していただろう。1.2という係数は（次の章で明らかになるように）、右端に非常に太い尾のある所得分布を意味していて、ジニ係数も、イングランドおよびウェールズの納税者のあいだで71と非常に高いものになったはずだ（ジニ係数も方法論のイノベーションだが、こちらの登場は1920年代まで待たなければならない）。

第4章　カール・マルクス

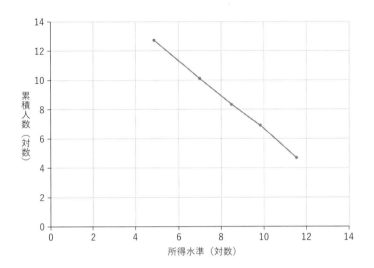

図4.4　イングランドおよびウェールズの納税者間の所得分布（1865年）

注：横軸は平均の課税所得水準（ポンド）を対数で示し、縦軸は、横軸に示した所得水準と少なくとも同等の所得を受け取った者の累積人数を対数で示している。
データソース：Karl Marx, *Capital*, vol 1 (New York: Penguin Books, 1977), chapter 25.

補論──グラッドストーン引用騒動

　マルクスの引用にまつわる最大の論争は、ウィリアム・ユワート・グラッドストーンが1843年と1863年にイギリス議会の予算演説で語ったイギリスの所得不平等に関するものだった。

　マルクスが引用した1843年のグラッドストーン（当時は商務長官）演説は次のとおりだ。「人民の消費力が減退し、労働者階級の窮乏や貧困が増大しているのに、それと同時に上層階級では不断の富の蓄積と資本の不断の増大とが行なわれているということは、この国の社会状態の最も憂鬱な特徴の一つである」[119]。脚注を見ると、典拠は同年2月14日付『タイムズ』紙だとある。それから20年後に大蔵大臣として行った別の演説では、グラッドストーンは（これもマルクスの引用によれば）「このような、人を酔わすような、富や力の増加も……ただまったく有産階級だけに限られているが……労働者人口にとっても

189

間接の利益でなければならない」[120] と述べている。典拠は1863年4月17日付『モーニングスター』紙だ。この引用に、すぐあとで示すような疑問を呈されると、マルクスは『タイムズ』から1863年のグラッドストーン演説を中略部分なしに引用して提出した。

> これがこの国の富の現状である。私個人としてはこう言わなければならない。このような、人を酔わすような、富や力の増大も、もしそれが裕福な境界にある階級だけに限られていると信ずるのであれば、私はこの増大をほとんど憂慮と苦痛とをもって見るであろう、と。これは、労働人口の状態をぜんぜん知らないものである。私の述べた、そして正確な報告にもとづくものと思われるこの増大は、まったく有産階級だけに限られた増大なのである。[121]

　しかし実際には、この一節の最後の文はイギリス議会の公式本会議録である『ハンサード』には出てこない。マルクスは、これは大蔵大臣が面目を失いかねないことから意図的に削除されたものだ、しかし『モーニングスター』と『タイムズ』では、公式記録がチェックを受けて（自身が思っているような）改訂を施される前に印刷にまわったために正確な報道がなされたのだと考えた。
　同時代のドイツの経済学者ルヨ・ブレンターノは、マルクスがグラッドストーンの発言を意図的に誤って引用したのだと（匿名で）非難したが、グラッドストーンの複雑な婉曲表現には（誰でも容易に指摘できるように）たしかに誤解をまねく可能性があった。ブレンターノは、先に示した結びの一文でのグラッドストーンは富の増加が上層階級に限られていると述べたのではないと主張して、彼（グラッドストーン）自身の懸念は正当化されないことを示唆した[122]。この引用と逆引用をめぐる複雑な問題は、英語でのオリジナル演説とマルクスのドイツ語訳を何度も往復したが明確な答えが出ず、そのまま何年も続くことになった。マルクスの死後には、ケンブリッジ大学トリニティ・カレッジ教授（ブレンターノ支持）とカール・マルクスの娘エリノア・マルクス（父親支持）も論争に介入してきた。今となっては少なからず驚かれるだろうが、この問題に

ついてはエンゲルスが『資本論』第4版（ドイツ語版）への序論で長々と議論しているように、かなり重要なものと考えられていた。しかしこの問題は、マルクスも彼の反対派も、ときに応じて所得分配の経験的な問題を真剣に扱っていたことを示すものではある。

原注 —————————————————————————

1. Leszek Kolakowski, *Main Currents of Marxism*, trans. P. S. Falla, 3 vols. (Oxford: Clarendon Press, 1978).

2. Michael Heinrich, *Karl Marx and the Birth of Modern Society*, trans. Alexander Locasio (New York: Monthly Review Press, 2019).

3. Heinrich, *Karl Marx*, 144.

4. Heinrich, *Karl Marx*, 56.

5. これは歴史家でMEGAの編集者ゲルド・カレッセン（Gerd Callesen）が "A Scholarly MEGA Enterprise," *Brood & Rozen* [Bread & Roses: Journal for the History of Social Movements] 7, no. 4 (2002), 79 で推定したもの。Keith B. Anderson, *Marx at the Margins: On Nationalism, Ethnicity and Non-Western Societies*, enl. ed. (Chicago: University of Chicago Press, 2016), 255n9 に引用。また同書277n8, 279n25 も参照。

6. ミヒャエル・ハインリッヒはもう少し具体的で、マルクス夫妻の改宗は1819年4月3日から1819年12月31日のあいだのいつかだと考えている。Heinrich, *Karl Marx*, 64.

7. ハインリッヒ・マルクスの書いた法律文書が2通残っている。ひとつは1815年に書かれてプロイセンの総督に宛てられたもので、1808年から施行されていたフランスの反ユダヤ立法の廃止を支持していた。回答は保存されておらず、立法は維持された。Heinrich, *Karl Marx*, 59–61.

8. カール・マルクスの洗礼日については、ほかの子らと合わせて異論は出ていない。1824年だった。

9. 「実際、ユダヤ教の祝祭日がカール・マルクスの家庭で祝われたとか、子どもがユダヤ教の躾をされたとかいったことを示すものはひとつもない。……同様に、家族で改宗したプロテスタント派のキリスト教も、カール・マルクスを育てるうえでとくに大きな役割を果たしたわけではなさそうだ」。Heinrich, *Karl Marx*, 112.

10. この点はHeinrich, *Karl Marx*, 288で強調されている。

11. Heinrich, *Karl Marx*, 78.

12. Heinrich, *Karl Marx*, 78.

13. Moritz Kuhn, Moritz Schularick, and Ulrike Steins, "Income, Wealth and Inequality in America, 1949–2013," *Journal of Political Economy* 128, no. 9 (2020): 3469–3519, Figure 5, 18.

14. Dudley R. Baxter, *National Income: The United Kingdom* (London: MacMillan and Co., 1868); Robert Allen, "Class Structure and Inequality during the Industrial Revolution: Lessons

from England's Social Tables 1688–1867," *Economic History Review* 72, no. 1 (2019): 88–125, tables 1 and 3.

15. Gregory Clark, "The Condition of the Working Class in England, 1209–2004," *Journal of Political Economy* 113, no. 6 (2005): 1307–1340; and Charles Feinstein, "Pessimism Perpetuated: Real Wages and the Standard of Living in Britain during and after the Industrial Revolution," *Journal of Economic History* 58, no. 3 (1998): 625–658.

16. Friedrich Engels to Karl Marx, October 7, 1858. Roman Rosdolsky, *The Making of Marx's 'Capital,'* trans. Pete Burgess (London: Pluto Press, 1977), 312fn に引用。書簡の全文については Friedrich Engels to Karl Marx, October 7, 1858, Karl Marx and Frederick Engels, *Collected Works*, vol. 40, *Marx and Engels: 1856–1859* (New York: International Publishers, 1975), 381［邦訳『マルクス＝エンゲルス全集』第29巻、280ページ］を参照。イギリスの労働者の高い生活水準がインドでの低賃金と高い搾取率という犠牲のうえに達成されているとする考えは、1847年に出版されたマルクスの『哲学の貧困』［『マルクス＝エンゲルス全集』第4巻に所収］に早くも現れている。Shlomo Avineri, *The Social and Political Thought of Karl Marx* (Cambridge: The University Press, 1968), 168［邦訳『終末論と弁証法──マルクスの社会・政治思想』中村恒矩訳、法政大学出版局、1984.7、209ページ］を参照。

17. 「真実はこうである。イギリスの工業独占期には、イギリスの労働者階級は、ある程度まで独占の利益の分け前にあずかってきた。これらの利益は、彼らのあいだにきわめて不平等に分配された。特権的な少数者がその大部分をポケットに入れたが、広範な大衆でさえも、すくなくともときには、その一時的な分け前にあずかったのである」とエンゲルスは述べている。Friedrich Engels, "England in 1845 and in 1885," *Commonweal*, March 1885, 12–14.［『マルクス＝エンゲルス全集』第21巻、202ページ］

18. Karl Marx, *Capital*, vol. I, trans. Ben Fowkes, intro. by Ernest Mandel (London: Penguin, 1976), ch. 25, 803–807.［『マルクス＝エンゲルス全集』第23巻 b、844–847ページ］

19. たしかに、基礎商品の相対価格は贅沢品価格よりも速く上昇する傾向がある。Philippe T. Hoffman, David Jacks, Patricia A. Levin, and Peter H. Lindert, "Real Inequality in Europe since 1500," *Journal of Economic History* 62, no. 2 (2002): 322–355.

20. Robert Allen, "Capital Accumulation, Technological Change and the Distribution of Income during the British Industrial Revolution," Discussion Paper no. 239, Department of Economics, University of Oxford, June 2005, https://ora.ox.ac.uk/objects/uuid:ee5e13de-74db-44ce-adca-9f760e5fe266.

21. Karl Marx, *The Class Struggles in France (1848–50)*, ed. C. P. Dutt, intro. by F. Engels (London: Martin Lawrence, 1895).［『マルクス＝エンゲルス全集』第7巻、93ページ］

22. Charlotte Bartels, Felix Kersting, and Nikolaus Wolf, "Testing Marx: Income Inequality, Concentration, and Socialism in Late 19th Century Germany," Working Paper 32, Stone Center

on Socio-economic Inequality, Graduate Center, City University of New York, March 2021, https://stonecenter.gc.cuny.edu/research/testing-marx-income-inequality-concentration-and-socialism-in-late-19th-century-germany/.

23. ジョン・スチュアート・ミルは次のように述べている。「富の生産に関する法則や条件は、物理的真理の性質を帯びているものであって、随って、人の意のままに左右されるといったところがいささかもない。およそ人間の生産する物はいずれも、外物の素質と人間の身心の天性との定むるところに従って生産されねばならない。……ところが、富の分配についてはそうではない。これは専ら人為の制度の問題である。物にして存すれば、個人にまれ国体にまれ之を自分の欲するままに処分し得る。……されば、富の分配は、社会の法律・習慣によって定まる物である。富の分配の規律は、社会の支配階級の意見・感情のままに形づくらるるものであって、しかも時代を異にし国を異にするによって大いに異なるものである。しかも人間の望み次第にてなお一層異なり得るものである」John Stuart Mill, *Principles of Political Economy*, Book II, ch. 1, "Of Property."［邦訳『経済学原理』末永茂喜訳、岩波書店、1959.12–1963.12、第2巻、5–7ページ］

24. Karl Marx, *Capital*, vol. III, trans. David Fernbach, intro. by Ernest Mandel (London: Penguin: 1978), ch. 51, 1018.［『マルクス＝エンゲルス全集』第25巻b、1122ページ］

25. Marx, *Capital*, vol. III, ch. 51, 1018 and 1022.［『マルクス＝エンゲルス全集』第25巻b、1122ページおよび1127ページ］

26. Karl Marx, "Critique of the Gotha Program," part I (1875), in Karl Marx and Friedrich Engels, *Selected Works in Three Volumes*, vol. 3 (Moscow: Progress, 1970), 13–30.［『マルクス＝エンゲルス全集』第19巻、22ページ］

27. Eli Cook, "Historicizing Piketty: The Fall and Rise of Inequality Economics," in *Histories of Global Inequalities*, ed. by Christian Olaf Christiansen and Steven Jensen, 35–57 (Cham, Switzerland: Palgrave McMillan, 2019), 46–47, 55.

28. 次の章で検討するように、これはパレートの見方でもあって、彼のいう「コミュニティにとっての最適条件」（一般にいうパレート最適）と「コミュニティの最適条件」との区別に反映している。後者は、一部の個人の地位低下も、なんらかの社会的「善」を達成するためには容認されることを認めている。しかし、それについての決断は政治家のものであって、経済学者のものではない。

29. Karl Marx, *Grundrisse*, trans. with a foreword by Martin Nicolaus (London: Pelican, 1973), 81–110.［邦訳『1857–58年の経済学草稿』資本論草稿集翻訳委員会訳、大月書店、1981.7–1993.3、第1分冊、25–62ページ］

30. Marx, *Critique of the Gotha Program*, Part I.［『マルクス＝エンゲルス全集』第19巻、22ページ］

31. この点を見事に分析しているのは Engels, "Supplement and Addendum to Volume 3 of Capital," Marx, *Capital*, vol. III, 1027–1047［『マルクス＝エンゲルス全集』第25巻b、1136-

1158ページ〕だ。

32. Marx, *Value, Price and Profit*, quoted in Allen W. Wood, "Marx on Equality," in Wood, *The Free Development of Each: Studies on Freedom, Right, and Ethics in Classical German Philosophy* (Oxford: Oxford University Press, 2014), 255. 〔『マルクス゠エンゲルス全集』第6巻、130ページ〕

33. Wood, "Marx on Equality," 255.

34. Friedrich Engels to August Bebel, March 18–28, 1875, Marx, *Critique of the Gotha Program*. 〔『マルクス゠エンゲルス全集』第34巻、7ページ〕

35. 社会主義の下でも——とマルクスは怒りを込めて指摘する——労働者は生産物の価値のすべて（「労働収益」）を受け取るわけではない。なぜなら、資本の減価償却、投資、政府行政、事故や自然災害に対する労働者保険などの分を控除しなければならないからだ。ただし、こうした控除とその実施に関する決定は、個人の資本家ではなく、労働者が支配する政府によってなされる。Marx, *Critique of the Gotha Program*, Part I. 〔『マルクス゠エンゲルス全集』第19巻、18-20ページ〕

36. 先に見たように、これはリカードの静止の状態が始まるポイントだ。この用語が登場するのは David Ricardo, *The Principles of Political Economy and Taxation*, 3rd ed., intro. by F. W. Kolthammer (London: J. M. Dent and Sons, 1911; repr. New York: Dover, 2004), ch. V, 63. 〔『デイヴィド・リカードウ全集』第1巻、127ページ〕

37. 剰余価値率の最もよい例のひとつは、わたしが思うに、中国の経済史だろう。本文中の例で示したように、すべての支払いは自然な価格で行われ、付加価値に貢献するような資本の「介入」はない。ジャック・ジェルネは次のような例を提出している。13世紀半ばの杭州では、一時的に奴隷化された労働者が1か月に8ブッシェル、1日にして約0.3ブッシェルの小麦で支払いを受けていた（7日のうち6日働くと仮定）。しかし、もし労働者が働かなかった場合、補償として1日につき1.5ブッシェル（シーズン中はさらに多く）の小麦を所有者に支払うことになっていたという。Jacques Gernet, *Daily Life in China: On the Eve of Mongol Invasion, 1250–1276*, trans. H. M. Wright (Palo Alto, CA: Stanford University Press, 1962). ゆえに、この補償額から、労働者の労働から所有者が得ていた純利益が算出できる。剰余価値率の計算は容易で 1.5（剰余）÷ 0.3（賃金）＝5だ。

38. Karl Marx, *The Eighteenth Brumaire of Louis Napoleon*, trans. Daniel De Leon (New York: International Publishing, 1897), 119. 〔『マルクス゠エンゲルス全集』第8巻、194ページ〕

39. こうした問題、とりわけ労働日の長さの問題は Marx, Capital, vol. I, ch. 10 で詳細に検討されている〔『マルクス゠エンゲルス全集』第23巻a〕。労働日の問題は、真の富は自由時間からなるというマルクスの見方と哲学的に関連づけることもできる。「しかし、自由な時間、自由に利用できる時間は、富そのものである——一部の生産物の享受のための、一部は自由な活動のための。そして、この自由な活動は、労働とはちがって、実現されなければならない外的な目的によって規定されてはいないのである」Karl Marx, *Theories of*

Surplus Value, in Karl Marx and Frederick Engels, *Collected Works*, vol. 32: Marx: 1861–1863 (New York: International Publishers, 1989), 391. ［『マルクス＝エンゲルス全集』第26巻III、337ページ］

40. Marx, *Capital*, vol. I, ch. 23, 716. ［『マルクス＝エンゲルス全集』第23巻b、743ページ］ 疎外の根源が分業とりわけ肉体労働と精神労働の分業にあるにしても、アダム・スミスやアダム・ファーガソンと同様にマルクスも（マルクスはこのふたりの見解に親しんでいた）、分業は労働者のなかに1次元的な関心と無知を育て、社会学的に見てマイナスの影響をあたえると考えていた。スミスとファーガソンについてはRonald Hamowy, "Adam Smith, Adam Ferguson, and the Division of Labor," *Economica* n.s. 35, no. 139 (1968): 249–259 を参照。

41. Marx, *Capital*, vol. III, ch. 48, 953. ［『マルクス＝エンゲルス全集』第25巻b、1044ページ］

42. Leszek Kolakowski, *Main Currents of Marxism*, vol. 1: *The Founders*, trans. P. S. Falla (Oxford: Clarendon Press, 1978), 356.

43. Karl Marx, *Class Struggles in France*, 113. ［『マルクス＝エンゲルス全集』第7巻、76ページ］ 金融ブルジョアジーは企業や政府の債券に投資する。したがってその所得は利潤からくる。第一の場合（企業債権）は直接に、第二の場合（政府債権）の場合は間接にそうなる。これは、債権の金利払いのための増税が利潤に基づいて評価されるためだ。

44. Marx, *The Eighteenth Brumaire*, 26. ［『マルクス＝エンゲルス全集』第8巻、133ページ］

45. Marx, *Class Struggles in France*.

46. Karl Marx to Pavel Vassilyevich Annenkov, December 28, 1846, in Karl Marx, *The Letters of Karl Marx*, selected, trans., notes by Saul K. Padover (Englewood Cliffs, NJ: Prentice-Hall, 1979), 53. ［『マルクス＝エンゲルス全集』第27巻、388ページ］

47. もっと正確にいえば、彼らに特有の階級的利益は同時に普遍的なものでもある。

48. シャトーブリアンは、フランス人は「自由など少しも好きではない。平等はただの偶像にすぎない」と綴っている。Chateaubriand, *Memoires d'outre-tombe*, vol. 2: *Livres 13–24* (Paris: Garnier frères, 1898; Garnier: Livre de poche, 2011), 727. ［邦訳『わが青春』真下弘明訳、勁草書房、1983.3、抄訳のため該当箇所は訳出なし］ トクヴィルも同様の疑問を抱いていて、資産の不平等は「人間の平等に対する主要な障害物として残され、その障害の第一のしるしとして表面にたち現れているのだから、民衆がこんどはそれを廃絶することになる、とまで私は言わないが、少なくともそうした考え方が所有の特権をもたない者たちの心に生まれてくるのは、必然のことだったのではないだろうか」Alexis de Tocqueville, *Souvenirs*, preface by Fernand Braudel, postface by J. P. Meyer (Paris: Gallimard, 1978), 130. ［邦訳『フランス二月革命の日々──トクヴィル回想録』喜安朗訳、岩波書店、1988.1、123ページ］

49. The first quotation is from Marx, *Class Struggles in France*, 71. ［『マルクス＝エンゲルス全集』第7巻、41ページ］ The second quotation is from Marx, *Capital*, vol. III, ch. 47, 949.

第4章　カール・マルクス

［『マルクス゠エンゲルス全集』第25巻b、1041ページ］

50. Marx, *The Eighteenth Brumaire*, 78.［『マルクス゠エンゲルス全集』第8巻、194ページ］

51. Michał Kalecki, "Political Aspects of Full Employment," *Political Quarterly* 14, no. 4 (1943): 322–330. Axel Leijonhufvud, "Capitalism and the Factory System," in *Economic as a Process: Essays in the New Institutional Economics*, ed. R. N. Langlois, 203–223 (New York: Cambridge University Press, 1986).

52. Marx, *Class Struggles in France*, 50.［『マルクス゠エンゲルス全集』第7巻、23ページ］

53. Marx, *The Eighteenth Brumaire*, 45.［『マルクス゠エンゲルス全集』第8巻、154ページ］

54. Christian Morrisson and Wayne Snyder, "The Income Inequality of France in Historical Perspective," *European Review of Economic History* 4 (2000): 59–83.

55. Tocqueville, *Souvenirs*, 146. My translation.［邦訳『フランス二月革命の日々――トクヴィル回想録』喜安朗訳、岩波書店、1988.1、152–153ページ］

56. クローチェは「『資本論』が抽象的な研究であることには疑いがない。マルクスが研究した資本主義社会は、フランスやイングランドに歴史的に存在したあれやこれやの社会でもなければ、西ヨーロッパやアメリカの最も文明化された国々の近代社会でもない。それは理想的で公式的な社会であり、一定の仮定から演繹されたものなのである」と述べている。Benedetto Croce, *Historical Materialism and the Economics of Karl Marx*, trans. C. M. Meredith (New York: Macmillan, 1914), 50.

57. マルクスはこの点について1847年の講義で次のように述べている。「では、労働そのものの生産費とは何か？／それは、労働者を労働者として維持するために、また労働者を労働者に育てあげるために、必要な費用である。……ある労働の養成に必要な期間が短ければ短いほど、労働者の生産費は少なく、彼の労働の価格すなわち彼の賃金はそれだけ低い」Karl Marx, *Wage Labor and Capital*, trans. J. L. Joynes, introduction by Frederick Engels (Chicago: C. H. Kerr, 1891), ch. 3.［『マルクス゠エンゲルス全集』第6巻、401–402ページ］

58. マルクスは、おそらく（習慣のように）定期的にラッサールに怒りを覚えていたのだろうが、次のように述べている。「だれでも知っているように、「賃金鉄則」のなかでラサールに属するのは、ゲーテの「永遠の鉄の大いなる法則」から借りてきた「鉄の」という一語だけである」Marx, *Critique of the Gotha Program*, Section 2.［『マルクス゠エンゲルス全集』第19巻、25ページ］

59. Rosdolsky, *The Making of Marx's 'Capital.'* Ernest Mandel, *Traité d'économie marxiste*, vol. 1: *Collection 10 / 18* (Paris: Julliard, 1962)［邦訳『現代マルクス経済学 1』岡田准一ほか訳、東洋経済新報社、1972.3、pp.194–195］　ロズドルスキーによれば、この意味に解釈可能な唯一の言及は『共産党宣言』のものだが、この本はマルクスが30歳にもならないときにエンゲルスと書いた綱領的かつ政治的な文書で、まだ経済学の研究もしていなかったという（原書300ページ）。同じ見解はAvineri, *Social and Political Thought of Karl Marx*, 121にも見られる。［邦訳『終末論と弁証法』中村恒矩訳、法政大学出版局、1984.7、152–153ペー

ジ〕

60. Ernest Mandel, "Introduction," in Karl Marx, *Capital*, vol. I, 73 を参照。

61. しかし、この点には議論の余地がなくもない。高価な労働が生産性の高い仕事と組み合わさるのは、まさにその生産に費用がかかるからだという可能性もある。また、以下にあげる新古典派経済学との違いにも注目してほしい。新古典派のパラダイムでは、技術の進歩は高スキル労働者の生産性を高める傾向があり、それがまた逆に賃金を増加させていく。賃金の増加に対応して、潜在労働者は高い熟練度を要する仕事につながる教育を求めるので、そちらへの需要が高まる。そのため、そうした教育はさらに費用のかかるものになる。マルクス主義の枠組みでは、教育は富裕層の独占物だと考えていいかもしれない。富裕層は高い教育費というかたちの参入障壁を作っている。そのコストを回収するために、熟練労働者の賃金はどうしても高くなる。すると、そうした労働者は生産性の高い仕事でしか使われなくなる。いいかえれば、熟練労働者の生産性の高さが中心なのではなく、むしろ、最も費用のかかる教育が生産性の高い仕事と組み合わさっているのである。

62. Marx, *Capital*, vol. I, ch. 7, 305. 〔『マルクス＝エンゲルス全集』第23巻aでは第5章、258ページ〕

63. 「労働者の技能や技術の向上も、労働を容易にし節減できる事業用の機器や設備で、取得に経費がかかるが、経費を回収して利益が得られるものと同様に考えることができる」Adam Smith, *The Wealth of Nations*, Books I–IV, edited with notes and marginal summary by Edwin Cannan, preface by Alan B. Krueger (New York: Bantam Classics, 2003), based on 5th ed. as edited and annotated by Edwin Cannan in 1904, Book II, ch. 1, 358. 〔『国富論』上巻、284ページ〕

64. Jacob Mincer, "Investment in Human Capital and Personal Income Distribution," *Journal of Political Economy* 66, no. 4 (1958): 281–302.

65. Marx, *Theories of Surplus Value*, Part II, quoted in Mandel, "Introduction," in Marx, *Capital*, vol. I, 67n. 〔『マルクス＝エンゲルス全集』第26巻b、5ページ〕

66. Marx, *Capital*, vol. I, ch. 22, 702–703. 〔『マルクス＝エンゲルス全集』第23巻b、782–786ページ〕

67. Marx, *Grundrisse*, 398ff. 〔『経済学草稿』第1分冊、521ページ以下〕を参照。

68. Karl Marx, *Grundrisse*, trans. with a foreword by Martin Nicolaus (London: Pelican, 1973), 398. 〔『経済学草稿』第1分冊、521ページ〕　強調原文ママ。

69. 当然のことながら、たとえ必要労働時間が増えなくても、これは真だ。単純に、同じ労働時間で生産性が向上すれば、労働者が自分の賃金で買える商品やサービスの数も増えるだろう。

70. Marx, *Capital*, vol. I, ch. 6, 275. 〔『マルクス＝エンゲルス全集』第23巻aでは第4章第3節、224ページ〕

71. Marx, *Capital*, vol. III, ch. 50, 999. 〔『マルクス＝エンゲルス全集』第25巻b、1099ページ〕

第4章　カール・マルクス

72. Marx, *Capital*, vol. I, ch. 22. ［『マルクス＝エンゲルス全集』第23巻b、728–729ページ］

73. Allen, "Capital Accumulation."

74. Marx, *Wage Labor and Capital*, ch. 5. ［『マルクス＝エンゲルス全集』第6巻、409–410, 412ページ］

75. Marx, *Wage Labor and Capital*, ch. 5. ［『マルクス＝エンゲルス全集』第6巻、407ページ］

76. Avineri, *Social and Political Thought of Karl Marx*, 79. ［『終末論と弁証法』99ページ］

77. Rosdolsky, *The Making of Marx's 'Capital,'* 294 を参照。

78. 新古典派の生産関数では、Kは株式ではなく資本サービスのフローのことで、これも慣習的に1年で定義されている点に留意してほしい。ジョーン・ロビンソンは、マルクスのcは機械と原材料の在庫を表すCと書くべきだ、cはこの両者の年間支出を表すとするべきだと主張した。これが可能なのは明らかだが、資本の年間売買回転率を仮定すれば、問題自体が消滅してしまう。Joan Robinson, *An Essay on Marxian Economics* (New York: St Martin's Press, 1942). ［邦訳『マルクス経済学』戸田武雄、赤谷良雄共訳、有斐閣、1952］

79. 厳密にいえば、マルクスは資本の技術的要素（労働者1人当たりに実際に何台の機械があるか）と資本の価値要素（$v1$単位当たりにどれだけのcがあるか）を区別している。両者の食い違いは、技術的要素の向上によって賃金材生産の生産性が向上したときには大きくなり、したがってvが引き下げられるかもしれないときに生じる（もちろんその一方で、物理的な賃金材を単位として現れる実質賃金は変わらないままだ）。価格の変化も使われる機械の価値を下げるので、やはりcが下がる。しかしマルクスは、資本の有機的構成の定義のなかで物価を一定だと仮定しているので、有機的構成は資本の技術的要素と同じように上下動する。そこから、資本の有機的構成の上昇は生産の資本（機械）集約度の上昇に等しいということができる。Guillermo Escudé, *Karl Marx's Theory of Capitalism: Exposition, Critique, and Appraisal* (Moldova: Lambert Academic Publishing, 2021), 400–402 の非常にすぐれた分析も参照。

80. マルクスの資本の定義は前貸しした賃金を含めたもので、第1章で検討したケネーの定義にしたがっている。

81. 賃金財部門の生産性向上によって、賃金財を生産するための「必要時間」が削減されることもある。すると実質賃金（労働者1人が購入できる財で表される）はそのままで、剰余価値率だけが上昇する。ゆえに、実質賃金の上昇と労働分配率の低下が同時に起こることはある。

82. まさにこれが、有名なピケティの$r>g$の背後にあるメカニズムだ。生産過程の資本集約化が進んでも収益率に影響がないならば（つまりrがほぼ一定ならば）資本分配率は必ず上がる。これは逆にいえば、資本と労働の弾力性の値が1より大きいことを示唆している。

83. Marx, *Capital*, vol. III, ch. 13–15. ［『マルクス＝エンゲルス全集』第25巻a、291–334ページ］

199

84. 「利潤率の傾向的低下（tendential fall in the rate of profit）」と「利潤率の低下傾向（the tendency of the profit rate to fall）」は、英語版のマルクス主義文献では置き換え可能なので、ここでもそのような使い方をしていく。

85. Marx, *Theories of Surplus Value*, 73.［『マルクス＝エンゲルス全集』第26巻II、592ページ］

86. 代替弾力性が1より大きい代替弾力性一定（CES）型生産関数で資本−労働比が上昇すると（マルクスのいう資本の有機的構成が高度化すると）、まさに「望まれるとおりの」結果が出る。資本の限界生産物が減少し、資本分配率が増大するのだ。コブ＝ダグラス型関数でも資本の限界生産物が減少する。つまりはマルクスの「法則」の限定バージョンだ。

87. Michael Heinrich, "Crisis Theory, the Law of the Tendency of the Profit Rate to Fall, and Marx's Studies in the 1870s," *Monthly Review* 64, no. 11 (2013): 15–31.

88. Paul Sweezy, *Theory of Capitalist Development* (London: D. Dobson, 1946) quoted in Rosdolsky *The Making of Marx's 'Capital,'* 495.［邦訳『資本主義発展の理論』都留重人訳、新評論、1967.10、140ページ］　本文中の「資本の有機的構成の高度化の百分比増加率（increase in the organic composition of capital）」という部分は、オリジナルでは「総資本に対する可変資本の割合の百分比減少率（decrease in the proportion of variable to total capital）」となっている。わかりやすくするためと、ここでのほかの分析と一貫させるために「資本の有機的構成の高度化」と書き換えている。

89. ハインリッヒのことばでいえば「生産力増大の結果としての剰余価値率の増大はいわゆる『相殺因子』のひとつではなく、むしろそこから法則それ自体が派生すると考えられる条件のひとつである」。Heinrich, "Crisis Theory, the Law of the Profit Rate to Fall, and Marx's Studies in the 1870s," *Monthly Review* 64, no. 11 (2013): 15–31.

90. これは極端な例だろうが、実際にドイツでは、年間の労働時間が1950年の2400時間から2014年には1400時間未満にまで削減されている。データは "Average Annual Work Hours, 1950–2014," Clockify, Palo Alto, CA, https://clockify.me/working-hours より。

91. さらに詳しい議論と初期の研究の要約については Samuel Hollander, *The Economics of Karl Marx: Analysis and Application* (New York: Cambridge University Press, 2008), ch. 4 を参照。ホランダーは、技術進歩がもっと速い状況では関係式（1）の価値関係が技術関係とは非常に異なる動きをする可能性があることを、きわめて丁寧に示している。賃金財生産での技術進歩がもっと速く、かつ実質賃金が固定されていると仮定すれば、s/v は c/v よりも速く増加できるので、利潤率低下の傾向は覆る。しかし長期的に見れば s/v は無限大に近づくことができないが、c/v にはそれが可能だ。これはマルクスの見方でもある、とホランダーは説明している。

92. William Stanley Jevons, *The Theory of Political Economy*, ed. R. D. Colison Black (1871; London: Pelican, 1970), 245–246.［邦訳『経済学の理論』小泉信三ほか訳、日本経済評論

第4章　カール・マルクス

社、1981.8、185-186ページ]

93. 賃金所得はすべて消費されると仮定している。

94. ここでの「ランダム」は、実際の利潤率は平均利潤率（この場合はほぼゼロと仮定）を中心にばらつくという意味で使っている。したがって、利潤率がプラスの例もあるし、もっと高い例も出てくるだろう。

95. この点についてはリカードが、いつもの明快さで主張している。「というのは、誰でも、自分の蓄積を生産的にする目的をもたないで蓄積する者はなく、そして蓄積が利潤に作用するのは、ただこのように［生産的に］使用されるときにおいてだけであるからである。……農業者や製造業者が利潤なしに生活できないのは、労働者が賃銀なしに生活できないのと同様である。彼らの蓄積の動機は、利潤の減少のたびに減少し、彼らの利潤が非常に低くて、彼らの煩労と、彼らがその資本を生産的に使用するさいに必然的に遭遇しなければならない危険とを、十分償うに足りないときは、まったく消滅するであろう」Ricardo, *Principles of Political Economy and Taxation*, 73.［『デイヴィド・リカードウ全集』第1巻、143ページ］

96. 偶然だが、利潤率がゼロになるとマルクスの価値と生産価格が一致する点に留意してほしい。またスラッファの体系でも、基本的な関係は $\frac{1}{w} = \frac{R'}{R'-\pi}$ で、R' は賃金が0となるような最大利潤率なので、$\pi = 0$ になれば、すべての生産物が支出される賃金によって購入されることになる。いいかえれば「命じられた労働」は支出された労働に等しいということだ。

97. Marx, *Capital*, vol. III, ch. 14.

98. エンゲルスも同様の見方をしていた。「われわれはこのような反落をたくさんに経験してきた。しかし、これらの反落は新市場の開拓（一八四二年の中国にみるような）によって、あるいは……旧市場のいっそうの開発によって、これまでは、幸いにも克服されてきた。しかし、これにも限界がある。今後、開拓すべき新しい市場は、もはや存在しない」。Friedrich Engels, "Social Revolution and Proletarian Ascendance, Say We," *Democratic Review*, March 1850, quoted in Kolakowski, *Main Currents of Marxism*, 1: 300.［『マルクス＝エンゲルス全集』第7巻、237-238ページ］

99. 資本の集積と集中には違いがある。集積は、再生産が拡大して資本が蓄積される過程での不平等の増大であり、集中は、総所得ないし富の総額が一定の条件下での不平等の増大をいう。そこでマルクスは、鉄道建設を通じて十分に大きな資本が生まれたのはジョイント・ストック・カンパニーを通じた資本の集中のおかげだったと述べている。「もしも蓄積によって少数の個別資本が鉄道を敷設できるほどに大きくなるまで待たなければならなかったとすれば、世界はまだ鉄道なしでいただろう」。Marx, *Capital*, vol. I, ch. 25, 780.［『マルクス＝エンゲルス全集』第23巻b、818ページ（邦訳では第23章）。本文中の引用は同816ページ］

100. Marx, *Capital*, vol. I, ch. 25, 777.［『マルクス＝エンゲルス全集』第23巻b、816ページ

（邦訳では第23章）〕

101. たとえば「この転化過程のいっさいの利益を横領し独占する大資本家の数が絶えず減ってゆくのにつれて、貧困、抑圧、隷属、堕落、搾取はますます増大してゆく」Marx, *Capital*, vol. I, ch. 32, 929. 〔『マルクス＝エンゲルス全集』第23巻b、995ページ（邦訳では第24章）〕

102. 所有の集積と独占というこのテーマは、Karl Kautsky, *The Economic Doctrines of Karl Marx*, trans. H. J. Stenning (London: A. and C. Black, 1925), originally published in 1886〔邦訳『マルクスの経済学説──『資本論』入門』相田慎一訳、丘書房、1999.3〕をはじめ、Rudolf Hilferding, *Finance Capital*, ed. with intro. by Tom Bottomore, from translations by Morris Watnick and Sam Gordon (London: Routledge and Kegan Paul, 1981), originally published in 1910〔邦訳『金融資本論』岡崎次郎訳、岩波書店、1982.10–1982.11〕、Paul A. Baran and Paul Sweezy, *Monopoly Capital* (New York: Monthly Review Press, 1966)〔邦訳『独占資本──アメリカの経済・社会秩序にかんする試論』小原敬士訳、岩波書店、1967.4〕など、のちのマルクス主義文献できわめて広範に用いられた。

103. Branko Milanovic *Capitalism, Alone* (Cambridge, MA: Belknap Press of Harvard University Press, 2019)〔邦訳『資本主義だけ残った──世界を制するシステムの未来』西川美樹訳、みすず書房、2021.6〕; Yonatan Berman and Branko Milanovic, "Homoploutia: Top Labor and Capital Incomes in the United States, 1950–2020," Working Paper No. 28, Stone Center on Socio-Economic Inequality, Graduate Center, City University of New York, December 2020, https://stonecenter.gc.cuny.edu/research/homoploutia-top-labor-and-capital-incomes-in- the-united-states-1950-2020/. Marco Ranaldi and Branko Milanovic, "Capitalist Systems and Income Inequality," *Journal of Comparative Economics* 50, no. 1 (2022): 20–32.

104. Marx, *Capital*, vol. III, ch. 30, 615. 〔『マルクス＝エンゲルス全集』第25巻b、619ページ〕

105. Marx, *Capital*, vol. II, trans. David Fernbach (London: Penguin: 1978), 486–487. 〔『マルクス＝エンゲルス全集』第25巻b、505–506ページ〕 強調原文ママ。

106. Ernest Mandel, "Introduction," in Karl Marx, *Capital*, vol. II.

107. Rosdolsky, *The Making of Marx's 'Capital,'* 464ff, 492に示されているとおり。同じ結論には、セルゲイ・ブルガーコフ（Sergei Bulgakov）とヘンリク・グロスマン（Henryk Grosman）が1世紀以上前に到達している。

108. 厳密にいえば、資本家の所得は$\pi(c+v)$で、$c+v$は所有している資本の総額を意味する。総資本が増加するにつれ、総利潤が増えると同時に利潤率が下がることはありうるし、そうなる可能性が高いとさえいえる。しかし単純化するために、πが資本家の所得を表すものとしよう（πは資本の自己再生産能力と資本家階級の相対的な力の両方を意味するため）。同様に、仕事1単位当たりの平均賃金が労働者の所得を表すものとする。仕事の時間数が変化することもあるので、これも単純化ではある。

第4章　カール・マルクス

109. Robinson, *An Essay on Marxian Economics*, 42–43. [『マルクス経済学』、51ページ]

110. Marx, *Capital*, trans. Samuel Moore and Edward Aveling (Moscow: Progress Publishers, 1887), ch. 15, sec. 9. ベン・フォークス（Ben Fowkes）訳では *Capital*, vol. 1, 617–618だが表現が少し違っている。本文で使用したムーア訳では "we have seen, too, how this antagonism between the technical necessities of modern industry, and the social character inherent in its capitalistic form … vents its rage in the creation of that monstrosity, an industrial reserve army, kept in misery in order to be always at the disposal of capital." となっているが、フォークス訳では "We have seen, too, how this contradiction [between the technical basis of large-scale industry and social relations] bursts forth without restraint in the ceaseless human sacrifices required from the working class, in the reckless squandering of labour-powers." となっている。[本文は訳者訳。邦訳の該当部分は『マルクス＝エンゲルス全集』第23巻b、634ページで「われわれはすでに……どのようにこの［大規模産業の技術的基礎と社会関係との］矛盾が労働者階級の不断の犠牲と労働力の無際限な乱費……とのなかであばれ回るか、を見た」となっていてフォークス訳に近い]。

111. Marx, *Capital*, vol. I, ch. 25, 790. [『マルクス＝エンゲルス全集』第23巻b、830ページ（邦訳では第23章）]

112. Marx, *Capital*, vol. I, ch. 25, 818. [『マルクス＝エンゲルス全集』第23巻b、866ページ（邦訳では第23章）]

113. Marx, *Capital*, vol. I, ch. 32, 929. [『マルクス＝エンゲルス全集』第23巻b、995ページ（邦訳では第24章第7節）]

114. 「資本が蓄積されるにつれて、労働者の状態は、彼の受ける支払がどうであろうと、高かろうと安かろうと、悪化せざるをえないということになるのである。……一方の極での富の蓄積は、同時に反対の極での……貧困、労働苦、奴隷状態、無知、粗暴、道徳的堕落の蓄積なのである」Marx, *Capital*, vol. I, ch. 25, 799 [『マルクス＝エンゲルス全集』第23巻b、840ページ（邦訳では第23章第4節）] 強調引用者。しかし注目すべきは、この暗い言説においてすら、マルクスが実質賃金の増加を認めていることだ。労働者の立場が悪化し続ける理由は労働分配率の低下によるものかもしれないからである。

115. フリードリヒ・エンゲルスが "Appendix," in Karl Marx, *Wage Labour and Capital*, trans. J. L. Joynes (1891; Vancouver, BC: George Whitehead, 1991) で異なるシナリオを（意図せず）示している。この1891年のパンフレットは、マルクスが1847年にドイツ労働者協会で行った講義にエンゲルスが手を加えたものだ。労働者の1人当たり所得が増える可能性を認めたうえで「労働者階級の手にはいる部分は、（頭わりで計算すると）ごくゆっくりと、わずかばかり増加するだけであるか、……事情によっては減少さえしかねない」（英語版58–59ページ）という点を指摘しつつ、エンゲルスはずっと政治的に力強い一節を主張していく。「少数の法外に富んだ階級と、多数の無産の賃労働者の階級とへ社会が分裂する結果、この社会はそれ自身の過剰な生産物のなかで窒息死しているのに、この社会の

203

大多数の成員は、ほとんどあるいはまったく保護されずに極度の欠乏に陥るままに任されている」（英語版59ページ）。したがって、2つの近接したパラグラフに、労働者の所得と所得不平等の未来について、2つの非常の異なる見通しがあることになる。［邦訳はいずれも『マルクス＝エンゲルス全集』第22巻、215ページ］

116. マルクスにおいて2つ以上のシナリオがあることの意味について非常に有益なコメントをしてくれたペパイン・ブランドン（Pepijn Brandon）、アントン・イェガー（Anton Jäger）、ヤン・ルイテン・ファン・ザンデン（Jan Luiten van Zanden）に深く感謝する。

117. イングランドおよびウェールズからは1864年の同様のデータが、またアイルランドについてもこの2年に関するデータセットがある。Marx, *Capital*, vol. 1, ch. 25. ［『マルクス＝エンゲルス全集』第23巻b、844–847ページ］

118. Vilfredo Pareto, "La courbe de la repartition de la richesse," Université de Lausanne, Recueil publié par la Faculté de Droit à l'occasion de l'Exposition nationale suisse, Genève, 1896.

119. Marx, *Capital*, vol. I, ch. 25, 805. ［『マルクス＝エンゲルス全集』第23巻b、849–851ページ］

120. Marx, *Capital*, vol. I, ch. 25, 806. ［『マルクス＝エンゲルス全集』第23巻b、849–851ページ］

121. 1872年6月1日付『フォルクスシュタート（*Volksstaat*)』で公開されたマルクスの書簡。Frederick Engels, "Editor's Preface," Karl Marx, *Capital*, vol. I, ed. Frederick Engels, trans. S. Moore and E. Aveling, rev. by Ernest Untermann according to the 4th German (1890) ed. (New York: Charles H. Kerr, Modern Library, 1906) ［『マルクス＝エンゲルス全集』第23巻b、38–39ページ］に引用。

122. Lujo Brentano (anonymously), "How Karl Marx Quotes," *Concordia* 10, March 7, 1872. *Concordia*はドイツ製造業者協会の機関誌。

第5章

ヴィルフレド・パレート

階級から個人へ

　ヴィルフレド・パレートの『経済学提要』への秀逸な編集後記でマイケル・マクルアが述べているように、パレートは「1848年という記念碑的な年のパリで、愛国的な自主亡命イタリア人の子に生まれた。当然のことながら、父親はカヴールの鋭敏な具体主義とマッツィーニの宗教にも似た義務感を吸収し、それを息子に注ぎ込んだ」[1]［カヴールはイタリアの政治家。徹底した現実主義で知られる。マッツィーニはイタリアの急進的政治家、革命家］。したがって、1848年革命の高揚した日々と直後の混乱期には、地理的にごく近接して3人の思想家が（ほかの点では近くはないが）生きていたことになる。すなわちアレクシ・ド・トクヴィル（当時43歳。1849年に短期的ながらフランスの外務大臣を務めた）、カール・マルクス（当時30歳。『ライン新聞』で編集・執筆をしていたが、まもなくフランスから再追放となった）、そして革命のさなかに生まれたヴィルフレド・パレートである。パレートの両親は裕福で（父親は子爵だった）、本人も、生涯を通じて非常に快適な環境に暮らしていた（晩年は少々ふつうから外れた生活で、数十匹のネコと大邸宅を共有していた）。生涯を過ごしたスイス、北イタリア、南フランスは、当時のヨーロッパで最も豊かな地域だった。

　パレートは、彼の以前以後の多くの知識人と同じような知的コースをたどり、最初は民主主義と自由貿易という自由主義思想に惹かれたが、やがてそれを放棄して、代わりに人間嫌い、女嫌い、外国人嫌いと境を接するような、厳しいリアリズムを採用するようになった。ほとんどが力によって支配される世界を見て疲れきったパレートの思考は、ファシスト的な暴力賛美にまで近づい

た。ムソリーニはパレートを、亡くなるわずか数か月前にイタリア王国の上院議員に指名している（この職がまったく望まれたものでなかったことは無視しよう）。マルクスと同じように、パレートも、ほとんど参列者がいないなかで埋葬された。

パレートを自分たちの仲間だとしたファシスト党の主張は相当程度まで作りごとで、名高い社会学者の評判を取り込んで（とくにパレートの死後、本人が反駁できなくなってから）自分たちの大義に役立てようという試みだった。パレートの世界観はファシストのイデオロギーとまったく無関係というわけではなかったが[2]、パレートはレイシストではなかった[3]。どこかの人種や文明がほかよりも優秀だとは考えていなかった[4]。

社会主義に対する姿勢については、若い頃には肯定的に見ていたようだが、やがて不倶戴天の敵とみなすようになった。その敵対ぶりもパレート本人と同じくらい特異で、階級闘争が近代世界史をかなりうまく要約していると考えていた。

> 階級闘争は、マルクスがとくに興味を惹かれた現実の要因であり、そのしるしは歴史書のすべてのページに見ることができる。しかし闘争は、プロレタリアートと資本家という2つの階級だけに限られたものではない。階級闘争はさまざまな利害を抱えた無限の数の集団間で起こるものであり、なによりも、権力を争うエリート間で起こるのだ。[5]

パレートは、マルクスの史的唯物論についても称賛している。

> 史的唯物論すなわち歴史の経済的解釈理論は、社会理論における顕著な科学的進歩だった。なぜなら、これが道徳や宗教など、多くの権威が……絶対的性質の源だと考えていた一定の現象について、その付随的な性質を明らかにすることに役立ったからである。[6]

パレートは社会主義が勝利するだろうと考えていたが、それは社会主義が本質的に善だからでも、経済的に効率的だからでも、望ましいからでもなかっ

た。むしろその逆だとパレートは考えていた。社会主義が勝利するのは、それがひとつの階級の闘士たちに、忠誠を尽くしてブルジョア秩序を破壊し、そして初期のキリスト教徒のように進んでわが身を犠牲にするよう命じるからだった。

> もし「ブルジョア」が社会主義者と同じように自身の階級のための自制心と犠牲精神に動かされていたら、社会主義は今の現実のような脅威にはまったくならないだろう。[社会主義者の] 内部における新しいエリートの存在は、その道の達人が示した道徳的資質によって正しく裏づけられている。それによって彼らは、多くの迫害という苦い試練から勝利を収めるのである。[7]

　パレートが高く評価した社会主義著述家といえばジョルジュ・ソレルだが、これは偶然ではない。パレートはソレルと親密な通信を続けていて、たとえ意見が合わない場合でも（別の文脈でエッジワースやマーシャルにしたように）侮辱や嫌味のことばを被せることはしなかった。

　社会主義に対するネガティブな見方は、パレートの初期の仕事を形成し、豊かな国での所得分配の解釈に影響を与えた。著作といえる長さでは最初の研究となった1902年の『社会主義という制度』（未訳）で最初に取り上げられているトピックは、富の分配曲線だ。そこでパレートは、富の分配は「おそらく人間の生理的・心理的特徴 [*caractères*] に依存している」と述べ、それが人間の行う選択と直面する障害を動かすのだとした。いずれにせよ、特定の個人とその立場はつねに動いているかもしれないが、社会のピラミッドの基本形が大きく変わることはない [*"cette forme ne change guère"*]。まるで、どれほどがんばっても「社会主義制度」でそれを変えることはできない、といわんばかりだ[8]。

　パレートの専門は土木技師で、アカデミックな経済学者として働く前は、鉄道システムの設計をしたり、製鉄所の管理担当をしたりしていた。したがって、産業システムがどのように動くのかについてはそれなりの実地経験があったことになる。のちにレオン・ワルラスから声をかけられ、一般均衡に組み込まれた数理経済学の強い伝統を継承することになったときには、工学や数学の

207

スキルが経済学研究で大いに役立った。1893年にワルラスからローザンヌ大学の経済学教授を引き継いだとき、パレートは45歳だった。

パレートの生涯は別の意味でも興味深い。フランス、スイス、イタリアという豊かな三角地帯の内側を除いては、それほど動きまわったわけではないが、ピグーやワルラスといった同時代のアカデミックな経済学者と比べると、ずっと幅広い世界を経験していた[9]。すぐ前でふれたように「実社会」で働いたあとには、1882年に公職に立候補したが落選してしまった。選挙での失敗に、そしてそれ以上にイタリアの政治に幻滅していたところへ、今度は私生活でも、最初の妻であるアレッサンドリーナ・バクーニナ（ロシアの無政府主義者ミハイル・バクーニンの遠縁）が自家で雇っていた料理人と駆け落ちするという困難を経験した。

批評家がパレートの哲学を説明するときには、ほかの著者以上に彼の個人的な特質や経験を論じることが多い。さすがに度が過ぎると思われるのだが、それでも、こうした失望経験がパレートの考え方に影を落とした可能性はあるだろうし、それが意図したかのような効果を生み出して、パレートの提示する真実に向き合おうとする読者に不快感をあたえることも多い。フランスの社会学者レイモン・アロンは、有名な社会学者を概観した著書のなかで、パレートを学生に教えるのはいつも難しいと指摘している。これはパレートの主要な論点のひとつに、教えられることはすべて嘘である、真実を知ることは社会にとって害悪だから、というものがあるからだ。十分な凝集力で社会をまとめていくためには、人びとがプラトンの神話（今日の言い方では「大きな嘘」）を信じている必要がある。大学の教授は自ら嘘だとわかっていることを教えなければならない。「わたしには、これこそがパレート思想の中心だと思われる」とアロンは述べている。「そしてこれが理由で、パレートはこれからも教授や社会学者から敬遠されることになるだろう。真実それ自体が害悪になりうると認めることは、少なくとも教師にとって、精神的にほとんど許容できるものではない」[10]。

パレートはきわめて珍しいタイプで、反宗教的な感覚を備えた保守主義者だった。わたしは、パレートは基本的に虚無主義者だったと考えている。しかし、パレートの時代であれわたしたちの時代であれ、グローバリゼーションの時代にあっては、それがふさわしい哲学なのかもしれない。原子としての

208

個人は自分の損得だけを大切にし、コミュニティや宗教の結びつきなど信じないで、宗教や壮大な社会理論はすべて（パレートがしたように）おとぎ話だとみなす。宗教はパレートのいう「論理実験的」理論の対極にあるもので、「経験を超越した理論」を売り歩く[11]。しかし現実に鍛えられ、陰鬱な気質もあったパレートは、支配階級はこうしたフィクションに訴える以外にその権力を正当化することはできないのだと考える。だからおとぎ話なしの社会はありえないが、おとぎ話がすべて嘘だということは誰もが知っているのである。

　しかし、やはり社会学者や経済学者にはパレートを過剰に心理分析する傾向があって、彼の生涯の失望経験に、その辛辣で・戦闘的で・人を見下したようなスタイルの説明を——さらにはその理論の説明までも——求めようとする。たとえばチェコの経済学者ヴェアナー・スタークは、パレートの研究には人間嫌いが染み込んでいると見ていて、その原因を、先に述べたような悲惨な失望経験に求めて、最初の（そして唯一の）政界進出で選挙に敗れたことと妻に捨てられたことだとしている。「おそらく」とスタークは綴る。「最も手っ取り早くパレートの人格の謎を解くなら、それは絶望した恋人の心理学だといえるだろう」[12]。シュンペーターもパレートの心理学研究に加わっている。「彼は強烈な情熱の人であり、その情熱たるや、人をして政治問題のただ一面、また同じように文明のただ一面、以上を見るのを不可能にする体のものであった。このような心構えは、古代世界を当時のイタリアやフランスと同じく彼にとって馴染み深いものとした堅実な古典教育によって、強められこそすれ和らげられるところがなかった。——それ以外の世界は彼にはただ［かすかに］存在するのみだった」[13]。オーストリアの社会学者フランツ・ボルケナウは「［パレート］の創造力はまさに憎悪にまで到達したように思われる。そしてその憎悪が尽きれば創造力も即座に消え去ってしまう」と述べている[14]。アロンでさえも、いくらか微妙な言い方ではあるが、同じことをしている。「パレートの思想を解説するにあたっての私の経験は、私に、それを解説するものにも、それを聞くものにもある不快感を生みだすということを確信させる。かつて私は、あるイタリアの友人にこの共通の不快感を語ったことがあるが、その時かれはこう答えた。『パレートの思想は若い人たちのために構想されてはいない。それは、大部分世事に嫌気を感じはじめている成熟した人々を念頭において書かれている』」[15]。

ひとつ明らかな点を指摘しておかなければならない。パレートの理論が彼の生涯に負うところが大きかろうがなかろうが、ほかのすべての社会学者の理論と同様に、その理論が有効かどうかはそれ自体の価値で決まる。社会学者の背景や生涯についてなにかを知っておくことがその人物の文章の理解に役立つことに疑いはないが、それが文章の拒絶なり受容なりに使われてはならない。パレート本人がこの状況を知ったら、自分の心理に特別な注意が払われることに歓喜したのではないだろうか。そしてきっとこういうだろう——この理論はアロンのいうように受容するにも教えるにも不快なもので、混乱した精神の産物として割り引いてもらえるような説明を熱望しているのだ、と。わたしたちが虚構を信じ続けるためには彼の思想を拒絶しなければならないと知ったら、パレートは勝ち誇ったことだろう。こうして自分の生涯にお門違いの焦点が当たっているのを見て、これでますます自分の見方の正しさが証明されたと、皮肉に思っているはずだ。

　パレートにはそうした特殊なタイプの矛盾を楽しむところがあって、この矛盾があるために、ある種のことは、それが一方では真実でありながら、あるいは真実であるからこそ口にするわけにいかないし、世論に影響をあたえてはならないのだ、と主張するだろう。パレートはソクラテスを例にあげて、ソクラテスは間違っていたのではなく正しすぎたのだ、それはむしろ、社会の根底を揺るがすような正しさだったのだと論じる。ソクラテスは、ことばのうえでは宗教に対するアテナイの人びとの態度を全面的に受け入れながら、門弟たちには狡猾に疑念を注入し、人びとにはその信仰を合理的に説明するよう求めることで疑念をかきたてた。パレートが指摘するように、ソクラテスはアテナイの法律にしたがった。アテナイを離れて死刑を免れる代わりに、アテナイにとどまって、言い渡された判決を受け入れることを決断した。支配者たちがソクラテスの教えを憎んだのは正しかった。明らかに彼らは、そうした教えに社会を不安定化させる潜在力を見ていたのだ[16]。ある意味パレートは、自分自身にもソクラテスと似たような役割を見ていたのだろう。パレートの教えは、まさにそれが真実であるがゆえに社会を混乱させるのであり、だからこそ教えることができなかった。パレートは幸運だった。彼が生きた社会があまりに退廃的で、あまりに自信に満ち、あまりに民主主義的だったおかげで、毒を強要され

ずに済んだのだから。

20世紀初め頃のフランスの不平等

　パレートにとって、古代ギリシャとローマ以外で「世界」といえばフランスとイタリアだった。彼はこの2国で育ち、学び、働き、政治的キャリアをスタートさせようとしたし、著作もこの2国の言語で行った。後半生を送ったスイスは、統計データこそ活用できたが、国としての規模や政治的重要性、社会的な溌剌さに欠けていて、ほかの2国とは比べるべくもない。不平等に関するパレートの見方を理解するためには、彼が生きてきた時期に、とりわけフランスで、不平等がどのように進化していたかを見ることが重要になってくる。

　この本でとりあげる各著者の文章を研究するのに、それぞれの社会での不平等の進化を背景として見ていくと、ある変化に少しずつ気づいてくる。ケネーが文章を書いていた頃、フランスの不平等に関する情報は、ごくわずかな挿話を除いてほとんど存在していなかった。不平等についての誰かの言及は、その人物が目にしたか、話に聞いたか、あるいはせいぜい数冊の書物で読んだことが根拠だった（そしてそれも実証的な具体性を大きく欠いていた）。しかし時代が進むにつれ、状況は改善していく。リカードの時代や、とくにマルクスの時代には、100年前と比べてずっと多くのデータが利用できるようになった。パレートの時代になると、リアルタイムの不平等が意識されるようになり、いま存在しているものと等しいとはいわないが、ケネーの時代よりずっとわたしたちの時代に近いものになる。パレートが、今のわたしたちのように同時代のフランス、イタリアに関するすべてのデータを入手できたわけではないが、相応の量は手に入ったから、これから見ていくように、研究にも、将来の不平等の進化に関する推論にも、大量のデータを用いることができた。

　同時代のフランス人やイタリア人と同じように、パレートも、自分が政治的に不安の多い時代に生きていること、保守主義、自由主義、過激派、マルクス主義、さらには無政府主義など、思想の混乱と対立に満ち満ちた時代だということを十分に自覚していた。とくにヨーロッパ大陸ではそうで、無政府主義運動やマルクス主義運動がイギリスよりもずっと深く根を下ろしていた。

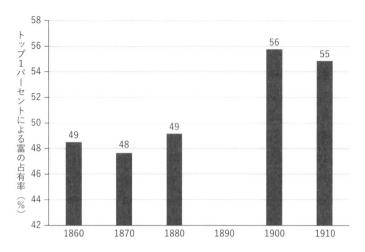

図5.1 トップ1パーセントによる富の占有率（フランス 1860〜1910年）

データソース：World Inequality Database; Bertrand Grabinti, Jonathan Goupille- Lambert, and Thomas Piketty, "Income Inequality in France: Evidence from Distributional National Accounts (DINA)," WID.world Working Paper 2017/4.

　フランスでの富の不平等は非常に高水準で、しかも上昇していた（図5.1）。世紀の変わるピーク時、人口のトップ1パーセントが支配する国富の割合は、イギリスよりも低かったとはいえ（55〜56パーセント対約70パーセント。図4.1と図5.1を比較してほしい）、極端に高い水準だった。1900年には今日（2012年で約25パーセント）の2倍以上もあった[17]。おそらくフランス革命時も、トップ1パーセントの富の占有率はこれと同じくらいだっただろう。

　モリソンとスナイダーによれば、トップ十分位の所得占有率は、フランス革命の前で56パーセント、その1世紀後で41〜48パーセントだった[18]。これを使ってトマ・ピケティが描いた不平等曲線は、革命前の非常に高い水準から始まり、19世紀前半でかなり急落するが、1830年からは着実に上昇して、20世紀になる頃（パレートが執筆していた時代）には高いプラトーに到達している[19]。したがって、1890年から1900年にかけてのフランスの不平等はルイ＝ナポレオン・ボナパルトの時代よりも大きかったことになる。ルイ＝ナポレオンの治世は、1848年革命や1871年のパリコミューンに関するマルクスの文章（第4章

で分析したもの）からわかるように、寡頭制支配の時代だった。大きな皮肉は、普仏戦争での敗北とフランス帝国の転覆を受けて樹立された第三共和制は、理論上はフランス革命の原理への回帰だったはずなのに、現実にはほとんど無規制の資本主義支配体制だったことだ。公式には王家と貴族を終わらせたことになっているが、市民的領域での名目上の平等は、経済的領域での所得と富の大きな不平等をともなっていた。

　ピケティが第三共和制の時代に光を当てているのはまさにこれが理由で、市民的平等と経済面での不平等という組み合わせには、今の資本主義社会と強い類似性がある。ピケティが見直したものは当時のいわゆる「社会問題」、すなわち工業化の進むフランスで居場所を失った極貧の労働者階級の問題だった。とくに注目しているのが、19世紀末フランスの傑出した経済学者ポール・ルロワ＝ボーリューだ。ピケティは、ルロワ＝ボーリューが「恣意的解釈」をして、自身の主張を支持するデータをまったく提出しないままに、フランスの不平等は深刻ながらも改善していると断言したことを非難している[20]。ルロワ＝ボーリューは「資産の格差、とくに所得の格差は私たちが思っているよりも小さく、この格差は今後さらに小さくなるだろう。（…）私が『大規模な工業化による混乱の時代』と呼んだ、変化と苦しみと試行錯誤の時代から私たちは脱するのだ」と述べている[21]。この主張は、19世紀後半に実質賃金が上昇した（正しい）事実を強調しているのだが、ルロワ＝ボーリューは間違いなく知っていたはずのことを認めていない。すなわち、この変化は不平等の進化についてなにも示唆していないのだ。実質賃金の上昇を繰り返し示すことで、あたかもそれだけで、富裕層と貧困層の所得格差が縮小している証明であるかのように語っている。ピケティが書いているように、ルロワ＝ボーリューは、正直に示すことのできる実質賃金の改善とそれのできない不平等の縮小について「わざと……区別を、ある程度あいまいなままにしている」のだ[22]。

　不平等に関して最も重要なルロワ＝ボーリューの著作『富の分配および状況の不平等の軽減傾向に関する一考察』（未訳）は1881年に出版されていて、パレートはそれを知っていた[23]。ルロワ＝ボーリューが恣意的解釈をした理由を理解するためには彼の研究の文脈を——したがってパレートの研究についてもその文脈を——知ることが重要だ。ルロワ＝ボーリューの著作が書かれたのは

213

階級間の緊張が高まるさなかで、ストライキが頻繁に起こり、政治の二極化が進み、社会主義運動や無政府主義運動がその重要性を急速に高めていた。執筆された時期に支配的だった感情は、パレートも深く感じ取っていたもので、自由主義者や資本主義者の利益はあまりに弱く、ブルジョアジーはあまりに容易に譲歩し、社会は社会主義運動家の数と献身に圧倒されていた。ルロワ＝ボーリューもパレートも、利害と価値観がぶつかり合うなかで社会主義者が勝利しつつあるのを感じ取っていた。社会主義者には大衆を奮起させる能力、政界や知識人世界の支持を得る能力があり、今にもブルジョアの「ヘゲモニー」に対して独自の形態の労働者ヘゲモニーを打ち立てそうな勢いだった。

　マルクスが、自身の研究はプロレタリアートの利益を推進すると見ていたのと同様に、パレートは自分のことを、そうした利益に対する後衛戦を戦っていると見ていた。このようにマルクスもパレートも、それぞれの研究では、同時代の政治環境についての知覚に、そして将来の社会のありうる進化についての見方に影響を受けていた。しかしそれは、この本で検討するほかの経済学者についても同じように当てはまる。その点には留意が必要で、リカードは穀物法が維持されたら経済が停滞するという恐れに駆られて『経済学および課税の原理』を書いた[24]。ケネーは強力な農業王国を目指したいという思いから、『経済表』を用いて、自分の助言にしたがえば今よりずっと豊かなフランスが存在可能だと述べたうえで、自身の政治思想を提案した[25]。こうした著者には例外なく、彼らが望ましい経済的・政治的変化だと信じるものと彼らの研究とのあいだに結びつきが見つかる。それで彼らの研究の価値がなくなったりしないことは明らかだ（結局のところ、この本はそのことを論じるためのものだ）。ここで示唆されるのは、わたしたちには「中立な」社会科学や「純粋な」科学的探究などありえないということだけだ。社会科学の研究はつねに著者の時間と空間に影響されるし、その度合いは自然科学と比べてずっと大きいのである。

パレートの法則と社会主義に適用された「エリートの周流」

　パレートによる経済学への貢献は、社会学への貢献とともに数多い。しかしここで関心があるのはそのなかの2つ、所得不平等に関する研究と有名な「パ

レートの法則」だ。それまでの経済学者が主として（もしくは唯一）関心を寄せていたのは機能的所得分配で、それが個人間の所得不平等へと変化していくのに対し、パレートは初めて、個人間の不平等そのものに目を向けた。これは幅広い変化を反映したもので、経済学の焦点が、階級や社会の研究から個人の所得、消費、満足、そしてオフェリミティ（*ophelimity*：パレートの造語。効用を意味するユーティリティ〈*utility*〉よりこちらを好んだ）へと移っていった。注目の中心はもはや階級ではなく個人となった。

　こうした個人間の所得分配への関心の移行も、パレートについてはやはり2つの——ひとつは政治的な、もうひとつは個人的な——要因によるものだった。政治的な要因は、西ヨーロッパの多くの国や都市での直接税の導入だ。支払われた税とその評価基準である所得から得られるデータから、個人（もっと正確にいえば税を支払っている世帯）の所得がどう分配されているかが明らかになった。個人的な要因は、パレートに数学的なマインドとスキルがあったことで、こうしたデータは、彼にとって明らかに魅力的だった。

　しかし、ほかに第三の要因もあった。あとでも取り上げるが、これはパレートの発見が彼自身の感情をどこまで深く癒したかに関連している。パレートの発見は（彼自身の解釈では）所得分配はある自然法則（*la loi naturelle*）のみによって支配されているということで、それは人間の体重や身長の分布に近い。もしそうならば、所得分配は経済政策など、社会制度に導入される変化——資本主義を社会主義に置き換えるなど——によって変更することはできない[26]。あまりまとまりのない段落で、おそらく十分に考え抜かれたものではないのだろうが（しかもここではその一部しか訳出していないが）、パレートはまさにそのことを主張している。

　　すでに示したように、所得分配曲線は驚くほど安定している。それが観察される時代や場所といった環境が大きく変化しても、所得分配曲線はほとんど変わることがない。……これはおそらく、その起源が人びとの心理的特徴の分布にあるためだし、資本を結合するときの比率が決してランダム［*quelconques*］でないためでもあるだろう。そこで、ある所得分配曲線があたえられていて、一定限度以上の所得のある者全員から没収できると考え

てみよう。すると、所得の分配は長期にわたって変わってしまうように思える。人の肉体的・精神的特徴の不平等は最終的には所得の不平等につながると認められるが、それには少なくとも数世代が必要となる。現実には、別の効果のほうがずっと速く起こって、たいていは以前の分配均衡がふたたび確立されることになるだろう。……可動資本の総額は減少するだろう。それによって資本比率が変わり、その結果として生産も減少するだろう。……生産性の低下のあとには全般的な所得減少が起こる。……曲線の下部全体が下がり、その結果として曲線全体が、最後には、以前と非常によく似た形になる。[27]

　第4章で見たように、マルクスは19世紀後半のイングランドの財務データを利用していた。19世紀末の数年、パレートは自国以外の各地のデータも利用できるようになっていた。それも構造はほぼ同じもので、課税所得が分類され、それぞれの分類にどれだけの人数が当てはまるかまでわかった。これにはドイツの各領邦国（ビュルテンベルク、ブレーメン、ハンブルク、シャウムブルク＝リッペ、ザクセン＝ヴァイマール＝アイゼナハ）や、スイスの州（チューリッヒ、ウーリなど）も含まれていた[28]。別の出版物では、イングランド、イタリアの各都市、プロイセン、ザクセン、バーゼルのデータも提示している[29]。こうしたデータセットを活用することで、のちのいわゆる「パレートの法則」は生まれた[30]。2年を費やしてデータと向き合い、さまざまなステップを経たパレートは、所得はある規則的なパターンにしたがって分配される、ゆえに、一定の閾値以上の所得の受領者数は、その閾値が上昇するにつれて規則的な比率で減少していくと結論づけた。いいかえれば、y以上の所得の受領者数がpのとき、所得の閾値が改まって$y+10$パーセントに上がったら、受領者数はある決まった割合だけ（たとえば15パーセント）減るということだ。この割合は、閾値がこの先も徐々に上がっていっても変わらない（これは、相対的な関係が一貫して維持されることからフラクタル分布ともよばれている）。この関係をごくシンプルに書き表すと $lnp = A - a\,lny$ となる。ここでaは定数、pはy以上の所得のある者の数、Aは全体の人口規模だ（もし所得がなんらかの最小値をとるなら、全員の所得はそれ以上でなければならず、それは全体の人口Aに

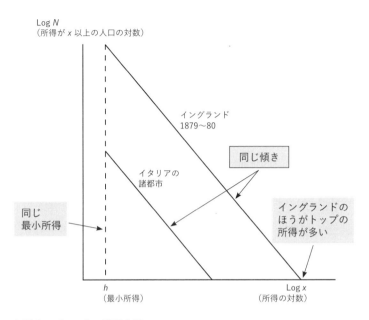

図5.2 パレートの所得分配

なる）*。a の値は、パレートによれば、データのあるさまざまな国や都市のあいだで大きなばらつきがない。この a は、のちに「パレート定数」ないし「パレート係数」とよばれるもので、所得の閾値が上がるのに合わせてつねに一定の割合の人数を切り捨てていくギロチンを想像してほしい。図5.2は縦軸と横軸の両方を対数表示にした両対数グラフで、パレートから直接もってきたものだが、これを見ると、両者の関係は a を表す傾きをもった直線、すなわちギロチンになっている[31]。図5.2では、イングランドの都市とイタリアの都市の傾きが同じで、最低所得も同じだ。イングランドでのカットオフ値が縦軸でも横軸でも高くなっているのは、それぞれイングランドのほうが人口も多く、富裕層の所得も大きいことを反映している。しかし鍵となる発見は、2つの直線の傾きが類似（というより一致？）していることにある。

* この関係はべき分布に直接変形できる。$p = \dfrac{A^*}{y^a}$

この発見がパレートにとってそれほど心地よかったのはなぜだろう。それは
これが、まったく異なる国でも、幅広く見れば所得分配は同じであることを示
しているからだ*。そこでパレートは、社会の所得にはなにか根本的な傾向が
あって、なんらかの方法でまとまっていくのだと推論した。そして1896年に、
これを「ここでわれわれは、自らがある自然法則の存在のうちにあることに気
づく」と表現した[32]。所得分配が制度によって決まらないことは明らかだ。イ
ングランドとイタリアでは制度がまったく異なるのに、所得分配は同じ形をし
ている。また、分配は経済発展によっても決まらない。両国はそちらの水準も
違っている。したがって、そこにはなにか別の理由があるに違いない。「所得
がある特定のやり方で分配される傾向は、多くが人間の本質に依存しているの
だろう」[33]。もしそれが本当なら、社会を変革して不平等をなくそうという社
会主義者の試みはすべて失敗する運命にある。すべては実証的な根拠のない、
ただの夢にすぎないことになる。社会主義になっても、そこでの不平等は資本
主義での不平等と同じものになるだろう、とパレートは主張した。ただ支配す
るエリートが異なるだけだ、と。

　このように、パレートの発見はその社会学理論にとっても、パレートの対立
についての考え（一方に資本主義と自由主義、他方に社会主義と国家主義）にとって
も、重要な意味をもっていた。パレートの社会学理論である「エリートの周
流」は、所得分配が根本的に（政治体制とは無関係に）安定しているという発見
によって補強された。これはつまり、支配するエリートのタイプ、起源、特
徴はさまざまでも、富と所得の根本的な分配にはまったく影響ないというこ
とだ。パレートは社会学の文章でエリートの役割を強調し、エリートの全面
的な分類学を提出した。しかし、この議論で最も重要な特徴は2つのタイプの
エリートの区別だろう。それをパレートは、マキャヴェッリのことばを用いて
語っている。一方では「ライオン」のように力を用いて自身の支配を強要する
タイプもあれば、他方では「キツネ」のように狡猾さや悪賢さ、プロパガンダ
を用いるタイプもあるのだ、と[34]。

---

*　パレート自身が認識していたように、これは最上位層の所得についてのみ当てはまる。
　直接税の対象となるのは富裕層だけだからだ。

第5章　ヴィルフレド・パレート

　しかし、エリートがどのような手段で支配を行おうと、所得分配が普遍であれば、彼らにそれを変えることはできない。問題は誰が新しいエリートになるか——それがライオンなのかキツネなのか——だけであって、所得ないし富がどのように分配されるかではなくなる。「パレートの法則」とよばれるまでになったこの発見が理由づけとなり、多くの者が、階級からエリートの権力争いへと力点を移すようになった。またこの発見は、政争についてのパレートの厳しい見方と非常に相性がよかった。所得分配を動かすのは相争う価値観や真摯な信念ではなく、相争うプレーヤーどうしの利害がほとんどなのだ*。

　そこでパレートの見方では、たとえ新しい社会主義エリートが権力を握っても（そうなることをパレートは恐れていたが、不可避とも考えていた）、所得分配を変えることはできない。こうしてパレートは、20世紀への変わり目にヨーロッパの社会主義者が唱えていた最も重要な主張のひとつ——自分たちは分配を貧困層に有利なものに変えて不平等を縮小できる——を無効化したと考えたに違いない。パレートの見方では、このどちらも不可能だった。唯一可能だったのは、新しい官僚エリートが、疲弊して退廃的になっていたブルジョアエリートに取って代わることだ。しかしそれでは、所得と富の不平等が変わらずに残ってしまう。

　研究者のなかには、パレートがさまざまな違いに目を向けず、所得分配は時間と空間を超えて同じであることに固執したのは、当時一般に広がっていた世界観によるものだとする者もいる。ヴェアナー・スタークはこれを「汎機械主義」とよんだ。これは「汎有機的」な哲学とは根本から対照的で、動いている社会現象を完全に予言可能な機械的なものとして見る。そこで「すべてのものはどこでも同じであり、すべてのものはつねにそうあるべき姿をしていると信じる過ち」を犯してしまう[35]。たしかに、パレートの研究には文章が過剰に機械的かつ分類学的だという特徴があるのだが、所得分配の不変性への熱中ぶりについては、別の説明のほうがしっくりくる。これが魅力的に映ったのは、方

---

*　しかしパレートは、エリートが完全な皮肉屋になって、自分たちの教えていることをまったく信じないというのも不可能だと認めている。彼らは自分たち自身のプロパガンダを、少なくとも部分的には信じていなければならない。

219

法論的な選好というよりも、エリート周流論を裏づけ、社会主義の下での改善の可能性を否定するように思えたからではないだろうか。

さらに別の要素もある。パレートは、実質所得の変化を通してしか「不平等」は変化しないと強く主張した（あとで見るように、パレートのいう「不平等」は実際には貧困のことだ）。パレートはこの結論に到達するために、まず不平等指数を定義し、一定の所得水準（たとえば貧困ライン近く）より下の人数に対する上の人数の比率として測定した[36]。そのうえで、成長がなければ貧困ラインより下の人数（パレートの不平等分数での分子）を減らすことは不可能だと主張した。分配曲線が不変であれば、再分配によって状況を変えることは事実上できない。要するにパレートは、貧困の削減と不平等の縮小を混同しているのだ。しかし明らかなように――ましてやパレートのような数学的頭脳の持ち主なら当然わかっていたはずだが――こんな妙技ができるのは、分配をあらかじめ固定したうえで、相対的不平等の指標を貧困と一致するように定義しているからだ。こうしておけば、富裕層への課税も、私的財産の撤廃さえも、所得分配に永続的な変化を生み出すことはそもそも不可能になる。

実際に、所得分配はごく狭い範囲に固定されているとするパレートの見方が示唆する最大のもののひとつは、まさに、再分配を通して貧困層の状況を改善できるという可能性を除去することにあった。こうして、社会主義者は二方向から挟み撃ちにされることになった。エリート理論によって、自分たちはブルジョアジーの単なる代替にしかなれないとされ、パレートの法則によって、不平等を縮小しようとするあらゆる試みは失敗すると告げられたのである。となれば、新しい権力エリートをもたらす以外に、社会主義にどのような利点があるというのだろう。この状況は、多くの社会主義者の気力を挫いたに違いない。だがおそらく、本質的な疑問を抱いた者はそうではなかったはず――パレートの法則は本当に「法則」なのだろうか。

パレートの法則か、パレートの「法則」か、それともそもそも法則ではないのか

経済用語のなかでも「所得分配に関するパレートの法則」と「パレート定

第5章　ヴィルフレド・パレート

数」くらい大きく誤解されているものはまずない。前者の誤解は所得分配の
固定性と不変性に関するものだ。たしかにパレート自身の文章が、本人の結論
はまさにそういう意味だと読者に思わせるようにできているのは疑いない。こ
こでは、この解釈を支持する数多い引用からいくつかあげてみよう。「統計が
明らかにしているように、この曲線は……時間と空間においてほとんど変動し
ない。国が異なっても非常によく似た曲線になる。したがって、この曲線の形
には驚くほどの安定性がある」[37]。「所得分配を人工的に変更しようとするすべ
ての試みは、所得が矢印の形に分配される傾向と直面することになるだろう。
放っておけば、社会はその元の分配に戻っていく」[38]。

　分配の固定性という主張は、パレート係数が、研究した事例の大半で1.5か
ら2の範囲にとどまるという発見に基づいている[39]。しかしこのことは、トッ
プ10パーセントが占有する範囲内では、全体所得の46パーセント（$a=1.5$の場
合）から32パーセント（$a=2$の場合）と、相当な変動があることを意味してい
る。これだけの違いが小さく見えるか大きく見えるかは明確ではない。現在
（2018年）の国のデータを使うと、これはトップ十分位の占有率で見て、ナミ
ビア（きわめて高水準の不平等）とトルコ（中程度の不平等）の差に相当する。こ
の範囲には世界の約40か国が含まれる。したがって、パレートには小さいと
映った範囲が（彼はaが1.5と2ならほぼ同じだと考えていたのだが）決して小さく
ないことは明らかだ。

　パレートは、征服前のペルーやローマ帝国など、西ヨーロッパから地理的、
社会的、歴史的に遠く離れた社会から得られるデータも同じ分布を示すと考え
た。そのことは、パレートの伝えたかった感覚をさらに強化した。所得分配の
「鉄則」は、19世紀の発達したヨーロッパ国家について有効なだけでなく、大
きく異なる政治権力や大きく異なる制度の下でも当てはまるのだ、と。「そう
した社会での所得分配がわたしたちの社会で観察される分配と似ていることが
ありえないとは考えていない」。ただし、もっと多くのデータが利用できるま
では「自分の考えが誤っている可能性を認めるのにやぶさかではない」とも述
べている[40]。

　ではこれで、パレートは所得分配は時間と空間を通じて不変であるという自
身の仮説を強く主張したといえるだろうか。パレートの発言を文字どおりに受

221

け取ったうえで、法に則って評決を出すとしたら、そのような一般化によって有罪だとすることはきわめて難しいだろう。理由は、パレートの文章の大半には但し書きがあって、中心的な主張には必ずなにかの条件をつけているからだ。

そうした但し書きは、社会主義の下での所得分配に関する議論にもつけられている。フランシス・エッジワース［イギリスの経済学者。社会学に数学の手法を適用した先駆者のひとり］が新しい法則の独自性ないし発見についてパレートを称賛しようとしなかったことに落胆し、おそらくジョルジュ・ソレル［フランスの革命的サンディカリズムの哲学者］に親近感を抱いたのだろう、パレートは生涯の友人であるマフェオ・パンタレオーニ［イタリアの経済学者。限界効用理論に基づく経済学を広めた］に次のように書き送っている。「社会主義者がわたしの曲線に対して抱くかもしれない異議について、わたしは自分でソレル氏に指摘したのです。これは資本主義社会にのみ有効な曲線なのです」[41]。『社会主義という制度』では、あちこちで、社会主義社会では分配を変えることは不可能だと書いているが、その一方で『経済学提要』ではこの見方に但し書きをつけて、そのような分配の変化が可能かどうかはわからないと述べたりしている[42]。したがってパレートが、自分で発見した所得分配の法則の議論についてどこまで誠実だったかについては疑問符がつく。彼の文章には、分配は変えられないとする非常に明快な発言と、慎重な但し書きによってそれを薄めようとする疑似法学的なことば遣いとのあいだの絶えざる緊張がある。しかし、そうした但し書きはそれほど多くもなければ強いものでもないので、分配の不変性という最初の提案を覆すほどではない。

第二の混乱は、パレートが本当に所得分配不変の法則を発見したと主張したのかどうかをめぐる混乱よりも、ずっと重要なものだろう。これはパレート定数（a）として知られるもの（この本で「ギロチン」とよんでいるもの）の意味と関係してくる。今では、この「定数」が所得分布の最上位にしか適用されないこと、その範囲ですらこれが定数ではなく変数だということはよく知られている。aが所得分布の最上位にしか適用できないということは、パレートにはとっくに明らかだった。パレートは、自分には比較的裕福な、所得課税の対象となっている人たちのデータしかないことがわかっていたので、『提要』で分布全体の曲線を描くときには、曲線のうち、この係数が適用される部分は分布

第5章 ヴィルフレド・パレート

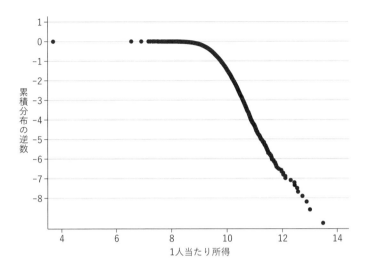

図5.3 実際の所得分布での実証的なパレート関係
注:2008年ドイツのミクロデータより計算。
データソース:LIS Cross-National Data Center.

の最上位だけだと述べている[43]。これは今ではよく知られていることだ。もし横軸に所得の対数を、縦軸に累積分布の逆数の対数をとって(図5.2とまったく同じ関係)、それを分布の全体で行うとすると、たいていは図5.3のような曲線が得られる。この曲線に、意味のある単一の直線を重ねることはまったくできない。しかし、これを途中で切り捨てて分布の最上位だけを取り出すと、単一の直線を重ねることが意味をもつようになる。ただし、それでもあとで見るように、直線の傾きは分布上位のどこに焦点を当てるかによって(つまり、どこで切り捨てるかによって)変わってくる。

今では、パレートの「定数」は分布によって変化する(場所や時間と無関係に固定されてはいない)だけでなく、同じ分布のなかでも、所得分布のどの部分を考えるかによって——受領者のトップ5パーセントを見るのか、10パーセントか、それ以外のパーセントで考えるのかによって——係数は異なる値をとることがわかっている。いいかえれば、所定の分布をとりあげて、一定の閾値以上の所得のある人の数の変化を最もよく表す線を引けば、その線は(もっ

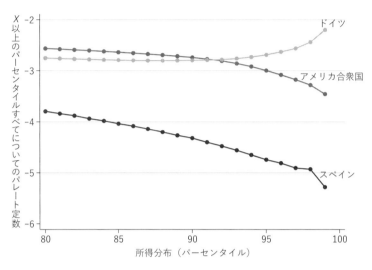

図5.4 異なる国の、所得分布のさまざまな部分について計算したパレート係数
注：アメリカ合衆国（2008年）、スペイン（2008年）、ドイツ（2008年）についてミクロデータより計算。
データソース：LIS Cross-National Data Center.

と正確にはその傾きは）、どこからその分布の「カット」を始めたかによって変わるということだ。図5.4は2008年のアメリカ合衆国、ドイツ、スペインという3か国の所得分布についてそれぞれのaを示したもので、分布のさまざまな部分でaを計算している。グラフの始まりは分布の80パーセンタイルだ（トップ20パーセンタイルについてパレート関係を計算しているということ）。ここから81パーセンタイルに移動してトップ19パーセンタイルについてパレート関係を計算し、また次に、という具合で99パーセンタイルまで進み、最後にはトップ2パーセンタイルの関係まで計算する。分布が本当にパレート的ないしフラクタルであれば（トップ20パーセントについてだけでもいい。分布全体がそうならないことはすでにわかっている）、分布のどの部分を選んだかとは無関係に、係数は同じになるだろう。しかしどう見ても係数は同じではない。アメリカ合衆国では係数が（絶対量で）一貫して増えていて、ギロチンはどんどん鋭くなり、分布の上位層は薄くなっている。ドイツの場合、aは初めこそアメリカ合衆国と同じように動くが、93パーセンタイルからは進化がまったく逆になっている。

第5章　ヴィルフレド・パレート

傾きは（絶対量で見て）小さくなり、アメリカ合衆国と比べて上位層がかなり厚いことを示唆している。スペインのaは、絶対量で見ると、分布全体でほかの2国よりつねに大きく、しかも上位へ向かうほど増加している。これは、スペインの高所得受領者の数がかなり急速に減少していることを示唆している。

　分布の不変性という考え方そのものが事実と矛盾している。その分布の不変性を反映しているはずの係数が、どの分布の範囲内でも変動しているのだ[44]。実際に、もしパレートの強いかたちでの言説が真であれば、3つの曲線はどれも唯一のa値に向けて崩壊していくはずだ。これは明らかに実際とかけ離れている。

　先の等式からパレート係数を取り出して、それを適用する分布の時間と場所（2008年アメリカ合衆国など）を表す下付き文字をつけ、次にそれを適用する所得分布の範囲（トップ10パーセントなど）を示す下付き文字を加えると、語っているものが、分布と分布のあいだで不変でないことは即座に明らかになる。したがって、変動する係数に基づいて、それも時間と空間だけでなく、所定の所得分布の範囲内でも変動する係数に基づいて、分布全体の不変性を主張するのはばかげたものとなる。

　分布によってパレート係数が変動することは、パレートの同時代人にすら明らかだったことで、その後はさらに明白になっている。パレートの手元にも、自身の主張とは逆に、係数が異なる（それも統計的に有意に異なる）と考えられる分布が20あまりもあった。不変という考え方にとってさらに破壊的なのは、すでに見たように、その「定数」自体が、分布のどの場所を計算するかによって変わってくるという事実だ。「法則」は完全に消え去ってしまう。

　そしてもうひとつ、ごく最近まで続いていた混乱がある。これは、ギロチンが非常に鋭く働くか徐々に効いてくるかということと、ジニ係数のような不平等の総合指標とに関連している。パレート係数とジニ係数との関係は単純だ。定数aの絶対値が大きいほどジニ係数が低い[*]。しかし、これはどこか直感に反する。パレート係数の値が大きいということはギロチンが強く働くということであり、所定の水準以上の所得のある人数が急激に減少するということだ。

[*]　式は$G = \dfrac{1}{2a-1}$で、Gはジニ係数、aがパレート係数だ。

ということは、突き詰めれば、最上位にはほんのわずかな人数しかいない（ほかは急速に削られていく）ということで、そうなれば——ここが直感に反するところなのだが——所得不平等も大きくなるはずだ。ところが実際はその逆だ。不平等の合成的尺度は全員の所得を計算に入れ、それを（ジニ係数であれば）ほかの全員の所得と比較するか、もしくは（各種のタイル指数のように）平均と比較する。もし大半の人びとが同じか似たような所得水準にあれば、最上位にはごくわずかな人数しかいないにもかかわらず、不平等の合成的尺度は値が低くなりやすい。したがってギロチンが非常に鋭い場合、すなわち a の絶対値が非常に大きい場合には、不平等の程度が低くなることが示唆される。つまり、所得分布の上側のテールが厚ければ、不平等の合成的尺度の値が大きくなるはずなのだ[45]。

パレートの貢献

パレートの発見に対するこの章での批判から彼の貢献は小さいと結論づけるなら、それは誤りだ。パレートはいくつかの面で重要な貢献をしている。パレートは初めてべき法則を定義した。これは今も多くの事例で活用されていて、その範囲は所得や富の分布にとどまらず、人口による都市分布、洪水の規模、著者ごとの出版物の数、さらにはツイッター［現在の「X」］のフォロワー数にまで広がっている。パレートのべき法則は、今日では所得および富の分布の発見的手法［アルゴリズムによらず蓄積された情報から最適な選択肢を選択する手法］で利用されている。たとえば、分布の頂点を推定する必要が生じたがデータがないということがある（おそらく富裕層はそうした調査に参加しないだろうし、財務当局への所得申告も少なめにしているだろう）。そうした場合には、トップ5パーセントないしトップ1パーセント（あるいは数字はどうあれ分布の上位で合理的と思える範囲）にはパレート「定数」が当てはまると仮定することができる。フランク・コーウェルの示した例では、記録された課税データを超えたところまでパレート図の直線を延長することで、課税当局は、そこに極端に高い所得を申告していない個人がいると結論づけたところ、あとで正しいことがわかったという[46]。あるいは近年の例として、中国での腐敗に関する事例を見てみよ

第5章　ヴィルフレド・パレート

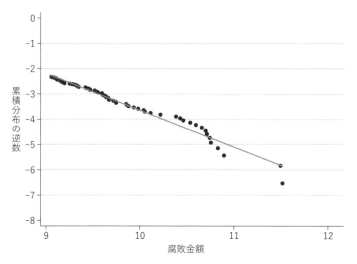

図5.5　中国の腐敗の最高金額を結んだパレート図
注：データは腐敗事例の（賄賂または着服の金額で見た）トップ十分位についてで、政府司法当局によって報告されたもの。
データソース：Li Yang, Branko Milanovic, and Yaoqi Lin, "Anti-Corruption Campaign in China: An Empirical Investigation," Stone Center on Socio-Economic Inequality Working Paper 64, April 2023.

う。中国では、賄賂や着服の状況に関わる総額の推定値が、有罪判決の時点で公式に記録されていた（図5.5）[47]。最上位での腐敗の金額が2つとも同じであることは、なんらかの切り捨てが行われたこと（非常に大きな金額は推測で済ませたということ）を示唆している。記録された腐敗の先までパレート図の直線を延長していくと、さらに大きな額の着服がいくつかあったことが示唆される。こうしてパレートの研究が現在も引き続き利用されていることは、所得不平等の研究に対する彼の貢献が永続的なものだったことの証明になるだろう。

　もうひとつ、パレートの研究の重要な側面として、所得や富に正規分布ないし対称分布が有効だとする考えを、パレートがきわめて明確に否定していることがあげられる。パレート以前には、所得や富の分布が統計的な意味で研究されたことはなかったのだが、暗黙の前提として（おそらくベルギーの統計学者アドルフ・ケトレーの研究の延長と推論からだろうが）所得の分布もほかの物理的ないし生得的な特徴（体重や身長など）の分布と似たもの（別のことばでは「ガウス

分布」）になると考えられていた。この考えを退けたのがパレートだった。それ以来、所得分布が対称型になるという考えに戻ることは一切なかった[*]。

　根本的には自身のエリート周流論にしたがっていたが、パレートは、所得分布がすなおに変化にしたがうとは考えていなかった。もっと強い表現でいうなら、社会配置が変われば所得分布が変わるとか、平均的な富の増加や経済発展とともに所得分布が変わるとは考えていなかった。ここが所得分布とその他の現象とが大きく違うところで、結婚率、人口増加、死亡率など、ほかの現象はすべて、パレートが『提要』で強く主張していたように、たしかに発展とともに変わっていった[48]。パレートが、所得分布には不変性をあたえておきながら、それを（正しいとはいえ）ほかの社会現象の数々については即座に否定しているのは、少し矛盾しているように思えるかもしれない。パレートがあの結論に惹きつけられたのは、どこまでがデータによるものだったとはいえないし（実際にそんなことをすれば迷路にはまり込んでいたはずだ）、どこまでがデータによって完全に裏づけされると期待していた以前の信念に導かれたものだったのかもわからない。皮肉なことだがパレートは、主観的な感情や選好には原理的に影響されない論理実験的手法をどこまでも強調していたにもかかわらず、自身がまさにそのポイントで騙されてしまったのではないだろうか——ほかの多くの者が過ちを犯したのと同じところで。

　パレートから約半世紀後、サイモン・クズネッツは、まさにパレートが行くまいとした方向へ歩を進め、所得分布は発展ないし社会の富の増大とともに、規則的かつ予測可能な方法で変化すると主張した。豊かな社会の分配は貧しい社会とは異なると考えたのである。

　傑出した経済学者が所得不平等にどのようにアプローチしたのか、そしてそれが時とともにどのように進化してきたのかを調べるうえで、パレートの地位はきわめて重要だと認められるべきだ。初めて個人間の所得不平等研究に全面的に移行したのはパレートであり、社会主義の下での所得不平等がどのように

---

[*]　対称型になりえない理由として明らかだと思えるもののひとつは、所得分布の底辺でも必ず最低水準の所得はあるということだろう。そうでなければ人は生きていけない。対照的に、所得には上限がないので、分布の右端にはそうした限界はない。もちろん、これはほかの現象とは大きく異なっている。ほかの現象には自然の限界がある。

なるかを批判的に考察したのもパレートが最初だった。マルクスが間接的にしか取り組まなかったテーマ（第4章参照）を取り上げ、きわめて重要な疑問を投げかけた——生産手段が国家の所有になれば本当に所得不平等は削減されるのだろうか、と。

　パレートは、所得不平等の研究を帰納的な道筋に乗せることもした。今日こうした研究は、すべてデータが入手可能であることが、そしてその意味を理解して、できることなら不平等を支配する経済法則を明らかにしようとする取り組みが原動力となっている。したがってパレートは、初めて単刀直入な疑問を投げかけたことになる——所得の不平等は、社会制度や社会の所得の変化につれて、なんらかの規則性にしたがって動くものなのだろうか。パレートにとって、答えは否定的なものだった。そして、今ではそれが誤りだったこともわかっている。しかし、それでもこの疑問は、問われるべき重要な疑問だった。

原注

1. Michael McLure, "Editor's Notes," in Vilfredo Pareto, *Manual of Political Economy: A Critical and Variorum Edition*, ed. Aldo Montesano, Alberto Zanni, Luigino Bruni, John S. Chipman, and Michael McLure (Oxford: Oxford University Press, 2014), 615. Original Italian edition: Vilfredo Pareto, *Manuale di economia politica* (Milan: Società Editrice Libraria, 1906).［邦訳『数学的経済均衡理論』早川三代治訳、丸善、1931.9　付録部分のみの抄訳のため該当部分は訳出なし］

2. Raymond Aron, "Paretian Politics," in *Pareto and Mosca*, ed. James H. Meisel (Englewood Cliffs, NJ: Prentice-Hall, 1965), 115–120 を参照。

3. 実際にパレートはレイシズムを非難している。「そのことは、真実ではないとしても、にわかに信じがたく思われる。神聖なる平等の熱烈な信者のなかには、イエスはすべての人間を救済するために死んだと信じ（彼らは「キリストの兄弟」とよばれている）、宣教師にわずかな金を与えて送りだしてアフリカやアジアの人びとを改宗させておきながら、アメリカの、黒人が入場を認められている教会では、自分たちの神に祈ることを拒絶する者がいるのだ」Vilfredo Pareto, *Selections from His Treatise* (New York: T. Y. Crowell, 1965), 73. 以下、パレートの文章はすべて著者による英訳より訳出。

4. パレートは嘲笑して述べている。「もし黒人がヨーロッパ人よりも強ければ、ヨーロッパ人がアフリカを分割する代わりに、ヨーロッパが黒人によって分割されるだろう。自身に『文明人』の称号を与え、ほかの人びとを征服し、その人びとを喜んで『未開人』とよぶような者が主張する『権利』などまったくばかげている、というよりむしろ、この権利は力以外のなにものでもない」Vilfredo Pareto, *Sociological Writings*, selected by Samuel E. Finer, trans. Derick Mirfin (New York: Frederick A. Praeger, 1966), 136.

5. Pareto, *Sociological Writings*, 140.

6. Pareto, *Sociological Writings*, 213.

7. Pareto, *Sociological Writings*, 138.

8. Vilfredo Pareto, *Les Systèmes Socialistes: Cours professé à l'Université de Lausanne*, 2 vols. (Paris: V. Giard et E. Briére, 1902), 1: 7. 本の初めの部分には驚くほど尊大な言説がいくつかあって、それがパレートの好んだ種類の（「科学的な」種類の）経済学と、それ以外の、おそらくは非科学的なイデオロギーの数々（「自由主義、キリスト教、カトリック信仰、社会主義など」（原書1: 2））との違いだとされている。カトリックや無神論的天文学を推進するのが愚行であるのとまったく同じで、経済学や自然科学は事実という客観的な基盤

第5章　ヴィルフレド・パレート

に立つものであり、ほかの修飾語は——もちろん「科学的（*scientifique*）」という語を除いては——必要ないとパレートは信じていた。このような素朴さは当時としても、今と同じくらい衝撃的だったに違いない。

9.　ピグーのすぐれた伝記については Ian Kumekawa, *The First Serious Optimist: A. C. Pigou and the Birth of Welfare Economics* (Princeton, NJ: Princeton University Press, 2017) を参照。

10.　Raymond Aron, *Main Currents in Sociological Thought*, trans. Richard Howard and Helen Weaver, vol. 2 (1967; London: Pelican, 1970), 177.

11.　Vilfredo Pareto, *The Mind and Society*, vol. 1, *Non-Logical Conduct*, ed. Arthur Livingston (New York: Harcourt, Brace, 1935), 9, 231–384.

12.　Werner Stark, "In Search of the True Pareto," *British Journal of Sociology* 14, no. 2 (1963): 103–112, 105.

13.　Joseph A. Schumpeter, *History of Economic Analysis*, ed. Elizabeth Boody Schumpeter (Oxford: Oxford University Press, 1954, repr. 1980), 860.［『経済分析の歴史』209ページ　一部改］

14.　Franz Borkenau, "A Manifesto of Our Time" (1936), reprinted in *Pareto and Mosca*, ed. James H. Meisel, 109–114 (Englewood Cliffs, NJ: Prentice-Hall, 1965), 113.

15.　Aron, *Main Currents in Sociological Thought*, 2: 176.［邦訳『社会学的思考の流れ』北側隆吉訳、法政大学出版局、1974–1984、231ページ］

16.　Pareto, *Mind and Society*, 1: 163n1.

17.　Bertrand Garbinti, Jonathan Goupille-Lebret, and Thomas Piketty, "Income Inequality in France, 1900–2014: Evidence from Distributional National Accounts (DINA)," *Journal of Public Economics* 162 (2018): 63–77, Fig. 8, 73.

18.　Christian Morrisson and Wayne Snyder, "The Income Inequality of France in Historical Perspective," *European Review of Economic History* 4 (2000): 59–83, Tables 2 and 9.

19.　Thomas Piketty, *Les hauts revenus en France au xxe siecle: Inegalités et redistribution, 1901–1998* (Paris: Grasset, 2001).［邦訳『格差と再分配——20世紀フランスの資本』山本和子ほか訳、早川書房、2016.9］　しかし留意してほしいのだが、モリソンとスナイダー（Morrisson and Snyder）は前掲書で、不平等は1860年頃にはピークに達していたのではないかと主張している。彼らの見方は明確なクズネッツ派で、不平等は産業の発展とともに増加すると考えている（第6章参照）。ピケティの見方ははっきり反クズネッツで、不平等に「自然発生的な」変化はなく、不平等は戦争や政策決定（所得税や相続税の引き上げなど）といった「大きな」イベントに反応して動くと考えている。ピケティは、フランスでは19世紀を通じて不平等が拡大したことを決定的に示している。「得られた結果には疑いの余地がない。入手できる最新の推計によって、19世紀フランスでは相続資産格差がかなりの拡大傾向にあったことが明らかになった」。Piketty, *Les hauts revenus en France*, 536.［『格差と再分配』696ページ］

20. Thomas Piketty, *Top Incomes in France in the Twentieth Century: Inequality and Redistribution, 1901–1998*, trans. Seth Ackerman (Cambridge, MA: Harvard University Press, 2018), 497–501.〔『格差と再分配』676–688ページ〕

21. Paul Leroy-Beaulieu, *Essai sur la répartition des richesses et sur la tendance à une moindre inégalité des conditions*, 4th ed., rev. and enl. (Paris: Guillaumin, 1897), vii–viii. Piketty, Top Incomes in France, 498〔『格差と再分配』677ページ〕に引用。

22. Piketty, *Les hauts revenus en France*, 537.〔『格差と再分配』682ページ〕

23. Paul Leroy-Beaulieu, *Essai sur la répartition des richesses et sur la tendance à une moindre inégalité des conditions* (Paris: Guillaumin, 1881). Pareto, *Sociological Writings*, 101.

24. David Ricardo, *The Principles of Political Economy and Taxation*, intro. by F. W. Kolthammer (London: J. M. Dent and Sons, 1911; repr. New York: Dover, 2004).〔邦訳『デイヴィド・リカードウ全集』第1巻「経済学および課税の原理」堀経夫訳、雄松堂出版、1972.2〕

25. François Quesnay, *Quesnay's Tableau Économique*, ed., trans., and notes by Marguerite Kuczynski and Ronald L. Meek (London: MacMillan, 1972).〔邦訳『経済表』平田清明、井上泰夫訳、岩波書店、2013. 3〕

26. いささか興味深いことだが、優生学者がパレート派になることもあって、身長や体重、知性、そして（最も悪名高い）頭蓋の長さは意識的な国家政策で変えられるが、所得分配は変えられないと考えていた。Terenzio Maccabelli, "Social Anthropology in Economic Literature at the End of the 19th Century: Eugenic and Racial Explanations of Inequality," *American Journal of Economics and Sociology* 67, no. 3 (2008): 481–527 を参照。

27. Pareto, *Les Systèmes Socialistes*, 1: 158–159.

28. Vilfredo Pareto, "Aggiunta allo studio sulla curva delle entrate," *Giornale degli economisti*, 2nd series, vol. 14 (January 1897): 15–26 に所収。

29. 最後の5つはVilfredo Pareto, "La courbe de la re´partition de la richesse," in *Recueil publié par la Faculté de Droit*, University of Lausanne, 373–387 (Lausanne: Viret-Genton, 1896), reprinted in Vilfredo Pareto, *Écrits sur la courbe de la répartition de la richesse*, ed. Giovanni Busino (Geneva: Librairie Droz, 1965), 2, 4に所収。

30. ブシノによれば、パレートはデータの取得にあたって、居住していたスイスのヴォー州の助けを借りている。Giovanni Busino, "Présentation," in Pareto, *Écrits sur la courbe*, x. データの収集は1893年、初めて発表したのはVilfredo Pareto, "La legge della demanda," *Giornale degli economisti*, 2nd series, vol. 10 (January 1895): 59–68だった。

31. Pareto, *Écrits sur la courbe*, 1–15.

32. Pareto, *Écrits sur la courbe*, 3.

33. Pareto, *Écrits sur la courbe*, 7.

34. 「このように君主は野獣の方法を巧みに用いる必要があるが、野獣の中でも狐と獅子と

は範とすべきである。それというのも獅子は罠から自らを守れず、狐は狼から身を守れないからである。それゆえ罠を見破るには狐である必要があり、狼を驚かすには獅子である必要がある」Niccolò Machiavelli, *The Prince, trans. George Bull* (London: Penguin, 1961), 56–57.［邦訳『君主論』佐々木毅訳、講談社、2004.12、142ページ］

35. Stark, "In Search of the True Pareto," 111.

36. Pareto, *Manual of Political Economy*, 197–198.

37. Pareto, *Manual of Political Economy*, 195.

38. Vilfredo Pareto, "La Courbe des Revenus," *Le Monde Économique*, July 25, 1896, 99–100, reprinted in Pareto, *Écrits sur la courbe*, 16–18.

39. Vilfredo Pareto, "La répartition des revenus," *Le Monde Économique*, August 28, 1897, 259–261, reprinted in Pareto, *Écrits sur la courbe*, 47.

40. Pareto, "La répartition des revenus," 48.

41. Vilfredo Pareto to Maffeo Pantaleoni, cited in Busino, "Présentation," in Pareto, *Écrits sur la courbe*, xv.

42. Pareto, *Manual of Political Economy*, 196.

43. Pareto, *Manual of Political Economy*, 194. 所得分布の曲線全体とその「既知の部分」が194ページの図54に描かれていて、既知の部分にはその分布様式から上の所得すべてが含まれることが示唆されている。この分布様式が非対称分布の中央値より下にあることから、パレートは、人口の半分以上についてデータがあるとしている。これは真実に近い。パレートは所得データのある課税単位の数をリスト化していて、1891年のハンブルクについては人口70万人以上のうちの14万7000人（21パーセント）、ブレーメンもおそらく1891年で、人口19万人のうちの4万5000人（24パーセント）、1891年のチューリッヒ州については人口43万人のうちの8万1000人（19パーセント）となっている。Pareto, "Aggiunta allo studio sulla curva delle entrate."

　1886年のザクセンでの人口と課税単位に課してパレート自身が提出している比率を用いると、彼の財務データは人口の50〜60パーセントをカバーしていたと推定できる。Busino, "Présentation," in Pareto, *Écrits sur la courbe*, xiii. またプロイセンの地区レベルでの財務データが、1891年の改革で課税ラインが引き上げられるまでは、かなり高いカバー率（納税者／人口）を示していた点にも留意してほしい。Charlotte Bartels, Felix Kersting, and Nikolaus Wolf, "Testing Marx: Income Inequality, Concentration, and Socialism in Late 19th Century Germany," Working Paper 32, Stone Center on Socio-economic Inequality, Graduate Center, City University of New York, March 2021, figure D1, 35, https://stonecenter.gc.cuny.edu/research/testing-marx-income-inequality-concentration-and-socialism-in-late-19th-century-germany/.

44. Juliette Fournier, "Generalized Pareto Curves" (PhD diss., Paris School of Economics, 2015) でも同じ点が指摘されている。

45. ここにはもうひとつ、不幸な問題がある。それはさまざまな「パレート係数」が拡散していることで、オリジナルの a は改変されているのに（読者にはやっかいなことに）名称には「パレート」の名前を残しつつ、さまざまな条件が付け加えられている。たとえばアトキンスンは「反転パレート係数」として $a/(a-1)$ を定義しているが、これはそれまで定数 β として知られていたもので（「ファンデルウィックの定数」ともよばれた）、所定の閾値より上の平均値をその閾値水準と比較したものだ。Anthony B. Atkinson, Thomas Piketty, and Emmanuel Saez, "Top Incomes in the Long Run of History," *Journal of Economic Literature* 49 (2011): 3–71. 実際に、すべてのフラクタイル分布では、どのような所定の閾値についても、その閾値より上の平均値はある定数（パレートの場合であれば $a/(a-1)$）にその閾値を掛けたものになる。さらにソルトウの用いている「逆パレート係数」というものもあるが、これはもう少し要領よく、単純に $1/a$ と定義することができる。Lee Soltow, "The Wealth, Income, and Social Class of Men in Large Northern Cities of the United States in 1860," in *The Personal Distribution of Income and Wealth*, ed. James D. Smith (New York: National Bureau of Economic Research, 1975), 235 を参照。

46. Frank Cowell, *Measuring Inequality*, 3rd ed. (Oxford: Oxford University Press, 2011).

47. Li Yang, Branko Milanovic, and Yaoqi Lin, "Anti-Corruption Campaign in China: An Empirical Investigation," Stone Center on Socio-Economic Inequality Working Paper 64, April 2023.

48. Pareto, *Manual of Political Economy*, 199–200.

第6章

サイモン・クズネッツ

近代化の時期の不平等

　サイモン・クズネッツは、もう一人の候補であるジョン・メイナード・ケインズと並んで、20世紀で最も重要な経済学者だろう[1]。クズネッツは経済学の最も重要な2つの分野の基礎を築いた。第一に、1930年代から1940年代にかけての初期の研究では、国民勘定を使った各種の国民経済集計値を定義していて、今ではどれも、経済成長と人びとの福祉の変化をモニターするうえで不可欠な基盤となっている。クズネッツによる国民生産の定義は国際連合で（のちのリチャード・ストーン、ジェームズ・ミードなどによる貢献とともに）採用され、世界のすべての国で実施される標準となっている。そればかりか、国民勘定のいくつかの部分の処理に関して、今日ますます声が上がっている疑問、各種の国民集計値の将来的な見直し指針となるような疑問についても、クズネッツは明確に語っていた。第二に、1950年代から1960年代の研究を通して——ここで関心があるのはこれなのだが——クズネッツは、所得不平等を生み出し形成するさまざまな力について、わたしたちの見方に影響をあたえた。

　したがってわたしたちは、総厚生の尺度（国民所得）だけでなく、世帯間分布へのアプローチについてもクズネッツの功績を認めることができる。もっと統計的なマインドの人なら、クズネッツは所得分布の第一・第二モーメントの定義にも尽くしたというかもしれない。平均所得（1人当たり国民所得）と所得分布（世帯間所得の標準偏差）だ。このうち所得分布の分野での研究は、さまざまな国民勘定概念の定義と比べれば、今日それほど広く受け入れられているわけではないが、たとえそうだとしても、のちにクズネッツ仮説とよばれるもの

235

——すなわち経時的な不平等進化に関する理論——は、今の経済学でもまだまだ健在だ。

この仮説は、所得分布でのクズネッツの最も重要な貢献なのだが、そちらに移る前に、同じ領域で独創的な研究がほかに3つあるので、それを確認しておかなければいけない。第一はグローバルな不平等に関する実証的研究で、これはこの種のものでは最初だった。第二はマクシミン原理（ないし格差原理）についての言説で、これでまず名前があがるのはジョン・ロールズだが、時系列でいうとクズネッツの文章が最初になる。そして第三が、公平性と効率性のトレードオフに関する画期的な分析だ。

1954年の論文で、クズネッツはグローバルな所得分布について初めてとなる実証的な推定値を提出した。焦点を当てたのは1894〜1895年、1938年、1949年という3つの時点だった[2]。各国内での所得分布のデータがなかったことから、これは人びとのグローバルな分布を、個人の所得ではなく各国の平均所得からランクづけしたものになっていた。これはわたしが「コンセプト2」アプローチと定義しているもので、国内での個人所得の言動を正しく捉える「真の」アプローチとは区別される[3]。当時は平均国民所得のデータですら手に入りにくかったので、クズネッツは、まず先進経済についてだけコンセプト2の分布を提出した。これは、分析した年すべての世界人口の約30パーセントにあたる。次にそれを1949年のコンセプト2グローバル分布で補完し、さらにずっと仮想的な1894〜1895年の分布で補った。世界の先進地域については、クズネッツの計算はジニ係数の増大を示していて、1894〜1895年の28ポイントから1938年には36〜37ポイントとなっている。したがって、富裕層内で所得の分岐があったことになる。1949年の世界については国連の提供する70か国の平均所得データを利用し、非先進国の人口はすべて所得分布の低い側に入ると仮定した。クズネッツはトップ6パーセント（どちらの年も最富裕国だったアメリカ合衆国の人口とほぼ等しい人数）の占有率を、1894〜1895年が28パーセント弱、1949年が42パーセントと推定した[4]。したがって、人口加重した国際的不平等は、19世紀末から20世紀半ばにかけて大きく増大したことになる。

今ならもっといいデータを使ってもう一度この計算ができる。現在はマディソン・プロジェクトの1人当たりGDPのデータがある。トップ6パーセント

第6章　サイモン・クズネッツ

（今回もアメリカの人口規模にほぼ等しい集団）が世界総所得に占める割合は、1894
〜1895年が24パーセント、1949年が31パーセントだ[5]。2つ目のパーセンテー
ジがクズネッツの考えたものよりかなり小さいのは、1949年について今のほ
うがクズネッツの時代よりずっと多くのGDPデータがあるからだ。しかし、
所得の世界分布を作ろうというアイデアと、その分布でのトップの占有率を計
算したことはどちらも新しかったし、結果についても、当時として最善のもの
が生み出されている。

　1963年、クズネッツは、高水準の不平等を正当化するのに有益な疑問を提
出した。不平等はつねに成長にとってよいものなのだろうか、それとも、高所
得集団から底辺層への再分配が経済成長を加速するような条件があるのだろ
うか[6]。これはマクシミン原理の応用と見ることもできる。不平等の拡大が正
当化されるのは、それがさらに大きな経済成長と、なによりも貧困層の所得増
大につながる場合だけだ。いつものことだが、クズネッツの文章はたいてい読
みやすくはないし理解も難しい。ここでもクズネッツは、この疑問に条件付き
のことばで答えている。しかし、お気に入りの説明はある。「高額所得が下が
ることは、一方ではこの集団の貢献を押し下げる可能性もあるだろうが、それ
はその放出されたリソースが別の所得集団によって別に利用されることの貢献
で十二分に相殺されるのではないだろうか。したがって純収支では、その変化
は経済成長への意義ある正の貢献を意味するのではないだろうか」[7]。留意し
てほしいのは、ここでのクズネッツが、富裕層が自身の所得を追加する能力を
制約すると、そうしない場合と比べて富裕層が働かなくなり、したがって全体
の所得が下がる結果となる可能性を認めていること、しかし、貧困層の得る所
得を増やすことによる奨励効果はその損失を相殺して余りあるだろうと考えて
いることだ。クズネッツは、所得拡大というインセンティブの正の役割に疑問
を呈しているのではなく、最大の利益が実現するのは富裕層へのそうしたイン
センティブの提供なのか、貧困層への提供なのかを考えているのだ。

　クズネッツは、すべての所得分配は3つの基準で判断されるべきだと考えた。
すなわち妥当性、平等性、効率性だ[8]。妥当性とは、最貧困層であっても、地
域の慣行やその社会の経済発展水準と調和した水準の所得を得られるようにす
るということだ。平等性とは差別がないことで、現時点での所得に関する差別

237

（人種やジェンダーによる賃金格差など）も、将来の可能性に関する差別（今でいう機会の平等を制約するなど）も、あってはならない。効率性は高い成長率を達成することだ。

この3つのあいだの相互作用については、クズネッツはすべての可能性を考えている。たとえば平等を強く推しすぎて完全な平等主義のようになると成長率に有害な影響が出るだろうし、妥当性も下がるだろう——つまり、平等主義は貧困を生みかねないということだ。しかし他方、高い成長率を達成するためには平等性を高めなければならない。そうしないと人口のかなりな部分が社会的に排除されてしまい、全体の向上に貢献できなくなるだろうし、社会の分裂や政治的不安定につながることもあるだろう。最後に、妥当性（つまりは貧困削減）を強く推しすぎるとインセンティブが下がり、成長率が低下して、平等の価値すら減少することになりかねない。なにしろ貧困を削減するためだけに、努力とは無関係に報酬が得られるようにするのだから。これは、平等と成長とのシンプルなトレードオフよりもずっと複雑な世界観だ。

こうしたクズネッツの思考の例が示しているように、経済学への彼の貢献は、彼が記憶されている主要な貢献の範囲をはるかに超えている。クズネッツが提出した疑問にはまったく初めての問いかけもあり、70年が過ぎた今も、変わらぬ議論の対象となっている。クズネッツは、きわめて注意深いデータ研究と深い思考という、類まれな組み合わせを通してそれを達成した。わたしは彼の実証的研究がその動機だったと考えている。クズネッツは、どの社会の所得分配にも起こる問題、かつ、どの社会にも反映している根本的な問題を考えたのだった。

20世紀半ばのアメリカ合衆国の不平等

クズネッツが所得分配についての見方を発展させた時期は、アメリカ経済史のなかでも非常に特別な、おそらく唯一の時期だった。第二次世界大戦の終了時、アメリカ合衆国は文句のない戦勝国であり、核兵器を所有する唯一の列強だったばかりか、間違いなく（総所得で見ても1人当たり所得で見ても）世界で最も裕福な国でもあった。戦争の経験によって、ドイツは壊滅的な状態とな

り、ソヴィエト連邦の西部は人的にも物理的にもほとんどの資本が破壊されていた。イギリスは疲れ果てていたし、中国、韓国、日本は、さまざまな理由から、悲惨なほどの貧困状態だった。しかし、アメリカ合衆国では所得がとてつもなく増加した。戦争中の増加は大半が軍事生産によるもので、それが戦後になって必然的に消費者向けへ転換されると、1947年には短期的な景気後退につながった。しかし新たに膨大な工業力が築かれていたことから、1950年代初めの合衆国は、世界のわずか6パーセントの人口で世界の生産高の3分の1以上を生み出すまでになった[9]。単一国家でこの水準の相対的経済力というのは前例がなかったし、それ以後も二度と起こっていない。おそらく、予見可能な未来のうちに繰り返されることもないだろう。

くわえて、アメリカ合衆国はさらに階級的に開かれた社会となった。これは戦争前のニューディール政策や戦後の復員兵援護法（GI法）、さらには1930年代半ばから1950年代半ばにかけての所得不平等の（見る人によっては劇的な）縮小によるものだ。縮小が全体としてどれくらいだったのかについては（その計算にはクズネッツが重要な役割を果たしたのだが）今も議論がある[10]。しかし、実際に不平等の縮小が起こったこと、それが大幅なものだったことについてはほぼ疑う余地がない。人種差別は続いていたとはいえ、1950年代の合衆国は20年前よりも経済的にずっと平等な社会になっていた。戦後の所得均等化が起こったのは、公教育へのアクセスが大きく改善したこと（公立大学が全米に次々と設立され、新しい学生を数多く惹きつけた）、労働需要がさらに大きくなったこと（原動力は急速な経済成長）のほかに、最高所得を制限する政策手段がとられたことにもよる。個人課税はほとんど没収と思えるほどのときがあって、1950年代の大半を通じて、最高所得受領者の限界税率は90パーセントを超えていた[11]。これほど厳しい課税はそれ以来、二度と行われていない。

図6.1は、長期的なアメリカの不平等と経済成長を表したものだ。この本で関心のある時期で目立つのは、大恐慌の時期に不平等が急激に増大していることだ。主な理由は高い失業率で、そこからは長い下り坂が1957年まで続く。1933年に50を超えていたジニ係数は、1957年にはわずか34になっている。これほど大幅な減少はきわめて珍しく、革命以外ではほとんどお目にかかれない。しかし、革命が往々にして実質所得の減少を生み出すのに対して、この場

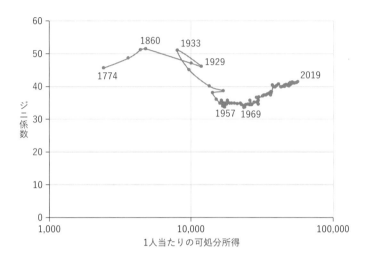

図6.1 アメリカ合衆国の長期的な不平等 1774〜2019年
注：横軸は1990年国際ドル（Maddison）の対数。
データソース：1774年から1870年についてはPeter Lindert and Jeffrey Williamson, "*Unequal Gains: American Growth and Inequality since 1700*" (Princeton University Press, 2016), 38, 115、1929年から1947年までについてはEugene Smolensky and Robert Plotnik, "Inequality and Poverty in the United States, 1900–1990," Graduate School of Public Policy, University of California, 1992, figure 2、1929年についてはDaniel B. Radner and John C. Hinricks, "Size Distribution of Income in 1964, 1970, and 1971," *Survey of Current Business*, 54 (1974): 19–31, table 10, 27、1935年、1941年、1946年についてはSelma Goldsmith, George Jaszi, Hyman Kaitz, and Maurice Liebenberg, "Size Distribution of Income since the Mid-thirties," *Review of Economics and Statistics* 36 no. 1 (1954): 1–36, 7fn4、1944年から1945年および1947年から2019年についてはUS Census Bureau, *Income, Poverty and Health Insurance in the United States: 2009*, September 2010, Table A.2: 40–43. 以後の年についてはthe US Census Bureauによる1947年から1988年までの同等出版物であるArthur F. Jones Jr. and Daniel H. Weinberg, "Change in the Income Inequality for Families: 1947–1998," in *The Changing Shape of the Nation's Income Distribution: 1947–1998*, US Census Report Number P60-204, June 2000.

合のアメリカでは、1人当たり実質所得が1933年の8000ドルから1957年の1万7500ドルへと2倍以上になっている[12]。この驚異的な3つの展開——アメリカ合衆国が前例のないグローバルパワーとなったこと、1人当たりの実質所得が大幅に伸びたこと、そして所得格差が同じように大幅に平準化されたこと——は、クズネッツが所得分配の進化に関する思考を発展させた知的風土を理解するうえで、必ず念頭に置いておくべきものだ。

　こうした空気のなかでは、アメリカの経験は先進的な資本主義国に一般的な経験となりうるものを——社会的流動性の高まり、階級に基づく社会の終焉、所得や富の不平等の縮小、そして恒久的な高い成長率を——予言していると信

第6章　サイモン・クズネッツ

じるのが自然なことだっただろう。したがってクズネッツを、そして所得分配の未来に関する彼の全般的に楽天的な見通しを理解するためには、クズネッツを正しい歴史的文脈に位置づけることが重要だ。それはマルクスやパレートが経験した文脈とはまるっきり違っている。マルクスの中期的な悲観主義は、実質賃金が停滞するか、ごく緩慢にしか増加しない19世紀半ばのイングランドで育まれた（マルクスが『資本論』第1巻を出版する頃になって支配的な状況はがらりと変わった）[13]。パレートは、ストライキや無政府主義者の煽動、そしてヨーロッパの社会主義革命が目前に迫っているかのような熱狂的な雰囲気のなかで執筆していた。どちらの著者にとっても、目に映る光景は暗いものだった（それは資本主義転覆の可能性が現実味を帯びてくるということだから、マルクスにとっては喜ばしかったのかもしれないが、それにしても、である）。それとは対照的に、クズネッツが執筆していた時期のアメリカは繁栄し、1世代前と比べて不平等が大幅に縮小していた。クズネッツは単なる千年至福説の夢物語としてではなく、現実のものとして、さらに豊かで平等な社会を思い描くことができたのである。

クズネッツ仮説の定義

　所得が増大するにつれて、不平等は初め拡大するがそのあと縮小する。これがクズネッツ仮説の最も簡略な説明で、1955年に一握りの観察結果だけを根拠におずおずと発表された。この仮説はそれから独自の生命をもつようになり、発表から今日までのおよそ70年にわたって生きながらえている。クズネッツの初めの定義は次のようなものだった。

> 長期的な所得構造を特徴づける不平等の揺れは次のように仮定できる……のではないだろうか。すなわち経済成長の初期段階、前工業化文明から工業化文明へ移行する時期には、不平等はきわめて急速に拡大し、しばらくの安定を経て、次の段階で縮小する、と。[14]

　のちの著作では、クズネッツはこのパターンを繰り返しつつ、追加の説明を

241

添えている。

> 成長の過程において、初期の時代には、非農業部門の急速な成長とその内部における不平等の拡大のために、しばらくは……不平等を拡大するように働く対抗力のほうが強かったと仮定するのが妥当と思われる。そして、先進国において観察される最近の所得不平等の縮小は、労働者1人当たり生産物の部門間［農業と製造業とのあいだの］不均等の縮小、家計の総所得に占める財産所得の割合の低下、社会保障や完全雇用にかんする政策を反映する制度的変化の組み合わさった結果であると論ずるのがいっそう妥当である。[15]

アイデアはシンプルだが、それまでは誰もこうはいわなかった。クズネッツは、工業化前の社会の所得は相対的に平等だったという立場からスタートする。この判断は正しくないかもしれないし、当然のことながら、土地所有に大きな不平等のある社会では正しくないだろうが、クズネッツは（本人が文章にはっきり書くことはなかったが）ニューイングランドのような土地持ち農民で構成された農業社会を念頭に置いていたと考えることができる[16]。クズネッツがアメリカ合衆国をまず念頭に置いていたことは、間をおかずになされた2つの発言から推測できる。ひとつ目ではこう書いている。「都市部の所得不平等は、相対的に小規模な個人事業が集まっている農業人口の不平等よりはるかに大きいと仮定できるだろう」。そして2つ目では、この都市部の高水準の不平等が「とくに大きいと思われる時期には、工業化と都市化が急激に進み、移民によって——国内の農業地域からか、あるいは海外からの移民によって——人口がかなり急速に膨張していた。そうした条件下では、都市人口は、最近の参入者による低所得の位置から、地位の確立した最高所得の集団が作る経済の頂点まで、すべての領域にわたるだろう」と論じた[17]。どちらの言説も、19世紀後半から20世紀の最初の20年にかけての、アメリカ経済史の定型的なバージョンを表している。しかしクズネッツの目的は、アメリカ経済史の凝縮バージョンを提出するよりもはるかに広範なものだった。彼は自身の観察した規則性を、それよりずっと幅広い分野に適用できると考えたのだ。

第6章　サイモン・クズネッツ

　農村社会では不平等が限定的だという前提から始めることで、工業化と都市
化の影響には二重の意味が出てくる。第一に、非農業部門のほうが生産性が高
いことから、労働者は農業から都市へと移動する。都市部で受け取る賃金はそ
れまでの農業地域での所得よりも高いだろう。するとそれが、不平等拡大のひ
とつ目の原因になる。都市部と農村部との平均所得の格差だ。第二に、工業化
が進むにつれて新しい仕事が生まれるが、そうした仕事は生産性の面でも支
払われる賃金の面でも、それまで農村に存在していた仕事よりずっと多様なた
め、都市地域で不平等の拡大が見られるようになる。しかも都市地域は（さら
に農村の労働力を引き付けることで）人口稠密になり、それによって経済の不平
等部門がさらに拡大して、全体の不平等が押し上げられる。要するに、社会は
当初の均質な所得状態から不均質な状態へ移行する、その理由は、都市地域と
農村地域との平均所得の格差であり、経済の不均等部分（非農業部分および都市
化された部分）の拡大だということだ。

　ピーター・リンダートとジェフリー・ウィリアムソンは、アメリカの不平
等に関する初めての包括的な研究を公表し、アメリカ独立の時代から21世紀
になるまでを追跡している。著者たちはクズネッツの3つのメカニズム──都
市労働者と農村労働者との実質賃金ギャップの拡大、都市と農村での全体所
得のギャップの拡大、都市化の進行（都市で所得不平等が拡大すると仮定）による
全体の不平等への影響──に審判を下した。リンダートとウィリアムソンによ
れば「都市への移動はたしかに劇的なもので、クズネッツの仮説に輝く機会
をあたえるには十分だった。そしてそれは3つの訴因すべてで光り輝いた」[18]。
1800年から1860年にかけて、アメリカ合衆国では都市と農村の賃金格差は拡
大し、ほぼゼロといっていい1パーセントから27パーセントになった。南部で
はギャップが8パーセントから28パーセントになっている。全体所得に関して
は、1860年のアメリカの都市の所得は農村より35パーセントポイント高かっ
た。最後に、1860年の──リンダートとウィリアムソンが指摘するように不
平等についてのデータが最もよく揃っている年の──アメリカ都市部のジニ係
数は58.5、農村部は48だった。

　表6.1は、1774年から1929年までのアメリカの不平等と経済成長について、
リンダートとウィリアムソンが推定した値をまとめたものだ。この時期、アメ

243

表6.1　アメリカ合衆国の不平等と平均所得　1774〜1929年

| | 不平等 | | |
	ジニ係数	トップ1パーセントの占有率	所得 1人当たりGDP （マディソン・プロジェクト）
1774	44.1		2419
1800	<40		2545
1850	48.7		3632
1860	51.1		4402
1870	51.1	9.8	4803
1910		17.8	9637
1913		18.0	10108
1920		14.5	10153
1929	49.0	18.4	11954

データソース：ジニ係数とトップ1パーセントの占有率についてはLindert and Williamson, *Unequal Gains*, 18, 115–16, 154, 173. 不平等の推定値には1870年以前の奴隷も含めたすべての世帯を含めた。1800年の不平等は、1774年よりも低かったとするリンダートとウィリアムソンの言説（Lindert and Williamson, 95）をもとに概算。1人当たりGDPは Maddison Project, 2020 version より。

リカの平均所得は5倍近くに増加し、成長率も、クズネッツ本人が近代的な経済成長に必要だとして設定した条件（最低でも年間1人当たり1パーセント）をほとんどの年で上回っていた。不平等がピークに達したのはだいたい1860年代で、そのときの高いプラトーが1930年代まで続いた。それ以後、不平等は長い坂道を降り始める（これが「大平準化」だ）。トップ1パーセントの占有率という観点で不平等を見ると、不平等の上昇は第一次世界大戦まで続いていて、その後は安定している。したがって、どちらの指標で見ても、不平等はクズネッツが主張したようなふるまいをしている。唯一の疑問は、アメリカの不平等がピークに到達したのは19世紀の最後の10年なのか、20世紀の最初の10年なのか、だ。

　クズネッツが図式化したメカニズムはシンプルかつ権威あるものだ。ごく簡単な記述だけで、すでに彼のモデルと多くの社会の経験との類似が見て取れるし、社会が発展するなかでの不平等の進化に関する仮説が把握できる。クズネッツの見方では、不平等が経済の構造的変化に対応していることは明らかだ（ただしその後の実証的な研究では、計量経済学上の利便性のために、構造的な変化が1人当たりGDPの増大に置き換えられている）。またこのモデルによって、不平等の

拡大に自然の限界があることも明白になる。農村－都市ギャップは社会が同じ規模の2つの社会に分裂しているときに最大になるが（2つの部門で賃金率が一定と仮定）、国の大半が都市化されてしまうと、このギャップの寄与は小さくなる。これは、ほぼ完全に都市化された国では非常に明快に見える。たとえばアメリカ合衆国では、このギャップがどれほど大きくなっても、農村人口がごくわずか（2パーセント未満）なので、このギャップ自体がアメリカ全体の不平等に大きく影響することはない。しかし中国では状況が違っている。それはまだ相対的に都市化の程度が低いためで、中国はクズネッツが描いたとおりのコースをたどってきていて、農村－都市ギャップの出現が国全体の不平等拡大に大きく寄与している。

　これはクズネッツ曲線の最初の（上昇）部分で、労働力が無制限に供給されるとするアーサー・ルイスの1954年成長モデルと併用されることが多い[19]。クズネッツのモデルも、都市地域（ないしは製造業部門）が農村労働を「吸い上げる」モデルのひとつと見ることができるが、賃金率が変わらないままだと、やがて新しい労働力の供給は完全に途絶えてしまう。その時点ですべての活動は都市へと移ってしまい、都市の資本家は供給の限界を前に、実質賃金が上昇する条件下での操業を余儀なくされる。ゆえに、クズネッツのモデルはルイスのモデルのひとつのバージョンと見ることができる。しかしルイスは、クズネッツ型運動の重要要件のひとつである、都市と農村との賃金の分岐が拡大するとは見ていなかった。ルイスは、マルクスのいう「労働予備軍」がいるからそうした分岐は決して起こらないと考えたからだ[20]。

　不平等が非常に高い水準に達したあとはどうなるのだろうか。クズネッツによると（先に引用した本人のコメントから明らかなように）、その経済の総所得が相対的に高ければ、新たに3つの力が発動する。第一に、非農業部門と農業部門との生産性の差が小さくなるので、都市－農村の賃金ギャップが縮小する。第二に、社会が豊かになると資本が増え、その資本の豊富さが収益率を押し下げるので、富裕層の相対所得が減少する。そして第三に、社会の富が増えることで高齢者への年金、失業保険、事故保険などの社会プログラムを導入できるようになり、それがさらに不平等の力を鈍らせる。

　このように、クズネッツ曲線の下降部分も非常に合理的なものに見える。注

目してほしいのは、曲線のこちら側に働く主要な力は、事実上その前の、不平等が増大する時期に蓄積されて増えた富だということだ。惜しみない社会的支出が可能になるだけでなく、富の増大によって資本の収益率が下がるので、それによって富裕層の所得が縮小する。実際に、社会的支出の増大と労働者寄りの法律制定は、クズネッツの時代だけでなく、それ以前から西ヨーロッパ諸国の経済が経験していたことだ。労働日や労働時間の上限が設定され、工場関係の法律が導入されたのは19世紀後半のイングランドだったし、社会保険が法制化されたのはビスマルク時代のドイツだった。資本収益の低下についても、クズネッツの予言は先達であるスミスやマルクスのことばの繰り返しだ。すでに見たように、彼らは利潤率の漸減と、暗示的にではあるが、不平等の縮小を予見していた。

　クズネッツのモデルは直感的で容易に理解できるが、見た目より複雑だ。主な変数が5つあって、そのすべてが時間とともに変化する。すなわち、都市人口の割合、農村の不平等水準、都市の不平等水準、農村の平均所得、そして都市の平均所得だ。こうした変数の相互作用が、国レベルでの2つの主要な変数（平均所得と不平等）を生み出し、しかも、こちらも時間とともに変化する。しかし、この5つの変数に生じる変化は、必ずしも、それが生み出すクズネッツ曲線のタイプを決定するわけではない。この5つの変数の水準（たとえば農村の当初の不平等水準）も問題になる。都市への移行速度も問題になるのは明らかだし、都市と農村の所得ギャップの規模も同様だ。そこでクズネッツは、1955年の論文でたいへんな努力をして、この過程に関するさまざまな数値例を提出し、どのような仮定の下で（曲線の最初の部分で）不平等拡大の傾きが最大になるのか、また、どれくらい速く不平等が減少するのかを検討した。可能なケースの数がほぼ無限であることは明らかだ。重要なことは、クズネッツの3つの仮定——都市化率の上昇、都市地域での平均所得の増加、都市地域での不平等の拡大（ただしピークがあってその後は縮小）——の下では、不平等の測定値は時間とともに放物線を描いて動き、全体の平均所得は増えるということだ[21]。こうして、都市化と構造的変化を近代的な成長と結びつけたうえで、その近代的成長の果実が市民間でどのように分配されるかについても、推定値を引き出すことが可能になる。これほど大きな重要性をもった疑問に、ここまで経済的に

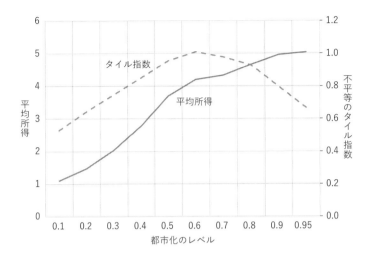

図6.2　単純なクズネッツモデルでの平均所得と不平等
注：クズネッツの仮説と一致するさまざまな仮定に基づいて算出。

答えられる経済モデルはほかに考えられない。

　図6.2はその一例をグラフ化したもので、ジニ係数の代わりにタイル指数を使っているのは、タイル指数だと「あいだの」要素（都市‐農村ギャップによる不平等）と「内部の」要素（農村の不平等と都市の不平等の合計による不平等）に正確に分解できるからだ。ここでは、都市‐農村ギャップと都市の不平等はどちらも人口の70パーセントが都会地域へ移動するまで上昇し、その時点から両方とも下降すると仮定している。単純化するために、農村の不平等は一定にしている（当然のことながら一貫して都市の不平等より小さい）。どれもシンプルで・合理的で・とりたてて厳しくもない仮定だ。この仮定だと、不平等については逆U字型の曲線を描き、全体の平均所得は、初めに急上昇してから減速する形になる。この例は30分ほどで作れたが、そこで強調されるのは、クズネッツのアプローチの柔軟性だけでなく、そのパワーだ。スプレッドシートの数字を変えれば――クズネッツの時代はそれぞれのループの結果をすべて手計算しなければならなかったが、今はずっと簡単に――結果を変えることができる。しかし、鍵となる3つの仮定さえ変えなければ、曲線の形はみな同じになる。

クズネッツ仮説は、所得不平等の進化に関して非常に様式化された図式を表している。クズネッツも、これは混合物であって「おそらく5パーセントが実証的情報で95パーセントが推論、一部は希望的観測に染まっている可能性がある」と述べている[22]。オリジナルの定式では、クズネッツが自説を支持する経験として引いているのは6か国だけで、そのうちイギリス、アメリカ合衆国、ドイツについては断片的な長期データが19世紀まで、インド、スリランカ、フィリピンについてはそれぞれ1950年代初めの観察がひとつあるだけだった。しかし仮説のアピール力は多方面にわたっている。まず、経済が発展するなかでの所得分配の進化に関して実証的に検証可能なストーリーを提供している。また「利潤率の傾向的減少」を許容することで、古典派の著者との「会話」が維持されていた。さらに、台頭する工業国で観察されるパターンに幅広く適合していた。しかもこのパターンは、日本、トルコ、ブラジル、韓国を含めた発展途上国が先進的な欧米諸国の残した道筋をたどるなかで、また繰り返されるように思われた。それは経済史を説明するとともに、未来の不平等の運動を予測するものでもあった。最大の弱点は、工業化が始まる前の時代は分配が相対的に平等だったと仮定していることだった。しかしすでに見たように、いくつかの事例では、その仮定でさえも擁護することが可能だった。

この仮説には、経済学からではないが、先駆者があった。アレクシ・ド・トクヴィルが1850年に『貧困に関する覚書』を発表したときにも——クズネッツが彼の仮説を発表する120年前に——同じ点が指摘されている。

> 社会の始まり以来、世界で起こったことを具に見てみれば、平等が支配的であったのは文明の歴史の極地においてのみであったことが容易に理解される。野蛮人が平等であるのは、彼らが平等に弱く、無知だからだ。非常に文明化された人間がすべて平等になれるのは、彼らの誰もが、快適と幸福を達成するための似たような手段を自由に使えるからである。この両極端のあいだに見られるのは条件や富や知識の不平等、すなわち少数者の権力であり、それ以外の全員の貧困、無知、弱さである。[23]

クズネッツが『覚書』を知っていたとはまず考えられない。この文章は1860

第6章　サイモン・クズネッツ

年代に出版されたフランス語版のトクヴィル全集には収録されていなかった
し[24]、最初の英訳版が出たのは1968年になってからだ。しかし、クズネッツ仮
説をトクヴィル＝クズネッツ仮説と考えるのもあながち誤りではないかもしれ
ない。とはいえ、この章では従来のアプローチを踏襲して、ここで検討する仮
説、曲線、逆U字曲線については、引き続き「クズネッツの」とよぶことに
する。

曲線の定義は早すぎたのか

　クズネッツ仮説が大きな注目を集めたのは、いま説明した理由だけでなく、
定式化のタイミングということもあった。この頃、初めて所得分配に関する詳
細なデータが課税ソースから入手できるようになったほか、世帯調査が1960
年代からさかんに実施されるようになったのだ。先にふれたように、クズネッ
ツ自身が新天地を拓いたのは、1940年代後半から1950年代初めのアメリカ合
衆国での所得分配に関する研究だった。1953年の著作では、第二次世界大戦
前夜から大戦中にかけてアメリカで不平等が大きく縮小したことを示してい
る[25]。これが経済学者アーサー・バーンズによる、アメリカの「不平等革命」
宣言につながった。バーンズは、1920年代以後のアメリカ合衆国は、高水準
の所得不平等から急速に脱皮し、全面的平等に向けて進んでいるのだとした。

> 　1929年と1946年を比較すれば、トップ5パーセント集団の占有率は16ポ
> イント下がっている。もし1946年に完全な所得の平等が達成されていた
> とすれば、この占有率は34パーセントから5パーセントへ、29ポイント
> 下がっていたことだろう。いいかえれば、トップ5パーセント層の所得占
> 有率が、可能な最大下落幅である29ポイントのうちの、16ポイント下がっ
> たということだ。つまり、この尺度に基づけば、われわれはわずか20年
> のうちに、1929年の分配から完全な平等分配までの道のりの半分以上を
> 歩んできたといえるだろう。[26]

　さらにバーンズは、視点をトップ1パーセントに移し、その結果はさらに衝

249

撃的だ、アメリカ合衆国は1929年の状況から絶対的な所得平等への道のりの3分の2を歩んだと述べる。こうしたアメリカでの展開があり、1950年代が進むにつれて西ヨーロッパでも同様の展開が明らかになってくると、不平等の縮小には所得の上昇がともなうということが、ほとんど経済法則に思えるまでになった。新分野である開発経済学の研究者にとって、その意味するところは、発展途上国も先進国と同じ道筋をたどると予想できる、したがって、ある段階で成長が不平等を押し上げても、やがて転換点がやってきて、そこからは不平等が減り始める、ということになった。クズネッツ仮説についてのこの解釈には、2つの興味深い見方が可能だ。ひとつ目は、これはマルクスの主張の新しい意味での繰り返しで、発展した国は発展の道筋を先に進んでいるのであり、あとに続く国のためにその道筋を明らかにしているのだとするもの、2つ目は、開発経済学者のあいだである種の自己満足を奨励してしまい、多くの研究者が、成長に気を配るだけで十分だ、成長すれば（所得水準が向上すれば）それが今度は不平等を解決すると考えるようになったとする見方だ。後者の見方は、その焦点が先進国にあるか途上国にあるかを問わず、経済学者のあいだに深く根を下ろしていたので、これも、1960年代から20世紀の終わりまで、所得分配の研究が疎かにされる要因になったかもしれない。この可能性については第7章で探っていくことになる。

　1970年代から1980年代には、入手可能なデータを使ってクズネッツ仮説をテストすることが大流行した[27]。しかし、最初に定式化されたクズネッツ仮説は、明らかに、個別の国が低開発状態から先進国への道を進むなかで不平等がどう変化するかに関するものだったのに、1970年代には、その理論のテストに必要な長期的なデータが手に入らなかった。したがって、クズネッツ仮説に取り組んだ研究者は、プールされた時系列のデータと横断的データのミックスか、完全に横断的なデータのどちらかに依存していた[28]。そうしたデータを使い、クズネッツの枠組みに入れることの厳密含意は、すべての国はまったく同じようにクズネッツ曲線を描くに違いないということだった。これは明らかにお人好しが過ぎる。たとえばブラジルとスウェーデンがどちらもクズネッツ曲線をなぞるとしよう。1970年代の所定の時点で、この2国の所得は異なる位置にある（図6.2のようなグラフだとスウェーデンのほうが右になる）だろうし、ブ

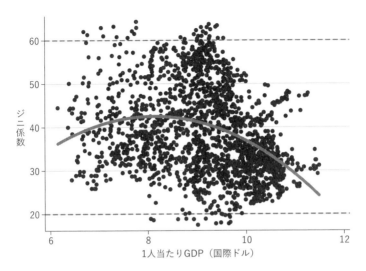

図6.3 1人当たりGDPと不平等の関係 1970〜2014年
（プールされた横断データと時系列データによる）

注：それぞれの点は国/年を表し、横軸は2011年国際ドルでの1人当たりGDP（対数表示）、縦軸は可処分所得のジニ係数（パーセント表示）を示している。太線はlog所得のジニ回帰に基づいている。2つの水平な波線はジニ係数の近似的な上限と下限を表す。
データソース："All the Ginis" data set, World Bank, World Development Indicators, Washington, DC.

ラジルとスウェーデンが「たどる」基本的な曲線は、たとえどちらもよく似た逆U字になったとしても、高さが微妙に変わってくるだろう（ジニ係数を縦軸にとった場合）。したがって、ジニ係数の数値すべてを合わせれば、結果はクズネッツ関係に似たものにはなるだろう。実際にほとんどの回帰では、1人当たり所得の指数と1人当たり所得の2乗に関して必要な記号が見つかっているのだが、その適合度は非常に低いはずだ。そうした関係のひとつで、なにも追加の制御変数を使っていないものを図6.3に示した。ほぼ半世紀にわたるデータを用いているが、所得水準と不平等との二次関係は識別できるものの、決定係数（回帰モデルの予測が観測データに当てはまる度合いを示す数値）は非常に低い（ここではわずか0.12）。低すぎて、このデータ点は、なんらかの具体的な関係に属する分布というよりも、ランダムな不鮮明状態のように見える。

　多くの研究者が、さまざまな制御変数を導入することでこの問題を解決しよ

うとしてきた。その機能は、まさにそのことが含意しているように、各国の特異性を修正しつつ、逆U字仮説のテストを維持することだった。そうした回帰では、ログ所得の係数とログ所得の2乗が正しい記号（最初はプラス、2番目がマイナス）になる一方で、別の制御変数によってモデルがさらにリアルになり、決定係数の値が向上すると予測する[*]。たとえばウィリアムソンとヒギンズは、貿易の解放性と人口の年齢構成を導入した。ミラノヴィッチは労働組合が結成されている程度と国家部門の雇用の割合を導入した。アルワリアと、のちのケルブレとトーマスは、社会主義用のダミー変数を導入した（社会主義国は不平等が小さく出ると予測された）[29]。アナンドとカンブルは、仮説のテストに用いられた標準的な二次関数の形態が間違っていると主張した[30]。聖杯の探究にも似て、経済学者はこぞってクズネッツ曲線の転換点——不平等が減少に転じる所得水準——の発見に努めた。結果として、そのような転換点は捉えがたく、確定不可能だった。こうした修正の多くは、いま説明した理由で筋は通っていた。どれも、各国の基本的な特徴を区別しつつ、それぞれの国が独自の逆U字をたどれるようにしてあった。しかし他方では、数理哲学者ラカトシュ・イムレのいう「退行的リサーチプログラム」で、科学者が苦しまぎれにひねり出す類の修正にすぎないものも少なくなく、急速に疑わしくなる仮説を延命させるために次々と新たな仮定が追加されていった[31]。

　また、横断的研究で所得の中間レベルあたりに見られる不平等のピークはデータから生まれた人工物だという主張もあった。不平等の大きいラテンアメリカの国々が、まったく偶然に、所得の中間レベルにあったりもした[32]。しかし、ラテンアメリカは西欧諸国と同じくらい豊かなのだと考えてみよう。「元もとの」ないし基本的な不平等が（歴史と関連する理由から）ずっと大きいことを考えれば、逆U字曲線の頂点が右に動きすぎて、最先進国と一致しないのではないだろうか。その場合、逆U字型の曲線ができなくなってしまう。

---

[*]　これはクズネッツ仮説の「弱い」定式化だ。「強い」定式化であれば所得だけが問題になる。しかし留意してほしいのだが、クズネッツの厳密な定式では、不平等は所得ではなく経済構造（工業化と都市化）とともに変化する。経済構造は単独の変数よりも近似が難しく、国際的にも入手がしにくいので、1人当たり実質所得で（わたしの考えでは合理的に）置き換えられた。

しかし、クズネッツ仮説へのとどめの一撃は別の方向からやってきた。1980年代初め、アメリカ合衆国と西ヨーロッパの先進経済が10年におよぶ不平等の上昇カーブに突入したのだ。この流れは、クズネッツの本来の定式とどうにも調整がつかなかった。クズネッツは、疑いの余地を残さないようなやり方で自身の仮説を定義し、豊かな国はある時点で相対的に低い不平等水準にとどまるとしていたのだ。そうした国で不平等水準が上昇するはずはなかった。実際にクズネッツの文章には、十分な経済的成熟に到達して以後に不平等の増加を許すような記述はまったくない。すでに「後退的な」パラダイムとしての道を歩み始めていたクズネッツ仮説は、こうした両立不能な展開によって、多くの研究者から救済不能だと見られるようになった。しかし、死亡宣告は時期尚早だったのかもしれない。

復活の可能性

皮肉なことに、クズネッツ仮説と実世界との矛盾が明白になり始めたのと同じ時期、予想もしないかたちのすぐれたデータに新しい支持が表れた。クズネッツはいつも自身のストーリーを、所定の国を長期的に見たときに成り立つものとして提供していたのだが、使えるような長期的な研究はまだなかったので、この仮説をテストしようとする者は横断的なデータを使っていた。2000年代初めになって、長期的な不平等の推定値が以前よりずっと多く利用できるようになった。図6.1で示したアメリカ合衆国のグラフなどはその例で、そうした長い期間で見るとアメリカのデータでも、あるいは図4.3のようなドイツのデータでも、さらには図6.4、図6.5のようなイギリスや中国のデータでも、クズネッツ曲線の本質的な輪郭が成り立つように思えたのだ。イギリスのデータは、アメリカのデータと同じように1980年代初めに2度目の上昇が始まっていることを示しているうえ、2015年頃からは第二の下降部分すら感じられる。中国は工業化が西欧諸国より遅れたうえ、通常のクズネッツ型の移行にくわえて、社会主義からほぼ資本主義といえる経済への移行も含まれているため、クズネッツ曲線の非常に急激な上昇部分が見られる。この部分が終わるのは2010年の終わり頃で、安価な農村労働力が先細りし、スキルプレミアムが減

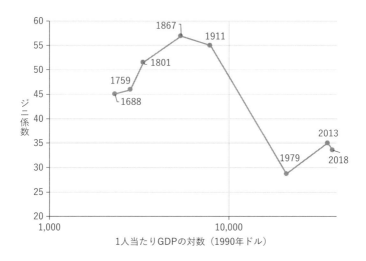

図6.4　イングランドないしイギリスの長期的なクズネッツ曲線 1688〜2018年

データソース：1759年から1911年についてはGregory King (1688), Joseph Massie (1759), Patrick Colquhoun (1801), Dudley Baxter (1867), and Arthur L. Bowley (1911), as reworked by Peter H. Lindert and Jeffrey G. Williamson, "Revising England's Social Tables 1688–1812, *Explorations in Economic History* 19 (1982): 385–408 の社会構成表より計算。1979年以後はLIS Cross-National Data Center; Maddison Project Database in 1990 international dollars.

少しして、さらに広範な社会プログラムが農村地域に広がっていた。直近の10年では、中国は明らかにクズネッツ曲線の下降部分にはまり込んでいるように思われる。人口の高齢化とそれによる社会移転の需要増大——同じくクズネッツが言及した要素のひとつ——もこれに一役買っている。

　ほかにもクズネッツ曲線に有利となる強力な歴史的証拠が、産業革命前および革命中の西ヨーロッパ諸国に関するデータから出てきた。たとえばヤン・ルイテン・ファン・ザンデンは、1500年頃の近世ヨーロッパから始まる「スーパー・クズネッツ曲線」を描き出し、その後の2世紀にわたる逆U字型をグラフ化することができた[33]。わたし自身の研究でも以前から、そうした歴史的な波形の変化はマルサス周期に似ていると主張していた（ただし、この波形は金の流入、疫病、戦争といった展開がきっかけになりうるので、原因要素についてはマルサス周期より幅が広い）[34]。しかし、そうした変化は不変の歴史的平均所得を背景にして起こるので、クズネッツ波形が見られるのは時間に対してプロットした

第6章　サイモン・クズネッツ

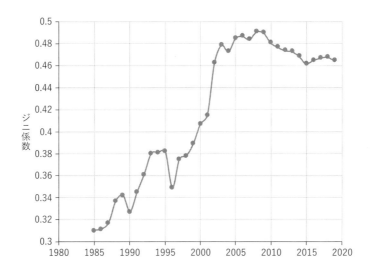

図6.5　中国のクズネッツ曲線 1985〜2019年

データソース：1985年から2002年についてはXiming Wu and Jeffrey Perloff, "China's Distribution and Inequality," *Review of Economics and Statistics* 87:4 (2005): 763-775. 2003年から2019年についてはNational Bureau of Statistics.

場合だけだ。1人当たりGDPを背景にした場合は、横軸上にほぼ固定された1人当たりGDPを背景に、ぼんやりとした点が集まるにすぎない。

　わたしは別のところで、クズネッツ曲線は、論理的には急速な技術変化の時期すべてに延長できるとも述べているが、その場合は、成長部門とその労働力構成への影響が不平等を押し上げる[35]。したがって、1980年代および1990年代の欧米諸国での不平等の増大は、また別のクズネッツ曲線にすぎないと見ることができる。これはクズネッツが20世紀半ばに描き出したものと似ていなくもない。製造業の雇用をサービス部門の雇用で置き換え、農業の雇用を製造業の雇用で置き換えれば新しいバージョンが得られるので、労働移転によって——本質的に生産性が高く・多様性があって・はるかに多様な賃金率を提供している部門（この場合はサービス部門）への移転によって——不平等の増大が説明される。この展開を覆す力はオリジナルのケースほど明確ではないが、時間の経過と競争の激化とともに、今は技術変化をリードする企業と企業所有者に

255

まわっている高い地代が消失してしまうかもしれない。これは、不平等のさらなる増大への緩衝材になるだろう。クズネッツ自身の説明にもあるように、政治的要求で社会移転が増加し、その財政的裏づけとして課税が強化されれば、不平等の拡大は抑止されるだろう。ことによると縮小させることもできるかもしれない。

こうしてクズネッツ仮説は、ひとつはそれを支持する長期的な証拠がタイミングよく登場したおかげで、ひとつは単一のクズネッツ曲線が潜在的に無限数のクズネッツ波形（原動力は技術革新）に置き換わったことで生きながらえた。さまざまな浮き沈みはあったが、クズネッツ仮説は今も健在なのである。

クズネッツの貢献

サイモン・クズネッツはきわめて重要な貢献をいくつもしている。彼の仮説は経済学史上で初めて、所得不平等の運動を経済の構造転換と（あるいは代理指標として平均所得の上昇と）明確に結びつけた。これはパレートの、所得の不平等はどんな社会経済体制下でも一定の固定された水準にとどまる、したがって構造転換による影響は受けないとする見方からきっぱりと決別するものだった。

すでに見たように、古典派の著者はすべて——とりわけスミスとマルクスは——所得の不平等が構造的な変化に対応して進化することを理解していたが、そのつながりを明確に定義した者は誰もいなかった。この問題についての彼らの考えを知るには、分散した言及からピースを拾い集めてくるしかない。しかし、スミスにとってもマルクスにとっても、資本が豊富になって資本家どうしの競争が激しくなるにつれて、投下資本の収益率は下がるものに思われた。また賃金については、スミスは徐々に上がっていくと考えたが、マルクスはもう少し慎重だった。マルクスの1世紀後に執筆していたクズネッツには、経済発展の過程で実質賃金が上昇することがはっきり見えていた。またマルクスと違って、クズネッツは資本分配率が下がると考えていた。実は驚くべきことに、スミスもマルクスもクズネッツも、要素支払いの進化については同意見で、賃金は上昇して利潤率は下がると考えていた。

第6章　サイモン・クズネッツ

クズネッツ仮説の最大の貢献は、構造的変化の時期にどのような不平等の変化が予想されるかを、かつてなく明確に述べたことで、そこに含まれるメカニズムの定義も十分に妥当性のあるものだった。そしてそのメカニズムも、要素所得（賃金対利潤）の変動といった単純なものではなく、都市化や人口の年齢構成、社会的保護への需要など、さまざまな変化を含んでいた。こうした追加的な要素を導入するのは、一見するとなんでもかんでも放り込む「キッチン・シンク」的なアプローチに思えるし、クズネッツ仮説の初期のテストでは、それが問題になることも少なくなかった。しかし、追加的な要素の数を制限して、クズネッツが最初に考えていたミニマリスト精神と一致するものだけ——たとえば資本分配率の低下と、人口の高齢化およびそれにともなう社会移転への需要の高まりなど——に絞ることは可能だし、そのようにすれば、この仮説はよく定義された、十分に明確なものであり続ける。

クズネッツが構造的変化と不平等水準とのつながりをかつてなく明確に描き出したことで実証的なテストが可能となり、仮説は反証可能性の対象となった。その成功は、すでに見たように、初めから保証されていたわけではなく、クズネッツ仮説は相当量の議論を生み出し、否定までも生まれた。とくに、ほとんどの先進国で1980年代以後、不平等水準が上昇していることは疑いようがなかった。またこの動きを、典型的ではないからとして簡単に退けることもできなかった。そこにはOECD（経済協力開発機構）加盟国がほぼすべて含まれていたうえ、少なくとも30年、おそらくは40年も続いたからだ。クズネッツ曲線の説得力に不満が募り、それが、不平等と経済構造の変化を結びつける理論はそもそも構築可能なのかという、幅広い懐疑へとつながった。たとえば注目してほしいのだが、1997年の寄稿論文でのトニー・アトキンソンも、2000年の著作でのピーター・リンダートも、不平等の拡大・縮小に関しては一過性の「エピソード」に言及するだけで、それを一般的な法則によるものとしていない[36]。この視点は今も多くの経済学者が共有している。しかしエピローグで述べるように、測定された変化が必ずしも予測どおりでなくてもモデルが有用なケースはある。クズネッツ仮説を再定式化し、マルクスの予言に今まで以上に細かく注意を向け、さらには『21世紀の資本』でのピケティの斬新なアプローチを活用することで、不平等を検証するための新しい、強力なレンズが手

257

に入る。この3つのパラダイムは、どれも、わたしたちの思考に有効な構造を
あたえてくれる。

クズネッツのアプローチはパレートとは決定的に違っているが、その理論の
運命については類似点がある。パレートの見方もクズネッツの見方も、実証的
なテストを無傷でくぐり抜けることはできなかったし、どちらも当初のかたち
で全面的に受け入れることはできない。しかし、どちらも今日の不平等研究で
非常に大きな存在であり続けている。パレートの貢献は、所得分配の研究で用
いられる手法の面で、とくに明らかだ。クズネッツの貢献は、ブラジルや中国
といった国での不平等の進化を理解するうえで今も生きているし、先進経済に
ついてさえ同じことがいえるだろう（ただし、こちらの視点については必ずしも全
員が共有しているわけではない）。どちらの貢献も、今もかたちを変えて残ってい
るし、さらに修正を施したかたちにはなっても、これからも生き続けることだ
ろう。

この本で検討した著者全員の地域性と普遍性

クズネッツの考察の締め括りとして、そして「巨人たち」から先へと進むた
めの準備として、こうしたそびえ立つ人物たちがそれぞれの社会的な文脈にい
かに深く影響をされていたかについては、もう一度強調しておく価値がある。
彼らの仕事は、それぞれの時代だけでなく、どこで生まれ、暮らし、訪れ、働
いたのかという、場所の条件を映し出している。ケネーはほぼフランスの富に
しか関心がなかった。ケネーにとっての階級構造とそれに付随する所得分配
は、18世紀後半のフランスの状況の修飾付きコピーだった。スミスの『国富
論』は、多くの面でイギリスの（もっといえばスコットランドの）経済発展の要
約だった。リカードの場合は最も極端で、本全体が当時のイギリスの法律に関
する論文になっていた。マルクスは明確にイギリスを「資本主義の手本」とし
ていた（ただし、アメリカ合衆国を選ばなかったこと、少なくとももっと真剣にとりあ
げなかったことを後悔することもあった）。パレートにとって、なにより重要なの
はフランスとイタリアだった。そしてクズネッツの理論は、とくに工業化以前
の社会で不平等が小さかったと仮定している点で、アメリカの経験を丁寧にな

ぞっている。

　しかし同時に、それぞれの頭のなかには間違いなくもっと幅広い世界があって、普遍的な有効性をもった理論を構築しようともしていた。ケネーは、どうすれば一般に国が豊かになるのかという法則を定めようとした。普遍主義への野望は、歴史的にも地理的にも中国とは異なるフランスのような国にまで、中国式の（というかケネーの考える中国式の）解決策を進んで提案しようとしたことに表れている。スミスの『国富論』は原題 The Wealth of Nations（諸国民の富）という。自身の代表作にこのタイトルをつけたスミスも、並べて見せたのは諸国民を繁栄させるさまざまな力（と彼の見たもの）であって、決して「いかにしてイギリスは豊かになったか」ではなかった。マルクスの普遍的な目的についてはきわめて明快だ。それはマルクスがフランスやベルギーでも、ドイツやイングランドと同じくらい当たり前に社会活動をしていたからではないし、自ら「インターナショナル」の創設者となったからでもない（この「インターナショナル」という名称も適当に選んだものではない）。マルクスの研究は先人のスミスと同じく、ほかの世界への適用可能性という問題を見据えていた。マルクスの場合は、その理論が献身的な信奉者によって世界中のあらゆる場所で受け入れられ、必然的に地元の条件に合うように修正されていったため、それがとくに見えやすい。パレートの普遍性は、彼が、歴史や社会体制の違いから所得分配の違いが生じることを否定したところに逆説的に垣間見えている。最後に、クズネッツのアプローチは豊かな国を念頭に構想されたものだったが、開発経済学に移植されたことで、新古典派経済学および発達した資本主義経済全般での、不平等研究の長い凍結期間を生き抜くことができた（クズネッツの最大の貢献の直後から始まるこの時期が第7章のテーマになる）。このように、この本でとりあげた著者はすべて、それぞれの国にフォーカスし、きわめてローカルな利害にまで焦点を絞りつつも、それをずっと幅広い主張と組み合わせて見せた。そして実際に、その幅広い主張が多くの者に共鳴して、世界中に数百万もの読者や信奉者を勝ち取った。

　1955年にアメリカ経済学会会長に就任した際の講演で提出されたクズネッツの名高い論文は、次のような強い口調で締め括られている。

経済成長のプロセスは長期的な変化のプロセスであり、そこでは非常に技術的な枠組みも、人口動態学的な枠組みも、社会的な枠組みも変化しているうえ、それがまた経済的諸力そのものの作用に決定的な影響を及ぼしている。そのようなプロセスを適切に扱おうとするなら、経済学そのものの領域としてここ数十年も認められてきた範囲を超えたところまで踏み込むことは避けられない。さまざまな国の経済成長を研究するためには、関連する社会的分野での発見にこれまで以上に親しみ、それを人口の成長パターン、技術的変化の本質と力、政治制度の特徴と潮流を決定する力、さらには一般的な——ある部分では生物学上のひとつの種としての、そしてある部分では社会的動物としての——人間の行動パターンを理解する一助としていくことが必須となる。この分野での効果的な研究が、市場経済学から政治的社会的経済への移行を求めるのは必然である。[37]

第7章で見るように、この提言に耳を貸す者はいなかった。これ以後の50年間、これまで見てきた6人の経済学者のような幅広い視野をもった経済学者は、個人としては現れなかった。反対に、分野としての経済学は、少なくとも現代資本主義の下での所得分配の理解については停滞か、後退さえしたといえるかもしれない。むしろ、データの可用性が驚くほど進化し、データ操作の新技術が登場し、コンピュータの性能も大きく向上したにもかかわらず、こうなってしまったことのほうが驚きで、これには説明が必要だ。その説明を見つけるうえで目を向けるべき方向は3つある。それは冷戦時代の地政学、経済学の抽象性への方向転換、そして富裕層（自分たちの利益を追うだけで所得不平等の研究をとくに支援しようとはしない人びと）による研究予算の提供だ。

260

第6章　サイモン・クズネッツ

原注

1. サイモン・クズネッツは1901年にピンスク市（当時はロシア帝国、現在はベラルーシの一部）に生まれた。第一次世界大戦からロシア内戦の時期、ツァーリの政府から強要されて一家でハリコフ（現在のウクライナ・ハルキウ）へ転居した。現地のギムナジウム［大学進学を目指す中等学校］で学び、1918年にハリコフ商業大学［現在のサイモン・クズネッツ・ハルキウ国立経済大学］に入学したが、戦争でたびたび学習を中断された。1922年にダンツィヒ（グダニスク）経由でアメリカ合衆国に移住。前半生の詳細な記述が見られるのはMoshe Syrquin, "Simon Kuznets and Russia: An Uneasy Relationship," in *Russian and Western Economic Thought: Mutual Influences and Transfer of Ideas*, ed. Vladimir Avtonomov and Harald Hagemann (Berlin: Springer, 2022) のみである。

2. Simon Kuznets, "Regional Economic Trends and Levels of Living" (1954). Kuznets, *Economic Growth and Structure: Selected Essays* (New York: W. W. Norton, 1965) に再録。

3. Branko Milanovic, *Worlds Apart: Measuring International and Global Inequality* (Princeton, NJ: Princeton University Press, 2005), 7–11.

4. Kuznets, "Regional Economic Trends," *Table* 8, 165.

5. わたしの計算はマディソン・プロジェクトの1人当たりGDPのデータに基づいている。トップ6パーセント（アメリカの人口）が世界総所得に占める割合は1894〜1895年が24パーセント、1949年が31パーセントだった。Maddison Project Database, version 2020 by Jutta Bolt and Jan Luiten van Zanden, Groningen Growth and Development Center, Faculty of Economics and Business, University of Groningen, https://www.rug.nl/ggdc /historicaldevelopment/maddison/releases/maddison-project-database-2020?lang=en.

6. Kuznets, "Inequalities in the Size Distribution of Income" (1963), reprinted in Kuznets, *Economic Growth and Structure: Selected Essays* (New York: W. W. Norton, 1965), 303.

7. Kuznets, "Inequalities in the Size Distribution of Income," 302.

8. Kuznets, "Inequalities in the Size Distribution of Income," 301.

9. 世界銀行が年4回更新している世界開発指標（World Development Indicators）のデータを基礎に計算したところ、中国がこのデータに含まれた最初の年である1952年のアメリカ合衆国の占有率は37パーセントだった。マディソン・プロジェクトのデータでは、先に見たとおり31パーセントになる。

10. 縮小の程度に関してやや楽観性に欠ける見方についてはSelma Goldsmith, George Jaszi, Hyman Kaitz, and Maurice Liebenberg, "Size Distribution of Income since the Mid-thirties,"

261

Review of Economics and Statistics 36, no. 1 (1954): 1–36を参照。

11. Piketty, *Le capital au XXIe siècle*, figure 14.1, 805.［邦訳『21世紀の資本』山形浩生、守岡桜、森本正史訳、みすず書房、2014.12、521ページ］

12. データは実質PPP（購買力平価）ドルで（任意の日付での各国の物価水準にくわえて）各国の物価水準の一時的な違いも調整している。わたしの計算はMaddison Project at the University of Groningen (2020 version)に基づいている。ちなみに、ここから得られる1933～1957年時期の1人当たり平均成長率は年間3.3パーセントである。

13. 第4章で検討したように、マルクスの経済研究のうち、死後にエンゲルスによって『資本論』第2巻、第3巻として出版されたものは大半が第1巻とともに書かれているため、そこにはマルクスが知っていた1860年代半ばまでの経済状況が反映しているし、1866年から1867年にかけての金融危機も含まれている。1870年代になるとイングランドの労働者階級の状況は大きく改善していて、マルクスとエンゲルスの往復書簡でも議論されているのだが、それがマルクス自身の経済研究に正しく反映されることはなかった。

14. Simon Kuznets, "Economic Growth and Income Inequality," *American Economic Review* 45 (1955): 1–28, 18.

15. Simon Kuznets, *Modern Economic Growth* (New Haven: Yale University Press, 1966), 217.［邦訳『近代経済成長の分析』上・下、塩野谷祐一訳、東洋経済新報社、1968.5–1968.8、上巻、205ページ］

16. 工業化前の社会では不平等が小さかったという前提を支持するものとしては、クズネッツが初めて自分の仮説を明言してから約70年後に発表された発見に目を向けるのがいいだろう。リンダートとウィリアムソンは初めてアメリカ合衆国全体の不平等の推定を提出し、まず13植民地から始めている。1774年のジニ係数は44.1で、トップ1パーセントの人口が総所得の8.5パーセントを占有していた。同時期のヨーロッパ北西諸国（イングランドおよびウェールズ、オランダ［ホラント州およびネーデルラント州］）ではずっと不平等が大きく、ジニ係数は57だった。著者たちは「たしかに、18世紀後半の地球上で［13州以上に］平等な分配の場所は記録に残っていない」（原書37ページ）と結論づけている。Peter H. Lindert and Jeffrey G. Williamson, *Unequal Gains: American Growth and Inequality since 1700* (Princeton, NJ: Princeton University Press, 2016), 37–39.

17. Kuznets, "Economic Growth and Income Inequality," 16. 強調引用者。

18. Lindert and Williamson, *Unequal Gains*, 124.

19. W. Arthur Lewis, "Economic Development with Unlimited Supplies of Labour," *The Manchester School* 22, no. 2 (May 1954): 139–191.

20. こうした違いに取り組んだのが Ingrid Bleynat, Amílcar E. Challú, and Paul Segal, "Inequality, Living Standards, and Growth: Two Centuries of Economic Development in Mexico," *Economic History Review* 74, no. 3 (2021): 584–610で、長期にわたるメキシコの発展を例に用いている。 彼らは「［われわれの］発見が、労働予備軍に関するルイスの仮定

を取り込んだ二重経済モデルによって説明されることを主張するとともに、クズネッツの予言した不平等の縮小が起こらなかった理由も説明していく」（原書584ページ）。

21. 「一貫して用いている基本仮定は、部門B［非農業］の1人当たり所得はつねに部門A［農業］よりも高いこと、全体数のうちの部門Aの割合は減っていくこと、部門A内での所得分配の不平等は部門B内と同じくらいのこともあるが、それより大きくはならないということ、である」Kuznets, "Economic Growth and Income Inequality," 13.

22. Kuznets, "Economic Growth and Income Inequality," 26.

23. Alexis de Tocqueville, "Memoir on Pauperism" (1835), trans. Seymour Drescher, in Drescher, *Tocqueville and Beaumont on Social Reform* (New York: Harper and Row, 1968), 6 に引用。

24. Gertrude Himmelfarb, "Introduction," in *Alexis de Tocqueville's Memoir on Pauperism*, trans. Seymour Drescher (London: Civitas, 1997), 3 を参照。

25. Simon Kuznets, *Shares of Upper Income Groups in Income and Savings* (New York: National Bureau of Economic Research, 1953).

26. Arthur F. Burns, "Looking Forward," in Burns, *Frontiers of Economic Knowledge* (New York: National Bureau of Economic Research, 1954), 136.

27. Felix Paukert, "Income Distribution at Different Levels of Development: A Survey of the Evidence," *International Labour Review* 108 (1973): 97–125; Jacques Lecaillon, Felix Paukert, Christian Morrisson, and Dimitri Germidis, *Income Distribution and Economic Development: An Analytical Survey* (Geneva: International Labor Office, 1984); Hartmut Kaelble and Mark Thomas, "Introduction," in *Income Distribution in Historical Perspective*, ed. Y. S. Brenner, H. Kaelble, and M. Thomas (New York: Cambridge University Press, 1991); Peter Lindert and Jeffrey Williamson, "Growth, Equality and History," *Explorations in Economic History* 22 (1994): 341–377.

28. 当時でも、本当のテストは個別の国の長い期間について行うべきだということは明らかだった。「理想的には、そうしたプロセスは具体的な国について明確に歴史的な文脈で検証されるべきである」Montek Ahluwalia, "Inequality, Poverty and Development," *Journal of Development Economics* 3 (1976): 307–342, 307.

29. Matthew Higgins and Jeffrey Williamson, "Explaining Inequality the World Round: Cohort Size, Kuznets Curves, and Openness," Working Paper 7224, National Bureau of Economic Research, July 1999. Branko Milanovic, "Determinants of Cross-country Income Inequality: An 'Augmented' Kuznets Hypothesis," in *Equality, Participation, Transition: Essays in Honour of Branko Horvat*, ed. V. Franičević and M. Uvalić, 48–79 (London: Palgrave Macmillan, 2000); Montek Ahluwalia, "Income Distribution and Development: Some Stylized Facts," American Economic Review 66, no. 2 (1976): 128–135; Kaelble and Thomas, "Introduction."

30. Sudhir Anand and Ravi Kanbur, "Inequality and Development: A Critique," *Journal of*

Development Economics 41 (1993): 19–43.

31. Imre Lakatos, "Falsification and the Methodology of Scientific Research Programmes," in *Criticism and the Growth of Knowledge*, ed. I. Lakatos and A. Musgrave, 91–195.［邦訳『批判と知識の成長』森博監訳、木鐸社、2004.9、131–278ページ］クズネッツ仮説に強く反論するなかで、リー、スクワイア、ツゥウは、国と国とのあいだの違いによるジニ係数の変動は、国の内部での変化によるジニ係数の変動よりもずっと大きい、したがって、一国の不平等を動かす要因としては、その国に特異的ないし特有なもののほうが重要だと主張している。Hongyi Li, Lyn Squire, and Heng-fu Zou, "Explaining International and Intertemporal Variations in Income Inequality," *Economic Journal* 108, no. 446 (1998): 26–43. データは少ないものの、同様の主張は Kaelble and Thomas, "Introduction," 32 でもなされている。

32. Higgins and Williamson, "Explaining Inequality the World Round," 11.

33. Jan Luiten van Zanden, "Tracing the Beginning of the Kuznets Curve: Western Europe during the Early Modern Period," *Economic History Review* 48, no. 4 (1995): 1–23.

34. Branko Milanovic, *Global Inequality: A New Approach for the Age of Globalization* (Cambridge, MA: Harvard University Press, 2016), 50.［邦訳『大不平等』立木勝訳、みすず書房、2017.6、54ページ］

35. Milanovic, *Global Inequality*, ch. 2.

36. Anthony B. Atkinson, "Bringing Income Distribution in from the Cold," *Economic Journal* 107, no. 441 (1997): 297–321, 300. ピーター・リンダートは「一過性の動きをクズネッツ曲線と関連づけることに苦労するのではなく、それを説明する課題に直接進むような研究へと移るべきときだ」と述べている。Peter Lindert, "Three Centuries of Inequality in Britain and America," in *Handbook of Income Distribution*, ed. A. B. Atkinson and F. Bourguignon (Amsterdam: Elsevier, 2000), 173.

37. Kuznets, "Economic Growth and Income Inequality," 28.

第7章

冷 戦 期

不平等研究の暗黒時代

　不平等に関する一連の仕事を意味あるものにするため、すなわち、所得分配に関する統合的研究としてプロローグで述べた基準を満たすためには、3つの特徴を備えていなければならない。第一に、なにが不平等を動かしているのか、その背後にある最も重要な要因ないし力は（著者の見方では）何なのかというナラティブが必要だ。いいかえれば、まず政治的ないし経済的な動機づけとなる物語が必要だということだ。この本でとりあげた古典的な著作は、どれもそうした動機づけの物語が備わっている。第二に、その物語に沿うように、著者が理論を構築しなければならない。理論は必ずしも数学的に表現されていなくてもいいし、たいていはなっていない。クズネッツのようにかなり現代に近い著者でもそうだ。ただし、関連する変数どうしの関係についての輪郭は必要になる。第三に、論理やナラティブの主張についての実証的な「確認」がなければならない。古典の著者の研究は実証の欠けているものが多いが、これは単純に、必要なデータがなかったからだ。しかし今日では、不平等へのアプローチを成功させるうえで、そうしたデータは必要不可欠だ。この3つの要素を念頭に、1960年代半ば頃から1990年までの時期に、社会主義経済と資本主義経済で所得分配がどのように研究されていたかを考えてみたい。

　まずは歴史的な背景から始める必要がある。2つの世界大戦に挟まれた時期の所得分配研究は、なによりもまず政治的な変化を追うかたちで展開していて、経済学の変化による影響は二次的なものにすぎなかった。当時の政治はきわめて騒然としたもので、ロシアと中国では革命が成功し［中国は辛亥革命］、

ドイツとハンガリーでは失敗し、5つの帝国が解体して、中国、インド、ベトナム、インドネシアでは反植民地闘争が始まり、ヨーロッパと日本ではファシズムが台頭していた。第一次世界大戦中の交戦国では資産も生活も破壊され、貧困が増大して新しい不平等が生まれていたが、所得分配に関する体系的な研究は生まれなかった。実際に、そうしたテーマへの関心は著しく下がっていた。今日の観察者からすれば、1918年から1937〜1938年のできごとはすべてが速すぎて、次から次へと危機が続いていたかのように思える。ハイパーインフレーションのあとに大恐慌が起こり、大恐慌のあとには移民排斥政策が続き、移民排斥のあとは戦争になって、新しい不平等に少しでも関連するような研究をする時間はほとんどなかった。例外はソヴィエト・ロシアで、階級の問題ひいては不平等の問題が他国より徹底的に研究され、やがて、それが重要かつ暴力的な政治的影響をもたらすことになった。

　それ以外では、あのケインズでさえ——1919年の『平和の経済的帰結』の導入部分から明らかなように、社会の持続可能性にとって所得不平等がどれほど重要であるかに気づいていなかったわけではないのだが、それにもかかわらず——1936年の『一般理論』では、不平等にほとんどなんの役割も割り当てていない[1]。ケインズの体系で最もふさわしい場所としては、不平等が総限界消費性向に作用することについて、ひいては乗数の決定と政府支出の増加への一定の影響についても議論があってもよいはずなのだが、どちらでも不平等は無視されている。ケインズは一貫して所得分配は不変だと仮定していて、便宜上、不平等と総消費性向を固定するか、少なくとも媒介変数として扱っている。『一般理論』から1年後、ようやくハンス・シュテーレが、ドイツのデータを用いた非常にすぐれた雑誌論文で、賃金分布がどれほど大きく変動するか、翻ってそれが限界消費性向にどれほど影響するかを指摘した[2]。あとから考えれば、所得分配が無視されたのは（その状態は第二次世界大戦後も続いたのだが）、いわゆるボウリーの法則が広く一般に受容されていたことが理由のひとつだろう。これは一国での単一の実証研究を基礎とした、きわめて過剰な一般化から結論づけられたものだ。アーサー・ボウリーは19世紀初めのイギリスの要素分配率を計算し、それがほぼ一定であることを発見した[3]。この研究によって、要素分配率は長期にわたって変動しないという仮定が広がっ

第7章　冷戦期

た*。要素所得の分布が変化しないのであれば個人の所得分布もほぼ一定に違いない、とこの物語は続く[4]。

　ここには、第二次世界大戦以後に所得不平等の研究が暗黒期を迎える理由を説明するうえでの端緒が見えるし、この章で強調していくポイントも、幅広く見ればこれになる。すなわち、階級の区分が固定しているか、または問題ではないと考えられるようになると、必ず個人間の所得分配の研究も廃れていくということだ。なぜそうなるのかという論理的な理由はない。要素所得の分布は安定しているのに、賃金所得と資産所得の分布には（およびこの2つとのつながりで世帯形成にも）変化が起こるということはありうる。しかし、これは公式には正しいが、これから見ていくように、階級の重要性を最小化したことの影響、あるいは階級が存在しなくなったという希望的観測の影響によって、所得分配の研究は損なわれ、周縁化され、余計なものとされてしまった。これは19世紀や20世紀初めの著者にも見られたことだし、以下で見るように、20世紀後半の著者にもふたたび見られるようになる。階級分析と資本所得の役割が無視されるときは、所得分配の研究も同じ扱いをされるのだ。

　そしてまさにそのとおりのことが第二次世界大戦のあとに起こった。共産主義と資本主義との競争に駆り立てられて、経済学はどちらの陣営でも、支配的なイデオロギーの政治目的に奉仕させられた。どちらの陣営も、自分たちの体制内では階級は過去のものとなった、階級区分はもはや存在しない、所得分配に関する研究はほとんど意味がないとする信念を抱いていた。どちらも、もう研究するべきことはほとんどないと思っていたのである。

　以下に転載した単純な表で、マーティン・ブロンフェンブレナーが分配問題での主要な3つの立場をうまく要約している。資本主義者（または新古典派）もマルクス主義者も、背景となる制度が——資本主義であれば自由市場と財産の不可侵、マルクス主義であれば私的所有の廃止が——正しく設定されさえすれば、深刻な賃金格差を心配したり所得分配を大きな課題だと考えたりする理由はなくなると信じていたのだ[5]。こうしたテーマでの研究が姿を消すという、

---

* 　第4章で、実際には19世紀を通じてイングランドの要素分配率が大きく変動していること、マルクスが、労働占有率の低下は発展した資本主義の中心的な特徴だと考えていたことを思い出してほしい。

267

表7.1　分配問題に関する主要な3つの立場

	分配の重要性	望ましい資産割合	望ましい賃金格差
資本主義 ［新古典主義］	副次的	有限	大きい
社会民主主義	主要	極小 ［小さい］	小さい
共産主義 ［マルクス主義］	副次的	極小	大きい

出所：Martin Bronfenbrenner, *Income Distribution Theory* (Chicago: Aldine-Atherton, 1971), table 1.1, 6.［　　］部分はミラノヴィッチによる加筆。

まさにそのとおりのことが、冷戦期の両体制下で起こったのだった。

　次のセクションでは、どのようにして社会主義諸国でこの思い込みが推進されていったかを探っていく。その原動力となったのは、社会主義国で、伝統的なリカード的ないしマルクス的な資本家階級（財産を所有することで所得を生み出していた階級）がほぼ消滅したことだった。これはつまり、すべての所得は労働の産物になったということで（この見方にしたがえば）背景となる制度によって搾取が不可能になったのだから、いま存在している労働所得はすべて正当化されることになった。くわえて、所得の差が小さくなったのだから、詳しく調べる価値もなくなった。

　こうして、階級を基礎とする分析が消滅したことで所得分配への関心も消滅してしまった。実際には、古い階級に代わって新しい階級構造が構築されたのだが、以下で論じるように、この現実に関する議論は、共産主義の当局が進んで支援するものではなかったし、容認さえされなかった。こうして、伝統的な財産所有階級の消滅という「客観的な」要因と、階級なき社会という考えに傾倒し、不平等研究を潜在的な反体制イデオロギー兵器と見る政治的独裁体制という「主観的な」要因との組み合わせによって、社会主義経済での真剣な所得不平等研究に終止符が打たれることになった。

　西側でも状況に大きな違いはなかった。こちらでも「客観的な」要因が、どのような経済学研究が好まれるかに影響を及ぼし、所得分配の重要性が軽視されるようになった。学問分野としての経済学は、階級区分されたヨーロッパから、ずっと階級が流動的なアメリカ合衆国へと重心が移った。アメリカで最も有力な経済学者が見る階級構造は、ヨーロッパの古典派経済学者の見方と

は違っていたし、中国、インド、中東といった古くからの社会、あるいは歴史的に不均等なラテンアメリカとも違っていた。ここでは誰もが背景とは無関係に富を夢見ることができるというアメリカンドリームは、建国以来のイデオロギーの一部だったのだが、冷戦期にはそれがいっそう力強く拡散された。目的はマルクス主義の魅力を減衰させることであり、階級は消滅したとするソヴィエトの主張を無意味化することであり、資本主義社会は救いがたいほど階級区分された不平等な社会だという特性評価の誤りを証明することだった。いいかえれば、社会主義陣営が階級区分を廃止したと主張しているかぎり、アメリカ陣営も同じことを主張しなければならなかったのである——自分たちの国では階級など問題ではないのだ、と。ここでも、経済学者は所得分配の研究をしようという勇気を挫かれた。こちらは、合衆国では階級区分がそれほど顕著ではないという「客観的な」要因と、たとえ（人種差別のように）存在している場合でも、イデオロギーがそうした区分の証拠を受け入れないという「主観的な」要因との組み合わせによるものだった。

　経済学という学問分野も、その進化は、いま指摘したような政治的影響から独立していると考えられるが、その枠内で、やはり不平等研究に敵対的なものとなった。一般均衡分析で支配的なアプローチが関心を寄せるのは、最終生産物の総体価格の決定と生産の諸要素だ。ひとつの経済内での参加者の所得は、新古典派によれば、その定義から、要素価格での生産高（限界生産物と等しい）と、経済過程に参入する時点での資本および労働の初期保有に等しい。しかし、こうした初期保有自体の量は一般均衡分析の領域外にある。初期保有が、そして主として不動産が、それまでの市場取引を通じて獲得されたのか、あるいは特権、搾取、相続、独占、そのほかのどのような手段で獲得されたのかは、相対価格の科学としての経済学のテーマにはならなかった。パレート最適は、シンプルにいえば、誰が保有しているかにかかわらず現在の資産保有の妥当性を確認するもので、こうした理論の完璧な補完物だ[6]。新古典派は、マルクスのいう「本源的蓄積」や、スミスが政治的影響力、独占、略奪を通して獲得された財産（第2章参照）と見たものについて、語るべきものがほぼなにもなかった。経済学では、古典派とのつながりが絶たれてしまったのだ。

　こうした方法論の選好によって、階級分析は沙汰止みになった。労働力の所

有者と資本の所有者が形式的には同等の経済主体とみなされ、違いはそれぞれが所有する生産要素の違いだけになったからだ。経済学は現在についての科学となり、未来とは、貯蓄や投資の決断を通してかろうじてつながっていたが、過去からは完全に断絶された。2つの生産要素のうち、一方は所得を稼ぐために持続的な作業努力を必要とし、他方は所有者が利益を生むための作業をまったく求められない。そこに形式的な等価性を導入しようとしたこの試みの本質をよく捉えているのが、ミルトンとローズ・フリードマンの「各人へは、それぞれが所有する手段を使って生産したものに応じて」という皮肉なことばだ[7]。これによって、古典的な（とりわけマルクス主義的な）生産と階級という2つの要素の区分が逆転してしまった。同じことばを半ば嘲笑的に用いながら、階級は意味あるかたちでは存在していないと宣言したのだ——所有している資産が違うだけなのだ、と。このアプローチは、もう分配を個人間に生じるものとは見ない。分配は個人と物（資本）とのあいだのものになる。資本の限界生産性が技術上の問題であることは見落とされ、資本が所得を生むのはそこに「社会契約」がある場合のみ、社会制度によって、道具（資本を含む）の所有者が所有する道具の生産物の回収を許されている場合のみだということも見逃された。当然のことながら、労働の初期保有は奴隷にいかなる所得も生まない。奴隷制度では、そのような初期保有が生み出される果実の自己所有化が認められないからだ。資本主義を下支えしている社会関係は完全に無視された。

　新古典派のアプローチは生産関係を「自然化」させようとした。つまり、生産関係を一定の方法での生産組織化や一定の発展段階に固有のものとしてではなく、ものごとの可能で「自然な」秩序としてのみ生産関係を扱うということだ。そこには厳密な意味での資本主義はない。このような自然化は、生産と分配の過程で人びとが入っていく社会関係の意味を否定するもので、階級構造を消し去り、所得分配の研究を余分なものにする効果がある。

　こうして研究者は、共産主義国でも資本主義国でも、いわば「冷戦経済学時代」とよべる時代を生き、仕事をすることになった。政治的な命令と、伝統的な階級が「客観的に」見えにくくなったこととが交わるなか、所得分配に関する統合的な研究の意味は否定されていった。

第7章 冷戦期

資本の私的所有のない体制——社会主義市場経済での不平等

　マルクスの最も重要な洞察のひとつは「正常」価格（もしくは長期的な均衡価格）の歴史的性格に関連したものだ。マルクス主義の文献では、これは一般に転化問題の見出しの下で議論されていて、小規模な商品生産を基礎とする市場経済での正常価格（労働価値価格）は、経済の進化とともに、新しい正常価格（資本主義価格）である「生産価格」へと転化する。生産価格が労働投入量だけを基礎とする価格と異なるのは、資本にはある部門から別の部門へと移動する力があるためで、これが部門間での利潤率の均等化につながる。これは小規模商品生産での価格形成とは違う。小規模商品生産では、資本はほぼ不動で、平衡状態でも収益率には部門間のばらつきがある。後者の条件下では、長期的な均衡価格は「社会的に必要な」労働量に等しい。しかし資本主義の下では、正常価格に含まれる収益率は、資本集約的な部門でも労働集約的な部門でも必ず同じになる。資本集約的な部門ではそもそも総労働投入量が比較的小さいので、そうした部門での生産価格は労働価値よりも高くなる。当然のことながら、労働集約的な部門では逆が真になる。

　経済が資本主義から社会主義へと移行するときにも似たような転化問題が存在する。このときの前提は、社会主義が商品生産体制であり続けること、つまり製品が「商品」であって単なる「使用価値」ではない体制であり続けることだ。そうした転化の最もいい例として、ユーゴスラヴィアに存在した労働者管理経済を考えてみよう。労働者管理企業の目的機能は労働者1人当たりの生産高の最大化で、資本主義企業の利益最大化とは正反対のものだ。企業は「社会的に」所有されている（簡単にいえば、国家が所有し企業が使用している）資本の使用料を支払うと仮定すると、企業jに雇用されているタイプiの労働1単位当たりの平均賃金は、

$$W_{ij} = p_j q_j - rK_j$$

となる。ここでp_jおよびq_jは、それぞれ価格および企業jが生み出した生産量

を表し、rは経済全体での収益率ないし資本の使用量を、K_jは企業が管理する資本の量を表す。注意すべきは、労働者管理企業では、賃金は労働タイプと企業タイプの両方による添字がつくことで、これは各企業の労働者が受け取る利益には、その企業に固有の特徴に応じて大小があるからだ。これ以外では、企業の通常以上の生産性がある、独占的地位がある、あるいは、ほかにレントのような力があって資本使用料を凌ぐほどの追加所得がある、などが考えられる（逆に、そうした優位のない企業では賃金にマイナスの影響があるだろう）。したがって、まったく同じ能力の労働者でも、雇用されている部門や企業次第で受け取る賃金が違うということになる。社会主義時代のユーゴスラヴィアではよく知られていたように、また市場社会主義に関する膨大な文献にも記録されているように、資本集約的な生産部門の労働者は労働集約的な部門の労働者より給料がよかった[8]。もちろん、高い資本集約度による優位がすべて資本使用料で帳消しになったわけではない。なんらかの独占力のある部門なり企業なりで働ければさらによかった。鍵となるポイントは、資本主義では（たとえば）独占力による追加所得が追加利益に姿を変えたのと違い、ここではそれが労働者の賃金を上昇させたことだ。したがって、まったく同じ労働者でも部門が違えば、あるいは同じ部門でも企業が違えば、支払われる賃金が違っていた。これは、市場社会主義の下では残余利益の申請者が労働者であるためで、資本主義の下ではそれが資本の所有者になる*。

　所得分配について、残余利益の申請者の違いには二重の意味がある。第一に、ほかのすべてが同じであれば、所定のタイプの労働の賃金は資本主義より市場社会主義でのほうが多様になる。第二に、資本収益の私的所有化がないので、不平等の根源が消滅する。資本主義社会での資本所有はつねに非常に歪曲されているので、資本収益の私的所有化の不在は、不平等を縮小するうえでき

---

*　同じ労働に対するこうした賃金の違いを合理化するには、社会主義市場経済では賃金率が2つの要素から構成されているからだと主張するのがいいかもしれない。その2つとは賃金本体と管理者ボーナスで、うまくいっている企業ほど後者が大きくなる。労働者は経営者でもあるから、彼らがこのボーナスを受け取るはずだ。しかしこの主張を弱める事実があって、追加の構成要素は経営の質という機能だけでなく、独占力や生産の資本集約度といった機能でも変動する。

わめて重要な要素だ。実際に、使用料を通して国家が吸収しきれなかった資本収益ないし経営利益の一部は、市場社会主義の下では労働所得というかたちで現れ、多くの人びとが受け取るのに対して、資本主義ではこれが資本所得に含まれるので、少数の（豊かな）人びとが受け取ることになる。

　この例によって強調されるのは、異なる社会経済体制の下では、起業家精神の中心がどこにあるかの違いや、部門を超えた資本の可動性にあるかないかの違い、資本からの利益を受け取るのが資本家か国家かの違いが、「正常」価格ないし長期的な均衡価格の違い、および個人間の所得分配の違いを動かすという事実だ。だからこそ、最も抽象的なレベルでさえ、市場社会主義の下での所得分配は資本主義の下とは違うと予想されるのだ。それはジニ係数のような全体的な指標で測定したものだけでなく、個人の受け取る所得が高いか、中くらいか、低いかに関しても違ってくるだろう。所定のタイプの労働についての労働者の賃金は、資本主義より市場社会主義でのほうがさらに不平等に分配されるが、その一方で、全体としての不平等は、資本所得の私的所有化がないおかげで小さくなるかもしれない。さらに、一部の社会階級（資本家など）は非常に少なくなるか、まったく存在しなくなることも明らかだ。

資本の国家所有という体制——計画経済での不平等

　計画経済での所得分配は、この体制の本質を反映したシンプルなルールによっても動いている。ときに、計画体制での所得分配は「主意主義的」ないしイデオロギー的な要素で形成されるといわれる。ごく一般的なレベルでは、これは正しい。しかしそうした要素を強調するあまり、もっと重要なシステム上の原因を見逃してはならない。計画経済での所得分配は共産主義イデオロギーの単純な反映ではなく、この体制の主要な特徴（資本の国家所有）と、それが機能するための——マルクス主義の用語でいえば「拡大再生産」のための——必要要件によって客観的に決定されていた。

　すでにふれたように、資本の私的所有の周縁化（ないしほぼ消滅）は不平等を縮小する力だ。資本主義経済では生産的富が——したがって資本からの収益が——非常に不平等に分配されていた。対照的に、社会主義社会では資本が国家

の所有になるので、全員が同じ額の資本所得を得るような状況を思い浮かべるかもしれない。しかし現実の計画経済は階層的な、あるいは階級を基礎とするとすらいえる社会であって、国家所有の資本からの収益は均等に共有されなかった。所得は、国家と党のヒエラルキーを上るにつれて増加したのだ。実際に、国家と党のヒエラルキーは資本主義のヒエラルキーと同様の役割を果たした（当然のことながら、後者は個人の所有する資本の総額で決まった）。計画経済が原理的に社会主義市場経済と違うのは、計画経済では、所定のタイプの労働を遂行する労働者には、具体的にどの企業ないし部門で雇用されているかとは無関係に、同額の賃金が支払われるという点だった。もちろんこれは、非常に高い水準での抽象表現だ。実際には、ソ連をはじめとする計画経済では、部門や共和国によって大きな賃金格差があった[9]。しかし、部門間の格差は個別の政策決定の産物で、特定の経済部門を刺激することや（たとえば有名なポーランドの鉱業部門の場合）、生産に関して一定の地理的分布を奨励することを目的としていた。ソ連が後者の目的を追求したときには、環境が厳しくてほとんど人のいないシベリアに労働力を惹きつけるため、同じ技術レベルの労働者に、共和国内のほかの地域の労働者よりも高い賃金が支払われた。しかし市場社会主義とは違い、計画経済には、同じ労働タイプの内部で賃金がばらつく体制上の理由はなかった。

　とはいえ、そこにはイデオロギー的選好があって、知的労働と肉体労働の区別をなくし、それによって非肉体労働者と肉体労働者の賃金ギャップを縮小しようとしていた。これはどちらのタイプの社会主義経済にも当てはまることで、スキルや教育の収益は、資本主義の下でよりは小さかった[10]。このトピックがきわめて徹底的に研究されていることを考えれば、ここでは2つの図式を提出するだけで十分だろう。表7.2は、単一の国（ユーゴスラヴィア）での熟練労働者と非熟練労働者の賃金を、資本主義時代と社会主義の初期とで比較したものだ。表7.3は、同様の比較を、ヨーロッパのいくつかの資本主義経済と、中央ヨーロッパの3つの社会主義国およびソ連とで行ったものになる。目につくのは、後者の比較で非熟練‐熟練の賃金比率が最も大きい社会主義国ですら、非熟練‐熟練比率が最も小さい資本主義国よりも不平等が小さいことだ。2つの体制にはまったく重なるところがない。表7.3は、雇用されている全員の平

274

第7章　冷戦期

表7.2　資本主義および初期社会主義でのユーゴスラヴィアの相対賃金

	1938	1951
非熟練労働者	1	1
熟練労働者	3.30	1.35
国家の行政機関（全従業員）	1.66	1.03
ホワイトカラーの従業員（国家の行政機関以外）	2.00	1.10

注：非熟練者の賃金を1とする。
データソース：Branko Horvat, *Ekonomska Teorija Planske Privrede* [Economic Theory of a Planned Economy] (Belgrade: Kultura, 1961), 162.

表7.3　ヨーロッパの資本主義経済と社会主義経済での相対賃金

	工業での肉体労働の平均賃金に対する非肉体労働の平均賃金の比率	全従業員の平均賃金に対する管理職の平均賃金の比率
資本主義経済		
ベルギー	1.49	1.84
デンマーク	1.30	
フランス	1.70	2.36
西ドイツ	1.38	1.42
イギリス	1.18	1.64
分布の範囲	*1.18-1.70*	*1.42-2.36*
社会主義経済		
ハンガリー	1.13	1.50
ポーランド	1.05	1.30
東ドイツ	1.05	
ソ連	1.05	
分布の範囲	*1.05-1.13*	*1.3-1.5*

注：資本主義経済のデータは1978年、社会主義経済のデータは1980年のもの。
データソース：Dominique Redor, *Wage Inequalities in East and West*, trans. Rosemarie Bourgault (Cambridge: Cambridge University Press, 1992), tables 3.4 (61) and 3.10 (71) のデータの組み合わせ。

均賃金と管理職の平均賃金の比率も示しているが、これも、社会主義国のほうが一般に比率が小さい。

　資本主義経済と社会主義経済で熟練と非熟練の賃金比較をするときに忘れてならないのは、社会主義では公教育が無料のため、非熟練労働者の相対的地位を向上させるというイデオロギー的選好を抜きにしても、高スキル労働者と低スキル労働者の補償格差が小さくなることだ[11]。いいかえれば、社会主義で観察されるスキルプレミアムの低さをすべてイデオロギー的選好によるものだと

275

表7.4 社会主義経済、資本主義経済、発展途上経済での総所得の構成 1980年代
（非加重平均、総所得を100とする）

	社会主義経済	資本主義経済	発展途上経済
第一次所得	*77*	*85*	*90*
労働所得	63	64	35
自営所得	13	14	48
財産所得	1	5	6
企業（民間）年金	0	2	0
社会移転	*19*	*14*	*3*
年金	13	12	2
児童手当	4	1	1
その他の現金移転	2	1	0
その他の所得	*5*	*1*	*7*
総所得	*100*	*100*	*100*
課税総額	*34*	*38*	*n.a.*
直接税	3	20	n.a.
給与税（従業員）	7	5	n.a.
給与税（雇用主）	24	13	n.a.
1人当たりGDP（単位千ドル、1988年頃の購買力平価）	5.5	14.0	1.8

注：基本データの引用についてはデータソースを参照。平均はすべて非加重。社会主義経済は、チェコスロヴァキア、ソ連、ブルガリア、ハンガリー、ユーゴスラヴィア、ポーランド。資本主義経済はオーストラリア、カナダ、フランス、西ドイツ、イスラエル、ニュージーランド、ノルウェー、スペイン、スウェーデン、イギリス、アメリカ合衆国。発展途上経済はコートディヴォワール、ガーナ、ヨルダン、ペルー、マダガスカル、ベトナム。
データソース：Milanovic, "Income, Inequality, and Poverty during the Transition from Planned to Market Economy," table 2.3, 14.

考えるべきではない、ということだ[12]。

　最後に、政府による再分配に関しては、直接税と社会移転が、計画的な社会主義経済でのほうが相対的に高かったというのは本当だ（表7.4）。しかし指摘するべき点が2つある。第一に、社会移転は世帯人口構成によって決まるので、貢献の評価やニーズによるところは大きくない。そして第二に、直接税は比例税、すなわち所得の大小にかかわらず同じ税率が課される一律課税で、ほぼ労働所得だけにかけられた（資本所得が最小限しかないので、それにかかる税が高かろうが低かろうが大きな違いにはならない）。そのため、成熟した資本主義の下では必要に基づいて失業保険、社会年金、福祉支給などが支払われていたのと比

べると、社会移転はあまり再分配的ではなかった（図7.1）。社会主義で直接税の再分配要素があまり重要でなかった理由は、税が所得に対する広範な比例税だったからだ。実際、直接税が所得の平準化に果たした役割がいかに小さかったか、大衆のイメージのなかでいかに小さな存在だったかは驚くほどだ（表7.4参照）。これは、そうした税が、賃金を支払う際に企業が自動的に納税する源泉徴収だったためで、そのようにして「隠される」ことで、大半の納税者は、賃金も所得も正味の額だと考えていた[13]。

　ここで、社会主義計画経済での1人当たり可処分所得y_iについて、次のような単純化した方程式を書くことができる。

$$y_i = w_{is} + a_i \overline{k} + b_i(d_i) - \overline{t} w_{is}$$

　ここでw_{is}は技術レベルsの人物iの賃金（単純化のために熟練労働と非熟練労働の2つの値だけをとると仮定してもよい）、a_iはヒエラルキー係数で、国家や党内構造での地位が上がるにつれて大きくなる。$\overline{k}$は国家所有資本からの国の平均収益（非労働所得の総額から総投資に用いられた額を引き、人口規模で割ったものに等しいとすることができる）、b_iは社会移転の総額で、その人物ないし世帯の構成上の特徴（d_i）に依存する。$\overline{t} w_{is}$は労働所得のみに適用される所定の（一律の）税率になる。所得不平等がヒエラルキー係数a_iに対応して大きく変動することは明らかだ。ここでのヒエラルキー係数a_iは、資本主義の下での資本所有と同じ役割を果たしている。ほかのすべての条件が同じなら、計画経済が階層的であるほど、全体としての個人間不平等は大きくなる。その最適な例は1930年代のスターリン主義経済だろう。a_i以外に所得分配で大きな役割を果たしうる追加要素は事実上ひとつしかない。それはスキルプレミアムだ。しかしすでに示したように、たいていの社会主義経済ではスキルプレミアムが小さい。また、図7.1が示すように、社会的現金移転も分配には大きく影響してこない。これは人口動態学的に決まるもので、したがって所得分配の全体を通じてかなり均一になるからだ。中央アジアのような発展の遅れた社会主義経済では、大規模でかつ（1人当たりでは）貧しい世帯は児童手当が高額になり、その利益が均等化の役割を果たした面もあったかもしれないが、発展

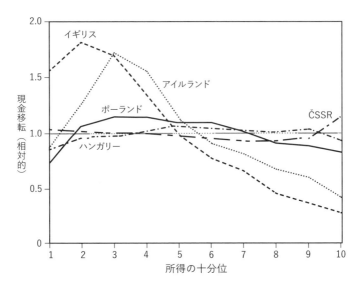

図7.1　十分位で見た社会的現金移転の分布

注：グラフは、1人当たり社会移転の金額を所得分配の十分位ごとに示したもの。1人当たりの平等な分配を1とする。ČSSRはチェコスロヴァキア社会主義共和国。

Branko Milanovic, *Income, Inequality, and Poverty during the Transition from Planned to Market Economy* (Washington, DC: World Bank, 1998), fig. 2.1, 17 より再フォーマット。

した経済では世帯が小さいので、そうした手当による再分配の役割は小さかった。最後に、賃金所得に依存した税は比例税なので、全体の不平等には影響しなかった。

　この方程式は収益化された所得だけをカバーしていると理解することができる。したがって、無視されている3つの重要な収入源を追加しなければならない。ひとつは収益化されない自家生産で、これは農村世帯にとって重要だったほか、社会主義世界のいくつかの場所ではかなり規模が大きかった。2つ目が消費への補助金で、食料やエネルギーなど必需品への補助が手厚いという意味では平等主義的だった。もうひとつは特定の非市場的利益で、これは国家や党のヒエラルキーのトップである「ノーメンクラトゥーラ」が享受した。この3つ目は希少商品、国家の提供する集合・戸建て住宅、補助金付きの休暇などの利用というかたちをとった。これを方程式のヒエラルキー係数a_iに含めると、

その分だけa_iの値は大きくなる[14]。

　しかし、このような一般化したアプローチをもとに、社会主義のほうが成熟した資本主義より必ず不平等が少なくなるとはいいきれない。後者には、必要に基づく社会移転や累進課税がある。社会主義は、理論上とはいえ、経済的平等についての姿勢が曖昧だ。社会主義の目的は階級の廃止、ひいては雇用による賃金労働の廃止であって、所得不平等の廃止ではない（また理由は違うが、共産主義の目的でもない）。エンゲルスが述べているように「プロレタリア的な平等の要求のほんとうの内容は、階級の廃止という要求である。これをこえてすすむあらゆる平等の要求は、必然的に不合理なものになってしまう」のだ[15]。エンゲルスは別のところでも、さらに強い調子で次のように説明している。

　　「あらゆる社会的・政治的不平等の除去」というのも、また「あらゆる階級区別の廃止」というかわりにつかわれた非常にいかがわしい文句です。国と国、州と州、それどころか地区と地区とのあいだにさえ、生活条件のある程度の不平等はいつもあるでしょう。この不平等を最小限に減少させることはできるが、完全に除去することはけっしてできないでしょう。アルプスの住民は平地の住民と生活条件がつねに違うでしょう。社会主義社会を平等の国と考えるのは、古い「自由、平等、友愛」に結びついた一面的なフランス的観念であって、その時代とその場所との発展段階としては正当でしたが、いまでは、初期の社会主義学派のあらゆる一面性と同様に、克服されなければならない観念です。というのは、それらの一面性は頭のなかに混乱を起こさせるだけだし、それに、問題のいっそう正確な表現方法が見出されているからです。[16]

　したがって、高水準の所得格差は、ひとたび「適正な」制度が達成されれば（無階級社会が創設されれば）、もはや大きな懸念ではなくなる。ここでのロジックは、リバタリアンや市場原理主義者のものと瓜二つだ。リバタリアンにとって、完全に市場に基づいた体制ができれば、所得は価値ある商品やサービスを他者に提供することによってのみ獲得できるものになり、よって不平

等は取るに足らないものとなる*。あるいはハイエクが考えたように、ルールに基づいた体制になれば「適正な」分配を語ることは無意味になる。「様々な個人や集団の地位が誰かの設計の結果ではない——あるいはそのような社会では、一般的に適用可能な原理にしたがってそれらを変更できない——自由社会では、報酬の差を正義に適うとかもとると意味あるように叙述することができないのである」[17]。しかし共産主義者もリバタリアンも、逆に不平等が自分たちの大切にしている制度を弱体化させるのではないか、と問うことはしない[18]。

　一般に、社会主義の不平等は資本主義よりも小さかった——その差があまりに大きかったので、1970年代、1980年代の多くの国際研究は「社会主義変数」を適用して回帰分析を修正していた（同時に所得水準などの特性をコントロールしていた）[19]。社会主義での不平等水準の低さは、スキルプレミアムの低さ（財産からの所得より大幅に少なかった）と広範囲にわたる消費補助金によるものだった。もちろん、ヒエラルキー係数a_iの示唆する不平等が、資本主義での不平等な財産分配から生じるものと同じくらい高水準だったかどうかは疑わしい。しかしいくつかの時期（たとえば1930年代のソ連のスターリン全盛期）には、エリートの享受する現物支給の利益や、さまざまな環境で人びとに渡される「袖の下」によって不平等水準が引き上げられていたことは疑いない[20]。この時期について実証的な証拠がほとんどないのは本当に問題だ。しかし違った地層では、驚くほど不平等な消費に関する証拠が少なからず手に入るようで、R・W・デーヴィスが公式ソースから収集して報告している。たとえば1932年9月の共産党大会では、大会の行われた2週間に、500人の代表団に対して毎日1人当たり1.33キログラムの肉が割り当てられた。一方、ふつうの市民への配給

＊　社会主義での所得不平等は理論的に複雑だ。ひとたび階級と私的資本所有が廃止されれば、格差はすべて労働から派生することになり、したがって、それは多様なスキルと努力を反映しているのだから、非難されるものではなくなる。それでも、共産主義革命によって発動するメカニズム（教育と医療の無料化、および熟練−非熟練の賃金比率の縮小）によって、その格差も縮小する。こうして、理論的とはいえ、マルクス主義者は社会主義の下で賃金格差が縮小することを期待することができる——その一方で、原理的にこれの逆はない。

は最高で1人当たり1か月3キログラムだった[21]。賃金分配の不平等は、公式統計に報告されているように、1928年から1934年のあいだに増大していた（それでも戦前の1914年よりはまだ小さかった）[22]。

平準化は、ロシアでは「均等化（*uravnilovka*）」という用語の下での過剰な平等主義と同義語になり、インセンティブを妨げ、労働者を怠惰にし、スキル向上に無関心にするものだと批判された[23]。1931年、スターリンは一群の産業経営者を相手に演説した際、従業員の離職率が高い原因はなにかという問題を取り上げた。これが問題となるのは、スターリンによれば、労働者の流動性が大きすぎて生産性が損なわれ、新技術の採用が滞るからだった。理由はさまざまある、とスターリンは語った。

> それは、あやまった賃金組織に、あやまった賃金等級制に、賃金の分野における「左翼的」画一制に、ある。わが国の多くの企業では、熟練労働と不熟練労働との、重労働と軽労働との差別が、ほとんどなくなるようなぐあいに賃金率がきめられている。賃金画一制の結果、不熟練労働者は熟練労働者にうつっていくことに関心をもたず、こうして前進の見通しをうしない、そのために彼は、少しばかり「内職」をやって、そのあとで「幸福を求めて」どこかべつの場所にさっていくために、ただ一時的にだけはたらく、生産における「寄食者」のように、自分を感じるようになる。賃金画一制の結果、熟練労働者は、熟練労働を正当に評価してくれるような企業を、ついに発見するまでは、転々として企業から企業へうつらざるをえなくなる。[24]

不平等水準は「スターリン最盛期」以後のソヴィエト連邦ではずっと低くなったし、ほかの社会主義国でも一貫してかなり低かった[25]。しかし実際は、国家と党の官僚ヒエラルキーのメンバーが、資本主義体制で資本所有が果たしていたのと同じ役割を、社会主義体制で果たしていた[26]。そうした理解からは、社会主義社会は階級を基礎とする社会だという主張へはあと一歩だ。たしかに支配的な階級が選抜される方法は異なっているし、獲得した利益の大半が世代を超えて移転できない点も重要だが、それでもやはり階級社会な

表7.5　社会主義体制の階級性に関する知覚

所得水準 （1人当たり）	社会体制は		
	(1) 階級に基づいている (%)	(2) 階級に基づいていない (%)	(3) 比率 (1)/(2)
500ディナール以下	44	32	1.38
500–1000	39	32	1.22
1001–1500	39	39	1.00
1501–2000	40	40	1.00
2000以上	27	52	0.52
LCYメンバー	32	51	0.63
非メンバー	40	28	1.43

注：回答者への質問は「わが国［ユーゴスラヴィア］の社会は異なる社会階級を含んでいますか」。「わからない」の回答数はここでは示されていない。都市住民のみの調査であることに留意してほしい。LCYはユーゴスラヴィア共産主義者同盟。
データソース：Miloslav Janic´ijevic´, "Klasna svest i društvena struktura"［階級意識と社会構造］. *Društveni slojevi i društvena svest*［社会集団と社会意識］, ed., Mihailo Popović, Silvano Bolčić, Vesna Pešić, Milosav Janićijević, and Dragomir Pantić (Beograd: Centar za sociološ゛ka istraživanja, 1977), 214–215 に所収。

のだ、と*。ミロシュラフ・ヤニツィエヴィッチは1977年に、驚きではない報告をしている。すなわち、国家のヒエラルキーでの——共産党の党員としての、また所得水準に関しての——地位が高い者ほど、社会は無階級だと考えがちだというのだ（表7.5の左から3列目を参照）。トップの所得集団のうち、体制が階級を基礎としていると考えている者は27パーセントしかいないのに対して、最も貧しい集団では44パーセントがそうだと答えている。既存の体制を正当化する考えは、そこから利益を得ている者のあいだで最も人気が高かった。

　過去には社会主義経済の階級的性格を厳密に定義しようと骨の折れるイデオロギー作業が行われたが、所得形成と所得分配に目を向ければ、そうした作業を回避しつつ、社会階級（望ましくないもの）と社会層ないし社会階層（容認できるもの）とを区別することができる[27]。それでも社会学者には課題が残るが、経済学者は、官僚機構による所得ヒエラルキーを資本主義のヒエラルキーと同様に扱うことができる。ブランコ・ホルヴァトが述べたように「資本家は自身

---

*　もちろん例外はある。たとえば北朝鮮がそうで、ここは最初の共産主義王朝を生み出した。中国でも「幼君」は大切だったし、親からのコネクションの継承も（富の、ではないにしても）重要だった。これはヨーロッパの社会主義経済ではなかったことだ。

の資本に応じた比率で社会的剰余価値の分配に参加するが、官僚は権力のヒエラルキーにおける自身の地位との比例で参加する」からだ[28]。

中国に関する注記

社会主義時代の中国の状況は、ソ連や東ヨーロッパとは異なっていた。ソ連とヨーロッパでは「求め続けた」革命の結果、階級が廃止され、全員が国家の労働者として扱われて、この「理想的な」タイプからの逸脱（私的所有の農業など）は一時的な例外として処理されたのだが、中国の革命は、形式的には、明確な社会階級の存在を維持していた。それは労働者、農民、そして重要なものとしてプチブルジョアジー（小規模な資本所有者）と「愛国的資本家」があった。この4つの階級は、毛沢東の1949年の演説「人民民主主義独裁について」で定義されている[29]。これは中国国旗で、大きな星（共産党）を取り囲む4つの小さな星として表されている。1960年代初めまで、かつての資本所有者だったが反革命的ではないとして財産の没収を免れた者は、国有化された資産の推定価値から1〜6パーセントを毎年配当として受け取る権利を認められていた[30]。この手当は、少なくとも形式的には階級構造の存在によるものなので、所得分配の研究が、原理的には、機能的所得分配や個人間所得分配とつながることを意味している[31]。しかし中国では、そのような調査はごく消極的なやり方でしか行われなかった。そうした研究に必要なデータソースは、1950年代に中央の統計システムが創設されてようやく構築されたものだし、おそらく、それを妨げるような政治的圧力もあっただろう[32]。中国の統計資料はソヴィエトのデータと同じで、農村と都市の格差に焦点が当たっていた。中国では、世帯所得ですら2つの地域で別個に調査されていて、ようやく統一されて単一の国家調査となったのは2013年のことだった。

他方で中国は、とくに文化大革命の時期に、かつてないほど平等主義的な例のひとつを提供している。肉体労働者と非肉体労働者の賃金が広く均等化され、多くのケースで肉体労働者の賃金が非肉体労働者を上回った。ヘンリー・フェルプス・ブラウンが証明しているように、インセンティブとは無関係に働く「新しい人間を生み出す」という取り組みが、異例の支払いスキームという結果になったためだ[33]。ほぼ文化大革命の時期にあたる1960年代半ばの北京で

適用された報酬スキームでは、すべての男性が男性の生産する単位数の平均にしたがって支払いを受け、すべての女性は女性の生産する商品の数の平均にしたがって支払いを受けた。したがって、支払いの男女格差が意図的に導入されたことになる。しかし、所定の性別の個人はすべて同じだけの支払いを受けるので、多く働いて多く生産しようという物質的なインセンティブは働かなかった。フェルプス・ブラウンはその理由づけを以下のように説明している。

> この話から見えてくるものは、西側の観察者には中国式給与体系の矛盾と思える。男性は力が強くてたくさん生産できるから男性に女性より多く支払うのは適正だとしたら、ほかの男性よりがんばってたくさん生産した男性には、なぜほかの男性より多く支払われないのだろう。中国人にとっての答えは単純で、後者の違いは自己利益に訴えるものだが前者はそうなりえないからだという。奇妙だがわかりやすい。中国人は自然的正義という自明の原理として、なされた仕事量に比例して支払いを扱う。その一方で、仕事量の違いは労働者自身がコントロールできる範囲内にはない。もしコントロールできているのであれば、それは悪意によるものなのだ。[34]

このように、反インセンティブの支払い構造は、スターリン式テイラーシステム〔テイラーシステムはフレデリック・テイラーが確立したマネジメント手法。インセンティブを提示して現場のイニシアティブを引き出そうとする。科学的管理法とも〕での出来高賃金による報酬構造とは正反対だ。後者では、賃金は個人の生産量に比例するので、多く生産することが明確なインセンティブになる。反インセンティブのアプローチは、共産主義での所得分配に関するマルクスの見方に沿ったものだ。共産主義では、労働は報酬のためではなく個人の関心から、喜び（「自己実現」）のために行われるようになり、賃金は「必要」に応じて分配される。ここでの中国の例では、賃金は必要によって決まってはいない（男でも女でも、集団内には必ず平均以上を必要とする者がいたに違いない）のだが、マルクスの求めたものの前半部分——物質的なインセンティブに応じて行われるのでない労働——は満たしていた。

このように、社会主義段階の中国は、極端な平等主義と形式的な階級社会の

第7章　冷戦期

温存という、異例の組み合わせを提供してくれている。

3つの社会主義的平等

中国の文化大革命——史上最も過激な平等主義経験のひとつ——という条件下での賃金形成を考えたところで、今度はこれを接合点としてイデオロギーの問題へと移り、社会主義の異なる変種によって推進された3つの平等概念を具体的に対照させるのがよいだろう。すなわち社会民主主義、伝統的マルクス主義、毛沢東主義の特徴を備えたマルクス主義だ。

社会民主主義的な平等は最もよく知られているので、説明もしやすい。この考えの著者は大半がイギリスの功利主義、フェビアン主義、労働組合運動の流れを汲んでいる。この平等概念は、資本主義的生産関係と社会の階級区分を受け入れるところから始まる。ここは非常に重要なポイントで、伝統的なマルクス主義のアプローチとは対照的だ。資本主義社会では、社会民主主義はジョン・ローマーのいう「境遇」（親の富や相続、性別、人種など）が生涯所得に及ぼす重要性を下げ、努力と「一時的な幸運」、投資の成果の違いから派生する不平等だけを許容しようとする（最後の投資の成果に関しては、投資された資金が相続ではなく貯蓄を通して獲得された場合のみとなる）[35]。このアプローチで望ましいとされる介入は、教育を誰もがアクセスしやすいものにする効果のあるもの、資本に対する労働者の交渉力を増進する効果のあるもの、あるいは累進課税を推進して不平等を削減する効果のあるものだ。こうした介入は、誰もが知るように、発達した資本主義経済では1世紀以上にわたって、労働組合や左翼政党、さらには各種の共済組合が政治的・社会的活動の中心としてきたものだ。

しかし、これはマルクス主義の平等概念とは違う。マルクスとその信奉者にとって唯一最重要の平等とは、社会階級を廃止し、私的な資本所有を終わらせることだ。根本的な不平等は、マルクスの見方では、資本の所有者が労働者を雇用して剰余価値を収奪するという、資本主義的生産関係のまさに真髄に組み込まれている。剰余価値から労働者にわたる割合が大きくなることはマルクス主義者も歓迎するが、彼らはそれを政治的なゴールとはみなさないし、たいして重要なポイントとも考えない。シュロモ・アヴィネリが主張したように（第4章を参照）、労働組合が関与する類の活動は、マルクスからは単なる訓練の場、

285

労働者同士の協力関係が社会全体へと拡張される未来に向けて人びとを準備させる場所と見られていた。平等とは、マルクスの見方では、社会階級が廃止された世界では当たり前の状態なのだ。しかし、その未来の社会主義の第一段階では、賃金に大きな格差があることは根本的な誤りではない。それが努力の差の結果であり、したがって個人の選択であればよい。たしかに、そのような所得格差が資本主義での格差ほど大きくなると考えるマルクス主義者はいない。革命によってほかのツール（医療と教育の無料化、スキルプレミアムの低下）が動き出せば、格差は少しずつ、自然に減少していくからだ。実際に、すでに実証的に見たように、社会主義経済での格差は大きくなかった。資本の私的所有はなく（資本主義社会では、今日の社会民主主義国も含めて、どこでも資本は極端に集中している）、巨額の相続もなかった。教育は無料で、誰もが利用できた。しかし、ここは強く主張しておかなければいけないポイントなのだが、経済的成果の均等化は決して目的そのものではなかった。それは資本主義的階級のない社会から自然に派生してくるもので、ひとたび階級が廃止されれば、特別な努力を要しないものだった。したがって社会主義は、相対的に高水準の所得不平等と理論的に矛盾するものではなかった。

　社会主義的な平等概念の3番目は、文化大革命で例示されたものだ。マルクス主義者と社会民主主義者がインセンティブの役割を受け入れる——給与の多様性が労働者のやる気を引き出す一方で不平等を生み出すことを受容する——のに対して、毛沢東主義のアプローチはその逆だった。この見方での社会主義は、仕事は社会的義務、他者を助けたい気持ち、利他主義などから行われるべきもので、物質的なインセンティブに応じて行うものではない。その結果、文化大革命の期間はすべての所得が均等化された。くわえて、この時期に中国人が性差に基づく給与の不平等を受け入れたという事実も、このアプローチのユニークさを強調している。個人の努力の多様性を認める代わりに生産性の高さをともなう境遇に報酬を与える（性差によって男性を女性より優遇する）ことで、これはジョン・ローマーの機会の平等原理と真っ向から対立するものだった。

　ここまで、なにが本当の平等を構成するのかについて、3つの（大きく見て）左翼的なイデオロギーが信奉する、3つの非常に異なる見方を見てきた。これは強調すべき重要な点で、今日の左翼環境では、平等観が支配的な、ほとんど

疑問の余地のない、たったひとつのアプローチに収束してしまい、生産手段の私的所有を受け入れて、さまざまな「境遇」による所得不平等を削減するよう働きかけるだけになっている。これが最も効率的かつ最も一般に受け入れられるアプローチなのかもしれないが、イデオロギー的には、これが唯一有効なものだということではない。

社会主義での所得不平等研究の少なさ

社会主義での所得不平等の研究は多くの問題に苦しめられ、最終的に生み出した価値はほぼゼロだった。今日の研究者にとって、こうした努力は古物収集的な興味を引くだけで、いま歴史上の不平等研究に関心がもたれているのと似ている。実際、ソヴィエトの所得不平等に関するデータを研究するのは、社会主義の最盛期でさえ（つまりリアルタイムであっても）ローマ帝国やビザンツ帝国の歴史的データを研究するようなところがあった。利用できるのはいくつかの個別のデータポイントや挿話だけだった。政府の部局や研究者が公表する体系的な情報がほとんどないなかでは、ばらばらのデータポイントを結んでつないでいくしか方法がなかった。それなりに妥当な結論に到達することはできたが、まったく違う、それでいて同じくらい妥当な結論も想像することができた。研究はつねに統計の「霧」のなかだった。

社会主義での所得不平等研究を妨げる要因は数多くあったが、ここでは便宜上、それを4つの大きなカテゴリーにまとめることができる。ひとつ目はイデオロギー的な圧力、2つ目は権威主義（1953年までは全体主義）体制でのデータ秘匿への執着（必要となればデータの偽造も行われた）、3つ目は、所得分配を研究するためのすぐれた方法論的枠組みの欠如、そして最後が、不平等に関して説得力のある政治的ナラティブの不在だ。以下、ひとつずつ検討していこう。

イデオロギー的な圧力

これまでの各章で見たように、不平等に関する歴史的研究は、大半が社会階級を中心に構築されていた。パレートのように、社会階級に言及せずに個人間の不平等を研究した場合でも、社会学的研究ではエリートがきわめて大きな存

在を示していた。クズネッツが登場し、アメリカ学派が経済学を支配するように
になって初めて、階級とエリートの両方が姿を消した。トップ1パーセントという装いでエリートが再登場するのは、21世紀の初めになってからだ。

　その一方で社会主義は、無階級社会への前段階として、伝統的な階級構造を廃止した。1917年には土地が、そして1918年には最重要産業の企業が国有化されて、ソヴィエト連邦では資本家階級は終わりを告げた。財産なしに資本家になることはできない[36]。唯一（ソ連の）農村地帯では、階級構造が温存された。大規模地所の自発的な売却によって小農地が広がったのだが、これは、本質的には1789年革命後のフランスで起こったことと同じだった。しかし、暮らし向きのいい農民もいた。彼らはすでに大きな区分の土地を所有していたか（ロシアでの土地保有の「近代化」ないし「資本化」は1906年のストルイピン改革とともに始まっていた）、または革命後にほかの農民から土地を買ったかの、いわゆるクラーク（富農）だった。したがって、早くも1920年代には、ソヴィエト社会の階級構造は非常にシンプルになっていたようだ。一方には国家部門の労働者がいて、これには事実上、都市地域の全員（政府や党の官僚までも）が含まれた。そして他方には農村地帯があって、いくらかの階級格差があった。ボルシェヴィキが注目したのはこの後者だった。スターリンは集団農場化の前夜にあたる1928年、穀物生産の割合に基づく農村の階級構造に関するデータを公表した（図7.2）。貧農と中農の割合が革命前よりずっと大きいのは、土地が「区画化」によって多くの小農地になったことを反映している。国家所有の割合は最小限で、第一次世界大戦前の大地主よりずっと小さかった[37]。

　1928年に集団農場化が始まった頃の目的は明白で、ふつうの農民と貧農の両方を国家の労働者に変えることと、クラークの財産を奪うことだった（クラークの多くは名ばかりで、本当の富農ではなかった）。集団農場化はあらゆる階級の区別を完全に一掃した。たしかに、1936年のスターリン憲法にあるように、敵対的な階級はソヴィエト連邦から存在しなくなったといえるだろう[38]。階級はただひとつ、労働者階級だけだった。雇用先が製造業であろうとサービス業であろうと、あるいは政府、運輸交通、農業であろうと、全員が国家のために働いた。形式的には、社会的地位は誰でも同じだった。

　しかし、都市と農村の所得ギャップは残った。ソヴィエトの初期の世帯調査

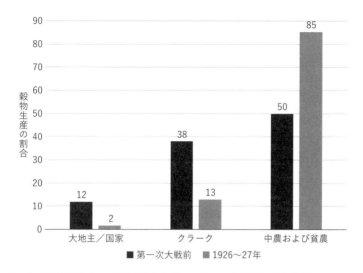

図7.2　第一次世界大戦前および集団農場化前のソヴィエト農業の階級構造

データソース：Joseph V. Stalin "On the Grain Front: Talk to Students of the Institute of Red Professors, the Communist Academy, and the Sverdlov University, 28 May 1928," *Voprosy Leninizma* (Moscow: Partiinoe izdatel'stvo, 1933). In English, https://www .marxists.org/reference/archive/stalin/works/1928/may/28.htm.［邦訳「穀物戦線にて」『スターリン全集』第11巻、102ページ］

は（そのほとんどは失われているのだが）この所得ギャップに焦点を当てていて、都市地域での調査は肉体労働者と非肉体労働者とを区別していた。しかし、こうした分類は便宜上のもので、現実の階級的な（ないし対立的な）関係を反映したものではないと理解されていた。このように、当時のイデオロギーが社会主義の下での階級の可能性を（少数の資本家の残滓を除いて）認めていなかったことと、ソヴィエト連邦で1930年代までに達成された変化がマルクス主義イデオロギーの意味するところと大まかに一致していたことが、その時点で存在しているツールを使ってソヴィエト社会の不平等を研究する能力を制限していた。これは、そうした研究に課された全体主義的な管理とはまったく別のことだ（全体主義的な管理は次に取り上げる）。

　東ヨーロッパでは、スターリンの死後、状況が変わった。ポーランドとユーゴスラヴィアでは、農業の大半が私的所有で残っていたほか、全国で、小規模な民間部門が各種のサービスや付随的な活動で（ごくまれに工業でも）存在して

いた。民間部門は携われる活動の種類が厳しく制限されていたうえ、雇える従業員の数も限られていたため（かつ、生産が国の付加価値の20パーセントを超えることは一度もなかったため）無力ではあったが、伝統的な階級構造の名残は保持されていた[39]。このことと、フルシチョフによる1956年の「秘密演説」後の雪解けによって所得分配の研究が可能になるとともに、以前よりは意味あるものになった。東ヨーロッパで世帯調査が導入されたのは、西側とほぼ同時期の1960年代の初めで、当局が許可すれば、そうした調査は所得不平等に関する研究の重要な情報源として使われた。イワン・セレニーやブランコ・ホルヴァトといった社会学者が、社会主義社会（ホルヴァトのよび方では「国家主義」社会）の階級構造について真剣な著述を始め、打倒された資本家階級の役割を官僚機構が引き継いだとした[40]。こうしてパレートの考えは——議論の参加者は決して大きな関心を示さず、共感もしなかったとはいえ——汚名を雪ぐことができたのだった[41]。

データ秘匿への権威主義的執着

権威主義の、そして1953年までは全体主義の政治システムのため、所得と富の不平等に関する調査は非常に困難であり、場合によっては不可能だった。「客観的な」条件によって不平等研究の一般的なツールが使いにくかった面もある程度はあったが、決定的な制約は政治的なものだった。たいていの場合、意味のあるデータは収集されなかった。収集された場合でも、極秘ないし秘密扱いにされ、研究者や大衆に公開されることはなかった[42]。そうしたデータの断片がなんとか研究者の手元までやってきても、公式のイデオロギーと矛盾する発見や大物指導者を不快にするような発見を公表するのは危険だった。ソヴィエト連邦の農村所得の停滞に関する情報は、すべて集団農場化への隠れた批判としてだけでなく、農業担当者への批判ともみなされた（ちなみに農業担当はソヴィエト政府ないし政治局で最も望まれない地位だった）。したがって、情報が内輪の政治闘争に使われる可能性があり、安全に発表できるものの範囲はさらに制限されることになった。

政治的な拘束は体制のすべてにおいて作用していた。研究者は、自分の研究がどう解釈されるかを怖がっていたが、上司のほうも、それを公表することで

第7章　冷戦期

自分の管理している部署に否定的な光が当たり、降格させられることを恐れていた。データの作成者（統計に関わる部署にいる者）にとってはデータを公開しないこと、もっといえばデータを集めないことのほうがずっと安全だった。不平等研究に必要な構造の全体を通して、できるかぎり外へ出さない、公表しない、議論もしないという強力なインセンティブが内在していた。行動しなかったために降格されたり投獄されたりすることはめったになかったし、多くの国ではまったくなかった。行動した場合はそうはいかない。経済学の第一原理に親しんだ者ならわかるだろうが、情報が希少な国や意図的に希少化されている国では、一片の情報の政治的価値が高い。したがって、権威主義的な体制での情報の使用は、民主主義国よりもはるかに政治的なものになる。

最後に、世帯調査のようなほとんど日の目を見ないデータ収集が、そもそもなぜ行われたのかという疑問がある。一般的な答えは、これによって指導者が——もしくは政治的に信頼できる個人が——実際に起こっていることについて深い洞察を得ることができた、というものだ。しかしこれは、世帯調査についてはありえない。なぜならわたしの知るかぎり、世帯調査を真剣に利用した共産主義政府などないからだ。それよりましな説明としては、すべてのことを秘密扱いにしたいという、典型的な無気力と官僚主義的傾向のなかに、いくらかは、情報があるように見せたいという気持ちがあったからではないだろうか。2つの異なる衝動から、一方では情報を集めておきながら、他方では、その情報を極秘にして表に出さず、当局も研究者も決してそれを活用しなかった。その正味の結果は、時間とエネルギーの浪費だった[43]。

本質的にはこれと同じデータ秘匿の姿勢が、ソ連の体制が終わって国が解体するまで、ほぼそのまま維持された。しかし、調査は長年にわたって継続された。データは個別の共和国で収集され、モスクワへ送られて、認可された唯一の「処理部局」であり総合されたデータの利用者である国家統計委員会にまわされた。次に、個々の共和国に関するデータの要約がそれぞれの共和国へ（「極秘」扱いで）返された。そこにはいくつかの人口の分位点に平均所得を添えたものが示されているものの、データはまったく使いものにならないフォーマットで表示されていた。そんな情報のどこがそれほど秘密なのかもわからなかった[44]（もちろん、たとえば10年分のデータがあれば、実質所得の進化や分布をグラフに

291

することができただろうし、そのようなグラフは当局を狼狽させたかもしれない)。

　ソヴィエト連邦で最後まで残っていた問題はほかにもあって、それは東ヨーロッパでもかなりな程度まで存在していた。これは世帯調査の歴史的起源と関連することだ[45]。本来は、世帯調査は「標準的」ないし平均的な工業労働者の生活条件を平均的な農民の生活条件との比較で——もしくは都市の生活条件を農村の生活条件との比較で——モニターするためのもので、ほかに、平均的な肉体労働者の生活条件を非肉体労働者や年金生活者との比較でモニターするためでもあった。しかし実際の調査では、所定の集団の代表的ないし平均的な部分に焦点が当たっていた。これは、たとえば都市の工業労働者であれば、両親がどちらも国家部門で雇用されていて子どもは2人、平均的なサイズの集合住宅に暮らしている世帯ということで、その集団全体の分布に関わる条件は考慮されなかった（それをすると極端な数値も含まれてくる）。なんらかのタイプの不平等研究が目的だったとすれば、それはこのような平均に対する平均タイプの不平等の研究だけだった（これは専門的には水平不平等とよばれ、全体の不平等を含めた垂直不平等とは区別される）。極端な値を切り捨てることで、調査は状況を正確に表すものではなくなり、不平等は過小評価される。代表的な世帯や個人を強調するのは新古典派経済学が用いるアプローチと同じだ。後者の場合はずっと洗練された装いをしているが、不平等の研究には（あとで詳しく論じるように）どちらも同様に不適切だ。

すぐれた方法論的枠組みの欠如

　今では明らかとなっているが、新しく生まれた社会主義社会の社会構造を把握することの難しさ、データの欠如、秘密主義、そしてそうした研究を行うことへの明白な抵抗（もしくはそれ以上のもの）によって知的な空白が生まれてしまい、不平等研究の方法論的な枠組みはまったく発展しなかった。社会主義社会を階級社会として研究することは、マルクス主義の視点からも難しかったし、個人の幸福にとってもきわめて危険だった。純粋に実証的な研究（あとで見るように西側で行われていたようなもの）は、データの欠如から、まず実行不可能だった。状況がゆっくりと変化するのは1950年代後半からで、ポーランド、ハンガリー、ユーゴスラヴィア、チェコスロヴァキアで所得分布に関する実証

研究が行われ、論文が発表されて、場合によってはミクロデータも入手できるようになった。しかしこうした研究は、最も恵まれた環境でも、不毛な実証主義以上のものではなく（それは資本主義国での所得分配研究の特徴でもあった）、なんらかの方法論的な枠組みに根ざしたものでもなく、不平等の原動力を体系的に研究することもできなかった（もしくは研究に関心がなかった）。将来に予測される不平等の進化についてなにかを語ることもなく、社会階級に言及することを恐れていた。要するに、ただ数字と比率をだらだらと並べているだけだった。冷戦時代の社会主義国で不平等の研究者がなにかを達成しようとしても、これが精一杯だったのである。

説得力のある政治的ナラティブの不在

プロローグで指摘したように、すぐれた所得分配研究には説得力のあるナラティブ、確固とした理論的基盤、そして豊富な実証が必要だ。すでに見たように、ほとんどの時期、社会主義の下ではデータへのアクセスが難しく、実証的研究はいくつかの国と時代に限られていた。理論的ないし方法論的な基礎もほとんど不在だった。社会構造が新しく、また分析が「客観的に」難しかったからだ。このトピックについての自由な意見交換や執筆の機会がなかったことも、そうした理論的枠組みの発展を妨げた。研究者が自分の考えを文章化することを許されず、他者の描いたものを批判したり交換したりできなければ、この分野でなくても、発展は止まってしまう。こうしたことのすべてが状況に寄与して、社会主義の下では、所得分配に関して説得力のあるナラティブが発達しなかった。

対照的に、権威主義のテーマに関しては、説得力のある政治的ナラティブが発達した。担ったのは、東ヨーロッパやソヴィエト連邦の反体制派と資本主義国の政治学者だった。それは、多くの人びとから、政治課題のほうがずっと重要だと見られたからかもしれないし、この分野の発展については、反体制派の研究者のほうが所得分配に頭を悩ませる経済学者よりも敏感だったからかもしれない。あるいは、政治課題の分析はデータに依存するところが少なかったからかもしれない。所得分配の研究が特有のハンディキャップに苦しんだ可能性はある。体制に反対する者にとってこのトピックは、インセンティブや効率を

扱う経済学分野と比べるとかなり魅力が少ない（かつ社会主義が資本主義より劣っている可能性が容易に示されそうな）分野だった一方で、体制擁護派からすれば、このトピックは「信頼できない」ものだった。データから、起こっているはずのものとは異なる真実が示されかねないからだ。したがって反対派も賛成派も、所得分配の研究から多くを得ることはなかった。

　共産主義体制が存在した最後の10年間、所得分配に関する実証的研究はそれまでよりずっと一般的になっていた[46]。データの入手が容易になり、研究者は以前よりは好きなことを自由に書けるようになって、議論も取り上げられるようになった。実証的研究の経験がはるかに多い西側の傑出した研究者が関わったことも助けとなった。アンソニー・アトキンソンとジョン・ミクルライトは、ポーランド、チェコスロヴァキア、ハンガリー、ソ連の所得分配について、ほとんど百科事典のような報告を発表した[47]。そこには1950年代半ばまでさかのぼる膨大な世帯および稼得調査の結果が含まれ、稼得、税や社会移転を通じての再分配、インフォーマル所得などについて広範な検討に紙面が割かれていた。分析のステップごとに、結果がイギリス（アトキンソンがとくに焦点を当てた国）のものと比較され、そこから、共産主義および資本主義での所得分配の類似点や相違点の両方について、さらなる洞察が生まれた。ソヴィエトの世帯調査の多くが怠慢によって失われていたことを考えると、アトキンソンとミクルライトの著作の付属データはとくに重要だ。その量はおよそ150ページもあって、4か国の所得と稼得の分布が、多くの不平等統計とともに、一覧表のかたちで提示されている。しかしこの研究は、すでにふれたような弱点も示していて、それほど専門的に調査した分布なのに、それを作り出した政治的・社会的な発展については、まったくふれずに済ませている。こうした社会は脱スターリン化を経験し、市場志向の改革と経済の締め付け、プラハの春、1970年と1980年のポーランドのストライキなどで大きく揺れ動いたが、この本はそうしたことにまったく言及していないし、所得不平等との関係を探ることもしていない。同じ政治的ナラティブの不在、方法論的枠組みの不在という特徴は、わたし自身が移行期の所得の変化を記録した1998年の著書にも表れている[48]。はっきりいうと、あの本のテーマは（1章を除いて）社会主義の下での分配ではなく、ポスト社会主義初期の分配だった。しかし、それでもそのアプローチは

アトキンソンとミクルライトが用いたもの、さらに前にはハロルド・ライドールが用いたものと瓜二つの、ただ実証的に調べたというだけのものだった[49]。

このように、共産主義体制の社会学的・政治学的な分析が所得分配の実証的研究と統合されることはなかった。両者はずっと、2つの異なる世界圏に存在していた。両者がつながるためには、きっともっと多くの時間が——そのあいだに開かれた議論が可能になるほどの時間が——必要だったのだろう。しかし、体制の崩壊は誰の予測よりずっと速く進んでしまい、研究者が社会主義社会について包括的な視点を提供する能力を追い越してしまった。こうして、最後にはある種の逆説的な状況になってしまい、今日では、社会主義社会は（ほとんど同時代の社会なのに）経済学史に属するテクニックで研究しなければならなくなっている。旧社会主義国の今日の所得分配の決定要因と社会主義の下での所得分配の決定要因とのギャップはあまりに大きく、ごく近い過去なのに、ほとんど別の時代のようなアプローチが必要になる。これはこうした研究に向けられる興味関心にも影響してくる。これはほとんど「古代」の解釈であって、今日の資本主義経済とはあまり関係がないと見られるからだ。社会主義経済を扱う研究者は、たいてい、こうした国々の「移行」と資本主義での所得分配の研究に切り替えた——そうしない者は単に年老いて死んでいった。

一連の制約のせいで、社会主義での不平等に関するオリジナルの研究は、ここまで見てきたように、非常に難しかった。こうした制約がなくなる頃には、すでに体制全体が崩壊していた。不平等研究は、政治的イデオロギー的に重要なものから歴史記録の問題へと変わってしまった。社会主義の下で政治と経済学がどのように相互作用していたのか、それが市民のあいだの所得分布にどのように影響していたのかについて満足のいく理解が得られるかどうかは、若い世代の研究者にかかっている——膨大な保管資料を渉猟しながら、将来のキャリアにとってさして有望とも思えないトピックを研究していく用意が彼らにあるかどうかに[50]。

進んだ資本主義の下での所得不平等の研究

西側で新古典派のパラダイムが全盛期にあった1960年代半ばから1990年の

時期の不平等研究について語るのは、非常に不愉快な仕事だ。理由は2つある。第一に、文章の量が（ほとんどは不平等にはわずかに言及しているだけなのだが）あまりに膨大なことで、単一の個人がそのすべてに目を通し、吸収して、判断を下すことなどとてもできない。以下に記すのは文献レビューではなく、わたしから見て時代の精神を反映しているか、所得分配研究の将来的な発展に重要と思われる著作をいくつか検討したものだ。選択には強い主観的要素が入っている。

　第二に、ほとんどの文章は、例外的に古典派経済学とのわずかなつながりを維持している少数のものを除けば、この分野の知的歴史にとってそれほど重要ではない。ここで調べようとしているのは不毛な領域だ。ここで思い浮かぶのは、ソヴィエト連邦で生み出された膨大な疑似マルクス主義哲学の文献についてコワコフスキが下した評価だ——大半は溶かしてパルプにしても問題ない[51]。ソ連の哲学書が党のお抱え文書屋によって書かれたのと同じように、不平等に関する新古典派文献と考えられるものの多くは、マルクスのいう「金で雇われた喧嘩売り」によって書かれている[52]。

　研究者を含めた多くの者にとって、これは無駄にされた年月だった。

崩壊の理由

　ここで扱う時期に西側で不平等研究が崩壊した理由はいくつかある。しかしそれぞれの分野で、ネガティブな展開とポジティブな展開とを区別しなければならない。古典派経済学との会話を維持し、最終的に世紀の変わり目から21世紀初めの10年にかけて所得分配の研究を花開かせることができた研究もある。そうした研究がなければ橋は築かれなかっただろうし、断絶は今よりずっと大きなものになっていただろう。

「客観的な」要因

　第二次世界大戦が終わってから1970年代半ばまでの時期の西側を特徴づけたのは、異例の高い成長率、福祉国家の登場、社会的流動性の増大、所得の資本分配率の低下、そして個人間の所得不平等の縮小だった。この5つの要因のすべてが——しかしとくに最後の2つが——所得分配研究への興味を「客観的

に」弱めた。こうしたことは、階級の区別が過去のものであること、資本の力は弱まりつつあること、そして西側の社会はこれからも豊かで成長率の高い、階級のない未来へ向けて歩み続けることを示唆していたからだ。こうした見方には希望的観測もいくらかあった。現実の世界はストライキ、失業、インフレーションであふれていて、それほど薔薇色ではなかった。しかし、それでも戦前には階級闘争がエスカレートして路上での争いとなり（ワイマール時代のドイツ）、イタリアではファシズムが台頭し、スペインでは内戦が起こっていたことを思えば、この新しい状況はとてつもなく大きな改善だった。このはるかに穏やかな政治展望に高い成長率が相まって、多くの経済学者が「上げ潮はすべての船を持ち上げる」という心地よい思い込みに安心していた。実際に当時の支配的な経済文献で、こうした思い込みがいかに広範に支持されていたかを見ると驚くばかりだ。反対する者はほとんどなく、あっても傍流に押しやられていた。

経済理論

　不平等研究が崩壊した2つ目の理由は、第二次世界大戦後の西側で支配的となった経済理論のタイプと関連している。もっと具体的にいえば一般均衡分析だ。これは主要な（というかほぼ唯一の）焦点が価格形成にあったことから、階級構造や資本の初期保有、個人が市場に参入するためのスキルなどは放置された。富の獲得は舞台裏でのできごとになった。新古典派経済学が代表的経済主体を用いたことで、不平等への配慮はさらに消し去られた。これは定義からして当然のことで、所得分配や不平等を語るためには多数・多様な「経済主体」が必要になる。したがって、数学的に複雑な一般均衡のモデルは、現実世界の現象とほとんど無関係のものだ。この不毛な理論領域が、しばらくのあいだとはいえ経済学をリードするトレンドになったのは皮肉なことだ。その創始者であるレオン・ワルラスは、純粋経済学は政治経済を理解するうえでの理論的補助器具だと考え、それに沿った論文を2本、社会経済学と応用政治経済学に関して書いている[53]。どちらもほとんど無視され、抽象的で数学的なアプローチのほうが人気になった。

　所得分配の理論を完全消滅から救ったのは、新古典派の装いのなかにも、政

297

治経済学の過去の研究との関係を維持する経済学があったからだった。ここで重要な役割を果たしたのがケインズ派経済学で、その最大の理由は、この学派が限界消費性向を用いたことだった。これは予想外のことだっただろう。ケインズ自身は、所得分配の変化と総消費性向の変化とを明確に結びつけてはいないからだ。なぜケインズはそうしなかったのだろう。ケインズ自身が主張したような政府政策が所得分配に、ひいては総消費性向に影響することは明らかだったように思えるのだが、これについては、ケインズが過少消費説の側に立つことを慎重に避けたことで説明できるだろう。ケインズはたびたび過少消費論者の立場に近づいたのだが、この「罪」によって彼らとともに「経済学の暗黒街」へ追いやられることを恐れていたようだ。他方、カレツキはたしかに所得分配と消費を結びつけたが、それは主として独占的競争とそれにともなう資本分配率の増大に関連した雑誌論文の最後で、軽くふれる程度だった[54]。しかし、分配が総消費性向に影響することを認め、かつ（1956年にカルドアがしたように）労働者は稼得高のすべてを消費して資本家だけが貯蓄するという古典的な貯蓄機能を仮定するなら、ふたたび社会の階級構造が姿を現すことになる[55]。

　このタイプの研究は、多くが1960年代から1970年代に人気だった成長経済学の一部として行われ、そこから自然に複数の階級分化に、そして不均一な経済主体という考え方の初期段階へとつながっていった（各世帯は資本と労働の所有という点で見て異なっているので、その結果として異なる行動を示し、可能な選択の幅の違いに直面するだろう）[56]。先行するものよりはずっとましだったが、こうした研究には、概して制度、権力、政治を扱うことを避けるという欠点があった。そのため、あとで検討するように、所得分配の統合的な研究を生み出すことはできなかった[57]。

　所得不平等の研究らしきもののうち、最小限の貢献をした（とわたしが思う）ものが2つある。ひとつ目は所得分配の確率論モデルで、これは一定の関係（たとえば異なる官僚レベルでの賃金比率。レベルnでの賃金はレベル1での賃金のn^2倍になる、といったもの）を仮定し、その主張を支持する説得力ある証拠は提供しないままに、個人の一定の行動を記述する。そうしておいて、こうした研究は、媒介変数を操作することにより、観察可能な対数正規の分布（ないしその頂点ではパレート分布）に似た所得分配をシミュレーションする[58]。著者らは、

そうすることで所得分配を説明したことにした。しかしそんなことはない。彼らはただ個人と社会的行動のブラックボックスをとりあげ、そこにいくつかの定数と媒介変数をあたえて、実際の分配のイミテーションを提出しただけだ——よく似た弱い動機づけのブラックボックスと媒介変数で対数正規分布ないしパレート分布を作り出せるものなど無限にあることに気づかずに、である。本当なら、こんなものは初心者用の練習問題としてばっさり切り捨てられていたはずだ。そうならなかったのは、一部の経済学者に魅力的に映り、彼らは所得分配を形成する力について深い洞察を提供した、あるいは不平等を人間の本質に根付かせたとすら思われたからだった。

　所得不平等の研究で最小限の貢献をした2つ目のタイプは新リカード派の研究で、こちらはタイトルに「分配」とあるものが多かったが、途方もなく抽象的な方法論を用いて、ただひたすらリカード以上にリカード的であろうとしているかのようだった[59]。現実の所得分配研究への彼らの唯一の貢献は、重要だがすでによく知られている事実、すなわち賃金と利潤にはトレードオフがあり、そのトレードオフでの正確な位置は労働者と雇用者の相対的な力によって外生的に決定されるということに光を当てたことだ。要素分配率に関するこの一般的な観察以外に、所得分配の研究者が見るべきものは、この手の著作にはなにもない。

下位分野

　経済学が多くの下位分野に枝分かれし、その各分野で不平等が派生的な現象になったことも、不平等研究の崩壊に道筋をつけた。たとえば国際貿易は不平等を扱うが、それは賃金の不平等のみで、しかも貿易で影響を受ける産業での賃金のみだった。対中貿易がアメリカの賃金進化に果たした役割をめぐる議論やスキルプレミアムの増大に関する議論などが、近年では最も知られた例だ。人種差別やジェンダー差別の問題も賃金不平等に関係してくることが多いが、そこでも、不平等のひとつの側面にしか焦点がなく、たいていはどこか間違った方向へ話が流れてしまう。なぜならそうした研究は、問題となっている人種間ないしジェンダー間の平均賃金に存在する未説明の格差を不平等と同化させてしまうから、そしてその一方で、各受領者集団内での稼得高の分配を（これ

299

こそが不平等なのに）無視してしまうからだ。

こうした研究の多くでは、あれやこれやのタイプの不平等が分析されるが、偶発的な不平等研究を所得分配理論だと取り違えるなら、それは大きな誤りだ。

政治的で右翼的な研究資金提供

崩壊の理由は、不平等というトピックを「望ましくない」ものに——したがって、アカデミックなキャリアで通常の階段を上りたい、あるいは社会的ないし政治的な影響力をもちたいと思う著者にとって助けとならないものに——するという暗黙の、ときには露骨な政治的圧力に見ることができる。そうした圧力が最も強かったのはマッカーシズムの時期のアメリカ合衆国で、これによって、短期間にではあったが、1950年代にはトップ大学からマルクス主義経済学者がパージされた。圧力はその後もソフトかつ洗練されたかたちで継続した。階級を基礎とする分析（反対派のよびかたでは「階級戦争」）は一般に歓迎されなくなった。こうした圧力の多くは「自然発生的」なものではなかったし、政治の世界からだけ起こってきたわけでもなかった。企業の利益が研究機関や個人への財政的貢献を通じて育成するのは、分配への懸念を最小化するか横へ置いておくタイプの分析と決まっていた。こうした「介入」には長い歴史があって、1947年に創設されたモン・ペルラン協会に米商工会議所が気前よく資金援助したのが最初だ[60]。1968年にはスウェーデン中央銀行がノーベル経済学賞に資金提供するようになり、受賞者の選択に影響力をもつようになった[61]。億万長者どもが悪名高い「ダーク・マネー」を使い、経済学部やシンクタンクを自分たちが望ましいと考える方向に変えていった[62]。リバタリアンのカトー研究所は1977年にワシントンDCに設立されたが、わたしが1980年代初めに何度か講演に出席した頃の会場は、瀟洒な住宅街であるデュポンサークルに近い、タウンハウスの控えめなオフィスだった。それから10年もしないうちに、同研究所は連邦議会議事堂から遠くないところにワシントン随一のきらびやかな大型ビルを所有するようになった。コーク兄弟から惜しみない資金提供を受けていたからだ［コーク兄弟はアメリカ第二の巨大非公開同族企業コーク・インダストリーズの所有者で保守勢力の支援者]。

裕福な個人や財団から新古典派ないし保守派のシンクタンクや経済学部へ

300

の献金は、レーガン後の数十年で億万長者が急増したことで、ますます頻繁になった。科学としての経済学の発展を支配することから、経済問題についての、そして富裕層の利害に奉仕する政策決定についての「作られた」世論までは直通でつなぐことができる。近年はこの流れが加速するばかりだが、それはこの本の守備範囲を超えることなので、これ以上の議論はしないことにする。ここでの意図は、見事に築き上げられた連鎖に光を当てることだ。その最初の環である経済学部や個人の研究者（つまりは知識の作り手）への資金提供については、映画『インサイド・ジョブ』でわかりやすく描かれている[63]。2つ目の環はシンクタンクへの資金提供で、これは、難解な研究を幅広く理解できるかたちに翻訳するうえで重要な役割を果たしている。3つ目の環はそうした知識を大衆に食わせて「餌付け」しているメディアで、そのオーナーは、そもそもそうした研究に資金を提供しているのと同じ人びとだ（たとえばアマゾンのジェフ・ベゾスと『ワシントン・ポスト』、マイク・ブルームバーグと『ブルームバーグ・ニュース』、ローレンス・パウェル・ジョブズ〈スティーブ・ジョブズの未亡人〉と『アトランティック』など）。このように右派の大規模投資家は、知識の創造とその垂れ流し、そして政策への影響力とを統合したシステムを構築している。

　こうしたイデオロギー的政治的圧力と億万長者の金のすべてに対抗していたのが、民主主義国に存在する（そして権威主義体制にはない）多様な抵抗勢力だった。個人として、なんとか政治的圧力と金の誘いに抵抗する者もいた。十分に豊かで、自分の好みの研究を追求する者もいた。アカデミックの矜持をもった大学学部もあった。最後に、富裕なビジネスエリートの圧力に拮抗しようとする個人や組織（社会民主主義政党やその他の左派政党とその財団、労働組合）があった。資本主義の下では、こうした抵抗勢力が弱体化していくのは避けられなかった。高水準の所得不平等——つまりは富裕層の経済力の増大——によって、不平等容認の政策や企業寄りの政策、あるいは所得不平等のトピックを脇に追いやることを目的とした政策に向けた影響力は確実に強まっていった。これは単純に、富裕層が（その定義からして）多くの金をもっていて、自分たちの富を奪うような政策で失うものが大きいからだ。したがって、彼らは自分たちにとってよいもののために戦うだけの手段もたくさんあるし、インセンティブも強い。不平等な資本主義社会で「知的覇権」を握っているのはつねに富裕層

301

だ。その点で変化を期待するのは考えが甘い。あらゆる予想に反して過激な平等主義がブレイクスルーに成功しないかぎり、それはない。ほとんどの場合、そのようなブレイクスルーは政治革命を通してしか起こらない。

この特定のタイプの新古典派経済学は、政治的要求によって支援され、億万長者の金で下支えされた「冷戦経済学」とよぶのがいいのではないだろうか。このことばは、従来の「新古典派」「主流派」経済学といった名称よりずっと正確に、この企ての本質と目的を明らかにしている。その知的中核には新古典派経済学のひとつのバージョンがあったかもしれないが、その成功は、金と政治という、学問を超えたところからの圧力によるものだった。

実証主義

所得分配の重要性が低下した4つ目の理由である実証主義は、それ自体としてネガティブな現象ではない。すぐれた理論および政治的ナラティブと組み合わせれば、所得分配の統合的研究に不可欠なものとなる。しかし政治的分析の支えを失って実証主義だけになると、現実について非常に限られた、ときには偏った像を提出してしまう。純粋な単なる実証的研究は（その数は多いものの）現代の資本主義についての理解を大きく進めるものではなかった。しかし、新古典派を基礎とする研究にも階級や所得の区別にオープンなものがあって（ジョゼフ・スティグリッツの1969年の論文や、アンソニー・アトキンソン、ハロルド・ライドール、リー・ソルトウ、ヘンリー・フェルプス・ブラン、ヤン・ペンほか数名による実証的研究）、これらは、理論と実証と政治との統合に向けて必要な材料を提供してくれていたので、それがのちに、所得不平等の研究を冷凍状態から引き戻すことになった。実証主義は、すぐれた理論と組み合わさると驚異的な成果を上げるが、実証主義だけで偉大な経済学や偉大な社会科学を生み出すことは決してできない[64]。

所得分配への新古典派的アプローチの批判

1970年代および1980年代の不平等研究に反映していた冷戦経済学というものを理解してもらうには、個人的な思い出から始めるのがいいかもしれない。

第7章　冷戦期

それはほぼ同時に（1974年と1975年に）英語で出版された2冊の本の方法論的な
アプローチに関するものだ。わたしにとって1970年代の10年間は、不平等に
関する研究で最も興奮させられた時期であり、かつ最も失望させられた時期で
もあった。

　サミール・アミンは、豊かな国々と「第三世界」の所得にとてつもない隔た
りがあること、そしてそのギャップには歴史的な起源があることに、わたしの
目を開いてくれた[65]。アミンの初期の著作では（これについてはあとで詳しく述べ
るが）その全体論に驚かされた。これは新古典派の経済学にはまったくなかった
ものだ。実証的な証拠を提出するだけでは不十分で（これについては、アミン
はエジプト、マグレブ、およびサハラ以南のアフリカ諸国について豊富に提出していた）、
その証拠を、アミンをはじめとする従属理論家がしたように、歴史的な文脈に
位置づけなければならない。次のステップは、その世界観に基づいて、不平等
が根強く残っているのかどうか、もし残っているならそれはなぜか、そして
それがどのように進化していくのかを研究することだ。アミンは、資本主義での
キャッチアップは不可能だ、なぜなら中心と周辺との関係を支配するシステム
があって、それが恒久的に周辺を差別するように構築されているからだと考え
た。アミンをはじめとする従属理論家による推論のこの部分には、事実による
裏づけがなかった（今では周辺から中核へと移動した国をいくつかあげることができ
る）。しかし、同時に1970年代のわたしは、所得不平等は実証的かつ歴史的に
見ることが重要で、単に数字や一連の方程式を組み合わせるだけではいけない
という大きな教訓を学んだのだった。

　その一方で、わたしの最大の知的失望は新古典派経済学によるもので、そこ
にはわたしがアミンに感じた魅力的な要素が2つとも欠落していた。わたしは
大きな期待をもって図書館へ行き、アラン・ブラインダーの『所得分配の経済
理論に向けて』（未訳）を手に入れた。出版は1975年で、大いに有望なタイト
ルだった[66]。わたしの期待が大きすぎたというのはあるだろう。異なる理論を
どうまとめるかについて明らかにしてくれるか、説明があると思っていた。ブ
ラインダーの本は、ほとんど無意味な方程式であふれた理論的専門書だった。
そこでは誰もが経済主体として最適化していき、無限に続く時間枠のなかで、
自分自身の所得も含め、将来なにが起こるのかもすべて知っていた。ジャン・

303

シン・サホタも、1977年に発表した所得分配理論のレビューで、わたしと同じ失望感を伝えていたように思う。わずかな皮肉を交えて、サホタはブラインダーの仮定を丁寧に並べていた。

> 以下にあげるこのモデルの変数はすべて外生的であり、経済生活を始めようとする個人が確信をもって知っているとされるものだ。すなわち利率、経済生活の長さ、相続した物質的富と18歳頃までの教育（その年齢で外生的に与えられる賃金を暗示するもの）、実質賃金の趨勢成長率、富にも所得にも関連しない嗜好、である。ほかに7つの嗜好の媒介変数が「所与」だと仮定されている。それは主観的な時間割引、消費・余暇・遺産分配に付随する相対的な重さ、消費・余暇・遺産分配の限界効用が減少するスピード、である。[67]

擁護論としてよくいわれるのは、その非現実的な仮定を理由に新古典派が使う非常に抽象的な手法を批判するべきではない、なぜなら抽象的な手法は単なる比喩であって、彼らは最も顕著で重要な要素を抽出することで話をしているのだから、ということだ。そこにいくぶんかの真実がなくもないが、しかし大きなものはない。ブラインダーをはじめとする新古典派の類似研究のアプローチの問題は、さまざまな仮定が非現実的で、まず確実に、世界人口の99パーセントの生活体験とは無関係なのだが、それだけではない。さらに悪いのは、世界を交換可能な「経済主体」の集まりと見ていることで、それによって新古典派の分析では、人びとの初期保有や可能な行動の範囲には現実の違いがあることが無視されてしまう。翌日の、あるいは翌週の仕事があるかどうかもわからない日雇い賃金労働者が直面する意思決定の範囲は、金持ち資本家の意思決定の範囲よりもずっと限られているだろう。そればかりか、最適化のプロセスそのものが違っている。受容できるリスクも違えば、将来収益の割引率も違うし、時間枠も短い。実際に、ブラインダーが人びとを「均質化する」ために使う媒介変数は、本当は個人の階級によって違ってくる不均質なものばかりだ。それは階級内でも個人の環境とともに変化するし、その環境も（むしろ明らかに）予見不可能な変化をする。

さらに、こうしたアプローチは所得不平等の本質を無視している。権力構造だ。雇用主と従業員との関係は、両者の所得ギャップで表現される数値的な関係だけではない。それは権力の違いでもあって、スミスやマルクスによる資本主義的生産の分析にはきわめて明瞭に存在している。一方は命令し、他方は命令される。一方は政策を変更し、他方はそれを知らされる。セバスティアン・コンラートが正しく指摘しているように、権力構造に気づき損ねることは「交換と［経済的］相互作用に関わるすべての人に行為主体性を付与する」という誤りにつながる[68]。この誤りを避けるためには、不平等研究は論理的・実証的な分析を歴史的な文脈に位置づけなければならない。しかしそれを、ブラインダーは試みようとさえしていない。彼の世界は異質で抽象的な世界で、天文学者が火星の生活に関して構築した理論と地球の生活を関連させているのと変わらない。

ブラインダーの著作は、すぐれた所得分配の研究を構成する3つの次元すべてで失敗している。歴史的もしくはその他のナラティブがない。現実に対応する理論がない。しかも有効な数字もない。ブラインダーの著作の空虚さは、さらに広く新古典派の冷戦経済学を代表するもので、社会主義時下のソヴィエトでの所得不平等に関する記述の虚しさに匹敵する。どちらも、不平等、階級構造、差別、所得ギャップなど、実際の暮らしにあるものの歴史的決定要因について、なにも有効なことを語っていないのだ。

そのほかの例

ポール・サミュエルソンの『経済学』は世界中でたいへんな影響力をもつ教科書だった[69]。そしてこの本は、ここまで述べてきたように、新古典派のパラダイムでは統合的な所得分配の研究ができないことを証拠立てるものでもある。要素分配率の問題（すなわち賃金と利潤の分析）には6章100ページ以上と多くの紙面が割かれているが、それが所得分配へと「統合される」ことは決してない。したがって、賃金がどのように決まるかは詳しく学べるし、起業家と利潤の関係なども理解できるのだが、そうした要素がもう一度まとまることはない。賃金、利子、利潤、地代などを組み合わせることで、家計の総所得が形成される道筋を見つけることもなければ、そうした総所得の分配方法を発見する

こともない。どのような政治的・社会的な力がそれに影響を及ぼすのかも見えてこないし、そうした分配が社会と政治にどのような影響を及ぼすかもまったく理解できない。不平等は、900ページを超えるこの本の最後の2ページで研究されているのだが、そこを含めた最後の数章は、はしなくも「人類はGNPだけで生きるものではない」ということばで始まっている[70]。明らかに、サミュエルソンによれば、不平等は経済学の付録のひとつとして考察されるべきもので、まったく無意味というわけではないが、最後に少しふれる程度——アメリカのテレビニュース番組で、放送の最後で司会者がなにか一般に関心のある話題をふり、リラックスしたふうにコメントを加えるくらい——のものなのだ。

　ある影響力の大きい著書［『生産と分配の新古典派理論』（未訳)］でチャールズ・F・ファーガソンが分配のトピックに割いたのは——本のタイトルでは逆説のようにこのトピックを強調していながら——400ページ以上あるうちの1ページだけだった。それも、所定のタイプの技術進歩の下では要素分配率は一定だと規定した、短いセクションのなかでのことだ[71]。この流れに当てはまる例はほかにもある。1990年代まで、経済学の論文や書籍をテーマ別に分類するための第一の体系は『ジャーナル・オヴ・エコノミック・リテラチャー』が管理していたのだが、そこには経済的不平等のコードが提供されていなかった。歩調を揃えるように、ノーベル賞受賞者でアメリカ経済学会の会長だったロバート・ルーカスは「健全な経済学にとって有害な傾向ということでは、最も誘惑的でかつ……最も有毒なものは分配の問題に焦点を当てることである」と述べている。ルーカスの優先順位は実行に移された。経済学でわずかでも所得分配について学ぶ学生はほとんど皆無になったのである[72]。

　先進国とりわけアメリカ合衆国での、不平等の存在を見てはいけないという政治的イデオロギー的圧力によって、不平等研究のトピック全体が開発経済学の分野に追いやられてしまった。「"所得分配"というキーワードで EconLit［アメリカ経済学会による学術文献データベース］の *1969/1995* に入力すれば」とトニー・アトキンソンが1997年に述べている。「4549項目があがってくる（対照的に「国際貿易」だと2倍の項目が出てくる）。しかしそれを詳しく見てみると、大部分が開発経済学を扱ったものであることがわかる」[73]。たしかに、経済学の

学生が不平等のようなトピックを見つけるとしたらこの分野だし、不平等を研究するためのツールがあるのもこの分野だ（ローレンツ曲線やジニ係数もほぼ開発に焦点を当てた教科書でしか紹介されていない）。クズネッツの理論が教えられるのもこの分野だった。まるで、不平等の進化を時間とともに（経済発展と足並みを揃えて）グラフ化すれば、本当にクズネッツ仮説が当てはまるのは発展途上経済だけだと思えるほどだ。したがって、トマ・ピケティの主張は正しい。クズネッツ仮説は、冷戦期に不平等を無視することの正当化に（先進国と発展途上国の両方で）利用されたのだ。この仮説にしたがっておけば、成長さえすればあとはなんとかなると、誰もが知らぬふりをしていられたからだ[74]。さらに注意するべき重要なことは、不平等への関心そのものが発展途上国にしか向けられなかったことだ。不平等は、冷戦経済学の巨匠の多くが考えていたように、豊かな国では現実に問題にならなかったのである。

　幸いなことに、もっとましで真剣な研究もあって、鍵となる理論上の原動力として新古典派の限界学派の枠組みを用いてはいたものの、所得分配について幅の広い、偏見の少ない見方を提供しようとしていた。ここで頭に浮かぶのはブロンフェンブレナーの『所得分配理論』とヤン・ペンの『所得分配』（いずれも未訳）で、どちらも1970年代の初めに出版されている[75]。こうした著作では、賃金と利潤は産出物の限界価格形成を通じて決定される。しかし要素所得の考察では、どちらの著者も別の力が作用していることを指摘している。すなわち、資本収益は独占と経済力の集中による影響を、労働所得は労働組合、団体交渉、インフレーション、需要独占、さらには発展途上世界からの原材料の不公正な価格形成による影響を受けるということだ。どちらの本もリカードやマルクスのアプローチを検討していて、とくにブロンフェンブレナーは、過少消費論者（シスモンディ、ホブソン、さらにはマルクス）と彼らの提案する所得不平等およびマクロ経済サイクルとのつながりについても考察している。さらには、当時のアメリカの学界に所得分配や「休眠」といった話題への関心が欠落していることにも不満を述べていた。ブロンフェンブレナーもペンも、所得政策（1970年代初めにインフレ対策として人気だった）、課税、福祉国家について紹介していた。全面的に説得力があるというわけではないが、それぞれに、新古典派の要素価格形成から個人の所得分配への移行を試みている。どちらの本も、

戦後の西ヨーロッパおよびアメリカ合衆国での労働分配率の増加をマルクスへの反論として提示し（第4章で見たように、マルクスは労働分配率が下がると予言していた）、どちらも、要素所得分布に関するケインズ派およびカレツキ派のマクロ経済理論に多くの紙面を割いている。要素所得分布のマクロ理論は非常に高度な抽象化に道を開いたのだが（カルドアのアプローチを用いて、労働分配率は資本の貯蓄決定に直接依存するとしているところが、おそらく現実からの遠さを最もよく示している）、それでも古典派経済学と階級格差との交渉は維持されていた。

　ブロンフェンブレナーもペンも非常に文章がうまかった。彼らの本にはマイルドな皮肉の感覚があって、とくに、賛同できない経済学者を厳しく批判するところでは大いに楽しませてくれる。ペンの場合でいうとカルドアとカレツキがそうで、何度も批判している（なかには若干不公正なものもあったが、少なくとも、おかげでカレツキのあまり知られていなかった論文が読者の注目を集めることにはなった）。またペンは、やや突飛だが、マルクーゼと新左翼も標的にした。ペンが、仕事と余暇の選択、「抑圧的寛容」、広告の役割などに関するマルクーゼの発言に対して軽蔑を露わにしたのは正当化できるだろう。ここでの誤りは、新左翼の著作は所得分配の研究にほとんど関係がないにもかかわらず、彼らに過大な注目を集めてしまったことだ。

　この時期の重要な研究のひとつに——それほど興味をそそる書き方はしていないし今日も多く引用されることはないが、数十年にわたって残り続けている課題を提起した本として——ジェームズ・ミードの『公正な経済』がある[76]。これは所得不平等を静的・動的に扱ったもので、したがってさまざまな利益（および不利益）、初期保有、同類交配の世代間伝達というトピックが導入されている。ミードは、所得の機能的分配と個人的分配との（方法論的な）ギャップの橋渡しも試みていて、総不平等への資本所得の寄与を、ほかの著者と比べると、かなり強調している。そこからミードは、金融資産の所有を拡大するための方法、したがって資本分配率の上昇と個人間不平等の拡大との疑似自動的な関係を打ち破るための方法として、労働者共同所有を主張するようになった。

　ブロンフェンブレナー、ペン、ミードはわたしの知る数少ない例外で、彼

らは主流派の新古典派的アプローチで所得分配に迫った。それ以外では、この時代の研究をどのように特徴づけることができるだろう。それはおそらくこういうことだ——二度の世界大戦があり、世界中で共産主義革命が起こり、財産と「人的資本」の途方もない破壊があり、徴兵、国有化、ハイパーインフレーション、失業、強制労働のあった1世紀に、新古典派の経済学者は、遺産のルールが保証され・ほかの「経済主体」全員の将来の決定も含めて将来の世界の状態がすべてわかっていて・無限に生きる経済主体というモデルに焦点を当てることを選択したのだ。要するに彼らは、現在から無限の未来まで、すべての参加者が全面的に確信し、すべてを知っている世界を仮定したということだ。まるで、自分たちのモデル世界が現実に人びとの暮らしている世界と可能なかぎり違って見えることを望んでいたかったかのように。

資本主義の下での不平等研究の3タイプ

意味のある不平等研究の3要素——政治的ないし社会的なナラティブ、理論、そして実証主義——を振り返ると、ここで、冷戦期の西側経済でなされた不平等研究はどれだけ期待に応えていたのかという疑問に行き当たる。端的にいえば、この3要件のどれも満たされなかった。

ここで考えている時期（大まかに1960年代半ばから1990年まで）の西側諸国の不平等研究には3つのタイプがある。純粋な実証的研究、純粋な理論的研究、そして偶発的な（ないし付帯的な）不平等研究だ。

純粋な実証的研究

プロローグで説明したように、実証的研究は、それが根本のところでなんらかの理論的枠組みを表しているか、またはそのような枠組みに動かされているかでないかぎり、この本での関心事ではない。冷戦期になされた実証的研究はほぼすべてがそうした枠組みを欠いているので、無視することができる。この本は実証主義の批評ではない。

しかし、最も重要な実践者による研究を用いて、そうした研究を簡単に説明しておくことは有用だろう。トニー・アトキンソンだ。アトキンソンはイギリ

309

スの大学教授で、数学を学び、のちに経済学に、なかでも所得分配に関心をもつようになり、この分野に重要な貢献をした。彼は非常に厳格なイギリス流功利主義の伝統の信奉者だった。それが最もよくわかるのが有名な1970年の論文で、そこでアトキンソンは不平等の新しい尺度を導入するのだが、それは、不平等な分配が効用の減少をもたらすという考えに全面的に基づいたものだった[77]。効用の減少は、高所得の人びとが限界の［最後の］1ドルから享受する効用が低所得の人びとより低いことから生じる。したがって、完全均衡からの離脱は必ず全体の効用減少につながる。前提は、すべての個人が同じ凹効用関数をもっていること、つまり、すべての個人について、消費ないし所得の限界効用が、消費ないし所得の増加と同じように減少していくということだ（効用関数が同じというのは巨大かつ検証不能な前提だ）。アトキンソンの論文はヒュー・ドルトンの1920年の論文の延長で、のちにアトキンソンが開拓する場所はすべてこの論文が切り開いている[78]。はっきりさせておくと、アトキンソンがドルトンの研究の重要性を否定したことは一度もない。実際にアトキンソンは、2015年にドルトンの論文が再発表されたときに、アンドレア・ブランドリーニと共同で、非常に重要な序文を書いている[79]。アトキンソンの研究のそうした部分は方法論的なもので、不平等のさまざまな測定方法を扱っているだけなので、この本の主たる関心からは外れる。

　アトキンソンの研究の大半は不平等に関する実証で、最初は（そして長いあいだ）イギリス国内にしか関心がなかったので、初期の研究は島国的な偏狭さを感じさせるものだった。のちにフランソワ・ブルギニョンとフランスについて研究をするようになり、最後には、ジョン・ミクルライトとともに東ヨーロッパに関する非常に重要な著作をものした[80]。晩年のアトキンソンはイギリスの植民地当局の作成した所得分配データに取り組み、20世紀前半の多くのアフリカ植民地を研究するようになっていった。

　アトキンソンの業績の突出した特徴はその妥協なき実証主義で、政治が入り込むことは一切ない。その研究はきわめて価値が高く、所得と富の分配が時間とともにどう変化したかについて、わたしたちの知識を向上させてくれる。対象となる期間は非常に長いことが多いが、政治も政治経済学も、そうした変化を動かす構造的な力も、まったく扱われない。重要な税率の変更が言及され、

所得分配に明白な影響を及ぼす要因として議論されるときでも、そうした税の変更自体はまったく外生的なできごととして扱われている。歴史的、政治的な議論や分析もない。ストライキもなければ政党もなく、階級の利害もない。そうした研究の例を2、3あげるなら、イギリスの富の不平等を扱った論文（第4章に引用）と、1799年から2010年代までのイギリスの所得分配のトップ層を扱った論文が印象的だ[81]。後者の論文はさまざまな税率表、税率、公表された課税単位数を詳細にカバーしているが、そうした変更が行われた政治的ないし社会的背景については一文たりとも書かれていない[82]。もちろん、税の変更はなんらかの政治的なできごとに対応している。政府の交代、参政権の拡大、戦争、労働者の政党、さまざまな工場法、ストライキ、婦人参政権論者の煽動、穀物法の廃止、貴族階級の権力などだが、どれも言及すらない。まるで、政治的な真空のなかで政策が生まれるかのようだ。

　しかしアトキンソンは、資本所得の不平等をうまく取り込めば不平等の研究が大きく進歩することを理解させてくれたわけで、その功績は重要だ。この分野は冷戦経済学者からほぼ完全に無視されていて、彼らは（とくにアメリカでは）賃金不平等とスキルプレミアムに力点を置いていた。その点で、アトキンソンが1994年と1997年に発表した2つのレビュー記事は非常に重要な、分水嶺となるできごとで、それ以後の新しい、政治的なタブーのずっと少ない不平等研究につながるものと捉えていいかもしれない[83]。アトキンソンにそうしたメッセージを送るつもりがあったかどうかはわからないが、ひとたび資本−所得の不平等に注目が集まり、不平等研究に完全に統合されるようになれば、政治的な次元は不可避のものとなる。

　同様にただ実証的な研究が、多くの国について行われた。例を並べるのは退屈だし、不必要でもあるだろう。数が最も多かったのはアメリカ合衆国に焦点を当てたものだった。しかし、西ヨーロッパやラテンアメリカ諸国、さらには（数は少し減るが）東ヨーロッパ諸国についても同様の論文を、文字どおり数百件も引用することができる。わたし自身の研究も、1980年代から1990年代のものはこのカテゴリーに入る。アジアはインドを除いて研究がずっと少なく、日本ですらほとんど注目されなかった（西ヨーロッパの多くの小国と比べてもかなり少ない）。理由のひとつは、日本政府が昔からの方針としてマイクロデータへ

のアクセスを制限していたことだろう。アフリカは、驚かないだろうが、欧米の研究者からもアフリカの研究者からもほぼ完全に無視されてきた。アフリカの国々については、世界銀行の通常の経済研究の一環として行われたものが存在する唯一の研究、ということが多かった。中東については明らかに研究が欠如している。しかもそれが、逆説のようだが、中東やマグレブ諸国のデータ収集能力の発展と共存できていた。データ収集とデータ分析の断絶は、先に述べた社会主義国での断絶とよく似ている。

こうした実証研究の全体としての価値はどれほどのものなのだろう。所得不平等の流れを明らかにする価値はあるし、おそらくその理解を深める助けにもなるだろう。しかし最大の潜在的価値は理論の妥当性を——あるいはもっと広く、不平等研究へのさまざまなアプローチの妥当性を——実証的に評価する能力にある＊。それができないなら、理由は過剰な実証主義であり、理論とのつながりのなさだ。たとえばアトキンソンは（第6章でふれたように）所得分配の変化という「エピソード」のみを語っていて、一つひとつのエピソードはそれ自身の規則にしたがっているとしていた。これは、所得分配を形成する力の幅広い理解を、構造的なものであれ、政治的なものであれ、あるいは人口動態的なものであれ、最終的に諦めたことを意味している。

逆に経済成長の分野では、数十年を超えるか、場合によっては数世紀にわたる長期的な実証的研究が決定打となって、産業革命の起源と原因、北西ヨーロッパと中国の「大分岐」、ソヴィエトの成長の先細りといった重要なテーマの議論が刺激された。こうしたケースでは、実証的な研究が経済史にまったく新しい推進力を与えている。しかし、所得分配の分野ではそうならなかった。

純粋な理論的研究

所得不平等の研究の2つ目の血統は、純粋な理論的研究から構成されてい

＊ わたしがアプローチという用語を使っているのは、所得分配の包括的研究すべてに厳格なミクロベースの理論が必要ではないことを示すためだ。しかしなんらかの事前仮説は必要で、実証を用いてそれを引き出すか、実証でそれをチェックするかしなければならない。盲目的に数を並べることはできない。

る[*]。新古典派の理論経済学が所得分配に関する真剣な研究の障害になっていることはすでに検討したので、それを繰り返す必要はない。しかし新古典派の研究は、別の角度から考察することもできる。リカードの単純化と抽象化に訴えることで擁護できるのだ。そしてある意味で新古典派経済学は、簡素なモデル作りによって、たしかに、リカードに始まる抽象的なアプローチの続編を提示しているともいえる。しかし、リカードの抽象化と新古典派経済学の抽象化との違いは、両者の類似点よりも大きい。なんといってもリカードのモデルは、特定の歴史環境に合わせて設計されたという意味で、きわめて具体的だった。このモデルの主要な行為主体ないし階級は容易に認識できるものばかりで、地主は穀物への税から利益を得て、実業家は労働者への支払いが増えることで損をし、労働者の実質賃金はほぼ一定だった。しかし、新古典派経済学の提示する世界は階級の世界ではなく、なんらかの認識可能な人びとの集団どうしが集団として互いに対立するということがない。それは個人の世界であって、各人は多くの平行線のように同時に存在しているが、互いに対立することはない。それは実物大模型の世界であって、政治的・社会的なしがらみはすべて意識的に回避されている。

[*] あるすぐれた調査で、サホタは7つのタイプの所得分配理論を検証している。すなわち能力理論、確率論的理論、個人的選択理論、人的資本理論、教育不平等理論、相続財産理論、そしてライフサイクル理論だ（Gian Singh Sahota, "Theories of Personal Income Distribution: A Survey," *Journal of Economic Literature* 16, no. 1 (1978): 1–55）。確率論的理論の大幅な力不足についてはすでにふれた。能力理論と個人的選択理論は、どちらも不平等に影響する社会の役割を過小評価ないし無視していて、明らかに弁解的だ（説明力も低い）。いわゆる教育不平等理論は、所得分配の理論にほとんど値しない。これは単なる観察結果であって、教育の不平等によって全体としての所得不平等の一部が説明できるというにすぎない。しかも、教育の不平等はそれ自体が社会的不平等によるものなのに、そちらの探究もない。わたしから見て最も発達しているのは人的資本理論だが、これは賃金格差の説明としては、明らかに古典的な（スミスやマルクスの）アプローチを継承している。しかしこれにも不都合はあって、総所得の一部しか扱っておらず、この理論の著者たちは、さらに包括的な、賃金決定を超えていくような理論の構築にはそれほど関心を示してこなかった。人的資本理論を相続財産理論と組み合わせればかなり意味のあるものになるのだろうが、相続財産理論はまだ痛ましいほどに構築が遅れている。

したがって新古典派のモデル世界は、少なくとも3つの点でリカードの世界から切り離されている。階級間の対立や矛盾を無視していること、歴史的に認識可能なエピソードへの位置づけがないこと、そして普遍性を装っていることだ。不平等は、成長に影響する役割ないし影響される役割から、まったく問題とならない役割へと格下げされる。なぜなら不平等は変化しないから、または周辺的な方法で、さまざまな下位テーマとのつながり（以下で検討する「偶発的な不平等研究」）で研究されるようになるからだ。

実証的研究も理論的研究も、いわば動的要素に欠けている。どちらも（とくに実証的研究は）時間を長く切り取って扱っているが、所得不平等を動かす政治的ないし構造的な要素を捉えていないので、不平等の実証的研究はまさに名前どおり、過去のエピソードの実証的研究にとどまってしまった。こうした根本的なところでの政治的枠組みの不在は、理論的研究の妨げにもなった。なぜならこの種の研究では、未来は前提の目的論的な展開にすぎないからだ。それは純粋な数学の練習問題で、結論は問題の仮定の仕方にすでに含まれていた。アトキンソンが、そうした論文のひとつ（すぐ後で検討するスティグリッツの雑誌論文）について注意深く述べているように、そこでは「結果が仮定に依存している」のである[84]。

というわけで、理想的な不平等研究が備えているべき3つの構成要素が、実証的研究と純粋な理論的研究では、それぞれひとつずつしか提供されないことがわかる。理論的研究が実証的確認の探索にまで踏み込むことはまずないし、実証的研究には理論的な支えがない。どちらの血統にも、政治的ないし社会的な世界観がない。政治の不在とは、実際に社会がどのように組織されているかについての思想の不在であって、動的要素の不在を意味している。すなわち、所得不平等の将来進化についてなにも語ることができないということである。

しかし先にも指摘したように、古典派の伝統とのつながり、したがって所得分配の妥当性とのつながりは維持されていた。そしてそれはケインズが導入した、無縁とも思えるツールを通して起こった。限界消費性向である。この理論は、限界消費性向が所得とともに変動するとするもので、一部には富とともに変動するという主張もある[85]。ひとたびこの考えを受け入れれば、裏口のドアはほぼ開放状態だ。階級による所得格差も、総需要とビジネスサイクルにおけ

る不平等の役割も、そして最終的には階級構造も（本質的にはマクロモデルのなかで）導入することができる。

したがって驚くことではないが、所得再分配の妥当性を崩そうとしたシカゴ学派の試みのひとつは、長期または「恒常」所得の限界消費性向は所得分布全体では一定だと主張することだった。「恒常」所得の構成概念は、消費を恒常所得と結びつける定数に含まれる一連の媒介変数[86]とともに、思いどおりに変動させられるから、消費は常に「恒常」所得に比例する。したがって、これは反証不能だ（いわゆる「かばん検定」の変数にはこれがとくに当てはまる。この変数は観察不能で、同じ個人についても時間とともに変動する）。恒常所得仮説が反証不能であることの問題は、それ自体としてはここでの関心事ではない。ポイントは、マクロ圏内に不平等が侵入してきたことに対する保守派経済学者の反応として、そこにフラグを立てておくことだ。

こうして、ケインズ派経済学と新古典派経済学の結合によって、不平等研究へのドアが開放された。それが最もよくわかるのが、ジョゼフ・スティグリッツによる1969年の影響力ある論文で、限界生産性理論と「人的資本」への明瞭な言及も含め、完全に「折り目正しい」新古典派経済学を用いながら、さらに真剣な所得不平等の研究に道を開くものとなっている[87]。スティグリッツは個人所得（y_i）のシンプルな定義から始め、全員が同じ賃金（w）だとしたうえで、個人が所有するさまざまな額の資本ないし富（c_i）に同じ収益率（r）を適用した。

$$y_i = w + rc_i$$

興味深いことに、人びとのあいだの唯一の違いは所有する資産の量であって――これは明確な階級区分だ――賃金の違いではない（少なくともモデルの最初の草案ではそうなっている）。次にスティグリッツは、恒常的な限界貯蓄率 m（1から限界消費性向を引いたものに等しい）を仮定する。

$$s_i = b + m(w + rc_i)$$

315

定義から、富の変化は貯蓄を元の富で割ったもの (s/c) になるので、これは次のようになる。

$$\frac{\dot{c_i}}{c_i} = \frac{b + m(w + rc_i)}{c_i} = \frac{b + mw}{c_i} + mr$$

ここで、第1項は賃金からの貯蓄を表し、第2項は資本所得からの貯蓄を表す（b は最小貯蓄額すなわち貯蓄定数）。2人の個人（ないし2つの階級）間での富の不平等の変化（$y_j > y_i$ など）を得るためには、両者の富の成長率の差を見ればよく、それは次の式に等しい。

$$\frac{\dot{c_j}}{c_j} - \frac{\dot{c_i}}{c_i} = (b + mw)\left(\frac{1}{c_j} - \frac{1}{c_i}\right) < 0$$

したがって、こうしたシンプルな条件下での富の不平等は必ず縮小することになる。ここで、この結論にはそれほどの関心はない。この結論が、2つの階級の賃金および賃金からの貯蓄が同じだという前提から引き出されることは明らかだ。その結果、貧困層の貯蓄と富裕層の貯蓄の差は、資本となる初期保有の差ほどは大きくならない。したがって、貧困層の富は富裕層の富よりも速く増加する[88]。スティグリッツのモデルの重要性はその結論にではなく（これは現実世界とはほとんど無関係だ）、このシンプルなモデルが、初期保有の違いを通して（ふたたび）階級を導入した点にある。そして次には賃金の差が追加され（スティグリッツは論文の第2部でこれをしている）、さらには個人間の貯蓄性向の差が、そして最後には、資本所得からの貯蓄と労働所得からの貯蓄の差が導入されていく。

シンプルな2階級状況（富裕層対貧困層、労働所得対資本所得）から、すでに4つの限界貯蓄性向（および限界消費性向）が得られた。くわえて、収益率の差を導入することができる。すると、たとえば裕福な人または階級は、貧しい人または階級よりも高い資産収益率が享受できるようになる[89]。さらに、2人の個人だけ、2つの階級だけを見るという限定はない。多くの個人や階級を導入する

ことができるし、ものごとをもっと現実に近づけるために、資産がゼロ（また
はマイナス）の多くの個人を考えることも可能だ[90]。いいかえれば、元の方程
式のすべてが——賃金も、平均貯蓄性向と限界貯蓄性向も、資産収益率も、資
産の初期保有も——人物固有のものになりうるということだ。こうして、音を
立てて開いた新古典派のドアを通して所得分配の現実が導入された。しかし、
開いた戸口は長いあいだ探索されなかった。スティグリッツの概念装置が拡張
されてデータで満たされなかったからだ。また、たとえそうなっていたとして
も、それ以上のなにかを達成するためには、課税や社会移転を導入し、資本所
有に関して根深く二極化した欧米社会をうまく反映させるような、制度的・政
治的な分析が必要だった。

理論か現実か

新古典派の論文での格差のない個人による想像上の世界とは対照的に、アメ
リカ合衆国をはじめとするすべての先進資本主義経済は、急速な経済成長と不
平等縮小の時期ですら、相変わらず階級の線に沿って深く分断されていた。最
も豊かな10パーセント層が所有する金融資産の割合は、個々の資産クラスの
どこでも、1983年前後でも90パーセント前後だった。この年は、アメリカの
所得および富の不平等が歴史的に小さかった年だ（図7.3）。すべての金融資産
を合計すれば集中度はさらに高くなる。直接所有の株式と間接所有の株式（投
資信託や年金基金を通じて所有されている株式）では、トップ十分位の占有率は90
パーセント以上で推移している。したがって、アメリカ合衆国は（金融資産に
関しては）10分の1の市民によって所有されていたといってもいいすぎにはな
らない[91]。しかも、こうした数字でさえ過小評価の可能性が高い。理由は、民
間の株式保有はこうした研究では過小評価される傾向があること（投資家が保
有している非上場企業の株式は、ふつう、上場後に決まる市場評価より低く評価される）、
および、そうした株式保有は富裕層への集中度が高いことだ[92]。

資本からの年間所得は、当然のことながら、こうした不平等な資産保有の産
物で、集中度は相変わらず高い。資本所得のジニ係数は、1980年代（一貫性が
あって国どうしの比較が可能なデータがあるなかでは最も早い時期）の欧米諸国で大
半が0.9前後だった［ここではジニ係数を0-1で表示］。これは労働所得の不平等の

317

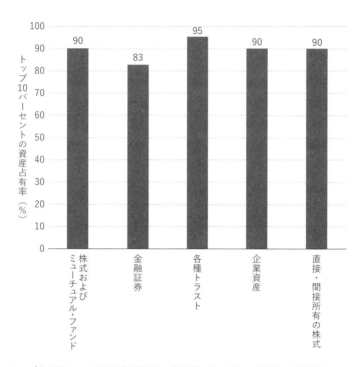

図7.3　トップ十分位による各種金融資産の占有率（アメリカ合衆国、1983年）

注：直接・間接所有の株式には、ミューチュアル・ファンド［オープンエンド型投資信託］、各種トラスト［クローズドエンド型投資信託］、IRA［個人年金制度の一種］、キオ・プラン［自営業者年金制度］、401(k)プラン、およびその他の退職勘定を含む。

データソース：Edward N. Wolff, "Household Wealth Trends in the United States, 1962 to 2016: Has Middle Class Wealth Recovered?" NBER Working Paper 24085, November 2017, table 10.

約2倍にあたる（図7.4参照）。こうした数字は、ここで研究している時期の終わり（2008年金融危機の直前）に向かってさらに極端になっていく。ジニ係数が0.9ということは、人口の90パーセントが資本所得ゼロで、資本からの所得すべてがトップ十分位の人びとのあいだで平等に保有されているときに得られる不平等に等しい。現実の世界では、下位90パーセントにもなんらかの資本所得はあるし、トップ十分位の所得も、そのなかで最も裕福な人びとに大きく傾いていることは明らかだ。しかし90対10という近似値はそれほど的外れではない。ここまで極端な富（および富からの所得）の不平等が、新古典派経済学者の

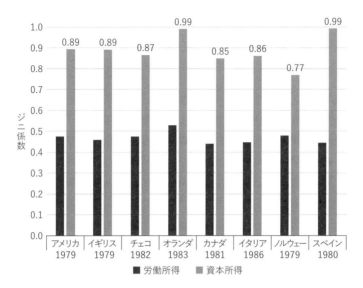

図7.4 欧米諸国の資本所得および労働所得のジニ係数（1980年頃）
データソース：LIS Cross-National Data Centerより算出。

見るような、ほぼ無階級の社会と相容れないのは明らかだ。

たしかに、中流階級の保有する富の主要タイプである住宅資産も含めれば、富の集中度は第二次世界大戦後から下がってきていて、20世紀初めの法外な値に近づいたことはない[93]。しかし、それでも極端な高水準ではあって、アメリカ合衆国ではトップ1パーセントの占有率が30パーセントを上下するくらい、トップ十分位の占有率は70パーセント前後となっている。この割合は1950年から1990年まで大きくは変わらなかった[94]。その一方で、欧米の人口の5分の1から3分の1は、同じ包括的な富の定義を用いても、正味の資産がゼロないしマイナスだった[95]。

社会主義経済で見たのと同じで、体制側が奨励する無階級神話を信じるのは、富裕層のほうがそれ以外の大衆よりもずっと多い傾向にある。表7.6は、アメリカのトップ1パーセントと平均的なアメリカ人とでは、周囲から抜きん出るうえで親の教育、家族の富、金持ちの知り合いがそれぞれがどれだけ重要かについての受け取りに、大きなギャップがあることを示している。富裕層

表7.6 個人的成功への3つの鍵に関するアメリカ人の受け取り

	「人生で抜きん出るために以下の項目がそれぞれどれくらい重要だと考えているかを教えてください」（こうした要素が「必要不可欠または非常に重要」という回答の割合：%）		
	よい教育を受けた両親がいる	裕福な家庭の出身である	金持ちの知り合いがいる
平均（アメリカの大衆）	50	31	46
トップ1パーセント	24	1	21
受け取りのギャップ（パーセントポイント）	+26	+30	+25

データソース：Leslie McCall, "Political and Policy Responses to Problems of Inequality and Opportunity: Past, Present, and Future" in Irwin Kirsch and Henry Braun, eds., *The Dynamics of Opportunity in America: Evidence and Perspectives* (New York: Springer, 2016): 415–442, figure 12.3に基づいて著者が算出。平均についてのマコールのソースはthe 2010 US General Social Survey；同じくトップ1パーセントのソースは2011年（未発表）の "Survey of Economically Successful Americans" led by Fay Lomax Cook, Benjamin I. Page, and Rachel Moskowitz, Northwestern University.（後者については、シカゴ地域から選択された4地区に暮らす成功した104人の個人からデータを収集したパイロット研究であるためサンプル数が限られていることに留意してほしい）

の回答は、自分の成功は全面的にふさわしいもので、社会は全員に同じ成功のチャンスを提供しているという信念があることを示唆している。驚くことではないが、こうした信念に批判的な立場の研究が、豊かで力のある層から好まれることはないだろう。

意図的な非現実性

こうした初歩的でよく知られた事実を背景に並べてみると、ある種の理論的経済モデル——すべての参加者が人的資本も金融資本も所有していて、所得の一部を貯蓄し、投資戦略を最適化して、資産を子孫に残していくとするような類のモデル——がまったく想像上のものに感じられてくる。現実と、こうしたモデルが意味するものとの隔たりはすぐに明らかになる。本当に、直面する選択の範囲には貧困層も富裕層も根本的な違いはないのだろうか。最適化のプロセスはどちらも同じなのだろうか。ビル・ゲイツもホームレスも、制限の範囲内で最適化しようとする2人の経済主体のように、似たような経済的ふるまいをするのだろうか。経済学者には、権力や、プラスの所得なしに生きていく能力や、他者への経済的影響力の違いを認める必要はないのだろうか。もしそうだというのなら、たしかに階級社会は、この用語がふつうに理解されているような意味では、存在しない。

理解するべき重要なことは、ここでの批判が、新古典派（冷戦）経済学は仮定にリアリズムを欠いているといったよくある類のものではないことだ。そのような批判はあまりに単純だし、手ぬるい。ここでの批判が扱っているのは、現実の単純化ではなく、その歪曲だ。仮定が非現実的だというのではなく、現実を曖昧化するために仮定が作られていると批判しているのだ。ケインズが述べているように「一般に受け入れられている古典派経済理論に対するわれわれの批判は、その分析における論理的な欠陥を見出すことではなく、その暗黙の想定がほとんどあるいはまったく満たされていないために、古典派理論は現実世界の経済問題を解決することができないということを指摘することであった」[96]。これは現実を忘れてしまったことへの批判ではない。著者のイデオロギー的前提と一致するような現実を提示するモデルが選ばれたといっているのだ。このように、新古典派経済学は2つの対照的な悪徳を組み合わせている。単純すぎる仮定と、過剰に複雑な数学モデルとを。

このような理論的研究についていえる最も前向きなことは、これが、最も富裕な資本主義国で人口のトップ5〜10パーセントの——いいかえれば、世界人口の約1パーセントの——行動と彼らが直面する選択との近似であるということだ。マルクスは、階級社会の社会科学は支配的階級の見解と利害を反映する傾向があると述べた。その点から見れば、理論的研究と現実のこのミスマッチも理解可能ではある[97]。

偶発的な不平等研究

研究の最後の血統は偶発的な不平等研究だ。そこでの目的は不平等の研究そのものではなく、経済生活のさまざまな変化がいくつかのタイプの不平等にどう影響するかを研究することにある。最も人気の高いアプローチはスキルプレミアムの研究と、その増大を動かしているのが技術進歩なのか国際貿易なのかの研究だ。こうした分析の多くはアメリカ合衆国のためになされた。偶発的研究には枠組みが（生産機能ないし国際貿易理論のなかに）あるし、データもたしかにある。したがって、すぐれた所得分配研究に必要なものとして先に特定した3つの要素のうち、2つは備えていることになる。政治的基盤もいくらか備わっている。高スキル労働者と低スキル労働者の社会的格差があるからだ。

この研究の最大の問題は、労働という、所得のひとつの源泉にだけ焦点を当てていることにある。たしかに労働は量的に最大の源泉なのだが、それだけに焦点を絞ると、所得分布の頂点と底辺の両方にとって最も重要な所得の源泉が置き去りになってしまう。それは資産所得と社会移転である。したがって、この種の研究は所得分布の中央部だけを扱っているのだといえる。しかし、この見方ではまだ甘すぎる。賃金研究では、その定義からして、賃金稼得者が分析の単位だ。しかし、こうした賃金稼得者はランダムに組み合わさってはいない。主たる単位は家族であって、家族を通じて、所得不平等は個人の暮らしぶりに、そして社会的流動性のチャンスに影響を及ぼす。この避けがたい欠点が、賃金研究が本当に所得分配に取り組む能力に影響を及ぼすことになる[98]。

　くわえて、賃金研究は不平等を生み出すものを大きく見過ごしている。資産（配当、利子、地代）、資本利得および資本損失、直接課税と政府による現金および現物での移転（アメリカ合衆国なら、社会保障給付金やSNAP［貧困層向けの食料購入支援制度で、対象者には一般的な食料品が購入できる磁気カードが交付される。旧「フードスタンプ」］）などからくる「労働なき所得」が置き去りになっているのだ。ほかにも、自営業の所得や家庭内消費（個人で生産・消費する財やサービス）、住宅からの帰属所得なども置き去りになる。どの項目も、中所得国ではきわめて重要なものばかりだ。賃金不平等の研究は、貧困国についてはさらに意味をなさない。貧困国ではフォーマル賃金が総所得の3分の1かそれ以下でしかないからだ（表7.4参照）。

　賃金ピラミッドの頂点できわめて高額の賃金を受け取っている企業役員、CEO、資産管理ファンドの労働者などは、スキルを原動力とする枠組みに統合することも説明することもまったくできない。こうした人びとはさまざまな形態の独占力の産物だ。賃金研究で分布の頂点を扱えないことは、1980年代にはそれほど明瞭ではなかったかもしれない。理由は単純で、そうした賃金はそれ以後ほど高額ではなかったからだが、それでも、問題はすでに明白にはなっていた[99]。

　いいかえれば、賃金不平等の研究は、多くの賃金稼得者の生産の一要素（労働）からの所得分配だけしか扱わず——それもたしかに大切なのだが——それ

以外はすべて無視するということだ。ほかの生産要素である資本や土地も（富裕者に集中しているので、たいていは最も重要な不平等の決定因子となる）、政府による再分配のシステム全体も、自営業収入および家庭内消費も、家族構成も、そして最後に（彼らの研究トピックから見ると皮肉だが）最高額賃金も、すべて無視されている。

　しかし、こうした研究の最大の問題は、そもそもなぜ不平等を重要だと考えるのかというところが抜け落ちている点だ。不平等は、個々の賃金稼得者のレベルではなく世帯のレベルから再生産される。世帯の総所得を個人の数に合わせて修正したもので、その家族が豊かか、貧しいか、中流階級かが決まり、各人はそれに応じた社会的価値観を抱くようになる。社会化は、それがどのような意味であろうと、世帯の内部で起こるのであって個々の賃金稼得者の内部で起こるのではない。配偶者どうしの出会いと世帯形成のプロセスを通じて、また複数の収入源の組み合わせを通じて、豊かな世帯と貧しい世帯が、そして社会階級が作られる。そしてなにより重要なことは、生まれた時点で機会には格差があり、それが社会的不平等の再生産を許しているということだ。

　不平等を研究するのは社会階級が重要だと考えるから、社会階級が世代を超えて優位さを伝達し、自立した「貴族階級」を生み出す能力を重要だと考えるからだ。たしかに学校教育の利益への関心も課題のひとつではあるが、それは最重要からは程遠い。不平等を重要と考える人びとは、学校教育の利益が向上することと同じくらい、教育へのアクセスを不均等にしてしまう社会的要因が重要だと考えているのだ。

　賃金不平等の研究は労働経済学の分野に属している。これは不平等研究としては、重要ではあっても下位区分の分野だ。その立場は、貿易による賃金への影響の研究と似ている。後者が属しているのは貿易経済学であって、不平等研究ではない。

　所得分配を研究している経済学者の大半はこれに同意している。リンダートとウィリアムソンが述べている。「経済的不平等を重要だと考えることは、人びとの生涯にわたるリソース消費がどれほど不平等かを重要だと考えることだ。クズネッツは、データの制約から生涯所得ではなく年間所得を研究せざるをえなかったが、それでもなお世帯数ごとの測定をしたいと願っていた」[100]。

トニー・アトキンソンは1975年の著書『不平等の経済学』に、ティンバーゲンの賃金不平等に関する研究をまったく含めていない[101]。完全に無視している。のちにアトキンソンは述べている。「近年の議論が賃金格差だけに焦点を当て、そうした格差が［所得］不平等をともなっているかどうかを問おうとしないのはまったくもって驚きである」[102]。ロールズも同じように考えていて、不平等は資本所得と労働所得の両方に関するものに限定するべきだが、その一方で、鍵となる関心は全体的な所得不平等であるべきだし、そうした不平等の世帯からの再生産であるべきだとしている。

結論として、労働経済学の視点からであれ貿易経済学の視点からであれ、賃金の研究を不平等の研究と一緒にしてしまうのは、ただ不正確だというだけではない。なぜ不平等を重要と考えるのか、そうした研究の本当の目的は何なのかということについて、深いところで理解できていないことを示している。本当の目的は、階級構造の根本的な決定要因を、そしてそれが政治や行動や価値観に、そしてそうした特徴の、世代間での伝達にあたえる影響を解き明かすことにある[103]。

これ以外の偶発的な不平等研究となると、いま述べたもの以上に重要性が限定的で、賃金不平等の研究には近寄りもしない。扱うテーマは、送金による所得分配への影響とか、さまざまな社会移転や課税の影響とか、女性雇用に見られる不平等といったものばかりだ。どれもそれ自体として重要でないトピックだとはいわないが、所得分配研究に求められるような包括性はまったく提供してくれない。こうした研究は、なにかのタイプの所得や外部の媒介変数の変化によってもたらされる、分配の周辺的な変化にばかり目を向けている。その構造自体からして、全体的な分配についてはなにも語ることができないし、ましてやそれを形成する力や将来の進化については、なにもない。

したがって、1960年代半ばから1990年代までに欧米諸国で発達した3つの不平等研究の血統は、望ましくかつ役に立つ不平等研究が備えているべきものを欠いていることになる。こうした研究は冷戦の、経済学が抽象性へと不幸な方向転換をしたことの、現実を粉飾したイメージを提出したいという欲望の、そして忘れてはならない、富裕層による研究資金提供の、生贄に供されたのである。

第7章　冷戦期

国家間の不平等と国内不平等を結びつける

　冷戦期の不平等研究に唯一、新しい地平を開いたのはネオ・マルクス主義ないし異端のアプローチだった[104]。そうした研究は、国内の不平等ではなく南北間の不平等に主要な関心をおく調査プログラムを通して行われた。関心は「不平等交換」（南の余剰の北への移転）と、豊かな国の経済支配および帝国主義による南の発展の抑止にあったわけだ。一見すると、どちらのトピックも不平等そのものと大きな関係はないように思える。しかし深いところでのぞき込んでみると、決してそうではないことがわかる。世界を全体として見ることによって、そして中心（北）と周辺（南）との重要な（著者らの見方では決定的に重要な）区別を引き出すことによって、このアプローチは国家間の不平等研究という課題に扉を開いた。それまでは眠っていたか、まったく存在さえしなかったトピックだ。この本でここまで検討してきた著者は（クズネッツは例外として）全員が、最も発達した資本主義国の国内不平等にだけ焦点を当てていた。国家間不平等という分野はまったくの未開拓だった。

　国家間不平等への関心の欠如は、19世紀初めまではこうしたギャップが相対的に小さかったことで説明できる。しかし存在していなかったわけではない。第2章で示したように、アダム・スミスはこれを見過ごしていない。発展に関するスミスの定常理論は、ある意味このギャップを説明するためのものだと解釈できるかもしれない。しかし欧米諸国とそれ以外の世界との所得格差は、ヨーロッパの植民地主義、帝国主義の拡大とともにますます明瞭になり、研究もされるようになっていった。マディソン・プロジェクト2020のデータは、世界の最富裕国と最貧国との1人当たりのギャップが、19世紀初めの約4対1から第一次世界大戦前の12対1まで、19世紀を通じて着実に拡大していることを示している。図7.5では、個別の年に値が急上昇する「スパイク」がいくつか見られるが、これはサンプルとする国が変わったことによるものだ。しかし、太線が示す全体の流れは見間違いようがない。

　マルクスが執筆していた頃には、この格差はかなり明瞭になっていて、中心で研究されている経済学にも影響を及ぼし始めていた。すでに見たように、マ

325

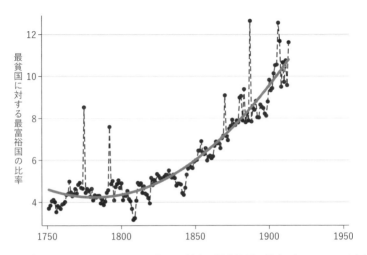

図7.5　1人当たりGDPで見た世界の最貧国に対する最富裕国の比率（1750〜1914年）
注：すべての年についてすべての国のデータが入手できるわけではなく、それもスパイクの理由となっている（非常に貧しい国がサンプルに導入された場合など）。破線は実際の最大／最小比率で、太線は時間との回帰分析に基づいている。
データソース：Maddison Project Database 2020 より算出。

ルクスはインドでのイギリス帝国主義に対して相反する判断をしていて、伝統的で遅れたインドの村落構造を打ち破る進歩的な力としても、攻撃的なグローバル資本主義の兆候としても見ていた。くわえてマルクスは、すぐに（ロシア革命よりも早い段階で）大きな問題に直面した。すなわち、発展の遅れた国は、イギリスや北ヨーロッパのような「非難」を受けることなく——資本主義の台頭にともなう資本の本源的蓄積や農民の追い立て、階級区分などに苦しむことなしに——社会主義へ移行できるのかという問題である[105]。

したがってグローバルな、または（もっと正確にいえば）国際的な不平等という問題は、マルクスに関心ないし親近感を覚えた経済学者のほうがずっとよく研究していた[*]。「暗黒時代」の新古典派の経済学者が世界に広がる巨大な不

---

[*]　わたしは、世界のすべての市民のあいだの所得格差については（つまり分析単位が個人のときには）「グローバル」という語を用い、国どうしの平均所得の格差については「国家間」ないし「国際的」という語を用いている。

第7章　冷戦期

平等に目を向けようとしたとき、彼らはそれを、比較優位と貿易というプリズムを通してだけ見ようとし、のちに成長モデルが人気になってくると、国の平均所得の収束傾向を通してしか見ようとしなかった。どちらの立場でも、貧困国の成長率が上がってくれば最終的にはギャップが打ち消されると予想した。富裕国と貧困国との不平等を体系的な方法で、あるいはグローバルな枠組みで見ようとする傾向はまったく見られなかった。ピア・ヴリーズが（それ以外の点では彼らに批判的だったなかでも）述べているように、従属経済学やシステム論の経済学者がいたからこそ、ほかの経済学の専門家も、欧米とそれ以外との所得分岐に焦点を当てざるをえなくなっていったのだ。

> 正確にどこまで擁護できるかはわからないが、ともかくも従属経済のアプローチによって、主流派およびその他の経済学者がこの衝撃的な現象について——すなわち19世紀および20世紀の経済的分岐の全体としての拡大は、グローバル経済にともなって貿易関係が全体的に増大するなかで登場したということについて——考えざるをえなくなったのはたしかだ。[106]

　もちろんマルクス主義者は、レーニンに始まり、バクーニン、ローザ・ルクセンブルク、M・N・ロイまで、20世紀初めにまさにそのことを考えていた。しかし彼らの研究の関心は、社会経済的形成の「末期」段階としての資本主義にあった。国家間の不平等を詳しく研究することはなく、むしろそれを前提としていた。なかには第4章で見たルクセンブルクのように、不平等は、中心の資本主義がそれ自身の困難を克服して国内の利潤率低下から逃れるための道だと主張する者もいた。

　第二次世界大戦が終わり、アジア・アフリカ諸国の大半が独立してからは、南北の不平等が重要なトピックとなった。ネオ・マルクス主義者（わたしが念頭に置いているのはほぼ従属論者）の見方は、新古典派経済学者のやり方と似ていなくもなくて、まずは貿易のレンズを通していた。アルギリ・エマニュエルは1972年、富裕国と貧困国との貿易は貧者から富者への価値（不払い労働）の移転だと主張した。貧しい国は歴史的に賃金が低く、剰余価値率が高いので、少なからぬ労働を豊かな国に無料で移転している[107]。いいかえれば、貧しい

国の製品の製造価格はその国の労働の価値より低く、豊かな国の製品の製造価格はその国の労働の価値より大きいということだ。エマニュエルの研究はマルクス主義の用語（価値の製造価格への転化）で表現されていて、マルクスの分析を国レベルから世界レベルへ置き換えたものだった。エマニュエルのアプローチは拡張され、修正され、批判された。ほぼ同時期にサミール・アミンが著した『世界的規模における資本蓄積』も、やはり国際貿易の理論から始まっているが、そこから周辺での生産と所得分配との関係形成に焦点を当てることで従属に関する議論を深めていき、南北間の不平等な構造関係と対応させていた[108]。したがって、南北の構造的な不平等は周辺国での階級的不平等に影響するものだった（さらには決定していた、とアミンを読むこともできる）。それは、そういってよければ、国の所得分配に関する「グローバルで政治的な」理論だった。

> このような、所得の社会的分配の進展の重要な側面を最終的に決定づけるのは、外国資本、現地ブルジョアジー、賃労働者の〈特権〉層、および行政官僚層のあいだの政治的関係の性質である。[109]

このように、国内不平等についてのアミンの関心は、国際的な不平等への関心から発展したものだった。アミンはエジプトおよびマグレブ諸国について、19世紀後半から1960年頃までの一連の社会構成表と、サハラ以南のアフリカ数か国での所得分配に関する（当時としては）驚くほど詳細な分析を提供した。エジプトのそうした社会構成表のひとつ（1950年のもの）を図7.6に示しておく（比較のために、第2章にある1759年のイギリスの、そして第4章にある1831年のフランスの社会構成表も参照してほしい）。階級格差は途方もなく大きい。土地なし農民が総人口の半分以上いて、彼らの1人当たり平均所得は全体平均の10分の1しかない。分布の逆の端には都市ブルジョアジーがいて、総人口の1パーセント未満にしかならないのに、1人当たり平均所得は全体平均の約25倍もある[110]。このようなグラフでは、社会階級は横軸に、所得水準にしたがって並んでいるので、強い負の関係はもうおなじみだ。社会階級の人数が少なくなるほど相対的な所得は大きい。エジプトの例はそうした規則性の極端なケースのひとつにすぎない。ジニ係数は、階級内の不平等を計算に入れなくても、77ポイント

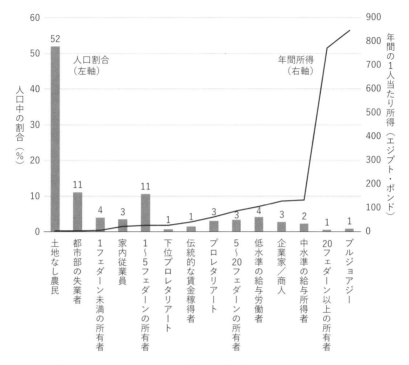

図7.6　社会階級別に見たエジプトの人口割合と相対所得（1950年頃）

注：階級は左から右に向かって最貧層から最富裕層。人口割合は棒グラフでパーセント表示。年間の1人あたり所得は折れ線で表示。「フェダーン」は土地面積の単位で1フェダーンは約0.42ヘクタール。

データソース：Samir Amin, *L'accumulation à l'échelle mondiale*, vol. 1 (Paris: Editions Antrhopos, 1970), 445; Hassan Riad, *L'Égypte nassérienne* (Paris: Editions de Minuit, 1964).

近くというとんでもない高さになる。この過剰な不平等をとり仕切っているのは少数の豊かな「買弁」［外国商社に雇われて国内での商品買い付けや売り込みを行う商人］ブルジョアジーで、従属理論の教義によれば、この過剰な不平等は世界的不平等の結果であり、かつその維持のための条件ともなっている。

これまでにあたえられた不平等貿易ないし従属のどのバージョンが正しいのか正しくないのかは、ここでの大きな関心事ではない[111]。ここで大切なのは、従属理論の研究が取り組んだ2つの課題によって、不平等研究の視野が広がったことだ。第一に、こうした研究は世界の不平等発展に光を当て、それによっ

て国家間の不平等というトピックを持ち込んだ。そして第二に、そうした国家間の不平等が本質的に構造的なものであり、貧困国の国内の所得分配を作り出し、それが南の従属的役割を継続させているのだと主張した。こうして結びついた不平等には2つの側面がある。国家間の不平等が特定のタイプの国内階級構造を作り出したという面と、その国内不平等が今度は富裕国と貧困国とのギャップを恒久化したという面だ。南の支配階級にとっては、南が低開発状態にとどまることが利益だった。こうして、従属論者はまったく新しい視点を導入した。国家内の不平等と国家間の不平等は相互に依存していると見るのだ。アンソニー・ブリュワーがこの点を（アンドレ・グンダー・フランクの有名な用語を用いて）次のように要約している。

> 「低開発の発展」は、世界資本主義体制が中枢－衛星構造によって特徴づけられることから発生する。中枢は衛星を搾取し、余剰は中枢に集中され、そして衛星は投資可能な資金から切りはなされ、そのために成長は減速される。もっと重要なことは、衛星が従属状態に陥れられ、そのことが、低開発の永続に利益を見出す現地の支配階級、すなわち「低開発政策」を追求する「ルンペンブルジョアジー」を創出することである。[112]

　これはそれまで見えていなかった結びつきだ。もっとも、あらゆる貿易理論は（第3章のリカードのように）貿易と国内階級構造とのあいだに暗喩的な結びつきを確立すると主張することはできるのだが、グローバルレベルでそれをすることで、ネオ・マルクス主義者はまったく新しい分野を作り出した。この分野はグローバルな不平等研究へと自然につながっていき、グローバルなレベルが、不平等を見るときの新しい「通常」レベルと考えられるようになっていった。
　こうした理由から、冷戦期のネオ・マルクス主義研究は、この時期で唯一、不平等を可視化ないし研究するうえでの重要な方法論的ブレイクスルーを提供するものとなった。先にもふれたように、これは鍵となるトピックとして不平等に焦点を当ててのことではなく、むしろグローバルサウスでの発展の困難さ、貿易、現代の帝国主義を議論するなかでなされたことだった。

第7章 冷戦期

　3つの構成要素という点では、従属理論にはもちろん非常に明瞭な政治的ナラティブがあるし、発達した理論的枠組みもある。ウィークポイントは実証だ。従属理論は広範な歴史的一般化を扱いがちで、非常に選択的なデータの用い方をする（主流の従属理論をいいとこ取りだと非難することは容易だ）。また、結局のところこの理論は、いくつかの低開発国が——たとえ現在までごくわずかだとしても——不均等な南北関係のバリアを打ち破って高度な発展を達成している事実を説明できていない。たしかに、この実証的基盤の弱さはアキレス腱となっている。一見すると、世界の多くの地域や歴史的発展への言及は豊富なのだが、詳しく見てみると、そうした例の多くは純粋に修辞的に——強調のために——使われていて、真剣なデータ作業に基づいていないことがわかる。サミール・アミンやアンドレ・グンダー・フランクの近年の研究もまさにそうで、歴史的な検討は大まかなものしかなく、以前の研究が実証の部分をもっと真剣に取り上げていたのとは対照的だ（先にふれたように、アミンはエジプト、マグレブ地方、サハラ以南のアフリカについて重要な独創的研究を提供してくれている）。ネオ・マルクス主義の理論は、表面的には強いと思えるまさにその分野で失敗している。それが実証の部分で、原則としてそこに光を当ててはいるのだが、実際の扱いは、とくに同時期の経済史研究と対照すると、かなりぞんざいだった。そのことが不幸なのは、第三世界の国々の所得分配に関する実証研究に継続的に取り組むには、もうとっくに手遅れだからだ。こうした国々は、中心の新古典派経済学者からはほぼ無視されていたし、発展途上国出身の経済学者の貢献は、関心と訓練の欠如から、ほとんど見当たらない。つまり、ネオ・マルクス主義者のアプローチには「本質的」な優位があったのだが、彼らにはその優位を生かしきることができなかったのである。

331

原注 ────────────────────────────────

1. John Maynard Keynes, *The Economic Consequences of the Peace* (London: Macmillan, 1919)［邦訳『平和の経済的帰結』山形浩生訳、東洋経済新報社、2024.1］; John Maynard Keynes, *The General Theory of Employment, Interest, and Money* (London: Palgrave Macmillan, 1936).［邦訳『ケインズ全集』第7巻「雇用、利子および貨幣の一般理論」塩野谷祐一訳、東洋経済新報社、1983.12］

2. Hans Staehle, "Short-Period Variations in the Distribution of Incomes," *Review of Economics and Statistics* 19, no. 3 (1937): 133–143.

3. Arthur L. Bowley, *Wages and Income in the United Kingdom Since 1860* (Cambridge, UK: Cambridge University Press, 1937). イギリスの経済的生産物のうち賃金にまわる割合は時間が経っても安定したままだというボウリーの発見を根拠に、のちの経済学者はこれを「ボウリーの法則」とよんだ。

4. ケインズはこの思い込みに非常に大きな貢献をしている。しかしこれを「法則」とよんだ最初の人物は（のちに考えを変えているが）ミハル・カレツキ（Michal Kaleck）だった。Hagen M. Krämer, "Bowley's Law: The Diffusion of an Empirical Supposition into Economic Theory," *Cahiers d'économie politique* 61, no. 2 (2011): 19–49.

5. Martin Bronfenbrenner, *Income Distribution Theory* (Chicago: Aldine-Atherton, 1971).

6. パレート最適についてオファーは「その主たる効果は、既存の財産分布がどのように獲得されたものであっても、いかに不平等であっても、それに正当性と保護を与えることである」と述べている。Avner Offer, "Self-interest, Sympathy, and the Invisible Hand: From Adam Smith to Market Liberalism," Oxford Economic and Social History Working Paper 101, Department of Economics, University of Oxford, August 2012.

7. Milton Friedman with the assistance of Rose D. Friedman, *Capitalism and Freedom* (Chicago: University of Chicago Press, 1962), 161–162.［邦訳『資本主義と自由』日経BP社、2008.4、294ページ］

8. Jaroslav Vanek, *The General Theory of Labor-Managed Market Economies* (Ithaca, NY: Cornell University Press, 1970).

9. Anthony Atkinson and John Micklewright, *Economic Transformation in Eastern Europe and the Distribution of Income* (Cambridge: Cambridge University Press, 1992), 99–104.

10. Dominique Redor, *Wage Inequalities in East and West, trans. Rosemarie Bourgault* (Cambridge: Cambridge University Press, 1992), 61–64; Jan Rutkowski, "High Skills Pay

第7章　冷戦期

Off: The Changing Wage Structure during Economic Transition in Poland," *Economics of Transition* 4, no. 1 (1996): 89–112; and Richard Jackman and Michal Rutkowski, "Labor Markets: Wages and Employment," in *Labor Markets and Social Policy in Central and Eastern Europe: The Transition and Beyond*, ed. Nicholas Barr (Washington, DC: World Bank; and London: London School of Economics, 1994) を参照。

11. ふつう、高スキルの労働には相当高度な教育が必要で、多くの無給時間が学習者の負担になる（現役で働ける総時間数が削られる）ほか、授業料のコストもついてくる。そのことを考えれば、観察されるスキルプレミアムは少なくとも補償の一部ではある（高スキルの道を選んだ労働者が生涯所得で損をしないため）。授業料がゼロになれば、この補償部分が縮小するのは明らかだ。

12. この議論は表7.3の比較には影響しない。資本主義国にも無料の公教育はある。したがって表7.3は体制の違いを強調するものとなる。

13. 「スターリン主義全盛期」のロシアでは、賃金にかかる税を逆進制にして、賃金が上がると限界税率が下がるようにしてまで、出来高賃金制度の生産性を刺激しようとしていた。マンサー・オルソンは、この変更がソヴィエト連邦での急速な工業化に大きく貢献したと見ている。Mancur Olsen, "Why the Transition from Communism Is So Difficult," *Eastern Economic Journal* 21 (1995): 437–461.

14. 発表時に大きな注目を集めた研究でオフェルとヴィノクールは、ソヴィエトからの移住者への聞き取り調査を行い、インフォーマルな支払いでは全体の不平等にほとんど違いが出なかったことを発見した。Gur Ofer and Aaron Vinokur, "Private Sources of Income of the Soviet Union Households"（1980年にドイツのガルミッシュ・パルテンキルヒェンで行われた第2回ソヴィエト研究世界会議に提出された論文）。ハンガリーのデータも同様で、インフォーマルな所得の重要性は報告されている所得の10パーセント未満と、非社会主義国の経験と大きく変わらないことがわかっている。インフォーマル所得を含めると所得不平等は拡大するが、ごくわずかだ。しかしソ連ではよく知られたギャップがあって、いわゆる「中核的な」スラヴ系共和国ではインフォーマル所得が比較的小さかったが、コーカサス系の共和国や中央アジアではそれが大きく、全体の不平等にかなり寄与していた。Atkinson and Micklewright, *Economic Transformation in Eastern Europe*, 120–121.

15. Allen W. Wood, "Marx on Equality," in Wood, *The Free Development of Each: Studies on Freedom, Right, and Ethics in Classical German Philosophy* (Oxford: Oxford University Press, 2014), 3 ［『マルクス゠エンゲルス全集』第20巻、111ページ］に引用。

16. Friedrich Engels to August Bebel, March 18–28, 1875, in "Preface," Karl Marx, "Critique of the Gotha Program," part I (1875), in Karl Marx and Friedrich Engels, *Selected Works in Three Volumes* (Moscow: Progress, 1970), 3: 13–30. ［『マルクス゠エンゲルス全集』第34巻、110ページ］

17. Friedrich Hayek, Law, Legislation and Liberty, vol. 2, *The Mirage of Social Justice* (Chicago:

University of Chicago Press, 1978), 70. ［邦訳『ハイエク全集』第1期第10巻『自由人の政治的秩序』渡部茂訳、春秋社、2008.3、100–101ページ］

18. この点は、資本主義社会の左翼思想家からは十分に評価されないことが多い。なぜなら、彼らは資本主義的生産関係の不可避性を受け入れているので、視線は自然と改革主義に向かい、所得不平等の縮小それ自体が目標になってしまうからだ。

19. 第6章で検討したように、経済学者がクズネッツ曲線をテストするときには、社会主義国にダミー変数を導入するのが標準的な慣習で、変数はつねに有意な負の数だった。たとえば Montek Ahluwalia, "Income Distribution and Development: Some Stylized Facts," *American Economic Review* 66, no. 2 (1976): 128–135; Montek Ahluwalia, "Inequality, Poverty and Development," *Journal of Development Economics* 3 (1976): 307–342; Hartmut Kaelble and Mark Thomas, "Introduction," in *Income Distribution in Historical Perspective*, ed. Y. S. Brenner, H. Kaelble, and M. Thomas (New York: Cambridge University Press, 1991); Branko Milanovic, "Determinants of Cross-country Income Inequality: An 'Augmented' Kuznets Hypothesis," in *Equality, Participation, Transition Essays in Honour of Branko Horvat*, ed. V. Franičević and M. Uvalić, 48–79 (London: Palgrave Macmillan, 2000) を参照。

20. 王凡西（Wang Fan-Hsi）は、早くも1920年代にはそうした現金支払いが起こっていたことを書き記している。当時モスクワの学生だった王は、ドイツ共産党の指導者エルンスト・テールマンに同行してレニングラードへ出張したとき、旅程の1日ごとに1か月分の奨学金に相当する額を渡されたという（それはまた平均的な労働者の賃金に等しかった）。Fan-Hsi Wang, *Memoirs of a Chinese Revolutionary 1919–1949*, trans. with introduction by Gregor Benton (Oxford: Oxford University Press, 1980; New York: Columbia University Press, 1991), 101. ［邦訳『毛沢東思想論稿——裏切られた中国革命』寺本勉ほか訳、柘植書房新社、2022.10］

21. R.W. Davies, *The Industrialisation of Soviet Russia*, vol. 4, Crisis and Progress in the Soviet Economy, 1931–1933 (London: Palgrave Macmillan, 1996), 454.

22. Abram Bergson, *The Structure of Soviet Wages: A Study in Socialist Economics* (Cambridge, MA: Harvard University Press, 1946), Table 11, 123. ［邦訳『ソヴィエト賃銀構造論』越智元治訳、実業之日本社、1950.11、149ページ］

23. トロッキーは明確に、過剰な平準化は生産性に有害だと考えていた。彼によれば「賃金の『平等化』性格は、個人的興味を殺して生産力発展のブレーキとなった」。Leon Trotsky, *The Revolution Betrayed: What Is the Soviet Union and Where Is It Going?* trans. Max Eastman (Garden City, NY: Doubleday Doran, 1937), 112. ［邦訳『裏切られた革命』対馬忠行、西田勲訳、現代思潮社、1968.6、117ページ］しかしやや一貫性を欠くが、トロッキーは同じ本で、出来高賃金制度とスタハノフ労働者の高給が強調されていることを批判して、そのような労働者を新しい「労働貴族」（原書124ページ）と書き記している。［『裏切られた革命』130ページ］

第7章 冷戦期

24. Joseph V. Stalin, "New Conditions—New Tasks in Economic Construction: Speech Delivered at a Conference of Business Executives June 23, 1931," in J. V. Stalin, *Works*, vol. 13 (Moscow: Foreign Languages Publishing, 1954), 58–59. ［邦訳『スターリン全集』スターリン全集刊行会訳、大月書店、1953–1954、第13巻、77ページ］

25. たとえばソヴィエト連邦では、全労働者の賃金の十分位比が1956年の4.4から1968年には2.86（最小ポイント）まで下がり、それ以後はやや増加して1976年に3.35となっている。Rabkina and Rimashevskaya (1978), cited in Atkinson and Micklewright, *Economic Transformation in Eastern Europe*, Table UE2 に引用。

26. 社会主義の下での「新たな［支配］階級」という考えは、実際の共産主義革命よりも古い。パレートは19世紀の末に予見していた（第5章参照）。早くも1923年には、労働反対派（多数派であるボルシェヴィキの内部派閥で、のちにスターリンに粛清される）の宣言が「われわれはプロレタリアートの権力が堅固な塹壕に囲まれた小集団へと変容する危険に直面している。その原動力は、政治的経済的権力をその手にとどめようとする共通の意思である」としている。E. H. Carr, *A History of Soviet Russia*, vol. 4, *The Interregnum* (New York: Macmillan, 1954), 277. こうした表現は増えたものの、資本主義の下での資本所有者と違い、新たな支配階級の権力の源泉という問題について、そしてそれがそもそも階級なのかどうかという疑問については、すべての批評家が同意しているわけではない。

27. ヴェソラウスキは「発達した社会主義社会では、階級は（この用語のマルクス的な意味では）消滅したが、社会階層とよべるような社会的格差は残っている」と記している。Włodzimierz Wesołowski, "Social Stratification in Socialist Society (Some Theoretical Problems)," *Polish Sociological Bulletin* 15, no. 1 (1967): 22–34, 24. Originally published in French as Wesołowski, "Les notions de strate et de classe dans la société socialiste," *Sociologie du Travail* 9, no. 2 (1967): 144–164.

28. Branko Horvat, *Ogled o jugoslavenskom društvu* ［「ユーゴスラヴィア社会に関する一考察」］ (Zagreb: Mladost, 1969), 197–198. 著者による英訳より訳出。

29. Mao Tse-tung, "On the People's Democratic Dictatorship," in commemoration of the 28th anniversary of the Communist Party of China, June 30, 1949, transcription by the Maoist Documentation Project, Marxists.org, https://www.marxists.org/reference/archive/mao/selected-works/volume-4/mswv4_65.htm. ［邦訳『毛沢東選集』第4巻、外文出版社、1968 同書では「都市小ブルジョア階級」「民族的ブルジョア階級」］

30. Yuan-Li Wu, *The Economy of Communist China: An Introduction* (New York: F. A. Praeger, 1966), 76.

31. この分類は、中国の世帯調査も含めて今日まで残っている。近年ではこの調査を用いて、中国の「エリート」（人口で最も裕福な5パーセント）の構成が1988年から2013年までにどう変化したかが研究された。Li Yang, Filip Novokmet, and Branko Milanovic, "From Workers to Capitalists in Less Than Two Generations: A Study of Chinese Urban

Elite Transformation between 1988 and 2013," *British Journal of Sociology* 72, no. 3 (2021): 478–513.

32. 中央管理された中国の統計資料の構築については、すぐれた Arunabh Ghosh, *Making It Count: Statistics and Statecraft in the Early People's Republic of China* (Princeton: Princeton University Press, 2020) を参照。

33. Henry Phelps Brown, *The Inequality of Pay* (Oxford: Oxford University Press, 1977).

34. Phelps Brown, *Inequality of Pay*, 53.

35. John E. Roemer, *Equality of Opportunity* (Cambridge, MA: Harvard University Press, 1998).

36. 当初、一部の農場所有者はそのまま経営的な地位に置かれたが、それは短期的な妥協にすぎなかった。またその当時でさえ、彼らの所得は管理にともなう労働所得であって、財産所得ではなかった。

37. 集団農場化の理由づけは、いわゆる小規模農場の効率の低さで（証明はなかったが当時は広く信じられていた）、貧農や中農は自分の必要を満たすのに必要なもの以上に大幅に生産を増やそうとしないからだとされた（ロシアでは1917〜1922年の内戦で工業生産が急落し、穀物以外に諸外国と交換できるものがなかった）。

38. 憲法の第1条は、ソヴィエト連邦を「労働者と農民の社会主義国家」と定義している。J. V. Stalin, *Constitution (Fundamental Law) of the Union of Soviet Socialist Republics* (1936) (London: Red Star Press, 1978).

39. 東ヨーロッパの民間部門に関する非常に数少ない調査のひとつは、民間部門がGDPに占める割合は20〜25パーセントというのが、体制側の許容できる（資本主義に変質したり党や国家の権力に深刻な危険となったりしない）最大限だったことを示している。Anders Aslund, *Private Enterprise in Eastern Europe: The Non-Agricultural Private Sector in Poland and the GDR, 1945–83* (London: Macmillan, 1985). 中国で自由化が始まった1980年代には、民間部門の企業の従業員は8人に制限されていた。一部の中国流のマルクスの読み方によれば、これが搾取を起こさない最大限だったためである。Yang, Novokmet, and Milanovic, "From Workers to Capitalists in Less Than Two Generations."

40. György Konrád and Ivan Szelényi, *The Intellectuals on the Road to Class Power*, trans. Andrew Arato and Richard E. Allen (New York: Harcourt Brace Jovanovich, 1979)［邦訳『知識人と権力——社会主義における新たな階級の台頭』舩橋晴俊ほか訳、新曜社、1986.6］; Branko Horvat, *The Political Economy of Socialism: A Marxist Social Theory* (Armonk, NY: M. E. Sharpe, 1983).

41. 当然のことながら、ソヴィエト連邦での新たな支配階級の創造についてはもっと早くから発言があって、早くも1923年にはエマ・ゴールドマンが新しい階級について語っている。Emma Goldman, *My Disillusionment in Russia* (New York: Doubleday, Page, 1923). それ以外の多くの著者も——大半はトロツキー派だが——同意見だった。新しい社会の階

級的性格について理論的主張を初めて発表したのは、おそらくアントン・パンネクーク
とアルトゥーロ・ラブリオーラだろう。A. Pannekoek, "World Revolution and Communist"
(1920), in *Pannekoek and Gorter's Marxism*, trans. D. A. Smart (London: Pluto, 1978); and A.
Labriola, *Karl Marx, L'Economiste, Le Socialiste* (Paris: M. Rivière, 1910). ミロヴァン・ジラ
スは1950年代に「新たな階級」ということばを大衆に広めた。Milovan Djilas, *The New
Class: An Analysis of the Communist System* (New York: Frederick Praeger 1957).［邦訳『新
しい階級——共産主義制度の分析』原子林二郎訳、時事通信社、1957.10］　しかしこうし
た考えは、多くが単なるヒントか、批評家の観察したことを印象に基づいて記述しただけ
だった。彼らが一貫した枠組みを展開することはなく、トロツキー自身も、スターリン主
義を激しく批判していたにもかかわらず、ソヴィエト連邦を階級社会として性格づけるこ
とには困難を覚えていた。実際にトロツキーは、こうしたことのすべてにかかわらず、死
を迎えるまで、ソ連は労働者の国家である、たとえ堕落したものであっても、統治してい
るのは支配階級ではなく「支配層」だと主張していた。Trotsky, *The Revolution Betrayed*,
ch. 5 and 6, and esp. ch. 9.［『裏切られた革命』］　たしかに、純粋なマルクス主義の視点か
らは、これ以外の言い方は難しかった。さらに発展した理論的検討は1960年代まで待た
なければならない。

42. ソヴィエトの所得分配がまったく予期せず公表された有名な例がある。それは典型的な
対数正規分布の形をしていたので、本来なら、ふつうよりはるかに多くの情報が提供され
るはずだった。しかし問題は横軸への記載がなかったことで、そのため（たとえば）給与
が所定額（ルーブル）より低い労働者の割合を推定しようとすれば、なんらかの創造的な
推論をする必要があった。この推理小説のような作業を成功させたものとして Peter Wiles
and Stefan Markowski, "Income Distribution under Communism and Capitalism," *Soviet
Studies* (1971): Part I, vol. 22, no. 3: 344–369, Part II, vol. 22, no. 4: 487–511 がある（Atkinson
and Micklewright, *Economic Transformation in Eastern Europe*, 42–43 に引用）。

43. 「彼ら［共産党当局］が数えきれないほどの調査と豊かな蓄積データを廃棄したこと
は明らかだが、絶対的な数字が公表されることはほとんどなかった」とピーター・ワイ
ルズは述べている。Peter Wiles, *Distribution of Income: East and West* (Amsterdam: North-
Holland, 1974), 1. 理論的に考えれば、おそらく「彼ら」はそうしたデータを処分したのだ
ろうが、そのデータを政策その他に活用したという証拠はほとんどない。

44. わたしは、国家統計委員会から各共和国に送られた情報の断片をラトヴィアの統計局で
見たことがある。

45. ソヴィエト連邦は世帯調査を導入したパイオニア国のひとつだ。労働者の所得と生活条
件に関する最初の調査は1920年代に行われ、スターリン全盛期に途絶えたのち、1951年
に再開されて、それ以後は途絶えることがなかった。

46. これはソヴィエト連邦にも当てはまる。Natalia Rimashevskaya, ed., *Доходы и потреб
ление населения СССР* [「ソ連の世帯における所得と消費」] (Moscow: Statistika, 1980)
を参照。

47. Atkinson and Micklewright, *Economic Transformation in Eastern Europe.*

48. Branko Milanovic, *Income, Inequality, and Poverty during the Transition from Planned to Market Economy* (Washington, DC: World Bank, 1998).

49. Atkinson and Micklewright, *Economic Transformation in Eastern Europe; Harold Lydall, A Theory of Income Distribution* (Oxford: Clarendon Press, 1980). アトキンソンとミクルライトの著作と同様、Milanovic, *Income, Inequality, and Poverty* にも、膨大な所得分配に関する付属データが大量に含まれている。したがって、新しい研究者はこうした資料の提供するデータを用いて、さらに多くのデータ探索を比較的容易に始めることができる。この点を強調しておくことは重要だ。過去に収集されたデータは（とくにソヴィエト連邦のものは）、無関心や保管作業の資金不足、さらにはソ連時代のソフトウェアと現代のシステムとの互換性のなさといった技術的な問題によって、多くが失われてしまっているからだ。皮肉なことに、驚異的な技術発展があったにもかかわらず、あとになってみれば、紙に保存された情報のほうがはるかに耐久性は高かったのである。

50. 勇気を与えてくれる例がフィリップ・ノヴォクメトの2017年の博士論文で、そこからいくつかの雑誌掲載につながっている。ノヴォクメトは東ヨーロッパのいくつかの国について、共産主義以前の時期までさかのぼる歴史的な所得分配を研究した。とりわけ印象深いのは、ノヴォクメトが、ブルガリア、ポーランド、チェコスロヴァキアの長期的不平等の研究で、経済学と政治学を統合した点だ。Filip Novokmet, "Between Communism and Capitalism: Essays on the Evolution of Income and Wealth Inequality in Eastern Europe 1890–2015 (Czech Republic, Poland, Bulgaria, Croatia, Slovenia and Russia)," PhD diss., Paris School of Economics, 2017; Filip Novokmet, "The Long-Run Evolution of Inequality in the Czech Lands, 1898–2015," WID.World Working Paper, May 2018, https://wid.world/document/7736/.

51. Leszek Kolakowski, Main Currents of Marxism, vol. 1, *The Founders*, trans. P. S. Falla (Oxford: Clarendon Press, 1978).

52. 『資本論』の「第2版後記」でマルクスは「私利をはなれた研究に代わって金で雇われた喧嘩売りが現れ、とらわれない科学的探究に代わって弁護論の無良心と悪意とが現れた」と述べている。Karl Marx, "Afterword to the Second German Edition," Capital, vol. I, ed. Frederick Engels, trans. S. Moore and E. Aveling, rev. by Ernest Untermann according to the 4th German (1890) ed. (New York: Charles H. Kerr, Modern Library, 1906).［『マルクス＝エンゲルス全集』第23巻a、16ページ］

53. くわえて多くの経済学者が、この理論の抽象性を（第一次近似としては有用なこともあったとはいえ）現実の経済が機能するようすと融合させてしまった。その違いについてはロールズがアマルティア・センに宛てた手紙でみごとに指摘している。「それは、一般均衡理論は部分的に盲目の経済学だといっているようなものだ。理論についてはともかく、経済学者についてはそういっていいだろう。つまり、一般均衡理論を経済学のすべ

てだと考え、これを経済現象のすべてに関して満足のいく理論だと思っている経済学者については、という意味で」。John Rawls to Amartya Sen, July 28, 1981. Herrade Igersheim, "Rawls and the Economists: The (Im)possible Dialogue," *Revue économique* 73, no. 6 (2023): 1013–1037 に引用。

54. Michał Kalecki, "The Determinants of the Distribution of National Income," *Econometrica* 8, no. 2 (1938): 97–112.

55. Nicholas Kaldor, "Alternative Theories of Distribution," *Review of Economic Studies* 23 (1956): 83–100.

56. これはこうしたモデルの解釈としては少々寛大すぎる。なぜならこの種のモデルは、所得分布や教育、人種・民族、社会階層、性差などの水準の違いによって、社会的に許容される可能な行動の範囲に違いがあることを見落とすことが多いからだ。

57. 同じことは、いわゆるマクロ経済モデルの所得分配にも当てはまる。これはアギヨンとボルトンまでさかのぼれるものだ。どちらもこの本で検討している時期よりあとの人物なのだが、その複雑さにもかかわらず、新しくてかつ有効なものはそれほどもたらしていない。Philippe Aghion and Patrick Bolton, "Distribution and Growth in Models of Imperfect Capital Markets," *European Economic Review* 36 (1992): 603–621.

58. 確率論的な所得分配モデルの研究の例としては D. G. Champernowne, *The Distribution of Income between Persons* (Cambridge: Cambridge University Press, 1973); Benoit Mandelbrot, "The Pareto-Lévy Law and the Distribution of Income," *International Economic Review* 1, no. 2 (1960), 79–106; Thomas Mayer, "The Distribution of Ability and Earnings," *Review of Economics and Statistics* 42, no. 2 (1960): 189–195 などがある。

59. たとえば Christopher Bliss, *Capital Theory and the Distribution of Income* (Amsterdam: North-Holland, 1975); Piero Garegnani, "Heterogeneous Capital, the Production Function and the Theory of Distribution," *Review of Economic Studies* 37, no. 3 (1970): 407–436 を参照。

60. Quinn Slobodian, *The Globalists: The End of the Empire and the Birth of Neoliberalism* (Cambridge, MA: Harvard University Press, 2018)［邦訳『グローバリスト——帝国の終焉とネオリベラリズムの誕生』原田田津男、尹春志訳、白水社、2024.3］および Philip Mirowski, *Never Let a Serious Crisis Go to Waste: How Neoliberalism Survived the Financial Meltdown* (New York: Verso, 2013) を参照。

61. 徹底した議論については Avner Offer and Gabriel Söderberg, T*he Nobel Factor: The Prize in Economics, Social Democracy and the Market Turn* (Princeton: Princeton University Press, 2016) を参照。

62. たとえば Jane Mayer, *Dark Money: The Hidden History of the Billionaires behind the Rise of the Radical Right* (New York: Doubleday, 2016)［邦訳『ダーク・マネー——巧妙に洗脳される米国民』伏見威蕃訳、東洋経済新報者、2017.2］を参照。

63. 2011 年にアカデミー長編ドキュメンタリー映画賞を受賞した *Inside Job* は、2008 年の世

界金融危機の根源を複雑なシステムの腐敗に見出している。Charles Ferguson, dir., *Inside Job*, Berkeley, CA: Sony Pictures Classics, 2010, DVD.［邦題『インサイド・ジョブ　世界不況の知られざる真実』］

64.　Joseph Stiglitz, "Distribution of Income and Wealth among Individuals," *Econometrica* 37, no. 3 (1969): 382–397.

65.　Samir Amin, *Accumulation on the World Scale: A Critique of the Theory of Underdevelopment*, trans. Brian Pearce, 2 vols. (New York: Monthly Review Press, 1974).

66.　Alan S. Blinder, *Toward an Economic Theory of Income Distribution* (Cambridge, MA: MIT Press, 1975). アミンの本もブラインダーの本も博士論文をもとにしたもので、アミンの本は1970年にフランスで初版が出ていた。

67.　Gian Singh Sahota, "Personal Income Distribution Theories of the Mid-1970s," *Kyklos* 30, no. 4 (1977): 724–740, 731.　強調原文ママ。

68.　Sebastian Conrad, *What Is Global History?* (Princeton: Princeton University Press, 2016), 71.［邦訳『グローバル・ヒストリー──批判的歴史記述のために』小田原琳訳、岩波書店、2021.1、69ページ］

69.　ポール・サミュエルソンの『経済学』は、アメリカ合衆国と全世界で何千人という経済学者の教育に計り知れない影響力を及ぼした。Paul A. Samuelson, *Economics: An Introductory Analysis* (New York: McGraw Hill, 1948).［邦訳『経済学──入門的分析』上・下、都留重人訳、岩波書店、1971］　初期にはローリー・ターシスのテクストと競ったが、そちらはかなり急速に破れ去った。理由としては、そのアプローチがあまりにマルクス主義的だとみなされたことが大きかった。Lorie Tarshis, *Elements of Economics: An Introduction to the Theory of Price and Employment* (Boston: Houghton Mifflin, 1947).

70.　Paul Samuelson, *Economics*, 10th ed. (New York: McGraw Hill Kogakusha, 1976).［『経済学──入門的分析』下、843ページ］Samuelson's Economics, Richard G. Lipsey and Peter O. Steiner, *Economics* (New York: Harper and Row, 1966). このテーマを無視したのがサミュエルソンだけではなかったことにも留意してほしい。ヤン・ペンは、サミュエルソンの『経済学』に匹敵する新古典派の著書 Richard G. Lipsey and Peter O. Steiner, *Economics* (New York: Harper and Row, 1966) について、著者らが割いたのは「分配率についてはテクストの1ページだけで……経済学はこのテーマについてまだなにも理解していないのだと説明している」と不満を述べている。Jan Pen, *Income Distribution: Facts, Theories, Policies* (New York: Praeger, 1971), 23. Emphasis in original.

71.　Charles F. Ferguson, *The Neoclassical Theory of Production and Distribution* (London: Cambridge University Press, 1969), 235.

72.　"JEL [*Journal of Economic Literature*] Classification System / EconLit Subject De- scriptors," American Economic Association, updated February 1, 2022, https://www.aeaweb. org/econlit/ jelCodes.php. Robert E. Lucas, "The Industrial Revolution: Past and Future," Annual Report,

第7章　冷戦期

Federal Reserve Bank of Minneapolis, vol. 18 (May 2004): 5–20, https://www.minneapolisfed. org/article/2004/the-industrial-revolution-past-and-future. ルーカスの演説で驚くべきは、経済成長についても、産業革命から20世紀終わりまでに国どうしの不平等が（人口加重したものとしないものの両方が）上昇していることについても、非常に正確に述べている点だ。しかし同時に、国内不平等を無視した点も驚きだし、さらにいえば、国内不平等が（ルーカスの主たる関心事である）国の成長率に影響することへの理解が欠落している点についてはいっそう驚かされる。

73. Atkinson, "Bringing Income Distribution in from the Cold," *Economic Journal* 107, no. 441 (1997): 297–321, 299.

74. ピケティは、クズネッツは単に戦後の繁栄から過剰に影響されただけかもしれないと見ているが、クズネッツがこの偽りに関してまったく無罪というわけでもないと疑ってもいる。「ここで何が問題になっているかをみんなに理解させるため、クズネッツは聴衆に対し、自分の楽観的な予測は単に低開発国を『自由世界の軌道にとどめる』のが狙いなのだと念を押した」。ピケティの判断では「魔法のようなクズネッツ曲線理論は相当部分がまちがった理由のために構築されたものであ［る］」。Thomas Piketty, *Capital in the Twenty-First Century*, trans. Arthur Goldhammer (Cambridge, MA: Belknap Press of Harvard University Press, 2014), 14, 15.［邦訳『21世紀の資本』山形浩生、盛岡桜、森本正史訳、みすず書房、2014.12、16、17ページ］　もちろん、クズネッツが「自由」という限定詞を使って、自身の規則性が世界の資本主義経済にのみ当てはまること、社会主義革命を経験した国々では不平等がもっと突然に減少したと思われることを示していた可能性はある（第6章参照）。

75. Martin Bronfenbrenner, *Income Distribution Theory* (Chicago: Aldine-Atherton, 1971); Pen, Income Distribution.

76. James E. Meade, *The Just Economy* (Boston: G. Allen and Unwin, 1976).［邦訳『公正な経済』柴田裕、植松忠博訳、ダイヤモンド社、1980.7］

77. Anthony B. Atkinson, "On the Measurement of Inequality," *Journal of Economic Theory* 2, no. 3 (1970): 244–263.

78. Hugh Dalton, "The Measurement of the Inequality of Incomes," *Economic Journal* 30, no. 119 (1920): 348–361. *Economic Journal* 125, no. 583 (2015): 221–234に再録。

79. Anthony B. Atkinson and Andrea Brandolini, "Unveiling the Ethics behind Inequality Measurement: Dalton's Contribution to Economics," *Economic Journal* 125, no. 583 (2015): 209–234.

80. Atkinson and Micklewright, *Economic Transformation in Eastern Europe.*

81. Anthony B. Atkinson and A. J. Harrison, *Distribution of Personal Wealth in Britain* (Cambridge: Cambridge University Press, 1978); Anthony B. Atkinson, "Pareto and the Upper Tail of the Income Distribution in the UK: 1799 to the Present," *Economica* 84, no. 334 (2017):

341

129–156.

82. 税率表に関しては、イギリスには長いあいだ総所得に対する統一的な課税がなく、異なるタイプの所得に別々に課税されていた。そうした一例については、第4章でマルクスが用いた税率表を参照。

83. Anthony B. Atkinson, "Seeking to Explain the Distribution of Income," Working Paper 106, Welfare State Programme, London School of Economics, September 1994; and especially Atkinson, "Bringing Income Distribution in from the Cold."

84. Atkinson, "Bringing Income Distribution in from the Cold," 312.

85. James E. Meade, "Factors Determining the Distribution of Property," in *Income and Wealth Inequality*, ed. Anthony B. Atkinson (Harmondsworth: Penguin, 1973), 298 を参照。

86. さまざまな利率、労働所得と資本所得の比率、そして最も顕著なのは「消費するか資産を増やすかについての消費単位の嗜好および選好を決定する諸要因」。Milton Friedman, *A Theory of the Consumption Function* (Princeton: Princeton University Press, 1957), 25.〔邦訳『消費の経済理論』宮川公男、今井賢一共訳、巌松堂出版、1961.2、46ページ〕

87. Stiglitz, "Distribution of Income and Wealth among Individuals."

88. 富のギャップが縮小するのは、どちらの階級も同じ賃金所得があり、賃金所得からの貯蓄率が同じだと仮定されているからだ。もし2つの階級で賃金が異なれば、あるいは賃金からの貯蓄率が異なれば、あるいは賃金からの貯蓄がゼロだった場合にも、不平等は増大するか、同じままになる。

89. この点はミードが "Factors Determining the Distribution of Property," 297 で言及している。

90. 実際にスティグリッツは自身のモデルで似たようなことをしていて、貧困層が富裕層から借り入れることを認めている。Stiglitz, "Distribution of Income and Wealth among Individuals." このメカニズムはずっと後年になって2008年金融危機の説明としてさらに発展し、実証的かつ理論的にはるかに詳細なものとなった。Atif Mian, Ludwig Straub, and Amir Sufi, "What Explains the Decline in r*? Rising Income Inequality versus Demographic Shifts," Working Paper 2021-10, Becker Friedman Institute for Economics, University of Chicago, September 2021, https://bfi.uchicago.edu/wp-content/uploads/2021/09/BFI_WP_2021-104.pdf.

91. この割合は、第二次世界大戦から2008年の世界金融危機までの時期を通じて驚くほど安定していた。Edward N. Wolff, *A Century of Wealth in America* (Cambridge, MA: Harvard University Press, 2017); Edward N. Wolff, "Household Wealth Trends in the United States, 1962–2016: Has Middle Class Wealth Recovered?" NBER Working Paper 24085, National Bureau of Economic Research, November 2017; Moritz Kuhn, Moritz Schularick, and Ulrike Steins, "Income and Wealth Inequality in America, 1949– 2016," *Journal of Political Economy* 128, no. 9 (2020): 3469–3519.

第7章　冷戦期

92. 個々の資産クラスそれぞれについて見ると、所有者のトップ10パーセントは必ずしも同じ人びとではない。しかし総資産に基づく証拠は、やはりトップ10パーセントが全金融資産の90パーセントを所有していることを、また、ある資産クラスの富裕者と別の資産クラスの富裕者との相関が非常に強いことを示している。

93. Daniel Waldenström, "Wealth and History: An Update," IFN Working Paper No. 1411, Research Institute of Industrial Economics, Stockholm, October 14, 2021, https://www .ifn.se/media/442pkvuk/wp1411.pdf.

94. Kuhn, Schularick, and Steins, "Income and Wealth Inequality in America," 3489, Fig. 5B.

95. アメリカ合衆国については Wolff, *A Century of Wealth in America*, 42, Table 1. ドイツについては Markus M. Grabka and Christian Westermeier, "Persistently High Wealth Inequality in Germany," *DIW Economic Bulletin* 4, no. 6 (2014).

96. Keynes, *The General Theory of Employment, Interest, and Money*, 378.［『雇用、利子および貨幣の一般理論』379ページ］

97.「支配的階級の思想はいずれの時代においても支配的思想である。ということは、社会の支配的物質的力であるところの階級は同時に社会の支配的精神的であるということである。物質的生産のための手段を意のままにしうる階級はそれと同時に精神的生産のための手段を自由にあやつることができるのであるから、そのためにまた概して言えば、精神的生産のための手段を欠く人々の思想は支配階級の思いどおりにされる状態に置かれている。支配的思想は支配的な物質的諸関係の観念的表現、思想の形をとった支配的な物質的諸関係以上のなにものでもない」Marx and Engels, "The German Ideology," in Robert C. Tucker, *The Marx–Engels Reader* 2nd ed. (New York: W. W. Norton, 1978), 172.［『マルクス＝エンゲルス全集』第3巻、42ページ］

98. これはティンバーゲンの研究にも当てはまる。ティンバーゲンはスキルプレミアムがゼロにまで下がることと、資本からの所得が最小になることの両方を信じていた。Jan Tinbergen, *Income Distribution: Analysis and Policies* (Amsterdam: North Holland, 1975). 労働分配率が国民所得の100パーセント近くになれば、資本や相続財産からの所得分布を計算することはほとんど意味をなさなくなることは明らかだ。

99. この点については、この本の草稿を読んでくれた匿名の査読者に感謝する。

100. Peter Lindert and Jeffrey Williamson, *Unequal Gains: American Growth and Inequality since 1700* (Princeton: Princeton University Press, 2016), 20. 強調引用者。

101. Anthony Barnes Atkinson, *The Economics of Inequality* (Oxford: Clarendon Press, 1975).［邦訳『不平等の経済学』佐藤隆三、高川清明訳、時潮社、1981.10］

102. Atkinson, "Bringing Income Distribution in from the Cold," 311.

103. 賃金研究に関する最後の数段落は Branko Milanovic, "Basic Difference between Wage Inequality and Income Inequality Studies," blog post, Global Inequality blogspot, December 1, 2020, http://glineq.blogspot.com/2020/12/basic-difference -between-wage.html をもとにして

343

いる。

104. プロローグでふれたように、これは構造主義研究に当てはまることで、大半はラテンアメリカ諸国で行われた。実施されたさまざまなタイプの研究に社会環境が影響する例として、ラテンアメリカの経済学者は、階級と民族の両方による明確な亀裂に囲まれつつ、世界でも、ほかの地域のように米ソ対立に巻き込まれることのないところで研究していた。したがってラテンアメリカの著者らには、所得不平等を研究して疑問を投げかける「自由」がはるかに大きかった。しかしこのセクションでは主として従属理論を取り上げている。これは構造主義と近い「親戚」だが学派は異なる。構造主義についてもっと多くの知識を有する人なら、わたしができると感じる以上に多くの分析に紙面を割くのではないだろうか。

105. トロツキーがのちにこの議論を要約しているように「歴史的立ちおくれの特権は──かかる特権が事実存在する──一連の中間的段階全体を飛びこえ、すでに用意されているものはすべて特定の日付に先んじて採用することを許し、それどころか、むしろそうすることを余儀なくさせる」Leon Trotsky, *The History of the Russian Revolution*, trans. Max Eastman (Chicago: Haymarket, 2008), 4. ［邦訳『帝政の顛落』山西英一訳、弘文堂、1950.10.11、上巻、20ページ］

106. P. H. H. Vries, *Escaping Poverty: The Origins of Modern Economic Growth* (Göttingen: V&R Unipress, 2013), 89. 強調原文ママ。

107. Arghiri Emmanuel, *Unequal Exchange: A Study of the Imperialism of Trade* (New York: Monthly Review Press, 1972).［邦訳『世界的規模における資本蓄積』拓殖書房、1979.3］

108. Amin, *Accumulation on the World Scale.*

109. Samir Amin, *Accumulation à l'échelle mondiale* (Paris: Editions 10/18, 1974), 1: 464.［『世界的規模における資本蓄積』第2分冊、184ページ、一部改］

110. 半世紀後に人気となるトップ層の占有率を扱う文献では、トップ1パーセントの所得占有率が5分の1を超えると過剰な不平等だと考えられている。たとえば Thomas Piketty, *Capital in the Twenty-First Century*［邦訳『21世紀の資本』］を参照。

111. ほほどの視点から見ても、これはAnthony Brewer, *Marxist Theories of Imperialism: A Critical Survey*, 2nd ed. (London: Routledge, 1990), 198［邦訳『世界経済とマルクス経済学』渋谷将、一井昭訳、中央大学出版部、1991.4、233ページ］で主張されているような「袋小路」ではない。その袋小路が不平等に関する視点を変えてくれたのだ。

112. Brewer, *Marxist Theories of Imperialism*, 164.［『世界経済とマルクス経済学』193ページ］この用語によってフランクの意味したことを詳しく知るには André Gunder Frank, "The Development of Underdevelopment," *Monthly Review* 18, no. 4 (1966): 17–31を参照。

344

エピローグ──新しい始まり

　不平等の研究は21世紀の初めの10年で爆発的に広がったが、そこにはいくつかの客観的ないし外部的な理由があった。冷戦経済学が強要した無階級性と「合理的経済主体」という拘束衣が破られた。研究が自由になってきたのは、30年にわたって増大を続けていた所得不平等が明白になってきた頃のことだ。世界はひとつの時代を終えようとしていた。当時、ウォール街の裕福な銀行家たちはアラン・グリーンスパン──1987年から1996年まで10年近くにわたってレーガン、ブッシュ・シニア、クリントンと3つの政権でFRB（連邦準備制度理事会）議長を務めた「偉大な仲介者」──を祝福し、数千ドルをかけて、彼の肖像をマーサズ・ヴィンヤードやケープコッドの家々に飾っていた[1]。しかし同時に、アメリカの中間層は苦しんでいた。最低賃金は価格調整ベースで1968年の水準以下まで低下した。中間層の所得停滞をカバーしたのは借金の容易さ（富裕層が「運用先」を求めて自由な金融資本の総額を増やしたため）と、住宅購入の容易さだった。住宅は昔から中流生活の夢だったが、それが、安定した仕事や頭金の用意のない者にまで簡単に買えるようになった。こうしてアメリカ中間層の消費は拡大し、適度な繁栄を示唆していたが、その一方で、基盤となる実質所得は停滞していた。

　2007年から2008年の金融危機によって、そうした所得の動きと消費の動きとの不均衡が露わになった。借金は返済しなければならないし住宅ローンの支払いもある。しかしそのための所得はまったくない。多くの人びとが銀行から差し押さえを受け、家を失った[2]。クレジットカードやその他の借金の利息をいつまでも先延ばしにはできない。要するに、アメリカ合衆国をはじめとする豊かな世界の中間層は、過去30年の繁栄だと思っていたものが幻だったこ

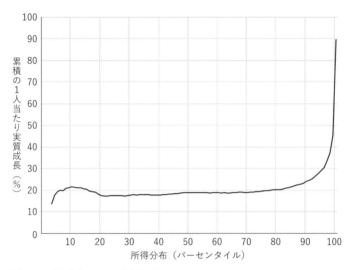

図E.1　合衆国の所得分布のさまざまなポイントで
　　　　1人当たりの課税後実質所得が増加した割合（1986～2007年の累積成長）

データソース：LIS Cross-National Data in Luxembourg; Current Population Survey (CPS), US Census Bureau より算出。

とを理解したのだ。しかしトップ稼得者、とりわけ抗議運動で槍玉に上がった「1パーセント」の繁栄は幻ではなかった。人口のこの部分はたしかにうまくやった。図E.1はアメリカ合衆国の成長発生曲線を示したもので、1986年から2007年までに、アメリカの所得分布のさまざまなポイントで累積の実質所得がどれだけ増加したかを表している。人口の85パーセントの所得は20年間ほぼ同じ20パーセントずつ増加した（平均すると年間1パーセント弱の成長率になる）。しかし同じ時期の人口のトップ15パーセントを見ると、パーセンタイルが上へ行くほど成長率が高くなっているのがわかる。トップ1パーセントの実質の累積成長は90パーセントで、アメリカの大半の人びとの4倍半もある。そのうえ、多くの「騙された」貧困層や中間層からすれば、アメリカの成長の主たる受益者である富裕層こそが、無謀な貸し付けによる危機を生み出したように思えた。結局のところ、トップ稼得者は金融危機までの20年間たいへんな速さで所得を増やしたばかりか、自ら危機を加速していた。しかもそのうえ、

エピローグ

銀行の救済に納税者が貢献してくれたおかげで、自分たちは危機の影響から免れたのだった。

　まったく突然に、これは不当だと認識された。わたしは、金融危機のときのこの認識こそが、それまで背景に漂っていた不平等というトピックを人びとの意識の前面に引き戻したのだと考えている。金融危機がこのトピックに正当性を与えた。不平等という、かつてはいくばくかの沈黙と恐怖心を呼び起こすだけだった用語が、広範かつ公然と用いられ始めた。

　このように、所得分配についての大衆的な関心が復活したきっかけは、いま見たような「客観的な」展開だったが、それをさらに強めたのは、ほぼ同時期に出版された、所得不平等に関する驚異的な調査研究だった。そうした研究と所得分配への突然の関心との本当の関係を測定するのは難しいが、きっと互いに強化し合っていたのだろう。もし不平等への一般的な関心が以前と同じ（低い）レベルにとどまっていたら、不平等研究のこの新しい波は、さして注目されないままに萎んでいたかもしれない。しかし実際はその逆で、そうした著作は国際的なベストセラーとなった。

　不平等研究には、少なくとも向こう半世紀にわたって経済学の専門家と社会学者に影響を与えると思えるほど驚異的な展開が3つ起こっている。この3つはすべて2000年代初めの目まぐるしい時期に始まったものだ。その第一は、トマ・ピケティによる富裕国での長期的な不平等の流れに関する研究だ。これを見事に要約しているのがピケティによる$r>g$という公式で、これは、ある経済の利潤率はその経済の成長率より大きいことを意味している。第二は動的な社会構成表が作られるようになったことで、これによって、財務データも世帯所得調査も存在していなかった時代まで、所得分配の知識が拡張された。そして第三が、新しい研究分野としてのグローバルな不平等研究が導入されたことだ。今はまだ、この3つの流れのどれもが始まったばかりで、わたしはこれからの数十年で、物議を醸すような展開、成功する展開が数多く見られると期待している。そのどれもが、この本を締めくくるにあたって、簡単にでも説明しておくだけの価値があるものだ。

ピケティの貢献

　2014年、トマ・ピケティの『21世紀の資本』の英語版が国際的なベストセラーになった[3]。おそらく経済学書では史上最高の初年度売り上げだっただろう。それも驚異的だが、話はそれだけではない。これまでも多くの書籍がベストセラーになってはすぐに忘れられていった。しかしこれはその例に当てはまらないだろう。理由は、ピケティが自身の研究課題をいくつかの有望な方向へ拡張したことと、彼が不平等の新しい見方——広範な読者へのアピールとは独立した重要性のある新しい理論——を提出したことだ。この両方の理由から、将来の経済学者は『21世紀の資本』を、1936年に出版されたケインズの『雇用、利子、貨幣の一般理論』以来の最も大きな影響力をもった本とみなすようになるだろう[4]。

　ピケティは初め、19世紀以降のフランスの不平等を研究していて、それが以前の著作『格差と再分配』の主要テーマだったのだが、のちにこの研究をアメリカ合衆国、ドイツ、イギリスへと拡張した。そうして構築したのが「所得分配の政治理論」とでもよべるものだった[5]。この理論によれば、資本が生み出す不平等は、そのままにしておくと増大を続ける。理由は、資本収益が（その大半は富裕層が受け取るのだが）つねに平均所得の成長を上回るためで、この傾向をピケティは $r > g$ と要約している。この止めどない不平等の増大を妨害ないし逆転するのは外的なイベントのみで、たとえば経済危機、戦争、ハイパーインフレーション期、政治的決断（増税など）ということになる。この理論の長所や短所については別のところで論じているので、ここで繰り返すことはしない[6]。ここで大切なのは、ピケティの研究が新しい見方を表すものであり、多くの隠れた意味合いを孕んでいたことだ。したがって、膨大な実証文献と理論文献が生み出されたのも驚くことではない。

　さらにピケティは、それまでほとんど誰もしてこなかった生産理論と分配理論の統合を試みた。資本収益は歴史的に年間5パーセント前後で安定しているとピケティは考えていて、これは経済の成長率（平均的な人物の所得成長の代用）を上回っているため、不平等が拡大する。実際には、所得分布のトップにいる資本家は r パーセントの所得増加分を受け取るが、これは平均的な人物の

エピローグ

所得成長率（g）より大きいので、富裕層と中間層とのギャップが大きくなる。また、資本家は自身の資本所得の一部または全部を投資に回すので、GDPに対する資本ストックの比率（ピケティのβ）が増加する。しかしβが大きくなって生産の資本集約化が進むと、総GDPに占める資本所得の割合（ピケティのa）も増加する。すると、資本の大半が富裕層のものだということを考えれば、所得不平等はさらにひどくなる。こうして悪循環が起こって不平等は拡大を続ける。もちろん、資本の集約度が高まるにつれて利潤率が下がってくるのなら（もしrが傾向的に低下するのなら）、資本分配率aは上がらない。しかしピケティは、歴史を通じて資本収益率が相対的に固定されていることを指摘して、これを否定する*。

　こうしてわたしたちは、ピケティのなかでマルクスの考えと一部再会したわけだが、まとめ方はだいぶ違っている。マルクスのように、ピケティも資本分配率は徐々に下がっていくと考えているのだが、資本の収益率が下がっていくというマルクスの予言は否定する。すると明らかなように、もし生産の資本集約度が永遠に上昇してrが下がらなければ、そのシステムは最終的に持続不可能な状況へと移行し、すべての所得を資本所有者が受け取ることになる。しかしそういうことは起こらない。なぜなら戦争やハイパーインフレーション期のような「予防的チェック」が資本を物理的に、あるいは債権者からの略奪によって、破壊するからだ。そうしたチェックによって資本ストックが縮小するたびに、資本家は、永遠に山頂に大岩を押し上げなければならないシジフォスのように、ふたたび支配的な地位を手に入れる仕事に戻っていく。これは戦争のような災厄がなければ成功するのだろうが、富や高所得への課税によって仕事が遅れる可能性もある。

　こうしたダイナミクスを概観することで、ピケティはまったく新しい、説得力のある主張を提出した。それは、資本主義の平和的な発展はこの制度の機能停止につながるというもので、理由は（マルクスが考えたように）利潤率が崩壊

---

*　生産機能の視点からいえば、K/L比が増加してもrがほぼ固定されているとするためには、資本と労働とのあいだに高い（統一性よりも大きい）代替弾力性が必要になる。つまり資本量の増大は、収益率と資本家が総所得増加に占める割合をそれほどは（ピケティの極端なケースではまったく）押し下げないということだ。

してゼロになり、資本家が投資を諦めるからではなく、資本家が最後には社会の全生産物を所有するようになってしまい、社会的に持続不可能な状況になるからという、まったく逆の理由からだった。マルクスの見方では、階級としての資本家は成功できなくなって失敗する。ピケティの見方では、資本家は成功しすぎて失敗する。マルクスの見方では、資本家は互いとの競争を通じて生産コストを下げていくため、利潤が削られていく。ケインズの表現を使うなら、不労所得生活者の安楽死が起こることになる。対照的にピケティの見方では、資本家は途方もなく成功する。どんどん資本を蓄積するが、その豊かになった資本の収益率はなぜか下がらない。最後には、彼らはすべてを所有するようになる。しかしそうなれば、農民の熊手によるものか、途方もない課税によるものかはわからないが、必ず革命が起こる。

　ピケティの成功は、クズネッツ以後では初めて、経済学者に、所得分配を決定する力についての代替理論を提出したところにある。もし今日の光景について調査したら、資本主義での所得分配について、3つの理論がテーブルに並ぶだろう。第一はマルクスの理論だ。この理論では、資本所有の集中度の高まりと利潤率の低下が、最終的にはゼロ投資を通じた資本主義の死へつながる。第二はクズネッツ仮説で、これは不平等の波が初めは高まり、やがて下がってくるとする——もしくはわたしが述べているように連続波形になる[7]。こうした波は、最初の段階では技術革新によって動き（上昇）、次の第二段階（下降）では、技術レントの消滅、資本の増大による利益率の低下、社会移転の要求増大とそれによる高課税などが特徴となる。そして第三が、いま述べている、束縛のない資本主義についてのピケティの理論だ。この理論では、資本主義をなにもせずに放っておくと不変の利益率が維持されるので、トップ稼得者の資本所得の割合が増加して、ついには社会の全生産物を飲み込む恐れが出てくる。そうなると政治的な対応によってしか、そうした結果を防止することはできない。したがって、ピケティが再分配の政治について、また（次作の『資本とイデオロギー』でのように）高水準の不平等を正当化するイデオロギーか、またはそれを制限しようとするイデオロギーについて重ねて強調していたのも、驚くことではない[8]。

　このように、今のわたしたちは驚くほど恵まれた立場にある。不平等に関し

て無限とも思える大量のデータがあり、資本主義の下での不平等の変化について、相対的に明確な理論が3つあって、どれもが実証的に検証可能だからだ。

社会構成表

21世紀の最初の20年で2番目の驚くべき展開は、歴史的、記録文書的なソースの効果的な利用だ。当然のことながら、そうしたものはずっと前からあったのだが、デジタル化とコンピュータを使った大量のデータ処理という新しい能力のおかげで、日の目を見ることになった。これによって多くの国の社会構造の調査、ひいては不平等の調査が始まり、職業所得に関するデータや多様な社会階級の所得の推定値が保存され、場所を特定できるようになっている。こうした研究は急速に拡大している。ピケティの（財務データに基づいた）研究が20世紀、つまりは先進国が個人課税を導入した時期以後の発展に光を当てたのに対して、さまざまな社会構成表はもっと深いところ、商業革命や中世、さらにはそれより前の時代まで掘り下げることを可能にしてくれる。

各種の社会構成表の重要性を理解するためにわかっておかなければならないのは、多くの国ではまだ財務データも課税データもないこと、ある場合でも、データが言及するのは所得分布の最上位層のみだということだ。これは、直接税の対象となるのは富裕層のみだからで、納税に関する標準情報に表示されるのはそのようなデータだけなのだ。それ以外の全員については、直接税は源泉徴収されて賃金から自動的に引き去られるか、貧しい国の多くの人びとのように、まったく課税対象として評価されないかだ。たとえばインドでは、直接税を払って財務集計に上がってくるのは全世帯の7パーセントだけだし、ロシアや中国では1パーセントもいない。こうした国々の現在については、唯一の完全なデータは世帯調査からのもので、過去については社会構成表になる——それも構築できれば、の話だが。

動的な社会構成表の利用についてはいくつか特筆すべき展開があった（わたしが「動的な」という語を適用しているのは、賃金、資本所得などに関する追加情報を含めることで、それぞれ所定の年について階級ないし職業カテゴリーという観点で同等または類似したものを結びつけた社会構成表だ）。ピーター・リンダートとジェフリー・ウィリアムソンはイングランド／イギリスの社会構成表を活用、調和さ

せたパイオニアで、最初はグレゴリー・キングによる有名な1688年に関する社会構成表から始まっている。第7章でふれたように、リンダートとウィリアムソンは1774年から1870年のアメリカ合衆国に関する最初の社会構成表も作成している。したがって、アメリカ合衆国の所得分配に関する最初の、統合された長期的研究を生み出したことにもなる[9]。さらに近年は、ロバート・アレンがイングランド／イギリスの社会構成表を標準化し、多数で多様な社会階級をいくつかの主要階級のみに圧縮した[10]（この本の第2章から第4章ではこれを、リンダートとウィリアムソンの再編したイングランドの社会構成表と合わせて使用している）。同様の社会構成表はフランスについても作られた（第4章のモリソンとスナイダーによる社会構成表を参照）[11]。さらに非常に重要なことだが、ハビエル・ロドリゲス・ウェーベル（1850～2009年のチリ）、ディエゴ・カスタニェーダとエリク・ベングトソン（1895～1940年のメキシコ）、マリア・ゴメス・レオンとヘルマン・デ・ヨング（1900～1950年のドイツおよびイギリス）による近年の研究によって、きわめて価値の高い長期的な所得分配が、こうした国々についてももたらされた[12]。フィリップ・ノヴォクメトは同じことをチェコスロヴァキア、ポーランド、ブルガリアについて行った[13]。同様に、ミコライ・マリノウスキとヤン・ルイテン・ファン・ザンデンもほんの10年前に、ポーランドについて、資本主義以前の不平等に関するわたしたちの知識を大幅に押し広げた[14]。フィリップ・エルフルトも、統一前のプロイセンと1848年革命直前のバイエルンについて、同様の知識をもたらしてくれた[15]。こうした研究は、彼らが研究している国々の経済史、社会史を開拓するとともに、ほかの経済学者や社会学者、政治学者に、計り知れない価値のある仮説とデータの源泉を提供するものとなっている。

　わたしの考えでは、こうした動的な社会構成表が増えてきて、さらに細かい時間間隔で作成され、カバーする国の数が増えてくるようになれば、間違いなく、資本主義以前および資本主義初期の経済に関する知識は様変わりするだろうし、そうした社会の社会構造について、以前には不可能だったような見方が可能になるだろう。この分野でとりわけ有望なのは中国（膨大な未使用の記録文書ソースがある）、日本、オスマントルコ、ロシアに関する追加研究だろう。

　この研究は、実証的調査と対象期間の拡張が組み合わさるうえ、政治的社会

エピローグ

的要素も導入する。これは不平等、政治、政治経済学の研究をどのように統合できるかを示すものだ。いいかえれば、社会に埋め込まれたものとして不平等を扱うということになる。

グローバルな不平等

第三の非常に有望な展開は、グローバルな不平等に関する研究だ。こうした調査を実証的に行うことは、大半の国が定期的な世帯調査を実施しないかぎり不可能だし（世帯調査は全国的な分配について最善の、もしくは唯一の、詳細な情報源だ）、異なる国での物価水準を比較できることも必須の条件だ。しかし、どちらの実証面での障害も、過去30年で克服されてきた。第一の問題は中国とソ連、そしてソヴィエト離脱後の国々で世帯調査のデータの共有が始まり、多くのアフリカ諸国でも定期的な調査が実施されるようになったことで解決された。現時点で、国全体のようすを表す世帯調査は世界人口の90パーセント以上、世界の経済算出高のほぼ95パーセントをカバーしている*。すべての国が毎年調査を行っているわけではないが、研究者は比較的短い間隔（3年ごと、5年ごとなど）の基準年を使って作業することができる。これは1980年代の状況とはまったく違っていて、当時は中国やソ連の各共和国、アフリカの大半についてはデータがまったく存在しないか、あっても利用できなかった。

同時に第二の障害も、世界銀行の国際比較プログラムによってかつてなく広い視野と正確な情報が提供されたことで、ほぼ克服されている。このプログラムを使えば各国の価格水準を比較できるので、世界での本当の生活水準を評価することができる[16]。さらに詳しい国内物価情報が利用できるようになれば、これはいっそう改良されるだろう。そうなれば、たとえば研究者が中国の異なる地方での物価水準を区別することも（したがって本当の生活状態をさらに正確に推定することも）可能になるはずだ。現在は、中国とインドの物価水準は都市

---

*　しかし、ここでふれておかなければならないのだが、世帯の所得調査を実施していない国や公開していない国には、貧しい国や内戦中の国が多い。したがって、世界人口のうち最も貧しい約10パーセントの人びととは、わたしたちの統計には含まれていない。これは明らかに、グローバルな不平等およびグローバルな貧困の両方の推定にとって下降バイアスとなる。

353

部と農村地域の区別しかないし、ほかの多くの国では、全国的な平均物価水準だけを使って名目所得を調整している。

いくら重要だとはいえ、実証的研究は必要な最初の一歩にすぎない。しかしうまくいけば、これはグローバルな所得分配のなかにグローバルな歴史が浮かび上がり、反映されるものとなっていくだろう。なぜならグローバルな所得データには、大分岐、植民地化、奴隷化、脱植民地化、成功・失敗の成長エピソード、各国の経済的政治的な台頭と没落に関するすべてのナラティブが含まれていることが明らかだからだ。こうした歴史はすべて、明白な理由から、世界各地の人びとが受け取っている所得に反映している。大国のデータを検証すれば、たとえば大躍進政策や文化大革命の時期に中国の1人当たり所得が減少し（中国の人びとが貧しくなったことで）グローバルな不平等への中国の寄与が高まったこと、それによってグローバルなジニ係数がなんと2ポイント近くも押し上げられた経緯が見えてくる。あるいは1980年代初め以後の急速な成長が（とりわけ、所定の1人当たり成長率で見て中国が相対的に貧しい国だった時期に）どれほどグローバルな不平等が縮小したかも理解できる[17]。そうした時期の終わりにあたる現在、中国の平均所得は世界の平均所得を上回っているし、それも、ほかにグローバルな不平等削減のエンジンであるインドやアフリカに追い越されるかもしれない。

グローバルな不平等に関するナラティブ、異なる国や階級間での所得の地位の入れ替えに関するナラティブは、まだデータから解きほぐされてはいない。しかしデータはすでにあるし、こうしたグローバルなナラティブを考案しようとする初めての試みも、いくつかはすでにある。経済学にとどまらない、広範な社会科学の一環としてグローバルな所得分配のナラティブに光を当てた新しい著作を見ると、心が励まされる[18]。理想をいえば、グローバルな所得分配に関する実証的研究が、アナール派を特徴づける広範でグローバルなナラティブや、とりわけフェルナン・ブローデルやポール・ベロックの研究、さらには世界のシステム理論家の研究と組み合わさってほしい[19]。だからこそ、この前の章でわたしは、ネオ・マルクス主義者が（体系的な）国どうしの不平等と国内の不平等を結びつけたことはきわめて重要だと述べたのだ。

わたしは、ここで思い描いている研究で3つのレベルの理解が完全に統合さ

れることを期待している。第一は国家間の不平等で、これは国家間の（政治的
経済的支配や植民地化などを含めた）力関係に影響する。第二は国内の不平等で、
これは逆に、従属理論の見方のように、不均等な国際的力関係の維持によって
決定されるとともに、それを促進する（ただし国内の階級やその他の亀裂にも反応
する）。そして第三が、世界の市民のあいだでのグローバルな不平等で、そこ
はこうした視点のすべてが屈折する場となる。

　また、グローバリゼーションの力がグローバルエリートを生み出し、たとえ
ば富裕なアメリカ人の一部が富裕な中国人の一部と入れ替わる可能性も認めな
ければならない。ただし、彼らがグローバルな所得分布のトップから滑り落ち
ても、国家間や国内の不平等に大きな影響を及ぼすことはないだろう。グロー
バルなトップ層は国民国家とは別のレベルで動いているからだ。もし現在のグ
ローバリゼーションが最初のグローバルエリートを作り出すと予想するなら―
―そうなるはずだ――社会科学に携わる者は新たな問いに取り組む準備をしな
ければならない。そのようなグローバルエリートの（あるいはもし作られるなら
グローバル中間層の）登場は国際関係にどのような意味をもつのだろうか。民主
制についてはどうだろう。腐敗や課税に対しては？　こうした問いはまったく
新しい問いになる。伝統的な社会科学は、つねに国民国家を単位として取り上
げ、そこで大半の政治的・社会的競争や発展が起こるとしてきたから、このよ
うな研究をしてきていない。予測するどころか、想像すらしてこなかったのだ
から。

原注

1. Ben White, "Student Finds a Market for Greenspan Portraits," *Cape Cod Times*, August 16, 2005, https://www.capecodtimes.com/story/business/2005/08/16/student-finds-market-for-greenspan/50902672007/.

2. 2008年のアメリカ合衆国での担保権執行件数（すべての居住単位の1.8パーセント）は、金融危機前の2006年（0.6パーセント）の3倍になった。"Minorities, Immigrants, and Home Ownership: Through Boom or Bust, Part 5: Foreclosures in the U.S. in 2008," Pew Research Center Report, May 12, 2009, https://www.pewresearch.org/hispanic /2009/05/12/ v-foreclosures-in-the-u-s-in-2008/ を参照。

3. Thomas Piketty, *Capital in the Twenty-First Century* (Cambridge, MA: Belknap Press of Harvard University Press, 2014). ［邦訳『21世紀の資本』山形浩生、盛岡桜、森本正史訳、みすず書房、2014.12］

4. John Maynard Keynes, *The General Theory of Employment, Interest, and Money* (London: Palgrave Macmillan, 1936). ［邦訳『雇用、利子および貨幣の一般理論』塩野谷祐一訳、東洋経済新報社、1983.12］

5. Thomas Piketty, *Top Incomes in France in the Twentieth Century: Inequality and Redistribution, 1901–1998* (Cambridge, MA: Belknap Press of Harvard University Press, 2018). ［邦訳『格差と再分配——20世紀フランスの資本』山本知子ほか訳、早川書房、2016.9］

6. Branko Milanovic, "The Return of 'Patrimonial Capitalism': Review of Thomas Piketty's Capital in the 21st Century," *Journal of Economic Literature*, 52, no. 2 (2014): 519–534.

7. Branko Milanovic, *Global Inequality: A New Approach for the Age of Globalization* (Cambridge, MA: Harvard University Press, 2016). ［邦訳『大不平等』立木勝訳、みすず書房、2017.6］

8. Thomas Piketty, *Capital and Ideology* (Cambridge, MA: Belknap Press of Harvard University Press, 2020). ［邦訳『資本とイデオロギー』山形浩生、森本正史訳、みすず書房、2023.8］

9. Peter Lindert and Jeffrey Williamson, "Reinterpreting Britain's Social Tables 1688–1911," *Explorations in Economic History* 20 (1983): 94–109; Peter Lindert and Jeffrey Williamson, *Unequal Gains: American Growth and Inequality since 1700* (Princeton, NJ: Princeton University Press, 2016).

10. Robert Allen, "Class Structure and Inequality during the Industrial Revolution: Lessons

from England's Social Tables, 1688–1867," *Economic History Review* 72, no. 1 (2019): 88–125.

11. Christian Morrisson and Wayne Snyder, "The Income Inequality of France in Historical Perspective," *European Review of Economic History* 4 (2000): 59–83.

12. Javier Rodríguez Weber, *Desarrollo y desigualdad en Chile 1850–2009: Historia de su economía política*, Centro de Investigaciones Diego Barros Arana (Santiago de Chile: Ediciones de la Dirección de Bibliotecas, Archivos y Museos, 2017), https://www.centrobarrosarana.gob.cl/622/articles-75886_archivo_01.pdf; Diego Castañeda Garza and Erik Bengtsson, "Income Inequality in Mexico 1895–1940: Industrialization, Revolution, Institutions," Lund Papers in Economic History, General Issues, no. 2020:212, Department of Economic History, Lund University, 2020, https://lup.lub.lu.se/search/files/77326250/LUPEH_212.pdf; Maria Gómez León and Herman de Jong, "Inequality in Turbulent Times: Income Distribution in Germany and Britain, 1900–50," *Economic History Review* 72, no. 3 (2018): 1073–1098.

13. Filip Novokmet, "Entre communisme et capitalisme: essais sur l'évolution des inégalités des revenues et des patrimoines en Europe de l'Est, 1890–2015" (PhD diss., Paris School of Economics, 2017).

14. Mikołaj Malinowski and Jan Luiten van Zanden, "Income and Its Distribution in Preindustrial Poland," *Cliometrica* 11, no. 3 (2017): 375–404.

15. Philipp Emanuel Erfurth, "Unequal Unification? Income Inequality and Unification in 19th Century Italy and Germany," Working Paper 46, Stone Center on Socio-Economic Inequality, Graduate Center, City University of New York, November 2021, https://stonecenter.gc.cuny.edu/research/unequal-unification-income-inequality-and-unification-in-19th-century-italy-and-germany/.

16. International Comparison Program, Development Data Group, World Bank, https://www.worldbank.org/en/programs/icp.

17. World Development Indicators databank, World Bank, https://datacatalog.worldbank.org/search/dataset/0037712/World-Development-Indicators に基づいて著者が算出。

18. Christian Olaf Christiansen and Steven Jensen, eds., *Histories of Global Inequality: New Perspectives* (Cham, Switzerland: Palgrave Macmillan, 2019).

19. たとえば Fernand Braudel, *Civilization and Capitalism, 15th–18th Century*, 3 vols., trans. Sian Reynolds (New York: Harper and Row, 1982–1984); Paul Bairoch, *Victoires et déboires*, 3 vols. (Paris: Gallimard, 1997) を参照。

謝　辞

　この本は長いあいだ「準備中」だった。ある意味では大学生になったばかりの、初めてマルクスを読んだ頃からだろう。準備の年月はリカード、スミスへと続き、所得分配への興味が深まるとともに、パレートやクズネッツへと及んだ。シュンペーターの秀逸な古典経済学研究を読んだのはこの頃で、最初は1912年初版の『経済学説と手法——ある歴史的素描』（未訳）、その次は未完の記念碑的大作『経済分析の歴史』だった。スミスとリカードに関するウェスリー・ミッチェルの議論は楽しくもあり、多くを学んだテクストだった。ケネーは少し遅くにやってきたが、これは多くの読者と同様に、その欲求不満と面白さに多くの時間をとられたためだった。

　経済学思想の歴史は今日あまり研究されないし、残念ながら、学生が古典著者の全著作を読むことはほとんどない。せいぜい、最も重要な著作から一部を選択してあたえられるくらいで、それもさらに絞り込まれてきている。おそらく、この悲しい現状を改善したいという思いからだろう、わたしは、フランス革命前から冷戦終結まで、歴史上最も影響力の大きかった経済学者が所得不平等をどのように研究してきたのか、人びとのあいだに所得不平等を生み出し、それを維持している力についてなにを考えていたのかを見てみたいと考えるようになった。

　こうした問題はこの本の全編を通して議論されているから、ここでそれ以上のことを述べる必要はない。ただ、検討している時間枠の選択については説明しておくのがいいだろう。どこから始めるかは比較的容易だった。フランソワ・ケネーは多くの面で政治経済学の始祖だ。ケネーはスミスには直接に、そしてその延長でマルクスにも影響をあたえた。さらに、革命前のフランスでの所得分配についてのケネーの見方は、社会階級が単なる経済的カテゴリーではなく法的カテゴリーでもあった社会で研究していた経済学者に、不平等がどの

359

ように映っていたかを教えてくれる。1990年代は、共産主義の崩壊と冷戦の終結を目撃するという、途方もなく重要な10年間だった。この本でも主張しているように、所得分配の研究は20世紀後半に社会主義国と資本主義国の両方で暗黒期を迎えたのだが、その要因は政治的なもの、具体的には冷戦それ自体だった。2つの体制のイデオロギー競争が終結して、ようやく不平等研究は復活するのだが、この研究が活気を取り戻した理由は、社会階級と不平等に目を向けることへのイデオロギー的な「禁制」が終わったからだけではなく、世界の大半の国で不平等が拡大していたからでもあった。したがって、所得分配に関する研究の未来は明るいとわたしは考えている——そしてこれが、この本のエピローグのテーマでもある。

　各章を執筆したのはCOVID-19パンデミックの最初の1年半で、初めはワシントンDCの自宅でほとんど隔離されながら、そのあとは不完全ながらも移動の「自由」がある状態で書いた。一方では、進行中の研究をリモートで世界の多くの人に提示することができた。そうしたセッションを以前のように個人で準備していたらずっと困難だっただろうし、コストもかかっていたに違いない。しかし他方、各回の議論や意見交換がZoom会議で終わってしまったために、直接顔を合わせていればずっと簡単に（夕食をとりながら、あるいはビールを飲みながら）出会えたはずの意見や批判を共有する機会を失ったという面もあった。

　この本を構想し発展させていくなかでは、イアン・マルコムのつねに賢明な助言から多くのものを得た。イアンは、ハーヴァード大学出版局から出した2冊を編集しくれていて、この本でも当初から編集を担当して、初稿にきわめて有用なコメントを提供してくれた。イアンはこの本の締め切りが近づく頃に出版局を離れたが、あとを引き継いだグリゴリー・トヴビからの多くのコメントも、同じように非常に価値のあるものだった。また、その秀逸かつ徹底した編集で本の質を向上させてくれたジュリア・カービィ、そして原注および脚注で、わたしの言説の多くに出典をつけるよう強く迫ってくれたアン・マグワイアにも感謝している。

　この本にきわめて注意深い批判をしてくれた2人のリーダーには特段の感謝を述べたい。彼らのコメントはすべての著者の夢だ。慎重で、内容があり、し

かし組み立てを大きく修正せずに実施できるものばかりだった。

　さまざまな章に多くの友人や同僚が快く目を通してくれた。全員から洞察に満ちたコメントを書面で受け取ったうえ、熱心に読んでくれた方からは3つ、4つの章にまでコメントをいただいた。そうした面でこの本に携わってくださった方々の名を、アルファベット順にあげておく。ケヴィン・アンダーソン、ミハイル・アランダレンコ、シャーロット・バートルズ、イングリッド・ブレイナット、ペピン・ブランドン、クリスチャン・クリスチャンセン、パスカル・コムマール、サイモン・コマンダー、アンガス・ディートン、セドリック・デュラン、フアン・グラナ、カレン・ホフマイスター、アントン・イェーガー、マックス・クラーエ、リシャバ・クマル、マイケル・ランズマン、ピーター・リンダート、ユリス・ロイキン、ボシュコ・ミヤトヴィッチ、フィリップ・ノヴォクメト、アヴネル・オファー、レアンドロ・プラドス・デ・ラ・エスコスーラ、マルコ・ラナルディ、ジェラール・ローラン、マイク・サヴェッジ、ポール・シーガル、バス・ファン・バヴェル、ヤン・ファン・クルースター、マティアス・ヴェルネンゴ、イサベラ・ヴェーバー、デーヴィッド・ウートン、ステファノ・ザマグニ。

　マルクスに関する章を報告したセミナーの主催者および参加者にも、報告会の時系列になるが、謝意を申し述べたい。マサチューセッツ大学（ボストン）、ジェノヴァ大学、グリニッジ大学、ユトレヒト大学、ブリュッセル自由大学、サン・マルティン国立大学、インディアン・エコノミー・ラブ、ウプサラ大学、バックネル大学。こうしたセミナーでは、各回で多くの価値あるコメントが生まれただけでなく、それまで知らなかったソースとの出会いがあり、マルクスについてのさまざまな解釈を提示してもらえた。こうしたことすべてのおかげで、マルクスの章は——おそらく最も手強い章だったが——大きく向上したと思う。

　ニューヨーク市立大学大学院センターおよびストーン社会経済的不平等センターでの作業では、必要な多くのソースにアクセスすることができた。また、ストーン・センターの同僚たち、とりわけセンター長のジャネット・ゴルニックが心地よい雰囲気を作ってくれたおかげで気持ちよく作業、研究することができた。

解　説

梶谷　懐

著者・ブランコ・ミラノヴィッチについて

本書は、Milanovic, Branko, *Visions of Inequality: From the French Revolution to the End of the Cold War,* Harvard University Press, 2023の全訳である。

著者のブランコ・ミラノヴィッチは、世界銀行などで所得分配や不平等に関する数多くの論文やレポートを発表してきた経済学者である。これまでに『不平等について――経済学と統計が語る26の話』（村上彩訳、みすず書房、2012年）、『大不平等――エレファントカーブが予測する未来』（立木勝訳、みすず書房、2017年）など多くの著作が邦訳されており、日本でもその名はよく知られている。

前作『資本主義だけ残った――世界を制するシステムの未来』（西川美樹訳、みすず書房、2021年）では、グローバルな不平等拡大の背景にある、各国の政治経済体制における構造的問題に鋭く切り込み、邦訳が出版されると日本でも大きな話題を呼んだ。著者がいうところの、アメリカに代表されるリベラル能力資本主義と、中国に代表される政治的資本主義は、いずれも弱者を食い物にし、グローバルなバリューチェーンから利益を得ている。つまり、高度にグローバル化した資本主義が、人びとのモラルを欠いた「強欲」によって駆動され、際限なく格差を拡大させるメカニズムであることを正確に指摘し、そこからの軌道修正を読者に迫ったのである。

このことからもわかるように、ミラノヴィッチは一貫して経済・社会の不平等の問題に焦点を置いた研究を行ってきた。本書は、そんな著者が、近現代の経済学者が格差・不平等の問題をどのように論じていたのか、経済学史的なア

363

プローチをとることでその不変性と変化に注目してその点を明らかにしようとした著作である。

古典派パラダイムと新古典派パラダイム

本書の第1章から第4章までは、ケネー、スミス、リカード、そしてマルクスという古典派経済学者の言説の分析に充てられている。彼らの格差に対する姿勢をここでは「古典派パラダイム」とよんでおこう。古典派パラダイムの特徴として、第一に所得格差の問題を労働者、地主、資本家などといった「社会階層」間における格差として捉えること、第二に「経済成長」と「社会の平等」とを一種のトレードオフとして捉えることがあげられる。ちなみに、一般には重農主義者として知られているフランソワ・ケネーについて本書は、経済学では初めて経済の構成主体をいくつかの社会階層に分類してその利害対立を図式化して見せた、いわば格差問題における古典派パラダイムのパイオニアのひとりとして描いている。

さて、上記の第一の特徴の背景には、古典派経済学者が活躍した18世紀から19世紀にかけて、収入や富の水準はほぼ社会階層によって固定化されていたということがある。個人的な所得のばらつきよりも、階層間の格差のほうがはるかに大きい以上、不平等を肯定するにせよ、批判するにせよ、それは階層間の格差について論じることに他ならなかったからだ。また、第二の点に関しては、当時の労働者は基本的に生存水準ぎりぎりの状況に置かれており、賃金上昇を通じた所得向上には限界があったことと大きな関わりをもっている。なぜなら、労働者の多くが貧困にあえいでいる以上、経済成長の源泉である投資・資本蓄積の主体は資本家以外にはありえない。そうだとすると、労働者により多くの賃金を分配すれば、階層間の格差は解消に向かうものの、資本家の取り分は減るので社会全体の投資は停滞し、成長は鈍化する。逆に資本家の取り分を増やせば資本蓄積が進んで成長は促進されるが、労働者は搾取され、不平等はより深刻化する。つまり、両者のあいだには明確なトレードオフの関係が存在したわけだ。

もちろん、「国の豊かさ」とは、最大階級である労働者の生活条件と不可分だと考えたスミス、豊かさの条件として経済成長を重視し、資本家優遇を主張

したリカード、不平等の源泉である階層＝階級を根絶し、資本の社会＝国家による所有を主張したマルクスと、格差問題に対する姿勢は論者によってそれぞれ大きく異なっている。しかし、格差を階層の問題として見ること、成長と分配に緊張関係があること、という問題意識は共有されていたわけだ。

　一方、ワルラス、メンガー、ジェボンズによる「限界革命」によって生まれた新古典派経済学は、格差問題に対して、古典派パラダイムとはまったく異なる捉え方をした。それをここでは「新古典派パラダイム」とよんでおくことにしよう。本書の第5章で扱われるヴィルフレド・パレートは、あくまで個人間の格差に注目し、経済成長と格差拡大のあいだの「法則性」を分析しようとした、いわば本書においては古典派パラダイムと新古典派パラダイムを架橋する役割を果たす存在として位置づけられるだろう。

　一方でパレートは、個人間の所得分配について、国や地域、制度によって左右されない不変的な法則、すなわち、「一定の閾値以上の所得の受領者数は、その閾値が上昇するにつれて規則的に減少していく」という、いわゆる「パレートの法則」によって説明できるという考えに固執した。このことは、国家がいかなる経済制度や政策を採用していたとしても、長期的な所得配分には影響をあたえない、というインプリケーションを導くものであった。それはまた不平等の解消において、所得分配よりも、実質所得の成長をその解決手段として重視するものでもあった。所得分配の構造が制度や地域的特性によって不変であるなら、貧困層の生活水準を改善するには、同じ分配構造の下で全体の収入水準を底上げするしかないからだ。このことは「資本主義体制の下で所得分配をいくら行っても分配構造は変えられない以上、革命を起こして体制を変えるしかない」という、当時の社会主義者が暴力的な体制転換を求めて過激化していくための道筋を用意した。パレートは、ヨーロッパの社会主義者たちに対しても大きな影響力をもった学者だったからだ。

　ちなみに現在では、「パレートの法則」は、所得階層のかなり上位の人びとのあいだでしか成り立たないことが明らかになっている。以上のようなパレートの学説をめぐるエピソードは、たとえ格差を改善したいという真摯な問題意識に支えられている研究であっても、そこにしっかりとした実証的な裏づけがなければ、間違った政策的インプリケーションを導き出してしまいかねないこ

とを示すものだといえるだろう。

冷戦期における格差研究の停滞

第7章では、冷戦期の経済学における所得格差の停滞が、かなり辛辣なトーンで語られる。著者自身のことばを借りれば、冷戦期を通じて「分野としての経済学は、少なくとも現代資本主義の下での所得分配の理解については停滞か、後退さえしたといえる」（本書260ページ）。その理由として著者は、1. 冷戦時代の地政学、2. 経済学の抽象性への方向転換、そして3. 富裕層による研究への予算提供、4. 実証主義への傾倒という4つの背景をあげている。

このうち1については、主流派の新古典派経済学だけではなく、社会主義陣営にも大きな問題があったことが指摘される。冷戦期において、学者たちは共産主義と資本主義のイデオロギー的な競争に駆り立てられたが、その結果どちらの陣営においても、経済学者はその政治的な目的に奉仕させられた。そして、どちらの陣営も、自分たちの体制では格差や階級といった概念は過去のものとなり、したがって所得分配に関する研究は無意味だと主張したからだ（本書267ページ）。ミラノヴィッチは、すぐれた所得分配研究の条件として、説得力のあるナラティブ、確固とした理論的基盤、そして豊富な実証の3つが重要だと述べている。社会主義体制の下での研究において、これらの3つの条件はいずれも成立しなかった。まず、政府が掌握するデータへのアクセスが難しく、実証研究は制限された。そして社会構造が他の先進国と大きく異なるため、理論的ないし方法論的な経済学の基礎研究も発展しなかった。その帰結として、説得的なナラティブも発展しなかったのだ。

冷戦期には、明確なヴィジョンをもって主流派パラダイムを辛辣に批判した従属理論あるいはネオ・マルクス主義のような立場も存在はしたが、自らの主張を裏づけるためにデータを恣意的に用いるなど、十分な実証的裏づけをもたなかったため、影響力をもつことはなかった。とくに、中国やインドなど、長いあいだ低開発に置かれていた発展途上国がグローバル化によって目覚ましい成長を遂げたことを、従属理論のパラダイムではまったく説明することができなかった。何より発展途上国の国々の所得分配の関する持続的な実証研究が、低開発の問題に関心をもつネオ・マルクス主義の陣営から生まれなかったこと

は、格差研究にとっての不幸だったとミラノヴィッチは述べている。

　一方で、2. 経済学の抽象性への方向転換については、その責任は主に西側諸国、なかんずくアメリカの主流の新古典派経済学に帰せられる。この時期、アメリカにおける新古典派経済学は理論の抽象化が進むことで、大きな発展を遂げた。その反面、古典派パラダイムとのつながりが切れてしまい、経済の効率性の追求と、所得分配に関する規範的な探求が分裂してしまったからである。

　新古典派経済学が分配問題に関心を払わなかった理由として、社会哲学を専門とする稲葉振一郎は以下の2点をあげている（稲葉, 2016）。第一に、分配の問題と生産（資源の活用）の問題を分離するという理論的志向が、新古典派の立場をとる経済学者のあいだで所得・富の分配問題への関心を低めた点。第二に、収穫逓減の前提から生じる資本労働比率、ひいては労働生産性、生活水準の収斂の可能性の予想が、主流派経済学者のあいだで「自由な市場競争が行われていれば、全体のパイが大きくなるだけでなく、市場の歪みによって生じている分配の不平等の解消に寄与しさえする」という思想を支配的なものにした点である。

　そして3については、冷戦期の政治的な対立を背景として、とくにアメリカにおいては階級を基礎とした分析を行う左派的な経済学者がパージされたほか（マッカーシズム）、企業が行う個人や研究機関への献金は新古典派ないし保守派のシンクタンクや研究機関に集中する傾向があった。それはレーガン政権後の数十年間で億万長者が急増したことで、ますます顕著になっていったという（本書300–301ページ）。

　さらに4の実証主義については、それ自体はネガティブな現象ではないものの、それが政治的な分析の支えを失うと、現実についての非常に限られた、偏った描写に結びついてしまうとミラノヴィッチはいう。もっとも、冷戦期に行われたいくつかの例外的な格差研究は、そのような轍を踏まないよう、理論と実証と政治の統合に向けて必要な資料を提供してきた。以下でふれるクズネッツによる研究もそのひとつだ。

クズネッツとその継承者たち

　本書第6章で詳しく取り上げられるのは、所得格差と1人当たり所得との関

係が逆U字型の曲線を描くという「クズネッツカーブ」で知られるサイモン・クズネッツの研究である。クズネッツは冷戦期における格差研究に大きな足跡を残した研究者として、本書でも高い評価があたえられている。では、クズネッツとミラノヴィッチが批判してやまない他の主流派経済学者とでは、何が違っていたのだろうか。それは、彼が農村から都市へ、あるいは農業から工業へという、高度成長社会における経済構造の変化と所得格差との関連に注目し、しかもそれを動態的なイメージで捉えた点に求められよう。

クズネッツカーブは農業中心の経済が工業化する過程と密接な関わりをもつ。クズネッツカーブの上昇局面は、農村から都市へと低賃金で労働力が移動し、格差が拡大する局面に対応しているからだ。そして、不平等が非常に高い水準に達した後は、農村における低賃金労働のプールが枯渇し、都市－農村間の所得ギャップは縮小する。また、社会が豊かになると資本が増え、その資本の豊かさが収益率を押し下げ、富裕層の相対所得が減少する。さらに、より広い高齢者への年金や失業保険などの社会プログラムを享受できるようになり、それがいっそうの格差の縮小をもたらす。

ミラノヴィッチによれば、これは急速な技術変化が起きている経済全般に応用可能なメカニズムだ。成長部門への労働力移動がもたらすスキルをもつ／もたない労働者間の相対賃金のダイナミズムが、クズネッツカーブの上昇／下降局面の動きを非常にうまく説明するからだ。このようにして、クズネッツは所得不平等の運動を経済の構造転換と初めて明確に結びつけた。

クズネッツのパラダイムを継承し、所得格差研究で大きな成果を上げた研究者として、ジェフリー・G・ウィリアムソンの名前をあげておきたい。ウィリアムソンは、1935年生まれのアメリカを代表する数量経済史の第一人者である。1991年に出版され、2003年に邦訳も出された『不平等、貧困と歴史』は、産業革命以降のヨーロッパにおける長期統計を駆使しつつ、成長と格差の関係に関して綿密な分析を展開している（ウィリアムソン, 2003）。さらに、2006年の著書 *Globalization And the Poor Periphery Before 1950* では、1820年頃から第二次世界大戦が終了するまでの約130年間に生じた「グローバリゼーション」が、当時のいわゆる欧米を中心とした先進国（「中心国」）とそれ以外の地域（「周縁国」）のあいだの格差、およびそれぞれの国のなかでの所得分配にど

のような影響をあたえたのかを明快に分析している（Williamson, 2006）。ウィリアムソンの著作は経済のグローバル化と、「持てる国」と「持たざる国」という国家間の経済格差との関係をダイナミックに捉えるものであり、ある意味でその後のトマ・ピケティやミラノヴィッチとも共通する問題意識を有していたと考えられる。

　本書でも、ウィリアムソンがピーター・リンダートとともに19世紀イギリスおよびアメリカにおける動的な「社会構成表」を作成したことを高く評価している。このような社会構成表の作成は、クズネッツが先鞭をつけた所得格差の動的な変化に関する実証分析を行ううえで必要不可欠なものだからだ。このことを踏まえるなら、今後は後述するピケティによる一連の格差研究と、ウィリアムソンらの数量経済史における研究成果を橋渡しするような試みが、ますます必要になってくるのではないだろうか。

これからの新しい格差研究に向けて

　さて、本書に限らず、経済学における格差研究の復権を追求するミラノヴィッチの姿勢は、膨大な統計データをもとに、冷戦終結後の世界各国において資本の分配率が次第に上昇し、それと並行して所得格差が拡大していることを明らかにした『21世紀の資本』（みすず書房、2014年）をはじめとするトマ・ピケティの一連の仕事とも多くの共通点をもつものである。

　そのピケティは最新の成果『資本とイデオロギー』（みすず書房、2023年）のなかで、経済学者を含めた人びとの経済思想、イデオロギーと格差との「共犯関係」にメスを入れている。前近代の身分社会から現代のハイパー資本主義社会やポスト共産主義社会に至るまで、格差を正当化するイデオロギーはそれぞれの社会のなかに深く根を張ってきた。このイデオロギーの威力は非常に強固だからこそ、所得や資産などに対する累進課税をベースにした再分配政策を実施するためのゆるぎない制度を、強固な意志によって社会のなかに実装することが必要なのだと、ピケティは訴えている（ピケティ, 2023）。

　「新しい始まり」と題した本書のエピローグにおいても、ピケティの一連の試みには高い評価があたえられている。彼によれば、ピケティによる富裕国の長期的な不平等の流れに関する研究、近代以降の経済史研究における社会的構

成表の作成、そして21世紀以降の新しい研究分野であるグローバルな不平等研究という3つの研究こそ、すぐれた不平等研究に関する最近の3つの大きな潮流だという。ミラノヴィッチはこれらの成果のベースの上に、①国同士の不平等、②一国内の不平等、③市民のあいだのグローバルな不平等、という3つのレベルの不平等に関する理解を統合する必要性を説いている。そのためには、伝統的な国民国家を分析の対象としてきたこれまでの社会科学の限界を乗り越え、現状に対する新しい問いを追求する必要がある、という、若い経済学徒に向けたメッセージともとれることばで本書を締め括っている。

　最後に、本書では直接の考察の対象にはなっていないが、筆者の専門でもある中国における、格差問題とそれに対する政府の姿勢についてもふれておきたい。ミラノヴィッチは前作『資本主義だけ残った』のなかで、中国をアメリカのような「リベラル能力主義」に対比される「政治的資本主義」の典型として位置づけ、その格差拡大のメカニズムについて詳しい分析を行った。同書は、政治的資本主義の特徴として、効率的でテクノクラート的な官僚システム、官僚システムを縛る法の支配の欠如、そして民間部門を統制する自律性を備えた国家の3つをあげている。

　これらの特徴が、中国のような国家に高い成長率を約束するとともに、同時に矛盾ももたらしている。その最大のものが、高スキルをもつテクノクラートに権力が集中し、かつ彼らを縛る法の支配が十分に機能しないために、深刻な腐敗が生じやすいという点である。さらにこういった腐敗の存在は、社会の不平等の拡大と不可分に結びついている。近年の中国においても資本／労働比率の拡大は著しく、それに従って所得格差も急速に拡大していることを、同書ではピケティらの研究に依拠しつつ紹介していた。

　ではその中国政府は、国内の格差拡大に、どう対処しようとしているのか。端的にいえば、習近平国家主席を頂点とする共産党指導部が、格差の拡大に苦しむ人民の意志を代表する存在としてふるまい、腐敗した政治家や、労働者を搾取する企業に懲罰を与えることによって、人民内部の矛盾の「ガス抜き」を図ろうとしている、というのがその答えである。その象徴的な事例が、2012年11月に中国共産党総書記に就任した習近平氏が、その後に行った「反腐敗キャンペーン」だろう。2013年1月に開催された第18期中央紀律検査委員会

第2回全体会議において、習近平総書記は「トラ」（高級幹部）も「ハエ」（下級幹部）も一緒にたたく大規模な「反腐敗闘争」を行うと宣言、周永康・前中国共産党常務委員会委員や徐才厚・前中央軍事委員会副主席、といった「大トラ」を含む、全国で約134万人の党員が処分の対象になった。

より最近の事例としては、2020年末からのアリババやテンセントなどの大手IT企業に対する独占禁止法の適用などを通じた締め付けの強化があげられるだろう。21年夏以降、このようなIT企業への締め付けは、単なる独占禁止法の適用という枠組みを超え、「共同富裕」というスローガンを掲げた政府の再分配政策へと進化を遂げた。同年8月に開催された共産党中央財経委員会では、「共同富裕」を社会主義の本質的な要求だと位置づけ、その実現のための手段として個人や団体が自発的に寄付する「第三次分配」を提起した。これは、平等な社会を実現するために、土地や資本などの生産手段の再分配を第一次分配、税収財政支出を通じた再分配を第二次分配とし、それ以外の再分配の手段として位置づけられたものだ。この方針を受け、アリババ、およびテンセントは相次いで、2025年までに1000億元を貧困削減のために拠出することを約束した。ほぼ同時に行われた塾などの教育産業やゲーム関連企業、さらにはアイドルなどのファンクラブ（「推し活」）への締め付けも、この「共同富裕」の名目で行われたという見方が広く共有されている。

ただ、このような成長にともなう経済格差を生み出す根本的な原因の改善に手をつけることなく、一部の「目立つもの」をたたいて庶民層の怨嗟を和らげるような手法には明らかに限界がある。とくに2022年以降の不動産価格の下落にともなう経済の低迷の長期化は、蘇州および深圳における日本人学校児童の殺傷事件に象徴される、加害者が刃物を持って地下鉄、路上やショッピングセンター、学校などを襲う無差別殺傷が多発するという、人びとにこれまで経験したことがないような閉塞感と不安を与える状況をもたらしている。

近年になって大学などの研究機関で盛んに家計調査によるミクロデータの収集が進められるなど、ようやく所得格差の実証分析に必要な統計データの整備が行われつつあるとはいえ、中国の所得格差に関する実証的な研究は先進国と比べてまだ端緒についたばかりである。しかし、中国経済の動向が世界にあたえる影響力の大きさを鑑みても、また、上述のように格差が解消されないまま

経済が低迷し、社会不安が増大するという現状を踏まえても、これから中国の所得格差に関する実証的な研究を進めていくことの重要性は、いくら強調しても足りないくらいだといってよいだろう。米中の対立が深刻化するなか、かつての冷戦期のように、イデオロギーや政治的な分断によって格差研究の発展が妨げられてはならない。それが中国経済を研究する一学徒として、筆者が本書から受け取った力強いメッセージである。

参考文献

稲葉振一郎（2016）『不平等との闘い——ルソーからピケティまで』文春新書.

ウィリアムソン、ジェフリー・G.（2003）『不平等、貧困と歴史』安場保吉・水原正亨訳、ミネルヴァ書房.

ピケティ、トマ（2023）『資本とイデオロギー』山形浩生・森本正史訳、みすず書房.

吉岡桂子（2024）「日本人学校男児殺害事件——日中関係の転機か」『世界』12月号.

Williamson, Jeffrey G. 2006. *Globalization And the Poor Periphery Before 1950.* The MIT Press.

索　引

※イタリックのページは図表、ページの後ろのnは注（nの後ろの数字は原注番号、
　後ろに数字のないものは脚注）を示す。

あ行

「愛国的資本家」　283

アイルランド　103n67, 143, 204n117

アヴィネリ、シュロモ　15, 38n7, 166, 197n59,
　285

アギヨン、フィリップ　339n57

アジア　64, 67, 277, 311, 327, 333n14

アステカ帝国　27, 65

『新しい学の諸原理』（ヴィーコ）　29

アテナイの法律　210

アトキンソン、トニー　234n45, 257, 294, 306,
　309–311, 312, 314, 324, 338n49

アナール派　354

アナンド、スディール　252

アフリカ　64, 67, 230nn3-4, 310, 312, 327-
　328, 353

アミン、サミール　18, 303, 328, 331, 340n66

アメリカ合衆国　10, 107, 120, 139, 243, 300;
　での担保権執行　356n2;　のパレート定
　数　224, 225;　の不平等　20, 21, 249, 253,
　262n16;　個人的成功への3つの鍵に関す
　る受け取り　319, 320, 320;　社会構成表
　352;　成長発生曲線（1986〜2007年）　346,
　346;　長期的な不平等（1774〜2019年）
　239, 240, 240, 253;　賃金　89, 299;　トッ
　プ十分位の金融資産占有率　317, 318;　20
　世紀半ばの現代化期の不平等　242-245;
　不平等と平均所得（1774〜1929年）　243,

244, 244

アメリカ経済学会　259, 306

アリストテレス　14, 69

アルワリア、モンテク　268n28

アレン、ロバート・C　53, 72, 100n28, 129n8;
　実質賃金と　164;　社会構成表　72, 126,
　100n27, 140, 144, 352

アロン、レイモン　208, 209

アンゴラ　65

暗示的な所得分配理論　87, 90-94

アンダーソン、キース・B　39n12

アンネンコフ、パヴェル　155

イギリス　20, 28, 47, 239, 248, 326, 351;　北
　アメリカ植民地　67, 103n67;　主要3階級
　の相対所得　140, 141;　税　342n82;　第
　一次世界大戦での　120;　長期的なクズ
　ネッツ曲線（1688〜2018年）　254;　賃
　金, 162, 163;　富の不平等　59n6;　マルク
　スの時代のドイツの富と所得の不平等と
　139-146

イギリス東インド会社　67

偉大なる創造主　81

イタリア　20, 66, 84, 208, 211, 217, 297

移動民　183

イムレ、ラカトシュ　252

イングランド（イギリス）　46, 120, 130n14,
　193n17, 254;　の経済　63-65;　の2つの状
　態　121, 121;　貴族　28, 72, 74, 111, 311;
　小作農（農民）　74, 75;　最富裕1パーセ

373

ントの富の占有率（1670〜2010年） 139,
140； 実質賃金（1760〜1870年） *141*,
142, 143； ジニ係数 44, 110, *110*, 111；
社会階級の規模と相対所得 111, *111*； 社
会構成表 71, 72, 110, 129n8； 所得不平等
44, 109-113； 所得分配 186, 187, *189*；
人口 72, *73*, 112, 130n15； スコットラン
ドおよびイングランドの不平等 72-74；
賃金 88, 103n67, 163； 平均所得 45；
GDP 45, *110*

『インサイド・ジョブ』（ドキュメンタリー映
画） 301

「インターナショナル」 259

インド 65, 89, 193n16, 266, 269, 311, 326,
354； での土地の役割配置 75； の発展段
階 67； 税 351

ヴァッジ、ジャンニ 51, 58n4

ヴィーコ、ジャンバッティスタ 29

ウィッグ党（イギリス） 28

ヴィノクール、アーロン 333n14

ウィリアムソン、ジェフリー 103n67, 129n8,
243, 252, 262n16, 323, 324, 351, 352

ヴェテイク、ヘンリー 129n6

ヴェブレン、ソースタイン 81

ウェールズ 71, *73*, *111*, 143, 187, 188, *189*

ウォルフ、ニコラウス 144

ウッド、アレン・W 150

ヴリーズ、ピア 327

ウルレス、ジョルジュ 52, 58n1

エジプト 49, 303, 328, *329*

エッジワース、フランシス・イシドロ 207,
222

エディンバラでの講義（スミス、A） 99n19

エマニュエル、アルギリ 327

エリート 19, 20, 45, *50*, 51, 214-220

「エリートの周流」（社会主義およびパレート
の法則との関係） 214-220

エルフルト、フィリップ・エマニュエル 352

エンゲルス、フリードリッヒ 16, 47, 142,

191, 201n98, 203n115； イングランドの独
占について 193n17； 階級の廃止につい
て 279； カール・マルクスと 8, 27, 29,
142, 262n13； 『共産党宣言』 197n59； グ
ラッドストーン騒動と 143； 『ドイツ・
イデオロギー』 343n97

王凡西 334n20

オーカン、アーサー 127

億万長者 94, 300-302, 367

オースティン、ジェーン 129n9

オーストリア 162

オスマン帝国 65, 68, 86

オファー、アヴナー 120, 131n27, 332n6

オランダ 65, 67, 84, 86, 89, 124, 132n35

オルソン、マンサー 333n13

か行

カウツキー、カール 173

価格（物価） 77, 354, 103n66； 基礎商品の
193n19； 穀物 116, 117, 122, 126, 130n16,
133n38； 商品 178； 正常 149, 271

各種の熟練職人 51, 51n, 52

確率論モデル 298, 299, 313n

過少消費 47, 77, 179-181, 298

カスタニェーダ、ディエゴ 352

カースティング、フェリックス 144

価値　価値法則 149-151, 168； 資本の構成
要素 199n79； 純付加価値 116； 商品と
労働および価値の関係 113n, 114； 賃金、
利潤、地代と 116, 118； 労働価値 9, 24,
168； 労働力の 151

カトー研究所 300

株式保有 176, 177, 317, *318*

神 80, 81, 102n40, 230n3

神の御旨 80, 81

カルドア、ニコラス 308

カレツキ、ミヒャエル 157, 298, 308, 332n4

カレッセン、ゲルド 192n5

韓国 239, 248

カンティロン、リチャード 69

カンブル、ラヴィ 252

官僚 20, 33, 53, 219, 283, 291, 298

機械 118, 152, 153, 166, 167, 169, 170, 172n, 198n63, 199nn78–79; 「機械について」 27, 40n21, 123

「機械について」（リカード、D） 27, 40n21, 123

技術 119, 182, 199n79, 281 ⇒「機械」も参照

規制 金融 64, 95, 97n5; 商業 91

貴族 14, 19, 44, 48, 51, 58n4, 66, 85, 114, 154, 323, 334n23; イングランドの 28, 72, 74, 111, 311; フランスの 52, 53, 213; ブルジョア 142, 157

北アメリカ 63, 65, 66, 74, 88, 89, 91, 103n67

北朝鮮 282

キャナン、エドウィン 99n19

『旧体制と大革命』（トクヴィル） 48

救貧法 109

教育 161n, 198n61, 313n, 333n11

共産主義 186, 267, 282n; での分配 284, 294

共産党 157n, 186, 280, 282

『共産党宣言』（マルクス、Kとエンゲルス、F） 197n59

曲線 逆U字 35, 146, 247, 249, 251–254, 334n19; 成長発生 *125*, 126, 346, *346* ⇒「クズネッツ曲線」も参照

ギリシャ（古代） 65, 211

キング、グレゴリー 73, 352

銀行家 154, 345

金融危機 262n13, 340n63, 342n91, 345–347

金融規制 64, 95, 97n5

金融ブルジョアジー 154, 196n43

クズネッツ、サイモン 7, 8, 17, 228, 288, 307, 323, 341n74; の生涯 261n1; の数値例 246; のスタイルと語り口 31; の

年表 12; への批判 243; アメリカの不平等と 238–241; 逆U字曲線と 35, 146, 247, 249–253, 334n19; 貢献と遺産 235, 236, 256–258; 構造的変化と 24, 244, 257; 社会階級と 21; 所得分配と 21, 350; ナラティブ、理論、実証との関係 32; 不平等観との関係 19–21; 普遍性と 259, 260; 法的不平等と 36; "Economic Growth and Income Inequality" 263n21

クズネッツ仮説 236, 241–249, 253–256, 264n31, 334n19

クズネッツ曲線 146, 245, 246, 255, 257, 264n36, 341n74; イングランドおよびイギリスの *254*; 中国の（1985〜2019年） 253–254, *255*; 早すぎた定義？ 249–253

クック、エリ 148

クラーク（富農） 156, 288

クラーク、グレゴリー 142

グラッドストーン、ウィリアム・ユワート 143, 189–191

グラッドストーン騒動 143, 189–191

グラムシ、アントニオ 91

グリム、フリードリッヒ・メルキオール 25, 61n30

グリーンスパン、アラン 345

クルツ、ハインツ 30

グロスマン、ヘンリーク 202n107

クローチェ、ベネデット 29, 159, 197n56

グローバリゼーション 179, 208, 355

グローバルな不平等 236, 330, 347, 353–355, 353n

君主制（王、王朝） 48, 136, 139, 282

『君主論』（マキャヴェッリ、N） 232n34

経験を超越した理論 209

経済 63, 65, 98n8, 124; 計画経済での不平等 273–287; 『公正な経済』（ミード、J） 308; 社会主義市場経済での不平等 271–273 ⇒「政治経済学」も参照

経済学 14, 18, 28, 43, 94, 123, 124, 263n21;

375

アメリカ経済学会　259, 306;　開発経済学の定常理論　64, 65;　下位分野　299, 300;　『経済表』　43, 50, 53, 58n2, 99n19, 214;　『経済分析の歴史』　40n18;　『ジャーナル・オヴ・エコノミック・リテラチャー』　306;　『所得分配の経済理論に向けて』　303-305;　定義　60n20;　冷戦　32-34;　冷戦期の経済理論と不平等研究　302-305;　労働、賃金、および新古典派経済学との類似点　162, 198n61;　*Elements of Economics*　340n69

『経済学』（サミュエルソン、P）　148, 305, 340nn69-70

『経済学および課税の原理』（リカード、D）　23, 105, 111, 131n25, 195n36, 258;　における所得分配と経済成長　107, 112-116;　「機械について」　27, 40n21, 123;　抽象的な原理について　106;　分配と成長について　115, 116, 123, 124, 130n16

『経済学原理』（ミル、J・S）　194n23

経済学者　⇒「重農主義者」を参照

『経済学草稿』（マルクス、K）　164

『経済学提要』（パレート、V）　205, 222, 228, 233n43

『経済学の理論』（ジェヴォンズ、S）　172

『経済表』（ケネー）　43, 50, 53, 58n2, 99n19, 214

『経済分析の歴史』（シュンペーター、J）　40n18

ケインズ、ジョン・メイナード　34, 266, 298, 314, 321, 332n4;　の遺産　348;　マーシャルへの追悼文　41n28

ゲーテ、ヨハン・ヴォルフガング・フォン　197n58

ケトレー、アドルフ　227

ケネー、フランソワ　7, 10, 33, 36, 211;　の数値例　24;　のスタイルと語り口　24, 25;　の年表　12;　『経済表』　43, 50, 53, 58n2, 99n19, 214;　社会階級と収入源について

50-55;　重農主義（者）と　14, 22, 43;　剰余と　55-57;　スミスと　22, 23, 25, 39n13, 65, 69, 87n, 99n19;　政治経済学と　18, 22, 43, 58n2;　『中国の専制』　48;　ナラティヴおよび理論との関係　32;　『農業哲学』　50-52, 76;　農業における剰余について　61n36;　不平等観について　19;　普遍性と　259;　フランスの不平等と　44-50, 259;　ミラボーと　8, 43, 50, 76;　モンテスキューと　60n24;　「レッセ・フェール、レッセ・パッセ」と　47

ケルブレ、ハルトムート　252

権威主義的執着（データの秘匿と）　290-292

限界消費性向　266, 298, 314, 315

限界貯蓄性向　317

研究への資金提供（不平等研究と右翼）　300-302

現金（支払い）　280, 334n20;　社会的現金移転の分配　276, 277, *278*

コーウェル、フランク　226

航海法　64

工業（農業と）　19, 46, 47

工業階級　60n18

孔子　14

工場法　143, 311

『公正な経済』（ミード、J）　308

構造主義者（ラテンアメリカ）　18, 34, 344n104

構造的変化　24, 244, 257

購買力平価　⇒「PPP」を参照

『高慢と偏見』（オースティン、J）　129n9

効用　310

効率　93, 93n, 127, 236-238, 293, 336n37

国際比較プログラム　353-354,

国際連合　235, 236

国内総生産　⇒「GDP」を参照

『国富論』（スミス、A）　26, 65, 72, 102n40, 198n63, 269;　の影響　23, 27;　引用　69;　各国の発展水準　67, 68, *68*;　キーポイ

ント　94, 95；　経済生活と　82, 98n10,
101n33；　第1編　63, 90, 92, 99n23, 100n31,
103n60, 103n62, 103n66, 103nn68-69,
104n71；　第2編　63, 90, 97n5；　第3編　63,
88；　第4編　66, 102n54；　第5編　99n18,
103n67；　『道徳感情論』と　92-94, 102n43；
富裕層の所得を疑う　82-85；　富裕層への
態度　78-82
国民勘定　43
国民生産　235
穀物　の価格　116, 122, 126, 130n16, 133n38；
の生産　113, 115, 116；　穀物法　105, 116,
120-122, 124, *125*, 126, 127, 133n40, 214,
311
『穀物の低価格が資本の利潤におよぼす影
響についての試論』（リカード・D）　122,
130n16
小作農（農民）　10, 49, 74, 75, 94, 283；　の
追い立て　326；　クラーク（富農）　288；
人口　54；　ソヴィエト連邦の　156,
336nn37-38；　土地持ちの　47, 156, 158,
159, 242, 288-290；　貧農と中農　288,
336n37；　労働者と　92, 283
『ゴータ綱領批判』（マルクス、K）　150,
333n16
国家　48；　資本の国家所有　273-287；　福祉
国家　21, 296, 307
国家統計委員会（ゴスコムスタット）　291,
337n44
コフーン、パトリック　126, 129nn8-9
「コミュニティの最適条件」（パレート最適）
9, 194n28, 269, 332n6
雇用　103n68, 175；　失業　157, 239, 245, 276,
297, 309；　ドイツと農業雇用　144-146,
145　⇒「自営業者」も参照
『雇用、利子および貨幣の一般理論』（ケイン
ズ、J・M）　266, 348
ゴールドマン、エマ　336n41
コワコフスキ、レシェク　13, 135, 296

「コンセプト2」のアプローチ（グローバル
な不平等への）　236
コンラート、セバスティアン　305

さ行

最低賃金　160, 163, 181, 345
搾取　22, 64, 155, 170, 193n16；　搾取の理論
146, 150, 151, 166；　搾取率　166, 167
サッチャー、マーガレット　110
サホタ、ジャン・シン　304, 305, 313n
サマーズ、ラリー　173
サミュエルソン、ポール　148, 305, 306,
340nn69-70
産業革命　47, 57, 254, 312, 341n72
自営業者　51, 51n, 52, 54, 72；　の所得　75,
322；　の人口　74；　プチブルジョアジー
154, 155, 158, 159, 283
ジェヴォンズ、ウィリアム・スタンレー
172
ジェルネ、ジャック　195
ジェンダー（性差）　22, 36, 284, 286, 299
死刑執行人（公的な）　103n68
自然法則　215, 218
失業　157, 239, 245, 276, 297, 309
実質賃金　129n8, 184；　と発展　162-164；
一定の時点一定の国での　161, 162；　イ
ングランド（1760～1870年）　142, 144-146,
145；　社会と相対賃金および絶対賃金
88-90；　生産性と　170, 171；　欲求と相対
賃金および絶対賃金　164-168；　リカード
と　116, 118, 121, 122, 131n28
実証　17, 31-35
実証主義　292, 295, 302, 309, 312
児童労働　144
ジニ係数　13, 73, 239, 273, 264n31, 328；　イ
ングランド　44, 110, *110*；　イングラン
ドおよびウェールズの納税者（1865年）
188；　欧米諸国での資本所得と労働所得

317–319; グローバルな 236, 354; パレート係数と 225, 226

地主 52, 55, 88, 103n60, 140, 153; の所得 72, 75, 112, 124, 126; 資本家と 106, 122, 123

支配階級 86, 92, 209, 330; の思想 343n97; 社会主義と新たな 335n26; 剰余と 55; ソヴィエト連邦の 336n41

シベリア（タルタリア） 67, 274

資本 106, 147, 156, 173, 183, 184, 201n99; の私的所有のない体制 271–273; の有機的構成 166, 167, 170, 171, 199n79, 200n86, 200n88; 可変資本 151, 152, 166, 169, 171; 資本の国家所有という体制 273–287; 所有 174, 177, 185, 187, 277; 人的 162, 309, 313n, 315; 地代、賃金、資本収益と社会との関係 85–88, 100n31; 賃金と 85–88, 94, 100n31, 118n, 164–168; 不変資本 150, 166, 169, 170, 177; 利潤率の傾向的低下と 168–174, 175; 労働と 118, 147, 150, 151, 164, 165, 187, 317, 318, *319*; K/L 比 167, 349n

資本家 52, 72, 88, 153, 154, 283, 288; としての地主 56, 62n37, 75, 76, 154; の所得 53, 54, 56, 56n, 74, 75, 111, 126, 140, 202n108; 暗示的な所得分配理論と資本家への不信 90–94, 94; 地主と 106, 122; 資本家の収益率 53, 349, 349n, 350; 借地農 51, 51n, 53, 56, 61n34, 74, 75

資本家にとっての利潤率（利益率） 53, 349n, 350

資本主義 9, 154, 200n88, 267, 276, 309; の崩壊 168, 172, 173, 176, 179, 185; 資本主義の下での不平等研究 309–324; 剰余価値の収奪との関係 151–153, 163, 285; 進んだ資本主義の下での所得不平等の研究 295, 296; ヨーロッパと相対賃金 274, *275*, 333n12

『資本主義発展の理論』（スウィージー、J）

200n88

資本の有機的構成 166, 167, 170, 171, 199n79, 200n86, 200n88

資本−労働比 ⇒「K/L 比」を参照

『資本論』（マルクス、K） 15, 16, 191, 338n52; における過少消費 180; における賃金 162, 164, 181; における労働日 195n39; のスタイルと語り口 27–28; の未完の巻 29; への批判 29, 196n56; 階級構造 153, 156; 階級の二極化と資本の集積 181, 182; グラッドストーン騒動 143;「資本主義的蓄積の一般的法則」 177, 178, 181, 183, 187, 188; 資本の有機的構成 166;『剰余価値理論学説史』 23; 第1巻 166, 177, 181, 183, 184, 187, 188, 241, 262n13; 第2巻 262n13; 第3巻 153, 156, 162, 164, 169,, 194n31, 262n13; 第4巻 23, 40n21, 62n37, 129n12, 195n39

社会 の発展 85–88, 91, 100n31; 後退する 93n; 資本主義の階級構造 153, 154; 進歩した社会の実質賃金と相対賃金 88–90; 発展した社会の高賃金と低資本収益 94; 繁栄する 76–78; 封建 63, 97n2; 歴史の定常理論 97n2; "Social Stratification in Socialist Society（Some Theoretical Problems）" 335n27

社会階級 の廃止 149, 150, 279, 283, 288–290; イギリスと主要3階級の相対所得 140, *141*; イングランドおよびウェールズの社会階級の規模と相対所得 111, *111*, 112; エジプトの人口割合と相対所得 328, 329, *329*; 階級的利害の一致と不一致 *92*;『経済表』と 43, 44; ケネーと 19; ケネーの時代のフランスの不平等 44–50, 259; 工業階級 60n18; 構造 50, *50*, 54, 57, 73, 77n, 105–107, 153–159, 289; 支配階級 55, 86, 92, 209, 330, 335n26, 336n41, 343n97; 資本主義社会と階級構造 153, 154, *154*; 資本の二極化と集中 183, 184;

収入源 50-55; 剰余と 55-57; 所得 72, 73, 75, 76; 所得分布と 33, 34; スミス、リカード、マルクスにおける 75, 76; 1759年頃のイングランドおよびウェールズの階級 73; 単純化した所得モデル 75, 76; 地主階級 19; 定義 152; 闘争 146, 151, 152, 206; 奴隷制と 19; 不平等と 19, 20; フランス 20, 44, 52; 『フランスにおける階級闘争』 153, 156, 157; 没落者（浮浪者・貧困者・ルンペンプロレタリアート・労働予備軍） 44, 74, 100n27, 156, 157, 157n, 182, 183; 矛盾した 156, 158, 159; 冷戦と 33; 労働量 99n23 ⇒「エリート」「貴族」「金融ブルジョアジー」「小作農」「自営業者」「資本家」「プロレタリアート」「労働者」も参照

社会学理論 20, 218

社会構成表 アレン 72, 100n27, 126, 140, 144, 352; イングランド 71, 72, 110, 129n8; キング 73, 74, 352; コフーン 126, 129nn8-9; スミスの富と 71, 72; 動的な 347, 351, 352; バクスター 140, 192n14; フランス 157, 158, 352; マッシーと 71, 100n27

社会構造 13, 33, *54*, 57, 288-290, 352

社会主義 の3タイプ 285-287; の目的 279; の下での所得不平等研究 287-295; の下での労働者 195n35; 新たな支配階級 335n26; 階級性に関する知覚 282; 課税と 277, 278; 経済と総所得 276; 資本主義および初期社会主義の下でのユーゴスラヴィアと相対賃金 274, *275*; 『社会主義という制度』 23, 207, 222, 230n8; 所得分配と 148; 中国と 283-286; 帝国主義と 66; パレートと 206, 207; パレートの法則と「エリートの周流」 214-220; 不平等と 271-273, 280-282, 334nn18-19; ヨーロッパと相対賃金 274, *275*, 333n12

『社会主義という制度』（パレート、V） 23, 207, 222, 230n8

社会的現金移転（の分配） 276, 277, *278*

社会民主主義の平等 142, 285, 286

社会民主党（ドイツ） 150

借地農 51, 51n, 53, 53n, 56, 61n34, 74 ⇒「資本家」も参照

シャトーブリアン、フランソワ＝ルネ・ド 45, 46, 155, 196n48

『ジャーナル・オヴ・エコノミック・リテラチャー』 306

自由（自然的） 64, 70, 93, 95, 97n5

『周縁のマルクス』（アンダーソン、K） 39n12

十月革命 30

宗教 209, 210, 230n3; 改宗 137, 192n6; カール・マルクスと 137, 138, 192nn8-9; 『国富論』での 83; 富と 79-81, 83

従業員（雇用労働者） 75, 152, 153, 158, 305, 336n39

私有財産 43, 124, 184, 220

自由時間（真の富としての） 195n39

重商主義者 18, 43, 47, 56n, 77

重商主義の体系 69

従属理論の学派 18

住宅 319, 322

集団農場化 156, 288, *289*, 290, 336n37

重農主義者（経済学者） 77, 99n18; の貢献と遺産 50, 51, 58n4; ケネーと 14, 22, 43; 社会構造と 57; スミスと 99n19; トクヴィルによる批判 48; 農業と 52; 反都会的な偏見に関して 49, 50

『終末論と弁証法』（アヴィネリ、S） 38n7

シュテーレ、ハンス 266

純所得 112, 116, 118

純生産 17, 56, 116, 122, 150, 152

純付加価値 116

シュンペーター、ヨーゼフ・A 99n19, 173, 174; 資本主義の崩壊について 173, 174;

スミスについて 99n19; パレートについて 209; リカードとマルクスについて 129n11; リカードについて 26, 40n18, 106, 107

蔣介石 157n

商業 43, 53, 70, 91, 118, 119

商業革命 351

商店経営者（小売店主） 73, 76

商人共和国 66, 84

『消費の経済理論』（フリードマン、A） 342n86

商品 115, 178 ⇒「労働」も参照

剰余 の重要性 55, 56; 経済的な 14, 18, 43; 所得と 50, 52; 中枢－衛星構造と 327; 農業での 14, 19, 61n36; 非農業領域と 55; 法律による土地所有者にとっての 19

剰余価値 カール・マルクスと 9, 23, 148, 167, 175, 195n37; 官僚と 283; 雇用と 175; 搾取の理論と 151, 166; 資本主義と剰余価値の収奪 151, 152, 283, 285; 剰余価値率 195n37, 199n81, 200n89; 貧しい国および豊かな国にとっての 327, 328; 利潤と 170, 171, 172n; 労働と 167, 169

『剰余価値学説史』（マルクス、K） 23, 40n21, 62n37, 129n12

初期保有 147-151, 297, 304, 308, 316, 317

植民地主義 22, 65, 67, 103n67

食料（食糧） 118, 131n27; 肉の比率 280, 281; 輸入 105, 116, 120, 124, 130n16 ⇒「穀物」も参照

女性 14, 22, 45, 52, 53n, 183, 284

所得（収入） の公正性 94; アメリカの成長発生曲線（1986年および2007年） 346, 346; イギリスの主要3階級と相対所得 140, 141; イングランドおよびウェールズの社会階級の規模と相対所得 110, 111; イングランドおよびウェールズの人口の割合と年間所得 73; 欧米諸国と資本および労働のジニ係数 318, 319; 家族（家庭）の 22, 129n8; ギャップ 111, 247, 305; 高所得 83, 92, 94, 112, 137, 225, 239, 349; 小作農の 75, 76; 自営業者の 75, 322, 323; 地主の 72, 75, 112, 124, 126; 資本家の 54, 56, 56n, 72, 73n, 75, 111, 126, 140, 202n108; 社会階級ごとの 72, 75, 76; 社会階級と収入源 50-55; 社会主義経済、資本主義経済、発展途上経済の総所得 276; 借地農の 51; 純（純生産物） 56, 112, 117, 118; 剰余と 50, 52; 賃金と 50; データと税 233n43; 独占としての地代 14; 農民の 72; 発展する社会との関係 85, 86; 不正と高所得 94; 富裕層の 82-85, 92-94; 要素 72, 257; 4つの収入源 50; 利潤と 50; 利息と 50; 労働者の 72, 74, 111, 112, 126, 132n30; "Private Sources of Income of the Soviet Union Households" 333n14 ⇒「平均所得」も参照

所得不平等 の廃止 279; の研究者に必要な特質と視野 34, 35; の非重要性 146, 149, 150; アメリカの 10; イングランドの 44, 109-113; 「経済成長と所得不平等」 263n21; 構造転換と 256; 個人間の 187, 188, 214, 228, 296; 成長と 127; 分配との関係 7, 79, 80, 101n38; マルクスの時代のイギリスおよびドイツの富と所得不平等との関係 139-146

所得不平等の研究 資本主義の下での 309-324; 社会主義の下での 287-295; 進んだ資本主義の下での 295, 296

『所得分配』（ペン、J） 307

所得分配（分布） の確率論モデル 298, 299, 313n; の既知の部分 233n43; の政治理論 350; の統合的研究 17, 265; の判断基準 237; を動かす力 181-185; 暗示的な所得分配理論 87, 90-94; 階級を基礎とする分析の消滅 268; カール・マル

クスと4つのありうる進化 *184*; 機能的 74, 76, 112, 126, 215, 283; クズネッツと 24, 350; グローバルな 236, 354; 経済成長と 107, 112–116, 127; 研究 16, 18, 33, 34, 250, 265, 267, 269, 296, 297, 302, 305, 324; 国内の 328; 個人間の 74, 80, 215, 267, 272, 282; 個人の 112, 124, 126, 267, 307, 308; 資本主義の下での 9; 社会階級と 32, 33; 社会主義と 148; 所得分配に関するマルクスの見方の政治化 185–187; 『所得分配の経済理論にむけて』（ブラインダー・A） 303–305; 新古典派のアプローチ 302–309; 1831～1832年のトリーアの所得分布 *138*; 1865年のウェールズおよびイングランドの納税者の所得分布 187, 188, *189*; 対称型にならない 227, 228, 228n; データ 338n49; 独占と 17; パレート定数と「所得分配に関するパレートの法則」 220–226; パレートの法則と 216, 217, 222, *223*; 不平等との関係 7, 8, 79, 80, 101n38; 利潤の傾向的低下の法則と 174; 理論 94, 313n, 350

『所得分配の経済理論に向けて』（ブラインダー、A） 303–305, 340n66

『所得分配理論』（ブロンフェンブレナー、M） 307

所有者 19, 72, 75, 336n36; 資本所有者 174, 177, 185, 187, 277; 資本の国家所有という体制 273–287; 資本の私的所有のない体制 271–273; 土地所有者（地主） 47, 49, 51, 56, 62n37, 74–76, 106, 154, 156, 159, 242, 288; プチブルジョアジー 154, 155, 158, 159, 283

ジョンソン、サミュエル 70, 99n21

ジラス、ミロヴァン 336n41

人口 74, 321, 328, *329*; の増加 112, 130n15, 132n31, 228, 260; アメリカ合衆国 239; 一般人口とエリート 19, 20; イン

グランドの 72, *73*, 111, 130n15; 小作農の *54*

『人工楽園』（ボードレール） 128n1

真実（害悪となる） 208, 210

人種 21, 36, 239, 299

人的資本 162, 309, 313n, 315

「人民民主主義独裁について」（毛沢東） 283

スイス 205, 208, 216

スウィージー、ポール 170, 171, 200n88

スウェーデン 250, 251

スウェーデン中央銀行 300

数値例 クズネッツの 246; ケネーの 24; マルクスの 27, 171, 172; リカードの 27, 32, 126, 133

スコットランド 65, 70, 98n8, 103n67; イングランドおよびスコットランドの不平等 72–74; 経済 63–65; 賃金 89

スターク、ヴェアナー 209, 219

スターリン、ヨシフ 281, 288, 289 336n38

スチュアート、ジェームズ 69

スチュアート、ドゥガルド 71, 97n6

スティグラー、ジョージ 78

スティグリッツ、ジョゼフ 301, 342n90

スナイダー、ウェイン 44, 157, 158, 212, 231n19

スペイン 65, 86, 102n54, 107, 224, 297

スミス、アダム 7, 325; の時代のイングランドおよびスコットランドの不平等 72–74; の生涯 70, 71; の性格 70, 71, 99n21; の蔵書 71, 100n26; の富 71, 72; の年表 *12*; 暗示的な所得分配理論と 87, 90–94; エディンバラ講義 99n19; 各国の発展水準について 67–69, *68*, 98n15; カール・マルクスと 32, 69, 196n40, 256; 金融規制と 64, 97n5; クズネッツと 24; ケネーと 22, 23, 25, 39n13, 65, 69, 87n, 99n19; 社会階級と 19, 20, 33, 74–76; 重農主義者と 99n19; スタイルと語り口 25, 26; 政府について

64, 65, 95；著作群 8, 71, 258, 259；賃金、地代と資本収益 85-88, 100n31；定常理論 24, 63, 65, 97n2, 325；独占について 84；富の定義 108；奴隷制と 22, 39n10, 66, 98n10；ナラティブと理論 32；繁栄する社会と 76-78；ヒュームと 98n17；不平等観に関して 19-22；普遍性について 259；フランスでの 65, 69；分配と 115；分配理論 76；法的不平等と 36；ほかの著者の引用 69, 70；見えざる手と 79, 101n36；リカードと 23, 27, 109, 110, 124；利潤と実質賃金 184；労働者の利害について 104n71 ⇒『国富論』『道徳感情論』も参照

スリランカ 248

税 49, 55, 188, 239, 333n13；イギリス 342n82；貴族と 311；社会主義と 276, 277；食糧 124；生産費の利子と 154；第一次世界大戦と 120；直接税 215, 218n, 276, 277, 322, 351；賃金 121, 132n30；データ 44, 187, 188, 226, 233n43, 351；パレート定数と 226；利潤への 121, 143 ⇒『経済学および課税の原理』も参照

セイ、ジャン＝バティスト 106

生活条件 47, 77, 150, 279, 292

生活水準 353

『正義論』（ロールズ、J） 14

生産 52, 112, 114, 116, 120, 156；についてのマルクス 114, 146-149, 152, 153；の集中 182-184；生産関係としての資本 147, 152, 153；富 194n23；分配と 146-149, 348, 349；利潤と 131n25；CES機能 200n86

「生産される食糧の総量」（リカードと） 118

生産性 170, 171, 334n23

政治 265, 266, 293-295；の影響 83-85, 269, 270；右翼的な研究資金提供による不平等研究 300-302；政治でのパレー

ト 206, 208；マルクスと 38n7, 138, 139, 185-187；リカードと 107-109

政治経済学（経済学） 18, 22, 23, 28, 43, 58n2；『経済学原理』 194n23；『経済学草稿』 164；『経済学提要』 205, 222, 228, 233n43；『経済学の理論』 172 ⇒『経済学および課税の原理』も参照

静止状態 121, 195n36

正常価格 149, 271

聖職者 19, 44, 51, 52, 55, 56

生存最低水準 45, 51-53, 116, 122, 160, 161, 174

成長発生曲線 *125*, 126, 346, *346*

政府（行政） 52, 55, 64, 92, 95, 159

世界銀行 261n9, 312, 353, 354, 357nn16-17

『世界的規模における資本蓄積』（アミン） 328

『世俗の思想家たち』（ハイルブローナー、R） 13

世代間伝達（富の） 22, 308

世帯調査 249, 283, 335n31, 347；ソヴィエト連邦と 288, 291, 294 337n45, 351, 353；貧困国の 353n

セレニー、イワン 290

セン、アマルティア 14, 15, 78, 338n53

専制 48, 60n24, 97n5

『1844年の経済学哲学手稿』（マルクス、K） 28

ソヴィエト連邦 239, 274, 283, 336n41；の社会階級 288, 290；憲法第1条での定義 336n38；世帯調査 291, 294, 337n45, 351, 353；第一次世界大戦前および集団農場化前の農業の階級構造 *289*；農民 156, 336nn37-38；労働者の賃金 335n25

相対賃金 88-90, 160, 161, 164-168, *275*, 333n12

ソクラテス 210

ソルトウ、リー 234n45

ソレル、ジョルジュ 207, 222

ソロス、ジョージ　108

た行

第一次世界大戦　120, 139, 244, 266, *289*, 325
第三共和制（フランス）　213
第三世界　34, 303, 331
第三身分　44
代替弾力性一定（CES）型生産関数　200n86
第二次世界大戦　238, 249, 266, 267
大分岐　312, 354
『大分岐』（ポメランツ、K）　131n26, 312
『タイムズ』（新聞）　189
大躍進政策（中国）　354
『大陸紀行』（リカード、D）　132n35
タイル指数　247
「ダーク・マネー」　300
ダーシー氏（小説中の人物）　129n9
ターシス、ローリー　340n69
妥当性（所得分布の）　237
「タルタリア」　⇒「シベリア」「中央アジア」
　を参照
担保執行件数（アメリカ合衆国での）　356n2
チェコスロヴァキア　292, 294, 338n50, 352
力　プロレタリアートの権力　335n26；　労働
　力　151, 160-164, 197n57, 198n67, 203n110
地代　14, 56n, 127；　価値と賃金、利潤、地
　代　115, 118；　社会が発展するなかでの
　賃金と資本収益について　85-88, 100n31；
　絶対地代　113n；　賃金、利潤、地代の進
　化　116-122
中央アジア　67, 277, 333n14
中国　60n22, 63, 65, 67, 239, 258, 265, 266,
　269, 282n, 312；　との貿易　299；　の貴族
　48；　の腐敗　226, 227, *227*；　の腐敗とパ
　レート図との関係　226, 227, *227*；　共産党
　335n29；　クズネッツ仮説と　245；　クズ
　ネッツ曲線と（1985〜2019年）　253, 254,
　255；　小作農（農民）　74, 283；　社会構成

表　352；　社会主義と　283-287；　剰余価
　値率と　195n37；　税　351；　成長率　89；
　世帯調査　283, 335n31, 351, 353；『中国の
　専制』　48；　賃金　89；　青幇（ちんぱん）
　157n；　不平等研究　283-285；　フランスと
　60n23；　文化大革命　283-286, 354
『中国の専制』（ケネー、F）　48
中枢－衛星構造　330
中東　269, 312
チューネン、ヨハン・ハインリヒ・フォン
　40n18
チョードリ、ニラド　81
賃金　50, 103n67, 115, 182, 299, 334n23；　最
　低　160, 161, 163, 181；　資本と　88-90, 94,
　100n31, 118n, 164, 165；　税　121, 132n30；
　生存最低水準の　116, 122, 123, 160, 161,
　174；　相対　88-90, 160, 161, 164-168, 274,
　275, 333n12；　賃金鉄則　161, 163, 197n58；
　反インセンティブの賃金構造　283-287；
　名目　116, 118-120, 118n, 124, 162, 163；
　利潤、地代、賃金の進化　116-122；　労働
　者　74, 89, 108, 118, 129n8, 159-168, 187,
　272, 272n, 273, 335n25；　労働と　159-168
　⇒「実質賃金」も参照
賃金鉄則　161, 163, 197n58
青幇（ちんぱん）　157n
『賃労働と資本』（マルクス、K）　165
ツイッター（現在のX）　226
低開発　250, 330
帝国主義　66, 325, 326, 330
定常理論　97n1；　経済発展の　64, 65；　発展
　の　24, 63, 325；　歴史の　97n2
ティンバーゲン、ヤン　324, 343,n98
デーヴィス、R・W　280
データ　216, 221, 228, 312, 325, 337n43；　所
　得分配の　294n49；　税の　44, 187, 188,
　226, 233n43, 351；　秘匿性と権威主義的執
　着　290-292
『哲学の貧困』（マルクス、K）　193n16

テュルゴー、アンヌ・ロベール・ジャック
　97n1
デ・ヨング、ヘルマン　352
テールマン、エルンスト　334n20
天与の　81
ドイツ　120, 200n90, 204n122, 216, 238, 246,
　248, 266; のパレート定数　224; イギ
　リスおよびドイツの富と所得の不平等
　139-146; 社会民主党　150; トリーア
　136-138, 138; 農業雇用との関係（1870～
　1914年）　144, 145
『ドイツ・イデオロギー』（マルクス、Kとエ
　ンゲルス、F）　343n97
トインビー、アーノルド　60n23
統合的研究（所得不平等の）　17, 265
『道徳感情論』（スミス、A）　での神　81,
　102n40; での富裕層の収入への疑
　問　82-85, 92-94; 『国富論』と　92-84,
　102n43; 富裕層への態度　78-82; 有機的
　なコミュニティ　82, 98n10, 101n33
道徳的な優位性　85, 94
ド・クインシー、トマス　105, 128n1
トクヴィル、アレクシ・ド　155, 205; 『旧
　体制と大革命』　48; 工業階級につい
　て　60n18; 重農主義者への批判　48; ト
　クヴィル＝クズネッツ仮説　249; 土地
　持ちの小作農について　158, 159; 『貧
　困に関する覚書』　46, 47, 248; 貧困に
　ついて　46, 47; Sécond memoire sur le
　pauperisme　60n18
独占　14, 17, 64, 83, 84, 193n17
土地　10, 113n, 155, 288, 328; 所有者（地主）
　47, 49, 52, 56, 72, 76, 101n38, 106, 154, 156,
　159, 242, 288; 「幻」の耕地　120, 131n26;
　リカードの分配モデルと　116, 117　⇒
　「地代」も参照
トーマス、マーク　252
富　43, 47, 64, 194n23, 195n39, 319; の
　ギャップ　81, 85, 342n88; の世代間伝達

22, 308; の蓄積　189, 203n114, 297; の
　不平等　20, 44, 59nn6-7, 139-146, 212, 240,
　311, 338n50; の分配　213, 214; イング
　ランドの最富裕1パーセントの富の占有率
　（1670～2010年）　139, 140; 家族の　22,
　319; スミスの　71, 72; 貧困階級の　47;
　富裕層　78-82, 93, 94, 139, 140, 140; フ
　ランスのトップ1パーセント（1860～1910
　年）　212, 212; ホモプルーティア　178,
　187; リカードの　108, 129nn8-9　⇒「貧
　困」も参照
『富の分配および状況の不平等の軽減傾向
　に関する一考察』（ルロワ＝ボーリュー）
　213, 214
トリーア（ドイツ）　136, 137
トルコ　221, 248, 352
ドルトン、ヒュー　310
奴隷　45, 83, 88, 103n67, 195n37
奴隷制　社会階級と　19; スミスと　22, 66,
　39n10, 98n10; マルクスと　22, 39n11;
　レイシズムと　230nn3-4
トロウワー、ハッチス　133n38
トロツキー、レオン　334n23, 336n41

な行

内戦　261n1, 297, 336n37, 353n
ナポレオン戦争　109-112, 120, 142
ナミビア　221
ナラティブ　17, 31-35, 293-295
南北戦争　22
『21世紀の資本』（ピケティ、トマ）　257, 348
日本　68, 239, 248, 266, 311, 352
『ニューヨーク・トリビューン』への寄稿
　（マルクス、K）　39n11
人間の本質（性質）　41n28, 146, 299
ノヴォクメト、フィリップ　338n50, 352
農業　44, 47, 55, 131n27, 289, 289; での
　剰余　14, 43, 61n36; 工業と　19, 46, 47;

小作農と　47；ドイツでのトップ1パーセントの所得占有率（1870〜1914年）*145*, 146；労働者　51, 52, 53n　⇒「穀物」「農民」も参照

『農業哲学』（ケネー、FとミラボーV・R）50, *50*, 76

農場労働者　72, 74

農奴制　19, 22, 75

農民　44, 52, 72, 74, 75, 77, 156, 292；借地農 51, 51n, 53, 56, 61n34；生産との関係　156

ノーベル経済学賞　300

は行

ハイエク、フリードリヒ　14, 280

バイエルン　352

ハイルブローナー、ロバート　13

ハインリッヒ、ミヒャエル　135, 136, 170, 171, 192n6

バクスター、ダドリー・R　140, 192n14

バクーニナ、アレッサンドリーナ　208

発展（開発）　250, 200n88, 231n19, 263n28, 330；の定常理論　24, 63, 325；経済発展の定常理論　64, 65；実質賃金と 162-164；社会の　88-91, 100n31；スミスの時代の各国の水準　67, 68, *68*, 98n15

バーテルズ、シャーロッテ　144

パレート、ヴィルフレト　7, 287, 290；の生涯　70, 205-211；の年表　12；新たな支配階級と　335n26；エリートと一般大衆に関して　19, 20；階級闘争と　206；課税および所得データに関して　233n43；カール・マルクスと　23, 24, 206, 214, 241；クズネッツと　19, 228；『経済学提要』　205, 222, 228, 233n43；貢献と遺産　226-229, 259；個人間の所得不平等と 187, 188；社会階級と　33；社会学の理論と　20, 218；社会主義と　206, 207；『社会主義という制度』　23, 207, 222, 230n8；

真実が害悪であることに関して　208, 210；スイス・ヴォー州に関して　232n30；スタイルと語り口　30, 31；政治における 208, 209；著作群　8；ナラティブ、理論、実証に関して　32；20世紀初め頃のフランスの不平等　211-214；パンタレオーニへの手紙　222；不平等観に関して　19, 20；普遍性と　259；べき法則と　217, 226；法的不平等と　36；レイシズムについて　230nn3-4；「論理実験的」理論と 208, 209, 228；ワルラスと　9

パレート係数（定数）　イングランドおよびウェールズの納税者のあいだの所得分布（1865年）187, 188, *189*；逆　234n45；ギロチン　217, 222, 224-226；異なる国や分布の異なる部分について計算された異なる国やさまざまな部分の分布について計算された　222-225, *224*；ジニ係数と　225, 226；所得分布に関するパレートの法則と 220-226；反転　234n45

パレート最適（「コミュニティの最適条件」）9, 194n28, 269, 332n6

パレートの法則　35；「エリートの周流」と社会主義　214-220；実際の所得分布における実証的関係　222, 223, *223*；所得分配 216, 217, *217*；所得分布とパレート定数について　220-226；中国の腐敗の最高金額を結んだ線　226, 227, *227*

繁栄　45, 57, 77, 86, 94, 124, 182, 345

ハンガリー　266, 292, 294, 333n14

汎機械主義　219, 220

『ハンサード』（イギリス議会議事録）　190

「反射性」　108

バーンズ、アーサー　249, 250

ハンセン、アルヴィン　173

パンタレオーニ、マフェオ　222

反マルクス主義者　23, 185, 186

汎有機的な　219

反ユダヤ主義　137, 192n7

385

ヒギンズ、マシュー　252

ピケティ、トマ　199n82, 257, 307, 347–351; クズネッツ曲線について　341n74; 第三共和制と　213; フランスの不平等について　212, 213, 231n19

ヒューム、デヴィッド　23, 69, 99n17

平等　149, 279, 285–287　⇒「所得不平等」「不平等」も参照

平等性（効率性と）　127, 237, 238

ヒルファーディング、ルドルフ　64, 202n102

貧困　67, 239, 266; イングランドの　46, 47; 飢えと　86, 87, 87n; 過少消費と　179, 180; 内戦と　353n; 貧困ライン　166, 220; フランスの　45, 46; 浮浪者　44, 46, 47, 60n18, 72, 74, 248, 249; *Income, Inequality and Poverty*　338n49

『貧困に関する覚書』（トクヴィル、A）　46, 47, 248, 249

ヒンドゥスタン　65, 68, *68*

ファインスタイン、チャールズ　142

ファーガソン、アダム　97n1, 196n40

ファーガソン、チャールズ　306

ファシズム　205, 206, 266, 297

ファン・ザンデン、ヤン・ルイテン　254, 352

フィリピン　248

フェルプス・ブラウン、ヘンリー　283

福祉、康楽、幸福　47, 86, 95, 151, 276, 292; 大多数の　19, 77, 86, 90, 160, 235; 福祉国家　21, 296, 307

ブシノ、ジオヴァーニ　232n29, 232n30, 233n43

プチブルジョアジー　154, 155, 158, 159, 283

ブドウ栽培　51, 51n

不動産　345, 346, 356n2

腐敗　28, 227, 355, 340n63

不平等　に影響する要因　*182*; の理論　17, 18; アメリカの　20, 21, 239, 240, *240*, 243, 244, 249, 250, 253, 262n16; イギリスの　211; 今の視野に歴史的な視点を取り入れる　35–37; 過少消費と　179–181; カール・マルクスと　15, 16, 165, 179, 180; 規範的な見方に関心を向けないことに関して　14–16; 教育の　313n; 競合する不平等観　19–22; 近代の時期の　236, 238–258, 264n31; グローバルな　236, 330, 347, 353–355, 353n; 計画経済での　273–287; 高水準の　21, 49, 124, 180, 221, 237, 245, 350; 国際的な　236, 328; 国内の　18, 330, 340n72, 354, 355; 個人間の　24, 33, 74, 87, 127, 215, 277, 287, 308; 国家間の　325, 340n72, 355; 産業革命との関係　231n19; ジェンダーの　21, 36; 実証　17, 18; 社会階級と　19, 20; 社会主義市場経済での　273–277; 社会主義と　271–273, 280–283, 334nn18–19; 人種間の　36; スミスの時代のイングランドおよびスコットランドの　72–74; 生活条件と　150; 単純なクズネッツモデルでの平均所得　247, 251, 252; 富の　20, 44, 59nn6–7, 139–146, 212, 240, 311, 338n50; ナラティブ　17; 年代順の配列　11–14; 農業および工業との関係　19, 20; 『不平等の経済学』　324; フランスの　44–50, 211–214, 258; 法的な　36, 37; 豊かな国と不平等の長期的な流れ　347; ラテンアメリカでの　44, 252, 269, 344n104; 歴史現象としての　35–37; "Class Structure and Inequality"　100n28; GDPとの関係（1970～2014年）　251, *251*; *Income, Inequality and Poverty*　338n49　⇒「所得不平等」も参照

不平等研究　7, 11, 16, 21, 265; の歴史でのもれ落ち　18, 19; グローバルな　347, 353–355; 所得の　287–295, 309–324　⇒「不平等研究（冷戦期の）」も参照

不平等研究（冷戦期の）の崩壊　296–302; 「客観的な要因」　296, 297; 計画経済

での不平等 273-287; 経済学の下位分野 299, 300; 経済理論 297-299; 国家間の不平等と国内不平等を結びつける 325-331; 資本主義と不平等研究の3タイプ 309-324; 社会主義市場経済での不平等 271-273; 社会主義の下での不平等研究の少なさ 287-295; 所得不平等への新古典派的アプローチ 302-305; 所得分布の確率論モデル 298, 299, 313n; 進んだ資本主義の下での 295, 296; 政治的で右翼的な研究資金提供 300-302; 中国の 287-290; 2つのタイプの 298, 299; 3つの社会主義的平等 285-287; 歴史的背景 265-270

不平等抽出率 45

『不平等の経済学』(アトキンソン、A) 324

不変資本 150, 166, 169, 170, 177

富裕層 の所得を疑う 82-85, 93-95; への態度 78-82; イングランドの1パーセントの富の占有率(1670～2010年) 139, *140*; 億万長者 94, 300-302, 320; スミスと 78-85 ⇒「富」も参照

ブラインダー、アラン 303-305, 340n66

ブラウン、マーヴィン・T 98n10

ブラジル 44, 45, 248, 250, 251, 258

プラトン 14, 69, 208

フランク、アンドレ・グンダー 330

フランス 60n23, 74, 88, 89, 98n8, 162; でのアダム・スミス 65, 69; の不平等 44-55, 211-214, 231n19, 258; 貴族 52, 53, 213; 社会階級 20, 44; 社会構成表 157, *158*, 352; フランス革命 10, 19, 48, 136, 159, 212, 213, 288; 『フランスにおける階級闘争』(マルクス、K) 153, 155, 156

フランス革命 10, 19, 48, 136, 159, 212, 213, 288

『フランスにおける階級闘争』(マルクス、K) 153, 155, 156

フリードマン、ミルトン 270, 342n86

フリードマン、ローズ 270

ブリュワー、アンソニー 330, 344n111

ブルガーコフ、セルゲイ 202n107

ブルガリア 338n50, 352

ブルギニョン、フランソワ 264n36, 310

フルシチョフ、ニキタ 290

ブルジョアジー 44, 114, 142, 157, 207; 金融 154, 196n43; プチブルジョアジー 154, 155, 158, 159, 283

フルタド、セルソ 18

プレビッシュ、ラウル 18

ブレンターノ、ルヨ 190

プロイセン 136, 162, 352

浮浪者、路上生活者 44, 46, 47, 60n18, 72, 74, 100n27, 156

ブローグ、マーク 9

ブローデル、フェルナン 354

プロレタリアート 46, 115, 150, 155, 206, 279; の権力 335n26; の台頭 114, 142; への支持 129n12, 220; 都市の 155, 158, 159

ブロンフェンブレナー、マーティン 267, 307, 308

文化大革命(中国) 283-285, 354

分配 10, 213, 214, 223-225, *224*, 266-268; の理論 76, 77, 121, 150; 所得の十分位で見た社会的現金移転 276, 277, *278*; 生産と 146-149, 348, 349; 成長と 112-116, 121, 130n16; リカードの分配モデル 117, *117*, 118 ⇒「所得分配」も参照

平均所得 44, 45, 243, 244, 246, 247, 254

米商工会議所 300

『平和の経済的帰結』(ケインズ、J・M) 266

べき 217n, 226, 262n12;

ヘーゲル、ゲオルク・ヴィルヘルム・フリードリヒ 29

ベトナム 266

ベーベル、アウグスト 150

ペルー　65, 67

ベロック、ポール　354

ペン、ヤン　307, 308, 340

ペンギン（出版社）　27

ベングトソン、エリク　352

貿易　外国　118-119, 176; 国際　105, 107, 299, 306, 321, 328

封建時代の土地　74, 156

封建社会　63, 97

法的不平等　36

『法の精神』（モンテスキュー）　60n24

ボウリー、アーサー　266, 332n3

ボウリーの法則　266, 332n3

没落者（浮浪者、産業予備軍）　44, 74, 156, 157, 182, 183

ボードレール、シャルル　128n1

ボナパルト、ナポレオン　108, 136, 137

ボナパルト、ルイ＝ナポレオン　28, 152, 153, 157, 212

ホフマン、フィリップ　193n19

ホームレス　72, 320

ポメランツ、ケネス　120, 131n26

ホモプルーティア　178, 187

ホランダー、サミュエル　200n91

ポーランド　65, 107, 289, 292, 294, 338n50, 352; の賃金　89; の発展水準　67, 69, 98n15

ホルヴァト、ブランコ　282, 290

ボルグストローム、ゲオルク　131n26

ボルケナウ、フランツ　209

ポルトガル　65, 67, 86, 102n54

ボルトキエヴィッチ、ラディスラウ　170

ボルトン、パトリック　339n57

本源的蓄積　27, 148, 269, 326, 344n105.

ポンパドゥール夫人　44

ま行

マキャヴェッリ、ニコロ　218, 232n34

マクルア、マイケル　205

マグレブ諸国　303, 312, 328

マーシャル、アルフレッド　41n28, 109, 207

貧しい国（貧困国）　86, 322, 327, 328, 330, 351, 353n, 354

マッカーシズム　300

マッシー、ジョセフ　71-74, 76, 100n27

マディソン・プロジェクト　45, 68, 112, 130n13, 236, 261n5, 262n12, 325

「幻の」耕地　120, 131n26

マリノウスキ、ニコライ　352

マルクス、エリノア（マルクスの娘）　136, 190

マルクス、カール　7, 39n12, 47, 200n91, 296, 321; の生涯　70, 107, 135-139, 192nn8-9, 205; の数値例　27, 172; のスタイルと語り口　27-30; の洗礼　192n8; の年表　12; アンネンコフへの手紙　155; イギリスおよびドイツの富と所得の不平等に関して　139-146; 引用に関して　143; ウィッグ党について　28; エンゲルスと　8, 27, 29, 142, 262n13; 階級闘争と　146, 151, 152; 鍵となる概念　146-153; 『共産党宣言』　197n59; クズネッツと　24; グラッドストーンと　189-191; クローチェのことば　197n56; 『経済学草稿』　164; 「ゴータ綱領批判」　150; 搾取の理論と　146, 150, 151; 資本と利潤率の傾向的低下　168-179, 181; 社会階級　19, 20, 33, 74-76, 106, 153-159; 社会主義の下での労働者について　195n35; 宗教と　137, 138, 192nn8-9; 『終末論と弁証法』　38n7; 『剰余価値学説史』　23, 40n21, 62n37, 129n12, 195n39; 剰余価値と　9, 23, 148, 167, 175, 195n37; 剰余と　56; 所得不平等の非重要性に関して　146, 149, 150; 所得分配の4つの進化　*184*; 所得分配理論に関して　349, 350; スミスと　32, 69, 196n40, 256; 西欧の思想家と

しての 22；生産と 115, 146-149, 152, 153；政治と 138, 139, 185-187, 192n7；正常価格と 149, 271；絶対地代と 113n；『1844年の経済学哲学手稿』 28；著作群 8, 9；『賃金、価格、利潤』 149, 150, 195n32；『賃労働と資本』 165；『哲学の貧困』 193n16；『ドイツ・イデオロギー』 343n97；奴隷制と 22, 39n11；ナラティブ、理論、実証に関して 32；『ニューヨーク・トリビューン』への寄稿 39n11；農民について 156；発展の定常理論との関係 24；パレートと 23, 206, 214, 229, 241；ピケティと 349, 350；不平等観に関して 19, 20, 22；不平等と 15, 16, 164；不平等の進化と 179-187；普遍性と 256；『フランスにおける階級闘争』 153, 155, 156；分配理論との関係 150；法的不平等 36；民族的な亀裂 136, 137；『ユダヤ人問題に寄せて』 138；欲求と 163-166；ラッサールと賃金鉄則について 197n58；リカードと 24, 27, 32, 40n21, 109, 114, 129nn11-12；『ルイ・ボナパルトのブリュメール18日』 152, 153；労働価値説 9, 24, 168；労働組合と 38n7；労働と賃金 159-168；MEGAプロジェクト 8 ⇒『資本論』も参照

マルクス、ハインリッヒ（マルクスの父） 138, 139, 192nn6-7

マルクス、ヘンリエッテ・プレスブルク（マルクスの母） 136, 137, 192n6

マルクス主義 13, 211, 250, 285, 286, 327

『マルクス主義の本流』（コワコフスキ・レシェフ） 13, 135

マルクーゼ、ヘルベルト 308

マルサス、トマス・ロバート 32, 109, 119, 121, 128n5, 254

マンデヴィル、バーナード 99n19, 102n41

マンデル、エルネスト 161, 181

見えざる手 79, 101n36

ミクルライト、ジョン 294, 310, 338n49

ミッチェル、ウェスリー 76, 108, 109

ミード、ジェームズ 235, 308

ミラー、ジョン 97n1

ミラノヴィッチ、ブランコ 252, 338n49

ミラボー、ヴィクトール・ド・リケッティ 8, 43, 50, *50*, 60n20, 61n34, 69, 76

ミリガン、マーティン 28

ミル、ジェームズ 26, 40n20

ミル、ジョン・スチュアート 147, 194n23

明王朝 60n22

ミンサー、ジェイコブ 162

メキシコ 67, 262n20

メディア 95, 301, 306

毛沢東 283, 286

『毛沢東思想論稿』（王凡西） 334n20

『モーニングスター』（新聞） 190

モリソン、クリスチャン 44, 157, 212, 231n19

もれ落ち（不平等研究の歴史での） 18, 19

モンテスキュー、シャルル 48, 60n24

モン・ペルラン協会 300

や行

ヤニツィエヴィッチ、ミロシュラフ 282

ヤング、アーサー 46, 87

「有害な傾向をもつ体系」 102n41

『有閑階級の理論』（ヴェブレン、T） 81

有機的なコミュニティ 82, 98n10, 101n33

優生学 232n26

ユーゴスラヴィア 271, 274, *275, 282*, 289, 292

輸出（イングランドへの） 120

豊かな国（富裕国） *68*, 69, *326*, 347

『ユダヤ人問題に寄せて』（マルクス、K） 138

輸入 49, 105, 116, 119, 124, 130n16

要素所得 72, 257, 307

欲求　163

ヨーロッパ　63, 66, 67, 266, 312;　資本主義
　社会と社会主義社会の相対賃金　274, *278*,
　333n12;　賃金　89, 90;　東ヨーロッパの民
　間部門のGDP比　336n39

ら行

ライドール、ハロルド　295

ラスムッセン、デニス・C　98n17, 102n40

ラッサール、フェルディナント　161, 163,
　197n58

ラテンアメリカ　18, 34, 44, 64, 252, 269, 311,
　344n104

利益、利害　154;　労働者の　91, 104n71

リカード、デヴィッド　7, 14, 127, 258, 313;
　の生涯　107-109;　の数値例　27, 32, 126,
　133n38;　のスタイルと語り口　26-27;　の
　富　107, 108, 129nn8-9;　の年表　12;　の
　不平等観　19;　遺産　107, 109;　イング
　ランドの所得不平等と　109-112;　オランダ
　について　132n35;　階級闘争と　122-124;
　カール・マルクスと　23, 27, 32, 40n21,
　109, 114, 115, 129nn11-12;　「機械につい
　て」　27, 40n21, 123;　『穀物の低価格が資
　本の利潤におよぼす影響についての試論』
　122, 130n16;　穀物法と　105, 116, 120-122,
　125, 126, 133n40, 214;　個人所得の分配
　と　112;　ジェームズ・ミルへの手紙　26,
　40n20;　実質賃金と　116, 118, 121, 122,
　131n28;　資本家と所得について　56, 56n;
　資本と労働について　166;　社会階級と
　19, 20, 33, 74-76, 105, 106;　純生産と　116;
　シュンペーターの語る　26, 40n18, 106,
　107, 129n11;　新リカード派の不平等研究
　299;　スミスと　23, 26, 109, 110, 123, 124;
　生活水準について　130n18;　静止状態と
　121, 195n36;　政治と　109;　『大陸紀行』
　132n35;　賃金への課税について　132n30;

トロウワーへの手紙　133n38;　分配モデ
　ル　112;　分配理論について　121;　法的
　不平等と　36;　マルサスへの手紙　119,
　128n5;　利潤、地代、賃金の進化について
　116-122;　利潤と　120, 201n95　⇒『経済
　学および課税の原理』も参照

利潤（利益）への課税　120, 143;　『価値、
　価格、利潤』　149, 150;　金利と　103n62;
　実質賃金と　184;　剰余価値と　170, 171,
　172n;　所得と　50;　生産と　131n25;　成
　長と　124;　地代と　127;　賃金、地代、
　利潤と価値　115, 117-118;　賃金、地代、
　利潤の進化　116-122;　独占（略奪と）
　84;　法則と繁栄　123, 124;　利潤率（利益
　率）　89, 90-92, 103n69, 118, 119, 172n, 173,
　199n80, 201n94, 201n96;　利潤率の傾向的
　低下の法則　168-179;　利潤率ゼロ　150,
　151, 168, 172-174, 201n96, 349, 350;　リカー
　ドと　119, 201n95

利潤率の傾向的低下の法則　200n84;　の意
　味　172-174;　の仕組み　168-172;　資本
　と　168-179;　資本の増加と　177, 178;
　所得分配と　174, 175;　反作用力　175-
　177;　不平等　181;　労働予備軍と　178,
　179

利息　50;　金利　86, 87, 93n, 94

リバタリアン　279, 300

略奪者　83, 84, 93, 269

リンカーン、エイブラハム　22

リンダート、ピーター　103n67, 113, 129n8,
　243, 257, 262n16, 264n36, 323, 351

ルイ15世（フランス王）　44

ルイス、アーサー　245, 262n20

『ルイ・ボナパルトのブリュメール18日』（マ
　ルクス、K）　152, 153

ルーカス、ロバート　306, 341n72

ルクセンブルク、ローザ　166, 173, 176, 327

ルソー、ジャン＝ジャック　14

ルビン、イサーク　56

ルロワ＝ボーリュー、ポール　213

ルンペンプロレタリアート（没落者）　156,
157, 157n, 183, 185

レイシズム　136, 192n7, 206, 230nn3-4

冷戦　32-34, 265-268　⇒「不平等研究（冷
戦期の）」も参照

レイヨンフーヴッド、アクセル　157

レオン、マリア・ゴメス　352

「レッセ・フェール、レッセ・パッセ」　47

レーニン、ウラディーミル　15, 64, 142, 327

ロイ、M・N　327

労働（者）　43, 63, 103n60, 142, 144, 311;　の
量　99n23, 103n68;　価値ある商品と
113n, 115;　機械と人間　169, 170, 198n63;
教育と高スキル労働　198n61, 333n11;　強
制　19, 309;　高価格の　77, 103n66;　資
本（家）と　144, 147, 151, 164-166, 187,
318, 319;　新古典派経済学との類似点
162, 198n61;　賃金と　159-168;　農業労
働から工業労働へ　46;　必要　163, 164,
198n69;　分業　35, 90, 156, 196n40;　労働
価値説とカール・マルクス　9, 24, 168;　労
働日　195n39, 200n90;　労働（産業）予
備軍　157, 162, 174, 178, 179, 182, 183, 245,
262n20;　K/L 比　167, 349n　⇒「機械」
も参照

「労働貴族」　334n23

労働組合　15, 38n7, 152, 252, 285, 307

労働者　44, 49, 77, 88, 90, 91, 94, 104n71, 140,
170, 285, 286, 289, 304, 334n23, 336n39;　か
らの搾取　155, 193n16;　の生活条件　77,
292, 337n45;　階級構造と　153, 155, 156;
小作農（農民）と　92, 283;　雇用労働者
51n, 52, 53n, 72, 75;　資本と　108;　社会
主義の下での　195n35;　賃金　74, 90, 108,
118, 129n8, 159-168, 187, 271, 272, 272n,
335n25;　定義　100n28;　農業　51-53,
53n;　非熟練労働者　52, 274, 281;　労働者
協会　38n7;　労働所得　72, 75, 111-113,

126, 132n30　⇒「小作農（農民）」「プロ
レタリアート」も参照

労働反対派の宣言　335n26

労働予備軍（産業予備軍）　157, 162, 174,
178, 179, 182, 183, 245, 262n20

労働力　151, 160, 161, 197n57, 203n110

ロシア　65, 75, 107, 265, 333n13, 351;　社会
構成表　352;　賃金　89, 162, 163;　内戦
261n1, 336n37;　*My Disillusionment in
Russia*　336n41　⇒「ソヴィエト連邦」も
参照

ロストウ、ウォルト・W　64

ロズドルスキ、ロマン　161, 181, 197n59

ロドリゲス、ウェーベル・ハビエル　352

ロドリゲス、オクタビオ　18

ロビンソン、ジョーン　182, 199n78

ローマ共和国（古代ローマ）　49, 65, 211,
221

ローマー、ジョン　285, 286

ロールズ、ジョン　14, 15, 78, 324, 338n53

「論理実験的」理論　209, 228

わ行

ワルラス、レオン　9, 207, 297

アルファベット

Cartelier, Jean　58n5, 60n21, 61n27, 61n36

"Class Structure and Inequality"（Allen, R.）
100n28

comeattibleness（手に入りやすさ）　86

Concordia（ドイツ製造業者協会の機関誌）
122

"Economic Growth and Income Inequality"
（Kuznets, S.）　263n21

Economics of Karl Marx, The (Hollander, S.)
200n91

Elements of Economics（Tarshis, L.）

340n69

First World War, The（Offer, A.） 131n27

GDP（国内総生産） 45, 68, *68*, 89, 95, *110*, 173, 186; 最富裕国と最貧国（1750～1914年） *326*; 東ヨーロッパの民間部門 336n39; 不平等との関係（1970～2014年） *251*; マディソン・プロジェクトからの 236, 261n5

Historical Materialism and the Economics of Karl Marx（Croce, B.） 197n56

Hungry Planet, The（Borgstrom, G.） 131n26

Income, Inequality and Poverty（Milanovic, B.） 338n49

"Income Inequality of France"（Morrisson, Ch. and Snyder, W.） 231n18

"Industrial Revolution, The"（Lucas. R.） 340n72

"Inequality, Poverty and Development"（Ahluwalia, M.） 263n28

Infidel and the Professor, The（Rasmussen, D.） 98n17

K/L 比（資本－労働比） 167, 349n

Li, Hongyi 264n31

"Looking Back Fifty Years"（Toynbee, A.） 60n23

Markowski, Stefan 337n42

Marx-Engels Reader, The（Tucker, R.） 343n97

Marxists.org 27

MEGAプロジェクト 8

My Disillusionment in Russia（Goldman, E.） 336n41

Ofer, Gur 333n14

ophelimity（オフェリミティ） 215

PPP（購買力平価） 262n12

"Private Sources of Income of the Soviet Union Households"（Ofer and Vinokur） 333n14

"Real Wages Once More"（Allen, R.） 129n8

"Revising England's Social Tables 1688-1911"（Lindert, P. and Williamson, J.） 129n8

Sécond memoire sur le pauperisme（Tocqueville, A.） 60n18

"Social Stratification in Socialist Society (Some Theoretical Problems)"（Wesolowski, W.） 335n27

Squire, Lyn 264n31

Tucker, Robert C. 343n97

Unequal Gains（Lindert, P. and Williamson, J.） 103n67

Wesolowski, Włodzimierz 335n27

Wiles, Peter 337nn42-43

Zou, Heng-fu 264n31

訳 者

立木 勝（たちき まさる）

1959年生まれ。公立学校教員を経て翻訳家。訳書・共訳書に、ジェームズ・C・スコット『反穀物の人類史——国家誕生のディープヒストリー』（みすず書房、2019年）、マーカス・K・ブルネルマイヤー『レジリエントな社会——危機から立ち直る力』（日経BP 日本経済新聞社、2022年）、デイヴィッド・スタサヴェージ『民主主義の人類史——何が独裁と民主を分けるのか？』（みすず書房、2023年）などがある。

解説者

梶谷 懐（かじたに かい）

1970年生まれ。2001年、神戸大学大学院経済学研究科より博士号取得。神戸学院大学経済学部講師、助教授、神戸大学大学院経済学研究科准教授などを経て、現在、神戸大学大学院経済学研究科教授。専門は現代中国の財政・金融。著書に『現代中国の財政金融システム——グローバル化と中央-地方関係の経済学』（名古屋大学出版会、2011年、大平正芳記念賞受賞）、『中国経済講義——統計の信頼性から成長のゆくえまで』（中公新書、2018年）などがある。

著 者

ブランコ・ミラノヴィッチ（Branko Milanovic）
ルクセンブルク所得研究センター上級研究員、ニューヨーク市立大学大学院センター客員大学院教授。世界銀行の主任エコノミストを20年間務める。所得分配、不平等、グローバリゼーションについての研究を行い、邦訳書に『不平等について──経済学と統計が語る26の話』、『大不平等──エレファントカーブが予測する未来』、『資本主義だけ残った──世界を制するシステムの未来』（以上、みすず書房）がある。

不平等・所得格差の経済学
──ケネー、アダム・スミスからピケティまで

2025年2月15日　初版第1刷発行

著　者　　ブランコ・ミラノヴィッチ
訳　者　　立　木　　勝
解説者　　梶　谷　　懐
発行者　　大　江　道　雅
発行所　　株式会社　明石書店
　　　　　〒101-0021 東京都千代田区外神田 6-9-5
　　　　　　　電話 03（5818）1171　FAX 03（5818）1174
　　　　　　　振替 00100-7-24505　https://www.akashi.co.jp/

装　丁　　清水　肇（プリグラフィックス）
印刷・製本　モリモト印刷株式会社

（定価はカバーに表示してあります）
ISBN978-4-7503-5874-1

格差拡大の真実
——二極化の要因を解き明かす

経済協力開発機構（OECD）編著
小島克久、金子能宏訳

A4判変型／並製／464頁
◎7,200円

1パーセント、さらには一握りの高所得者の富が膨れ上がり、二極化がますます進むのはなぜか？ グローバル化、技術進歩、情報通信技術、海外投資、国際労働移動、高齢化、世帯構造の変化などの各種の要因を詳細に分析し、格差が拡大してきたことを明らかにする。

内容構成

概要　OECD加盟国における所得格差拡大の概観

特集　新興経済国における格差

第Ⅰ部　グローバル化、技術進歩、政策は賃金格差と所得格差にどのような影響を及ぼすのか
経済のグローバル化と制度・政策、賃金格差の動向／経済のグローバル化、労働市場の制度・政策の変化の所得格差への影響／就業者と非就業者の格差

第Ⅱ部　労働所得の格差はどのように世帯可処分所得の格差を引き起こすのか
所得格差の要素：労働時間、自営業、非就業／世帯の就業所得の格差の動向：家族構成の変化が果たす役割／世帯就業所得の格差から世帯可処分所得の格差

第Ⅲ部　税と社会保障の役割はどのように変化したか
税と社会保障による所得再分配機能：過去20年間の変化／公共サービスが所得格差に及ぼす影響／高額所得者の傾向と租税政策

格差は拡大しているか　OECD加盟国における所得分布と貧困
OECD編著　小島克久、金子能宏訳
◎5,600円

地図でみる世界の地域格差　都市集中と地域発展の国際比較
OECD地域指標2022年版
OECD編著　中澤高志監訳　オールカラー版
◎5,400円

GDPを超える幸福の経済学　社会の進歩を測る
ジョセフ・E・スティグリッツほか編著
経済協力開発機構（OECD）編　西村美由起訳
◎5,400円

幸福の世界経済史　1820年以降、私たちの暮らしと社会はどのような進歩を遂げてきたのか
OECD開発センター編著　徳永優子訳
◎6,800円

OECD幸福度白書5　より良い暮らし指標：生活向上と社会進歩の国際比較
OECD編著　西村美由起訳
◎5,400円

図表でみる男女格差　OECDジェンダー白書2　今なお蔓延る不平等に終止符を！
OECD編著　濱田久美子訳
◎6,800円

OECD世界開発白書2　富のシフト世界と社会的結束
OECD開発センター編著　門田清訳
◎6,600円

図表でみる世界の保健医療　OECDインディケータ（2023年版）
経済協力開発機構（OECD）編著　村澤秀樹訳　オールカラー版
◎6,800円

〈価格は本体価格です〉

図表でみる世界の行政改革
OECDインディケータ（2021年版）
OECD編著　平井文三訳
◎6800円

図表でみる世界の主要統計
OECDファクトブック（2015-2016年版）
経済協力開発機構（OECD）編著　トリフォリオ翻訳・製作
経済・環境・社会に関する統計資料
◎8200円

図表でみる世界の社会問題4
OECD社会政策指標
OECD編著　高木郁朗監訳　麻生裕子訳
貧困・不平等・社会的排除の国際比較
◎3000円

マイクロファイナンス事典
ベアトリス・アルメンダリズ、マルク・ラビー編
笠原清志監訳　立木勝訳
◎25000円

国連大学 包括的「富」報告書
国連大学地球環境変化の人間・社会的側面に関する国際研究計画
国連環境計画編
植田和弘、山口臨太郎訳　武内和彦監修
自然資本・人工資本・人的資本の国際比較
◎8800円

グローバル環境ガバナンス事典
リチャード・E・ソーニア、リチャード・A・メガンク編
植田和弘、松下和夫監訳
◎18000円

左派ポピュリズムのために
シャンタル・ムフ著　山本圭、塩田潤訳
◎2400円

政治的なものについて
シャンタル・ムフ著　酒井隆史監訳　篠原雅武訳
闘技的民主主義と多元主義的グローバル秩序の構築
◎2500円

オフショア化する世界
ジョン・アーリ著　須藤廣、濱野健監訳
人・モノ・金が逃げ込む「闇の空間」とは何か？
◎2800円

黒い匣
元財相バルファキスが語る「ギリシャの春」鎮圧の深層
密室の権力者たちが狂わせる世界の運命
ヤニス・バルファキス著　朴勝俊ほか訳
◎2700円

ギリシャ危機と揺らぐ欧州民主主義
緊縮政策がもたらすEUの亀裂
尾上修悟著
◎2800円

BREXIT 「民衆の反逆」から見る英国のEU離脱
緊縮政策・移民問題・欧州危機
尾上修悟著
◎2800円

「社会分裂」に向かうフランス
政権交代と階層対立
尾上修悟著
◎2800円

「黄色いベスト」と底辺からの社会運動
フランス庶民の怒りはどこに向かっているのか
尾上修悟著
◎2300円

コロナ危機と欧州・フランス
医療制度・不平等体制・税制の改革へ向けて
尾上修悟著
◎2800円

新版 貧困とはなにか
ルース・リスター著　松本伊智朗監訳　松本淳、立木勝訳
概念・言説・ポリティクス
◎3000円

〈価格は本体価格です〉

人工知能と21世紀の資本主義 サイバー空間と新自由主義
本山美彦著
◎2600円

日本労働運動史事典
高木郁朗監修 教育文化協会編
◎15000円

増補改訂版 共助と連帯 労働者自主福祉の意義と課題
高木郁朗監修 教育文化協会、労働者福祉中央協議会編
◎2500円

地球経済の新しい教科書 金・モノ・情報の世界とわたりあう作法
石戸光著
◎2000円

相互依存のグローバル経済学 国際公共性を見すえて
阿部清司、石戸光著
◎3800円

スモールマート革命 持続可能な地域経済活性化への挑戦
マイケル・シューマン著 毛受敏浩監訳
◎2800円

貧困克服への挑戦 構想 グラミン日本
グラミン・アメリカの実践から学ぶ先進国型マイクロファイナンス
菅正広著
◎2400円

歴史主義とマルクス主義 歴史と神・人・自然
斎藤多喜夫著
◎2800円

グローバル資本主義と〈放逐〉の論理
サスキア・サッセン著 伊藤茂訳
不可視化されゆく人々と空間
◎3800円

社会喪失の時代 プレカリテの社会学
ロベール・カステル著 北垣徹訳
◎5500円

世界をダメにした経済学10の誤り
フィリップ・アシュケナージ、アンドレ・オルレアン、トマ・クトロ、アンリ・ステルディニアック著 林昌宏訳
金融支配に立ち向かう22の処方箋
◎1200円

格差と不安定のグローバル経済学
ジェームス・K・ガルブレイス著
塚原康博、鈴木賢志、馬場正弘、鑓田亨訳
ガルブレイスの現代資本主義論
◎3800円

不平等 誰もが知っておくべきこと
ジェームス・K・ガルブレイス著
塚原康博、馬場正弘、加藤篤行、鑓田亨、鈴木賢志訳
◎2800円

ヨーロッパ的普遍主義
イマニュエル・ウォーラーステイン著 山下範久訳
近代世界システムにおける構造的暴力と権力の修辞学
◎2200円

マルクス 古き神々と新しき謎
マイク・デイヴィス著 佐復秀樹訳 宇波彰解説
失われた革命の理論を求めて
◎3200円

貧困研究
《貧困研究》編集委員会編
日本初の貧困研究専門誌
【年2回刊】
◎1800円

〈価格は本体価格です〉

フランス経済学史教養講義
資本主義と社会主義の葛藤

橘木俊詔 著

■四六判／並製／256頁 ◎2400円

資本主義を肯定する思想と否定する思想の両方に貢献し、あまたの数理経済学者をも生んだフランス経済学。なぜ傑出した者たちが登場し、課題解決のための理論と政策を主張するに至ったのか。格差と不平等に満ちた現代社会を読みとくため、今こそ軌跡をたどろう。

● 内容構成 ●

序　文　なぜフランス経済学史か
第1講　重商主義、重工主義
第2講　重農主義
第3講　ポスト重農主義と産業主義
第4講　空想的社会主義
第5講　クールノー均衡とゲーム理論の先駆け
第6講　一般均衡論者ワルラスの輝き
第7講　エンジニア・エコノミスト
第8講　資本主義（自由経済主義）と社会主義の闘い
第9講　ピケティの格差論
第10講　フランス以外の経済学の特色
最終講　フランス経済学の特色
補　講　日本におけるフランス経済学研究の系譜

差別と資本主義
レイシズム・キャンセルカルチャー・ジェンダー不平等

トマ・ピケティ、ロール・ミュラ、セシル・アルデュイ、リュディヴィーヌ・バンテイニ 著

尾上修悟、伊東未来、眞下弘子、北垣徹 訳

■四六判／上製／216頁 ◎2700円

人種やジェンダーをめぐる差別・不平等は、グローバル資本主義の構造と深くかかわって、全世界的な社会分断を生んでいる。差別問題に正面から切り込んだトマ・ピケティの論考をはじめ、国際的な識者たちが問題の深淵と解決への道筋を語る、最先端の論集。

● 内容構成 ●

訳者序文

第一章　人種差別の測定と差別の解消 ［尾上修悟］

第二章　キャンセルカルチャー
　　　――誰が何をキャンセルするのか ［トマ・ピケティ］
 ［ロール・ミュラ］

第三章　ゼムールの言語 ［セシル・アルデュイ］

第四章　資本の野蛮化 ［リュディヴィーヌ・バンテイニ］

訳者解説 ［尾上修悟］

〈価格は本体価格です〉

不平等と再分配の経済学

格差縮小に向けた財政政策

トマ・ピケティ 著
尾上修悟 訳

■四六判／上製／232頁 ◎2400円

大著『21世紀の資本』の原点ともいえ、1990年代に刊行後改訂を重ねる概説書の邦訳版。経済的不平等の原因を資本と労働の関係から理論的に分析するとともに、その解消のために最も重要な方法として、租税と資金移転による財政的再分配の役割を説く。

●——内容構成——●

読者への覚書
序論
第一章 不平等とその変化の測定
第二章 資本／労働の不平等
第三章 労働所得の不平等
第四章 再分配の手段
訳者解題

ピケティ・正義・エコロジー

資本主義を超えて参加型社会主義へ

尾上修悟 著

■四六判／上製／448頁 ◎3600円

『21世紀の資本』で社会現象を巻き起こした経済学者ピケティの論考を詳細に分析し、累進税を軸とした税制・再分配、教育・医療や人種・ジェンダーにおける不平等の是正、気候変動対策等を包括的に論じ、資本主義を超えた『参加型社会主義』を模索する。

●——内容構成——●

序　章　本書の課題と構成
第一部　不平等体制と租税問題
第一章　不平等体制と累進税——ピケティの議論をめぐって
第二章　租税の公正と社会国家——フランスでの議論をめぐって
第二部　不平等体制と社会・グローバル問題
第三章　教育と保健医療の不平等体制
第四章　人種差別とジェンダー差別
第五章　グローバルサウスと不平等体制
第三部　不平等体制とエコロジー問題
第六章　気候変動と社会的公正
終　章　資本主義の超克をめざして

〈価格は本体価格です〉